Los trucos de los ricos
3.ª parte

Los trucos de los ricos 3.ª parte

100 trucos y hábitos prácticos para vivir mejor y disfrutar la vida (como hacen los ricos)

JUAN HARO

EDICIONES DEUSTO

El papel de este libro procede de bosques gestionados de forma **sostenible** y de fuentes **controladas**.

Deusto es un sello editorial de Centro de Libros PAPF, SLU.
Av. Diagonal, 662-664
08034 Barcelona
www.planetadelibros.com

Primera edición: marzo de 2024
Segunda edición: enero de 2025
Depósito legal: B. 1.631-2024
ISBN: 978-84-234-3696-5
Composición: Realización Planeta
Impresión y encuadernación: Gómez Aparicio Grupo Gráfico
Printed in Spain - Impreso en España

PEFC Certificado
Este libro procede de bosques gestionados de forma sostenible
PEFC
PEFC/14-38-00305
www.pefc.es

Muy posiblemente la música y las letras están íntimamente unidas, y por este motivo deseo compartir contigo una lista que he creado en Spotify con las principales canciones que estuvieron sonando mientras escribía este libro.

Te dejo el nombre de la lista y un enlace QR por si te apetece escucharlas mientras descubres *Los trucos de los ricos 3.ª parte.*

La lista se llama: «Los trucos de los ricos 3 (J. Haro)».

Sumario

Introducción

¡Bienvenido, querido lector!

No te conozco, o quizá sí, pero de igual forma te invito a compartir un viaje para poder conocer diferentes trucos y hábitos que utilizan los ricos para disfrutar de la vida. ¿Hay algo mejor?

Imaginemos una casa con tres plantas.

En la primera planta, nos encontramos en el primer libro *Los trucos de los ricos*, en el que figuran 92 trucos para multiplicar tu dinero, proteger tu patrimonio y reducir tus impuestos legalmente. Tiene toda la coherencia, porque ése es el primer paso para poder disponer de tiempo, el elemento imprescindible para poder pasar al segundo nivel, a la segunda planta.

Ahí encontramos el segundo libro, *Los trucos de los ricos 2.ª parte*, con 92 trucos para comprar inmuebles, crear tu patrimonio y vivir de las rentas. Ahora disponemos de patrimonio, dinero y tiempo, así que ya podemos acceder a la tercera planta.

Subimos una planta más, y ahí encuentras este libro que tienes entre las manos, *Los trucos de los ricos 3.ª parte*, con cien trucos y hábitos prácticos para vivir mejor y disfrutar de la vida (como hacen los ricos). Pero como comprenderás, no se trata de esperar para poder disponer de herramientas, hábitos, ideas o trucos que nos hagan saborear esta corta estancia que es la vida que nos han dado. ¡No! Podemos ir poniendo en práctica esta filosofía práctica durante el camino, mientras culminamos nuestros proyectos, alcanzamos nuestros objetivos, o bien, simplemente, mientras vivimos. ¿Te apuntas conmigo, amigo lector? ¡Gracias!

Marco Aurelio dijo una vez: «No es a la muerte a quien deberíamos temer, sino a no empezar nunca a vivir».

Cuando morimos, nuestra línea de vida es recta, es plana. Cuando estamos vivos, nuestro corazón, nuestra línea de vida, dibuja subidas y bajadas.

Esto se conecta con nuestra experiencia real de la vida. La vida está llena de altibajos, es cierto, pero eso significa que estamos vivos. Giros y vueltas, amor y pérdida, felicidad, tristeza, éxito y fracaso. Llegamos a las alturas más extremas, a los picos y las cumbres, pero también experimentamos estar en lo más bajo, el sometimiento.

La vida es una especie de montaña rusa, grande y loca.

Empieza lento, te llena de expectativas, de curiosidad, te va elevando y luego empiezas a caer volando hacia abajo, sólo para subir rápidamente otra vez.

Reímos hasta que duele, lloramos un poco por dentro, pasamos por algunos momentos en los que queremos que el tiempo se detenga, y esperamos que todo termine, pero, desafortunadamente, continúa.

De alguna manera, pensamos que el éxito es lineal y ascendente, pero no existe ningún estudio que avale tal cosa. Todos aquellos a quienes admiramos han pasado por altibajos. Nuestro cuerpo se regenera a sí mismo cada siete a quince años. Los órganos que trabajan más duro son los que se recambian más rápido, adquieres una piel completamente nueva de dos a cuatro semanas; tus glóbulos rojos duran menos de medio año; y tu hígado se renueva al menos una vez cada dos años.

El universo está cambiando siempre, y nosotros con él. Pero queremos seguir siendo los mismos. Nos conformamos con la seguridad, sin darnos cuenta de que una línea de vida plana significa que estamos muertos. La vida real tiene altibajos, y eso es un hecho irrefutable.

Vivir es estar arriba y abajo, siguiendo el patrón que dibuja nuestro corazón cuando lo monitorean. Eso es vivir. En el viaje de la vida, experimentamos dolor y también placer. Habrá sol y lluvia, habrá pérdida y ganancia, pero tenemos que aprender a superarnos y avanzar una y otra vez. Y el rico lo sabe.

No juzgues el momento, no trates de resistirte, porque te seguirá empujando hacia delante, y recuerda lo siguiente:

- Si estás sano, eres más feliz que el millón de personas que no pasará de esa semana.

- Si hay comida en tu nevera, llevas unos zapatos en tus pies, tienes ropa en el armario, una cama donde dormir y un techo sobre tu cabeza, eres más afortunado que el 75 por ciento de la población.
- Y si tienes una cuenta bancaria y dinero en tu billetera o en tu bolso, perteneces a un escaso grupo formado por el 8 por ciento de la población.
- No podemos evitar los altibajos, pero podemos cambiar la forma de percibirlos. Porque como dijo Wayne Dyer: **«Cuando cambiamos la manera en que miramos a las cosas, las cosas que miramos cambian».**

Determinados trucos y determinados hábitos serán más compatibles con tu momento presente, otros podrás ponerlos en práctica más adelante. No hay prisa, lo importante es que te lleven a un lugar mejor, a un mejor estado. A la vida le gusta lo práctico, lo que funciona. Y éste es mi deseo: que todos estos trucos y hábitos realmente te faciliten el tránsito por el camino de la vida y te ayuden a conseguir tus metas, a escribir con ánimo el libro de tu vida.

Sí, aquí encontrarás trucos y hábitos. Muchos forman parte de mi vida, y otros los he visto aplicar a muchos «ricos». De igual forma, no hace falta ser rico en tiempo ni en dinero para ponerlos en práctica ahora mismo. No te dejes llevar por la falsa creencia de que necesitas «ser rico» para empezar. No es así. Son trucos o hábitos que, al ir implementándolos, conseguirás un doble objetivo:

1. Disfrutar de la vida.
2. Acercarte al modo en que viven los ricos (sobre todo por lo que respecta al tiempo y a la calidad de vida).

Truco, según el diccionario, tiene dos acepciones:

a. Procedimiento ingenioso o hábil para conseguir algo.
b. Trampa astuta o ingeniosa para conseguir un beneficio.

Nos quedamos con cualquiera de las dos siempre que esté en consonancia con nuestros valores y principios.

Hábito, por su parte, es:

a. Práctica habitual de una persona, animal o colectividad.
b. Traje que visten los miembros de una orden religiosa.

Bien, nos quedamos con la *a*, pero con un matiz. Estos hábitos no forman parte de un gran colectivo, sino de una pequeñísima parte de él. Es lógico, pasa exactamente igual que en los dos libros anteriores, son trucos utilizados por muy pocas personas, porque tú, al leer este libro, formas parte de un pequeño grupo al que le interesan estos temas. Sí, sí, como si te oyera: «Juan, ¡a quién no le interesa disfrutar de la vida o ganar más dinero!».

A priori, a mucha gente, pero los hechos no demuestran tal cosa. Al final, el ser humano se resigna y termina siendo parte de la manada, del sistema, del colectivo.

Para comprobar la eficacia de estos cien trucos y hábitos te propongo algo simple: abre el libro un día y elige un truco o hábito de los cien, anótalo en un papel o en tu móvil para que durante esa semana sea el protagonista. Ponlo en práctica. Lo bueno de estos trucos es que son atemporales, no caducan, los puedes poner en práctica a la edad que sea. No entienden de edad, de religión ni de condición sexual.

Por cierto, hablando de tiempo, cuando le preguntaron a Buda cuál es el mayor error que cometemos en nuestra vida, él contestó: **«Pensar que tenemos tiempo».**

El tiempo es gratuito, pero no tiene precio. No somos sus dueños, pero podemos usarlo. No podemos conservarlo, pero sí gastarlo. Y una vez perdido, ya no lo podemos recuperar. Y los ricos lo saben.

- Una persona promedio vive 78 años.
- Pasamos 28,3 años durmiendo, casi un tercio de nuestra vida, pero el 30 por ciento tiene problemas para dormir.
- Pasamos 10,5 años trabajando, pero más del 50 por ciento quiere renunciar a su trabajo actual. **El tiempo es más valioso que el dinero.** Podemos conseguir más dinero, pero no más tiempo.
- Pasamos 9 años viendo la televisión y las redes sociales.
- Pasamos 6 años haciendo tareas rutinarias.
- Pasamos 4 años comiendo y bebiendo.
- Pasamos 3,5 años estudiando.
- Pasamos 2,5 años arreglándonos.
- Pasamos 2,5 años saliendo de compras.
- Pasamos 1,3 años yendo al trabajo.

Todo esto nos deja un tiempo neto aproximado de diez años. ¿Cómo pasaremos ese tiempo?

Steve Jobs dijo: «Tu tiempo es limitado, así que no lo desperdicies viviendo la vida de otra persona». Así que tengo una noticia buena y otra mala para ti. La mala es que el tiempo vuela; la buena es que tú, amigo lector, eres el piloto.

Imagina que todos los días te despiertas con 86.400 euros en tu cuenta, pero al final del día lo pierdes todo, incluso si no lo gastaste. Y al día siguiente recibes otros 86.400 euros. ¿Qué harías con ese dinero? Cada día te depositan 86.400 segundos en tu cuenta de vida. Al final del día, una vez que los gastas, recibes otros 86.400 segundos. Si fuera dinero, nunca lo desperdiciaríamos. Entonces, ¿por qué desperdiciamos el tiempo?

Esos segundos tienen mucho más valor que el dinero, porque **siempre puedes ganar más dinero, pero no puedes conseguir más tiempo.**

Para entender el valor de un año, pregúntale a un alumno que repitió curso; para entender el valor de un mes, pregúntale a la madre que perdió a su hijo en el último mes de embarazo; para entender el valor de una semana, pregúntale al editor de una revista en Internet; para entender el valor de una hora, pregúntale a una pareja enamorada que mantienen una relación a distancia; para entender el valor de un minuto, pregúntale a la persona que acaba de perder un autobús, un tren o un avión; para entender el valor de un segundo, pregúntale a la persona que acaba de evitar un accidente; para entender el valor de un milisegundo, pregúntale a la persona que quedó segunda en las olimpíadas.

Pensamos que la gente nos hace perder el tiempo, pero en realidad somos nosotros quienes se lo permitimos. En realidad, dentro de cada uno conviven esos dos tipos de personas. **No dejes que alguien sea una prioridad, cuando tú eres solamente una opción para él.** Algunos perdemos a las personas que más nos importan porque no valoramos su tiempo. Otros no reconocemos la importancia de una persona hasta que la perdemos.

Insisto, dentro de nosotros hay dos voces: una quiere que nos alegremos y otra que nos desarrollemos. Una quiere que crezcamos y la otra nos retiene; una voz nos dice que seamos autocomplacientes, la otra nos empuja a desarrollar nuestro verdadero potencial. **Cada día, desde que nos despertamos hasta que volvemos a dormir, hay dos voces luchando en nuestro interior. ¿Cuál ganará?** Efectivamente, amigo, aquella a la que más atención le prestamos, la que alimentamos, la que amplificamos.

Es nuestra decisión cómo usar el tiempo. La vida y el tiempo son los mejores maestros. La vida nos enseña a aprovechar el tiempo. El tiempo nos enseña el valor de la vida.

Como dijo **William Shakespeare**: «El tiempo es muy lento para aquellos que esperan, muy rápido para los que temen, muy largo para los que sufren y muy corto para los que disfrutan. Pero, para quienes aman, el tiempo es eternidad».

#LosTrucosDeLosRicos3

De media, todos dedicamos unas ocho horas a dormir y ocho horas a trabajar. Sin embargo, el éxito radicará en cómo invirtamos las ocho horas restantes de cada día. Porque tú y yo disponemos de esas mismas veinticuatro horas cada día. Ese tercio es el más relevante. Lo que hagas en esas ocho horas marcará toda una diferencia. El tiempo es el mejor activo que tenemos.

@juanharo

Quiénes son los ricos y su visión de la vida

Ya lo dijo Antonio Escohotado, filósofo, jurista y profesor universitario:

> Un país no es rico porque tenga diamantes o petróleo. Un país es rico porque tiene educación. Educación significa que, aunque puedas robar, no robas. Educación significa que tú vas pasando por la calle, la acera es estrecha y tú te bajas y dices: «Disculpe». Educación es que, aunque vas a pagar la factura de una tienda o de un restaurante, dices: «Gracias» cuando te la traen. Das propina y cuando te devuelven, lo último que te devuelvan, vuelves a decir: «Gracias». Cuando un pueblo tiene eso, cuando un pueblo tiene educación, un pueblo es rico.

Los «ricos» a quienes me refiero es gente discreta, con un gran sentido común, que no niegan ni se creen nada, que buscan ser, sobre todo, prácticos y que no dejan que leyes o clichés absurdos gobiernen su vida. Saben aprovechar los resquicios legales para lograr el objetivo de vivir de forma más tranquila, controlan sus emociones y conocen las leyes para poder ser más libres. Huyen de pavonearse, de presumir o de hacer el mal. Son personas que nadan a contracorriente, que ven la vida de otra forma, con hábitos que son peculiares, pero que obedecen a un mismo objetivo: vivir mejor, vivir con más criterio.

Es la antítesis de la imagen que esta sociedad ha creado de ellos: esos «ricos» que parecen perversos, avaros o parientes del diablo. Puede ser que algunos de esos ricos existan, pero yo no me refiero a ellos en ninguno de mis libros. **A los ricos que menciono no los verás quejarse, lamentarse o culpar a otros de lo que va mal.** No pierden tiempo ni energía en ello, simplemente van diseñando su vida según sus patrones.

Se relacionan de otra forma con el mundo del dinero, con el trabajo, con la deuda. No tienen las mismas necesidades que el común de los mortales, viven más despacio (incluso en momentos o épocas complicadas). Se cuidan a sí mismos y también a su familia, saben que el éxito y el fracaso son dos impostores saltarines. Es un grupo de gente con la que, en 2008, tuve la fortuna de encontrarme, cuando atravesaba varias crisis personales y financieras. Ellos me hicieron ver la vida y los negocios de otra forma muy distinta, me enseñaron muchos de los trucos que has podido leer en cualquiera de estos tres libros. Sin duda, revolucionaron mi vida y la pusieron patas arriba.

Nunca hay que subestimar el poder de la suerte, el poder de creer que todo es posible: lo bueno y lo malo. Siempre me ha llamado la atención que cuando entrevistan en televisión a cualquier entrenador antes de un partido importante, todos dibujan un posible escenario complicado, difícil, pero escucho a pocos decir que «todo puede suceder». Es otro síntoma de esta sociedad que está cortada por un mismo patrón, una misma forma de pensar, un único escenario probable: «partido complicado o difícil». **Es como una profecía autocumplida.** Al decir abiertamente esto en los medios, todo el mundo lo escucha y la mayoría de las veces sale un partido ajustado y apretado en el marcador. Pocas veces escucharás que nadie puede predecir el futuro, que todo puede suceder: ya sea ganar por cinco goles, o perder por seis. Pero sí oirás decir que se enfocarán en dar lo máximo y que, lo que ocurra, no dependerá de ellos. Ésta es la filosofía del rico: centrarse en lo que sí pueden controlar y no ponerse ningún tipo de límites, prejuicios, creencias limitantes o excusas.

A los ricos no los verás activos en las redes sociales, y no suelen aportar mucha información suya, no les gusta hablar de sí mismos y, por ello, se inclinan a escuchar, pues no son los protagonistas de nada; prefieren pasar desapercibidos. Aman el tiempo, cuidan su cuerpo, no sólo la alimentación, sino todo lo que abarca su mente, las relaciones. De hecho, gracias a estos cien trucos que encontrarás en este libro, te podrás hacer una idea más ajustada del tipo de rico al que me refiero, y de cómo ve la vida, sus prioridades y qué visión tienen.

Por ejemplo, me entenderás mejor si reparas en lo siguiente: mientras que la sociedad venera el dinero, el rico prefiere hablar de mentalidad, de hábitos correctos, incluyendo la forma de pensar, de hacer, de vivir y de relacionarse con otros. El productor estadounidense de cine y de teatro **Mike Todd** lo define muy bien en esta frase: **«Nunca he sido pobre, sólo he estado sin dinero. Ser pobre es un estado mental y no tener dinero es una condición temporal».**

Para entender a los ricos a los que hago alusión, nos puede ayudar también esta historia:

La paz perfecta

Cierto día se celebró un concurso para ver qué artista era capaz de reflejar en un cuadro la paz perfecta.

Debido a la importancia de este evento, acudieron numerosos pintores venidos de distintas partes del mundo. En total, se presentaron más de cien obras que intentaban mostrar ese momento perfecto de calma y de tranquilidad.

Unas mostraban preciosos atardeceres vistos desde una playa o desde la cima de una montaña, en otras se podían encontrar bonitos paisajes inundados por la luz del sol, por las flores o por la nieve.

Pero uno de los últimos días llegó una obra un tanto extraña, pues representaba todo lo contrario: era una escena en la que el mar golpeaba con furia las rocas y de las nubes salían varios rayos que llegaban hasta el agua.

Todas las obras presentadas se fueron mostrando a un respetado maestro catedrático que sería el encargado de elegir la ganadora.

El problema era que, conforme le iban llegando las obras, el maestro las iba rechazando todas.

—Pero... ¿no hay ninguna más, no hay alguna diferente? Ninguna de éstas me sirve.

—No, maestro, ya le hemos traído todas las que se han presentado al concurso... aunque, bueno, en realidad sí que hay otro cuadro, pero no se lo hemos traído porque hemos pensado que su autor se ha confundido de temática.

—Bueno, si se ha presentado tengo que darle las mismas oportunidades que al resto, sí podéis traerlo —dijo el catedrático.

A los pocos minutos llegaron con la pintura.

—Ésta es. Como puede observar, representa un escenario totalmente contrario a la paz perfecta.

El maestro comenzó a analizar la obra, la estuvo observando minuciosamente y, de pronto, se le dibujó una sonrisa en el rostro.

—Ya tenemos obra ganadora —exclamó.

—¿Qué? —contestaron todos los presentes, confundidos.

—Sí, sí... mirad, mirad ahí, justo en la rama de ese árbol. Observad ese pequeño pájaro que desde su nido observaba tranquilamente la tormenta.

Todos se quedaron sorprendidos al descubrir ese detalle.

—Paz no significa estar en un lugar sin ruidos, sin problemas, sin viento, sin lluvia. Paz significa que, a pesar de estar en medio de la tormenta, ese pájaro es capaz de mantenerse sereno y tranquilo. Ése es el verdadero significado de la paz perfecta.

#LosTrucosDeLosRicos3

El rico es inteligente y tonto a la vez. Es pobre y rico también. Espera lo mejor, pero también prevé lo peor, conoce los peligros de la euforia en la victoria y del desánimo en la derrota, sabe que el mejor lugar para vivir es en el equilibrio constante, en combinar acción e inacción. No se trata de competir contra el mundo, sino de ser auténtico y vivir según nuestros principios.

@juanharo

Truco 1

La diferencia está en el 8

El número 8, dentro del mundo de la numerología, se caracteriza por simbolizar el poder, la ambición y por tener buen gusto a la hora de elegir. Aquellas personas a las que les gusta o les atrae especialmente el 8 suelen ser individuos con una gran personalidad, tenaces al cumplir sus metas, con una gran fuerza de voluntad y energía.

En cuanto a sagacidad y astucia, son dos adjetivos muy representativos de la simbología del número, de ahí que las personas que entran en su órbita, alcancen siempre lo que se proponen, particularmente porque no van a tener reparos en explotar al máximo su ingenio para que se concreten cada uno de los objetivos trazados. Si a esto le añadimos la personalidad y la ambición por el éxito que las caracteriza, la combinación acaba resultando idónea.

Un asunto más que resulta relevante sobre el significado de este **número** es que a estas personas les encanta la diversión, ser sociables y elocuentes, lo que concita admiración hacia su persona por parte de los que las rodean. Su entusiasmo contagia y lo pueden extrapolar a cada una de las facetas de su vida cotidiana. Es decir, se puede afirmar, con toda confianza, que buscan vivir la vida al máximo y que ninguna oportunidad se les escapa.

Las personas amantes del 8 en el trabajo van a ser reconocidas entre los demás por su carácter ganador y por esa búsqueda permanente del éxito, razón por la que se van a convertir pronto en un referente para ocupar cargos ejecutivos o en los que la responsabilidad se centra en impulsar y motivar a grandes equipos de trabajo, una habilidad para la que no todos están preparados.

En el truco 17 del libro *Los trucos de los ricos 2.ª parte* explicaba la importancia de conseguir 8 inmuebles en una sociedad para disponer de unos beneficios fiscales, además de otras ventajas. Una vez más aparece, pues, el número 8 como patrón. Pero más allá de la numerología y de los inmuebles, el 8 también forma parte de otras disciplinas que se apoyan en la simbología:

- **Mediante el tarot se puede adivinar o predecir un hecho.** Pero sólo los que tienen el don espiritual pueden leer las cartas, lo que conlleva un proceso de investigación espiritual del presente, muy subjetivo, a partir de una lectura del pasado y del futuro. En el tarot, el 8 simboliza la justicia y representa la perfección. Indiscutiblemente, se trata de número especial: colocado de forma horizontal, simboliza el infinito, lo que nos lleva a visualizar el todo.
- **Los mayas crearon su sistema de numeración para tener presentes los días, es decir, para medir el tiempo y hacer sus cálculos.** Fue una civilización sedentaria ubicada en tierras del actual México y Guatemala, una de las civilizaciones precolombinas más influyentes. Su gran conocimiento de las matemáticas ha dejado huella en la historia. Para los mayas, el número 8 es representado por la deidad Lamat. Las deidades mayas tienen un carácter simbólico y predecían circunstancias buenas o malas en un instante determinado. En el calendario maya existen 260 días, y cada 13 días se veneraba a Lamat.
- **En la Biblia, el número 8 tiene un significado cabalístico.** Se menciona en un total de 80 veces a lo largo de todos los textos bíblicos. Se mencionan 8 hechos de resurrección en sus textos, entre ellas algunas de los santos. Además, se hace referencia a los 8 cánticos que se realizan en la resurrección de Jesús. En el Nuevo Testamento intervienen 8 escritores: Mateo, Judas, Pedro, Juan, Pablo, Lucas, Santiago y Marcos, quienes relataron la vida de Jesús. El rey David tuvo 8 hijos, entre ellos Salomón, el octavo. Ocho son las bienaventuranzas que se encuentran en la Biblia. También se refleja que, luego del gran diluvio, Noé volvió a pisar tierra firme el octavo día. También en la Biblia se representa a Jesús mediante el 888, como la demostración de la resurrección.

En una conferencia en la que intervenía mi amiga, abogada y oradora, Susana Rodríguez, preguntó al público cuál era la clave del éxito. Muchos respondieron y aportaron su propia visión del tema. A continuación, dijo: **«La clave del éxito de una persona está en esto: cruzó sus manos y mostró el número 8».**

Se hizo el silencio. El público no entendía a qué se refería, parecía un juego. Pero no, simplemente ella comentó que la clave del éxito era el 8, y explicó el motivo: «Cada día disponemos de unas 8 horas para dormir y otras 8 horas para trabajar (ganarnos la vida). ¿Qué nos queda? ¡Exacto! Las últimas 8 horas, y ésas marcan la diferencia de forma absoluta. Lo que tú hagas con ellas será la clave del éxito».

Una vez más el número 8. Es cierto que los ricos (como ya sabes) cuidan y protegen su tiempo, pero esta anécdota real que te acabo de comentar nos acerca también a disfrutar de la vida. Es un hábito o truco interesante: marcar la diferencia con esas 8 horas que nos sobran cada día. No hemos tenido en cuenta el tiempo que destinamos a comer, pero, al final, todo es una media. Debemos mimar las 8 horas que nos sobran cada día para disfrutar de la vida, o bien si estás poniendo en marcha cualquier proyecto, objetivo o sueño debemos darle prioridad para poder acercarnos a ello (sin olvidarnos de «vivir y disfrutar»).

Una frase que me apasiona de Sócrates, que resume muy bien cuál es mi objetivo a la hora de divulgar ideas mediante los libros, las conferencias y las formaciones que imparto, es la siguiente: **«No puedo enseñar nada a nadie, sólo puedo hacerles pensar».**

Por este motivo me apasionan las historias, las anécdotas, para que te ayuden a reflexionar y para que extraigas tu moraleja.

Aquí tienes otra historia, dedicada a todos los que hemos dicho alguna vez que no tenemos tiempo:

El mercader viajero

Cuentan que había un mercader que iba a viajar en barco durante semanas en busca de oro a unas islas lejanas. Unas semanas antes, los amigos le dijeron que debía aprender a nadar, que era algo vital, ya que si no lo hacía y el barco se hundía, moriría. El mercader respondió que no tenía tiempo para aprender a nadar, que le era imposible. Estaba muy ocupado con los preparativos del viaje y mil cosas más.

Su amigo Luis le dijo que conocía un maestro de natación que enseñaba a nadar en tres días. Pero ni así: el mercader seguía diciendo que no tenía tiempo. No obstante, pidió que le dijesen un truco de los ricos por si el barco se hundía. Luis sonrió, ya que había leído *Los trucos de los ricos* y conocía muchos de ellos, y recordó que en uno se decía que cuando viajes en barco, estés cerca de dos barriles vacíos. Tomó nota el mercader y pidió a sus marineros que le llevasen dos barriles de madera vacíos a su habitación.

Pasaron los meses y ya de regreso, mientras el mercader dormía, se despertó de repente y vio que entraba agua en su camarote. El barco se estaba hundiendo. Los marineros que sí sabían nadar pensaron que el patrón encontraría los barriles para poder salvarse. Pero resultó que junto a los barriles había colocado otros dos barriles llenos de oro. No supo qué hacer: si cogía los dos barriles vacíos, habría perdido la gran ocasión de su vida de ser rico, pero si cogía los barriles llenos de oro, podría perecer en el intento. Finalmente, cogió los dos barriles llenos de oro y se ahogó.

Para mí, la moraleja de esta historia es que no dedicamos tiempo a lo «importante», nos agarramos a lo que tenemos, a «barriles» llenos de cosas, en lugar de disponer de conocimiento e ideas. Pero ése no eres tú. Ya conoces el dicho: «Dolor (incomodidad) a corto plazo, placer a largo plazo». Todo esfuerzo tendrá su premio, tarde o temprano, y en el peor de los casos te estará haciendo mucho más fuerte para próximos retos.

Vamos a por el siguiente truco para disfrutar de la vida.

#LosTrucosDeLosRicos3

Un tercio del día es todo lo que marca la diferencia. Los ricos lo saben y diseñan especialmente el aprovechamiento de esas ocho horas. Les gusta este número por muchas razones.

@juanharo

Truco 2

El taburete

Los ricos practican estos trucos y hábitos incluso cuando no eran «ricos», es decir, cuando no disponían de dinero y tiempo. Pero al bajarlos a «tierra», al poner en práctica los trucos, éstos les permiten acercarse a su objetivo final: disfrutar de la vida. Todo es un medio para llegar a VIVIR con mayúsculas. Incluso en los negocios, o en cualquier proyecto o reto, o bien hacia un objetivo que deseemos lograr. Olvidamos el fin (vivir) y sólo nos centramos en el medio (dinero, trabajar).

En la primera parte de mi libro *Los trucos de los ricos* te hablé de mi mentor y *coach* **Fernando Moreno**. Fue él quien me enseñó el «taburete». Decía que todo negocio o proyecto se tendría en pie durante años si se sustentaba sobre **las tres patas del taburete**:

- **Visión.**
- **Equipo.**
- **Sistemas.**

Por ese orden de importancia, porque no todos tienen la misma. Me explico. Primero viene la visión, después el equipo y, finalmente, los sistemas (automatizaciones). Pero la **primera pata del taburete**, la reina, la más importante de las tres es, sin ninguna duda, la **visión**. Puedes tener un equipo potente, unos sistemas maravillosos, pero como carezcas de una visión sólida, todo terminará cayendo. Y al contrario funciona de la misma forma: un equipo mediocre, con pocos o nulos sistemas, no son impedimento si la visión del dueño del negocio o proyecto es clara. La visión es la clave, marca la diferencia.

Ha sido la niña pobre en las escuelas de negocios, e incluso en muchos másteres se pasaba casi de puntillas por la visión a la hora de crear. Sin embargo, **una visión clara y definida podrá permitirte competir mejor y disfrutar de la vida que si dispones de una visión confusa o careces de ella.** Es como la hoja que mece el viento o el barco que navega sin rumbo en medio del mar.

Existen muchas definiciones sobre visión, pero a mí me gusta la siguiente: la visión de una empresa describe adónde quiere llegar y cómo quiere ser percibida en el futuro. Es una declaración inspiradora y motivadora que proporciona una dirección clara y establece las expectativas para los empleados y los clientes. Puede ser ambiciosa y desafiante, y ayuda a mantener enfocado el desempeño y a alinear los esfuerzos de los colaboradores hacia un objetivo común. Es un componente clave de la planificación estratégica y un factor importante en el éxito a largo plazo de cualquier negocio. **La visión de una empresa establece su dirección**, es decir, responde a la pregunta «¿qué queremos para el futuro?». También responde a «¿cómo llegaremos?».

E insisto, esto es aplicable a cualquier reto, objetivo o proyecto que uno quiera cumplir. De hecho, en el truco 89 ya comentamos la importancia de la visión empresarial, que a la vez está relacionado con **el truco 14: «Los ricos empiezan por el final».** Te invito a que leas el truco, ahí encontrarás el éxito de muchos inventos, negocios y empresas. La visión, empezar por el final, lo es todo.

La visión de una empresa trata acerca de adónde quieres llegar. Da sentido a los objetivos de corto plazo y medio plazo, tanto a nivel estratégico como operativo. Lograrás que los colaboradores comprendan cómo el cumplimiento de sus labores diarias da frutos en un ámbito más amplio y tiene repercusiones en un período largo. Las personas, antes de considerar los números y dedicarse a una actividad específica, desean saber cómo se relacionan con un objetivo más grande, eso es lo que establece la visión. Y, además, tú la necesitas para que todas las piezas del puzle tengan sentido.

Para definir la visión de tu negocio, debes reflexionar acerca de qué quieres que la empresa sea a largo plazo. Quizá tu deseo se aclare al pensar sobre ella diez, quince o veinte años después. Es un viaje en el tiempo, no traicionar tus principios.

Al crear la visión de tu empresa es importante que también menciones cómo lo lograrás, pues ésa es la clave de un sueño grande y posible al mismo tiempo. Algunas preguntas que pueden ayudarte a establecer estos aspectos son las siguientes:

- ¿Cómo ves la empresa en algunos años?
- ¿Cómo se adaptará tu empresa a los desafíos del futuro?
- ¿Cómo quieres que tu empresa sea percibida?
- ¿Qué deseas aportar a la sociedad en el futuro?

Cuando las respondas, sé muy sincero y realista para que tu visión realmente refleje las intenciones y anhelos de tu empresa. **Y no olvides que, tanto durante el camino como en el destino, ambos tienen la misma «parada»: disfrutar de la vida.** No se trata de disfrutar al final, sino de hacerlo mientras construyes tu empresa. Un negocio, como decía en la primera parte de *Los trucos de los ricos* es una fuente más de ingresos que financia a corto y a largo plazo tu actual (y futura) calidad de vida. No se trata de tener el mejor negocio del mundo, ni tampoco competir por llegar a ser uno de los tres mejores, ni es presumir de nada. Al rico no le interesa nada de eso. Para él la visión de su empresa está en concordancia con disfrutar de la vida.

La visión de tu empresa puede ser un escrito tan largo como tú desees. No obstante, también puedes hacerlo en una sola frase. El objetivo es que se comprenda y logres destacar los puntos más importantes, que te permita ver con claridad lo que quieres construir, porque esas imágenes, esas visiones, te darán la fuerza y el empuje necesarios para afrontar los problemas de otra forma diferente. Si no crees en ti, en tu proyecto, entonces poco podrá hacerse.

Recuerda que los objetivos de una visión son involucrar y servir a las personas externas e internas de tu organización, y promover la visión entusiasta de un objetivo con la inspiración para alcanzarlo. Para ello, tú debes ser el espejo en el que todos ellos se miren, y así saber el rumbo y el destino del barco en el que están montados.

Para entender bien la visión veamos esta historia:

> Un niño de siete años vio a un escultor que estaba esculpiendo una gran pieza de mármol y día tras día se pasaba para ver cómo evolucionaba el trabajo. Al cabo de un tiempo, vio el resultado: un precioso león. El niño, asombrado, le preguntó:
>
> —Señor, ¿cómo sabía que dentro había un león?
>
> Y él le dijo:

—Fue sencillo, cuando vi la roca, **lo único que hice fue quitarle las partes que le sobraban.**

Esto es tener las cosas claras, tener una clara visión.

A veces podemos equivocar la visión (propósito) con el deseo. El actor Will Smith habla sobre ello:

> El deseo se debilita con el tiempo, mientras que el propósito, cuanto más nos alineamos con él, más fuerte se hace. El deseo es insaciable, nos puede dejar vacíos. El propósito nos capacita, es un motor más potente.
>
> El deseo es personal y estrecho y afiliado, y tiende a la gratificación personal y a la obtención de beneficios y placeres a corto plazo.
>
> El propósito es más ancho, una visión a largo plazo que incluye beneficios para los demás. Es algo más allá de nosotros mismos, por lo que estamos dispuestos a luchar.
>
> El deseo es lo que queremos, el propósito es fruto de lo que somos.
>
> Un fin noble engendra emociones positivas. Cuando perseguimos lo que creemos que es un objetivo profundo y valioso, alimenta lo mejor de nosotros y de los demás.

Una vez tenemos la visión, para evitar que seamos un esclavo del negocio que sea, necesitamos disponer de un equipo, ya sea directo, o indirecto. Directo significa que trabaja con nosotros, e indirecto, que es un equipo externo (subcontratado). No tiene que suceder el primer mes o el primer año, pero sí debemos definir qué equipo nos hace falta, cómo debe ser, realizar la descripción de las tareas y las responsabilidades. En definitiva, armar las piezas de nuestro puzle. **Sin equipo, sin personas, sin apalancamiento humano, no puede haber «calidad de vida», y el rico lo sabe.**

Para ser rico y disfrutar de la vida hay que tener diferentes equipos, que han de ser «ganadores», entendiendo como ganador no quien únicamente consigue los objetivos, sino personas apasionadas que tengan la misma filosofía de trabajo: construir algo grande, que perdure en el tiempo, crecer y disfrutar de todo ello.

Sí, sí, ya sé que no es fácil encontrar un equipo con este perfil, pero **aquí tienes seis claves** que debe tener un buen equipo, las mismas que expone el *coach* de negocios **Roberto Gonzalo**:

1. Buen liderazgo y mánager. Líder es el apasionado, el enfocado, y el mánager es el competente, el productivo.

2. Objetivo común: ¿cuál es el objetivo de tu empresa?
3. Reglas de juego, cultura empresarial (valores y personalidad de la organización).
4. Plan de acción (hoja de ruta clara).
5. Apoya la toma de riesgos. Fallar mucho, de forma barata y rápida.
6. Total implicación en la inclusión de un equipo fuerte.

#LosTrucosDeLosRicos3

Cuando creas algo, siempre debes tener en mente el taburete: visión, equipo y sistemas. Sin estas tres patas, todo se vendrá abajo, y los ricos lo saben.

@juanharo

Truco 3

El mito del emprendedor

Recuerda que **la riqueza y la felicidad son conceptos subjetivos y que cada persona tiene su propia definición de lo que significa «disfrutar más de la vida»**. Lo importante es encontrar hábitos y prácticas que te ayuden a alcanzar tus objetivos y te hagan sentir realizado/a. Siempre es recomendable buscar un equilibrio entre el éxito financiero y el bienestar personal.

Los ricos tienen muy presente que un empresario, un emprendedor, un ejecutivo o una persona de negocios no es el clásico hombre o mujer de negocios que está siempre ocupado, con llamadas, cientos de reuniones y mucho estrés. Recuerda que el rico consigue mucho con menos. Logra resultados con menos desgaste de energía, con poco riesgo y mucho beneficio. La antítesis de lo que se piensa que debe ser. Siempre lo mismo. El camino menos transitado.

En la primera parte de *Los trucos de los ricos*, presento el truco 22: «Viven a través de sociedades», y **cuento una divertida anécdota de Michael Gerber**, autor estadounidense y fundador de Michael E. Gerber Companies, una empresa de formación para adquirir habilidades de negocios, situada en Carlsbad, California. Los ricos siempre recuerdan a este autor por su pequeño pero gran libro (en contenido): *El mito del emprendedor* (*The e-myth revisited*), una obra empresarial clásica que ofrece una perspectiva valiosa sobre cómo administrar y hacer crecer una pequeña empresa. Aquí tienes un resumen de los puntos clave del libro:

1. **El mito del emprendedor.** Gerber argumenta que el mito tradicional de que todos los emprendedores son expertos técnicos que inician negocios exitosos es incorrecto. Muchos empresarios fracasan porque no comprenden que dirigir un negocio exitoso requiere habilidades más allá de la experiencia técnica en su campo.
2. **La perspectiva del emprendedor, gerente y técnico.** El autor presenta tres roles fundamentales en un negocio: el emprendedor (quien tiene la visión), el gerente (quien crea sistemas y estructura) y el técnico (quien realiza el trabajo). Gerber destaca que un empresario exitoso debe equilibrar estos tres roles.
3. **Trabajar «en» y «sobre» el negocio.** Gerber enfatiza la importancia de trabajar tanto en el negocio (realizar las tareas diarias) como sobre el negocio (establecer sistemas y procesos para hacerlo eficiente y escalable).
4. **El negocio como prototipo.** El autor sugiere que los empresarios deben ver su negocio como un prototipo replicable y documentar todos los procesos y procedimientos para que puedan ser seguidos por otros.
5. **El sistema de transformación.** Gerber introduce el concepto del *franchise prototype* [prototipo de franquicia] como una forma de estructurar un negocio. Al crear sistemas estandarizados y escalables, el negocio se vuelve menos dependiente del propietario y más fácil de gestionar y de expandir.
6. **La importancia de la innovación continua.** Para mantener la relevancia y ser competitivo, el autor destaca que los empresarios deben ser proactivos en la mejora constante y la innovación dentro de su negocio.
7. **El cliente como el foco principal.** Gerber enfatiza la necesidad de comprender y satisfacer las necesidades del cliente. Propone crear una experiencia excepcional para el cliente para fomentar la lealtad y el boca a boca.
8. **El proceso de maduración del empresario.** El libro detalla las etapas de crecimiento y desarrollo que atraviesa un empresario a lo largo de su viaje como emprendedor, desde la infancia hasta la madurez.

En resumen, *El mito del emprendedor* es un libro valioso que desafía las percepciones comunes sobre el éxito empresarial y proporciona consejos prácticos para que los empresarios puedan trabajar de manera más efectiva en sus negocios, en lugar de sólo trabajar en ellos. Al centrarse en la creación de sistemas y procesos, los empresarios pueden liberarse para seguir su visión y hacer crecer sus negocios de manera más sostenible y exitosa.

Ahora veamos las conclusiones principales del libro *El mito del emprendedor*. Son las siguientes:

1. **Los empresarios exitosos deben equilibrar los tres roles: el emprendedor, el gerente y el técnico.** Comprender y desarrollar habilidades en cada uno de estos roles es esencial para dirigir un negocio de manera efectiva.
2. Los empresarios deben dejar de ver su negocio como un simple lugar para hacer el trabajo técnico y **empezar a verlo como un prototipo de franquicia, en el que se establecen sistemas y procesos estandarizados** para lograr eficiencia y escalabilidad.
3. **La innovación continua y la mejora constante son cruciales** para seguir siendo relevante en un mercado competitivo y en constante cambio.
4. **Los clientes deben ser el foco principal de cualquier negocio.** Comprender y satisfacer sus necesidades es fundamental para mantener la lealtad y generar recomendaciones positivas.
5. **El empresario debe trascender el trabajo diario, dedicar tiempo a trabajar en el negocio, crear sistemas y procesos que permitan su crecimiento** y obtener éxito a largo plazo. Así podrán salir cuanto antes del negocio y dejar de ser un hámster atrapado en su jaula.
6. La maduración del empresario es un proceso que se da a lo largo del tiempo. Con el aprendizaje y la experiencia, **los empresarios pueden crecer en sus roles y llevar su negocio al siguiente nivel.**

A partir de estas enseñanzas, **te propongo realizar** lo siguiente:

1. **Evalúa tus roles.** Reflexiona sobre tus habilidades y en qué medida estás equilibrando los roles de emprendedor, gerente y técnico en tu negocio. Identifica tus fortalezas y tus debilidades en cada área, y trabaja para desarrollar las habilidades que puedan estar desequilibradas.

2. **Crea sistemas y procesos.** Documenta los procesos clave de tu negocio para convertirlo en un prototipo replicable. Esto te permitirá liberar tiempo y energía para centrarte en la visión estratégica y en el crecimiento.
3. **Fomenta la innovación.** Mantente al tanto de las tendencias y de los cambios en tu industria, y busca formas de mejorar y adaptar tu negocio para satisfacer las necesidades cambiantes de los clientes.
4. **Prioriza a tus clientes.** Escúchalos activamente, recopila sus comentarios y asegúrate de ofrecerles una experiencia excepcional. La satisfacción del cliente es fundamental para el éxito a largo plazo de tu negocio.
5. **Trabaja en el negocio y en ti mismo.** Dedica tiempo para trabajar en tu negocio, y asegúrate de mejorar tus habilidades y conocimientos a lo largo del tiempo. La maduración como empresario es un proceso continuo.
6. **Busca apoyo y aprendizaje.** Participa en redes de emprendedores, grupos de negocios o busca mentores que te ayuden a crecer y superar los desafíos que puedas enfrentar.

Recuerda que la aplicación de estos conceptos puede variar según el tipo de negocio que tengas y la industria en la que desarrolles tu actividad. Siempre es recomendable adaptar las estrategias y los enfoques a tu situación particular.

El objetivo es siempre el mismo: el rico busca no ser esclavo del negocio, de hecho, crea negocios y proyectos para un mismo fin: «tener calidad de vida», y que ese estilo de vida lo financien sus negocios. La realidad es muy distinta, vemos a miles de empresarios que están inmersos en su negocio, del que dependen totalmente, lo que les impide incluso tomarse un café o comer con un amigo. Todo por la empresa o negocio que los mantiene esclavizados.

«La fábrica del futuro tendrá sólo dos empleados, un hombre y un perro. El hombre estará allí para alimentar al perro. El perro estará allí para evitar que el hombre toque los equipos» (Carl Bass).

Ya está aquí la inteligencia artificial (IA) y debe ir acompañada de una inteligencia del rico (empresario). La IA debe satisfacer los deseos de los ricos, y no al revés. Siempre con la mente puesta en tener negocios para seguir viviendo la vida que desea vivir, disfrutar cada día, y no ver cómo pasan los años sin más.

Se calcula que en 2040 hasta un 40 por ciento del proceso de producción será manejado por robots. Las máquinas ya son capaces de resolver problemas planteados por otras máquinas.

La británica Universidad de Oxford prevé que las máquinas y los robots realizarán la labor de casi la mitad de los empleos de Estados Unidos en los próximos veinte años.

Estamos inmersos en una era fantástica de grandes cambios, retos y mucha innovación en todos los campos. Ahora nos toca a nosotros, «los ricos», poner todos esos cambios a favor nuestro. **No para ser prisioneros de un mundo robotizado y sistematizado que sólo nos haga trabajar más, pagar más impuestos, anular nuestra libertad y, por tanto, disfrutar menos de la vida.** Eso es la antítesis de lo que significa ser rico.

Por ese motivo, el mito del emprendedor es siempre recordado por los ricos, por ti, amigo lector, y por mí.

#LosTrucosDeLosRicos3

Un negocio no debe ser jamás una jaula que nos mantiene atrapados como si fuésemos un hámster dando vueltas sin parar. El rico sabe que el negocio es una fuente de ingresos que financia su calidad de vida. Punto.

@juanharo

Truco 4

El mundo está hecho para los ricos

Si leíste el primer libro de *Los trucos de los ricos*, recordarás que mi amigo **Anxo Pérez fue quien escribió su maravilloso prólogo. Gracias de nuevo, querido amigo.** Anxo lleva muchos años evolucionando y rodeándose de las mentes más brillantes de España y fuera de ella, conoce bien a los ricos de los que hablo en mis libros: personas generosas, inteligentes, que disfrutan de la vida incluso en sus inicios más duros. Como no podía ser de otra manera, cuando empecé este libro, quise contar con su aportación y **le pedí que compartiese con nosotros un truco de los ricos para disfrutar la vida**. El truco es: «El mundo está hecho para los ricos». Aquí lo tienes, sin duda muy interesante. Gracias, Anxo.

A lo largo de mi vida he tenido el privilegio de trabajar con personas ricas. Algunas de ellas, incluso muy ricas. Y hay un truco que aprendí de ellas que me sorprendió mucho e hizo que mi cerebro volara. El truco es que el mundo está hecho para los ricos, y cuanto más tienes, más te da el mundo; y cuanto menos tienes, más te quita. Ahora entro en la explicación de por qué esto es así.

Observemos estos dos supuestos. Manuel es un maestro de escuela. Lleva toda la vida viviendo al día. Cuando quiere comprar un piso, tiene que hacer un enorme esfuerzo para pagar la entrada. Por fin, consigue una hipoteca y a partir de ahí se pasa los siguientes treinta años pagándola. ¿Nivel de esfuerzo de cero a diez? Diez.

¿Conclusión? Treinta años de esfuerzo para conseguir tener su propia vivienda, que, encima, es normalita.

Entra Jorge. Es el fundador y CEO de una empresa de éxito. Y te cuento el final de la historia: él vive en una mansión diez veces más cara que el piso de Manuel. ¿Sabes cuánto pagó por ella? Cero euros. ¿Cómo es posible?

Te explico cinco escenarios posibles en los que se cumple la teoría de los cero euros:

Caso A: compra la casa por un millón de euros. La vende unos años más tarde por 1,5 millones (esto lo he visto decenas de veces). No sólo vivió gratis todos esos años, sino que, además, ganó medio millón de euros mientras vivía gratis.

Caso B: compra la casa por un millón de euros. Cuelga fotos de la casa en plataformas de localizaciones de rodajes de cine. Le pagan entre 2.000 y 6.000 euros por día de rodaje. Su hipoteca vale 4.000 euros al mes. No sólo vive gratis, sino que además gana miles de euros todos los meses.

Caso C: no compra una casa, sino dos (algo que no puede hacer el que no es rico). Pone ambas casas en Airbnb y otras plataformas de alquiler vacacional. Cuando le entra una reserva en la casa 1, bloquea las fechas de la casa 2 para irse a dormir allí, y viceversa.

Caso D: compra la casa por 1 millón. Gasta (invierte) 300.000 euros en reformas. Ahora la casa ya no vale un millón, ni tampoco 1,3 millones, sino que vale 2 millones, y ése es el precio por el que la vende unos años más tarde. Pero si no hubiera tenido los 300.000 euros (más el millón que le costó, o al menos la entrada de la hipoteca), no habría podido ganar los 800.000 euros. Es decir, el mundo está hecho para los ricos.

Caso E: acondiciona las casas para incluir un pequeño estudio donde la gente que vende *infoproductos* pueda alquilarlo para grabaciones, una sala donde poder hacer conferencias y varias literas para poder hacer «retiros espirituales». La hipoteca anual le cuesta 50.000 euros. El dinero que genera con esos tres tipos de alquiler asciende a 100.000 euros.

Esto que acabo de contar con el ejemplo de una mansión podría incluso aplicarse a un avión privado. El pobre no podría pagarlo en cuatro vidas. **El rico podría tenerlo absolutamente gratis. ¿Cómo? Usando su capital para comprar ese avión.** Lo usa 65 días al año y lo pone en alquiler los otros 300. ¿Cuánto pagó por el avión? Nada. La fiesta la pagan sus clientes con cada viaje que alquilan. ¿Por qué no puede hacer eso alguien que no es rico? Porque no puede acceder al capital que requiere montar ese negocio.

¿Se entiende por qué el mundo está hecho para ricos? Por tanto, mi consejo es: puedes destinar tu dinero a reducir tu riqueza (por ejemplo, gastándolo en Zara o en restaurantes) o a construirla (por ejemplo, ahorrando para conseguir tu primera hipoteca a la más temprana edad). Si has entendido este truco de los ricos que acabo de explicar, sabrás qué opción es un acierto y cuál es un error.

«Cuanto más tiempo actúes como si fueras pobre, más tiempo podrás vivir como si fueras rico.»

¡Brillante exposición, Anxo!

Y añado lo siguiente: ya sabes, la riqueza no está en tu cuenta bancaria ni en lo que tienes, sino en tu cabeza, en tu mente, **ahí es donde radica la diferencia, el «efecto trampolín» o el «efecto retorno».** La afirmación es una especie de parábola económica que sugiere que, si se tomaran todas las riquezas de los millonarios y se redistribuyeran entre la población general, en poco tiempo, la riqueza volvería a concentrarse en manos de los mismos millonarios iniciales.

Este dicho se basa en la idea de que la riqueza no sólo depende de la distribución inicial, sino también de la forma en la que las personas gestionan y utilizan el dinero. Se argumenta que aquellos que tienen habilidades empresariales, conocimientos financieros y acceso a oportunidades tienen más probabilidades de volver a acumular riqueza más rápidamente que aquellos que no tienen esas ventajas.

Aunque este dicho se usa comúnmente para cuestionar la eficacia de una redistribución radical de la riqueza como solución definitiva a la desigualdad económica, la realidad es mucho más compleja. La desigualdad económica es un tema multifacético que involucra factores políticos, sociales, culturales y económicos, y no puede reducirse a una simple afirmación.

El mundo está hecho para los ricos por su forma tan distinta de ver la vida, las finanzas, la economía y, en definitiva, todo. Se trata de una forma diferente de pensar.

#LosTrucosDeLosRicos3

Si cambias la pregunta, obtienes siempre otra respuesta. El rico no se centra en el resultado, sino en obtener lo mismo que otro, pero pagando un precio infinitamente menor, y justo ahí radica toda la diferencia. Conseguir mucho con casi nada. Parece magia, pero no lo es.

@juanharo

Truco 5

Sucesos inesperados

Los trucos o hábitos que presenta este libro para disfrutar de la vida pueden ponerse en práctica en cualquier momento, y todos los «bolsillos» pueden hacerlo. Se trata de imitar, de anticiparse, de copiar los trucos para lograr nuestros objetivos. No obstante, cierto es que las personas adineradas o financieramente prósperas están mejor preparadas para enfrentar situaciones imprevistas (sucesos inesperados) o crisis económicas. **Aquí hay algunas posibles interpretaciones:**

1. **Previsión y planificación financiera.** Los individuos ricos a menudo son más conscientes de la importancia de la planificación financiera y la previsión. Pueden establecer fondos de emergencia, diversificar sus inversiones y mantener reservas de liquidez para enfrentar desafíos inesperados, como pérdidas en el mercado, gastos médicos inesperados o pérdidas de empleo.
2. **Acceso a recursos.** Los ricos suelen tener acceso a una red de recursos y asesores financieros que les brindan información y consejos sobre cómo gestionar sus activos en tiempos de incertidumbre económica.
3. **Capacidad de recuperación.** Gracias a su posición financiera privilegiada, los ricos pueden tener una mayor capacidad de

recuperación ante eventos inesperados. Pueden adaptarse más fácilmente a los cambios económicos y tomar decisiones más informadas para proteger su patrimonio.

4. **Inversión en oportunidades.** Algunos individuos adinerados aprovechan las crisis o sucesos inesperados y los convierten en oportunidades para invertir en sectores o activos infravalorados, lo que les permite capitalizar y aumentar aún más su riqueza.

Es importante mencionar que no todas las personas ricas manejan sus finanzas de la misma manera y que la frase no implica que todos los ricos estén preparados para todas las eventualidades. Además, la capacidad de **anticipar y enfrentar sucesos inesperados no está limitada únicamente a los individuos ricos:** cualquier persona puede adoptar una mentalidad de previsión y planificación financiera para mejorar su seguridad económica a lo largo del tiempo.

Podemos distinguir dos tipos de sucesos inesperados, uno con respecto a disfrutar más de la vida y otro sobre inversiones, dinero o incluso inmuebles (mi pasión).

Sobre los sucesos inesperados para disfrutar de la vida cabe decir que, al ser inesperados, pueden agregar un toque emocionante e interesante a la vida, y brindar oportunidades para disfrutar de nuevas experiencias y perspectivas. Aquí hay algunas formas en las que los sucesos inesperados pueden contribuir a disfrutar de la vida:

1. **Viajes espontáneos.** Recibir una invitación sorpresa para un viaje o tomar una decisión impulsiva para viajar a un lugar desconocido puede ser emocionante y enriquecedor. Los viajes espontáneos permiten sumergirse en diferentes culturas, probar comidas nuevas y crear recuerdos inolvidables. Lo comentaremos más adelante en otro truco posterior.
2. **Encuentros sociales.** Conocer a personas interesantes o hacer nuevos amigos de manera inesperada enriquecerá tu vida social. Aprovecha la oportunidad de entablar conversaciones con extraños, ya que nunca sabes qué nuevas conexiones podrías hacer.
3. **Oportunidades laborales.** Recibir una oferta de trabajo inesperada o ser seleccionado para un proyecto desafiante te brindará nuevas oportunidades de crecimiento profesional y personal.
4. **Descubrimiento de pasiones.** Participar en actividades aleatorias o recibir una recomendación para probar algo nuevo puede llevarte a descubrir pasiones y talentos que desconocías. Por

ejemplo, asistir a un taller de arte o un evento cultural puede despertar tu creatividad.
5. **Sorpresas positivas.** Recibir sorpresas agradables, como un regalo inesperado o una muestra de cariño de un ser querido, mejorará tu estado de ánimo y te hará sentir más feliz.
6. **Aventuras improvisadas.** Aceptar desafíos espontáneos o realizar actividades fuera de tu zona de confort, como deportes de aventura o excursiones, aportará emoción y adrenalina a tu vida.
7. **Momentos de reflexión.** Los sucesos inesperados, incluso aquellos que pueden ser difíciles, pueden brindar momentos para reflexionar sobre la vida, aprender lecciones valiosas y crecer como individuo.

Es importante tener la mente abierta ante las oportunidades que la vida presenta, incluso las que no se habían planeado, ya que pueden llevar a experiencias gratificantes y enriquecedoras. Sin embargo, también **es esencial mantener un equilibrio y estar preparado para manejar los desafíos que los sucesos inesperados** pueden traer consigo. La clave está en mantener una mentalidad abierta y flexible para adaptarse a las sorpresas que la vida nos tiene reservadas.

Ahora exploremos el área de «sucesos inesperados» con respecto a las inversiones, dinero o inmuebles...

Los ricos nos enseñan que no todo se reduce a tener habilidad o suerte, **existen los sucesos** inesperados o extremos que lo cambian todo. Un único hecho puede cambiar el curso de las inversiones. Uno puede ganar en una operación el equivalente a siete o bien ocho operaciones.

Muchos «ricos» se centran en comprar lotes grandes de arte o inmuebles esperando que unos pocos logren rentabilidades muy superiores a la media, o incluso puede que, aunque un porcentaje de las piezas de estos lotes generen pérdidas, alguna de ellas logrará venderse por millones de euros. Es un suceso inesperado. Los grandes marchantes de arte operan como los fondos indexados: compran todo lo que pueden en paquetes, no adquieren piezas individuales que les gusten, sino que esperan hasta obtener algunos éxitos, hasta que aparezcan algunos sucesos inesperados. Puedes adquirir un lote con el 90 por ciento de obras mediocres, pero si una de ellas es un Picasso, tendrás un éxito rotundo.

Un ejemplo fue lo que sucedió con los estudios Disney. La empresa se declaró en quiebra porque sus películas eran muy caras de producir.

A mediados de la década de 1930, Disney había producido más de cuatrocientas películas de dibujos animados. La mayoría eran cortos y le hicieron perder una fortuna. Pero *Blancanieves y los siete enanitos* lo cambió todo. En los primeros seis meses de 1938 cosechó 8 millones de dólares. Algo colosal para la época. Otro suceso inesperado.

En una ocasión, la empresa de inversión Correlation Ventures hizo números de las más de veintiún mil operaciones con capital riesgo entre 2004 y 2014, y éstos fueron los resultados:

- Un 65 por ciento de las operaciones perdieron dinero.
- Un 2,5 por ciento de las inversiones dieron una rentabilidad de entre diez y veinte veces.
- Un 1 por ciento reportó unos beneficios de más de veinte veces.
- Un 0,5 por ciento (unas cien operaciones de veintiún mil) obtuvo una rentabilidad de cincuenta veces o más.

Los sucesos extremos lo mueven todo. La idea de que «unas pocas cosas son las responsables de la mayor parte de los resultados» no es válida solamente para las empresas de inversión, también es una parte importante de tu comportamiento como inversor, y eso es extrapolable a otros campos.

Napoleón dio la siguiente definición acerca de lo que es un genio militar: «Aquel hombre capaz de actuar con normalidad cuando el resto de las personas a su alrededor se están volviendo locas».

Esto es válido también para el mundo de la inversión. Al estar en el partido (en el juego) mucho tiempo, puedes estar presente cuando aparecen sucesos extraños o raros que lo cambian todo. Dicho de otro modo: la manera en que actuaste como inversor durante unos meses a finales de 2008 y principios de 2009 probablemente tendrá un mayor efecto en tus beneficios a largo plazo que todo lo que hiciste entre los años 2000 y 2008.

Los pilotos suelen comentar que su trabajo son horas y horas de aburrimiento interrumpidas por instantes de puro terror. Lo mismo puede decirse de las inversiones, tu éxito como inversor vendrá determinado por cómo responder a los breves instantes de terror, no a los años yendo con el piloto automático. Los sucesos extremos lo determinan todo.

En la junta de accionistas de Bershire Hathaway de 2013, **Warren Buffett** dijo que a lo largo de su vida había sido propietario de entre cuatrocientas y quinientas acciones, y que había obtenido la mayor parte de su dinero gracias a sólo diez de ellas. **George Soros** dijo una vez: «Lo importante no es si aciertas o te equivocas, sino cuánto dinero ganas cuando aciertas y cuánto pierdes cuando te equivocas».

#LosTrucosDeLosRicos3

De nada vale tener un vino gran reserva si luego no te lo bebes. De nada vale tener patrimonio si no lo disfrutas.

@juanharo

Truco 6

Jubilación anticipada

Antes de nada, es importante recalcar que el rico no piensa en la jubilación en los mismos términos en que lo hace una persona corriente.

Para el común de los mortales, la jubilación es un período de la vida en el cual una persona se retira formalmente de su actividad laboral habitual, generalmente después de haber alcanzado una edad específica o de haber cumplido con ciertos requisitos establecidos por el sistema de seguridad social de su país. Es una etapa en la que se deja de trabajar de manera activa y se inicia una transición hacia una vida de tiempo libre y de descanso.

La jubilación puede ser voluntaria, cuando la persona decide dejar de trabajar por elección propia, o puede ser obligatoria, cuando se alcanza una edad de retiro establecida por la legislación o por el empleador. En muchos países, la edad de jubilación suele estar determinada por la ley y puede variar según ciertos factores, como la profesión, el género y la contribución al sistema de seguridad social. La jubilación conlleva cambios en la situación financiera y el estilo de vida de la persona. Generalmente, quienes se jubilan pasan de depender principalmente de un salario a depender de ingresos provenientes de pensiones, ahorros personales, inversiones y/o beneficios de programas de seguridad social, como pensiones estatales o privadas.

Algunas personas aprovechan la jubilación para viajar, dedicarse a pasatiempos y actividades recreativas, aprender nuevas habilidades, pasar tiempo con la familia y los amigos o realizar actividades de voluntariado. Sin embargo, las experiencias de jubilación pueden variar significativamente según la situación financiera, la salud y las preferencias individuales de cada persona.

Para el rico, la jubilación no existe como tal. Un jubilado es alguien que sale, generalmente, del mercado laboral, alguien que deja de producir, que busca el ocio muchas veces. Y eso no está mal, no digo que sea un crimen. Pero muchas veces el hecho de jubilarse se ve como dejar de hacer algo que no te gusta para pasar a disponer de tiempo para hacer aquello que te gusta. **Pero ¿qué ocurre cuando tu vida transcurre haciendo aquello que te gusta? ¿Realmente buscas jubilarte?** Seguramente no. Lo que quieres es seguir creciendo, viviendo como quieres y dejar de pensar en términos de dinero y edad. El rico del que hablo aprueba la asignatura del dinero, logra antes la seguridad y la tranquilidad financiera, y, a la par, lo une con disfrutar haciendo su trabajo, así como un disfrute equilibrado de su vida; no hay motivos para cortar con todo por el mero hecho de tener sesenta, sesenta y cinco o sesenta y siete años. Nadie debería decirnos cuándo jubilarnos.

Es importante tener en cuenta que no todas las personas ricas tienen una jubilación idílica, y cada individuo puede tener circunstancias y enfoques diferentes. Además, la jubilación no trata sólo de aspectos financieros, sino también de encontrar significado y bienestar en esta etapa de la vida. Independientemente de los recursos financieros, **una jubilación satisfactoria se basa en una planificación adecuada, una buena salud física y emocional, y el disfrute de actividades que aporten felicidad y plenitud personal.**

Para las personas ricas, la jubilación puede tener algunas diferencias significativas en comparación con la de aquellos que tienen recursos financieros más limitados. Aquí hay algunos aspectos que podrían caracterizar la jubilación de los ricos:

1. **Independencia financiera.** Los ricos tienden a tener una mayor capacidad para alcanzar la independencia financiera en la jubilación. Pueden acumular suficientes activos, inversiones y propiedades a lo largo de sus vidas, lo que les permite disfrutar de un nivel de ingresos pasivos que cubre sus gastos y necesidades durante la jubilación.
2. **Estilo de vida durante la jubilación.** Las personas ricas pueden mantener un estilo de vida similar o incluso más lujoso durante su jubilación, en comparación con su anterior vida laboral. Pueden

permitirse viajar a destinos exóticos, adquirir bienes de lujo y participar en actividades costosas sin preocuparse demasiado por las limitaciones financieras. Sus fuentes de ingresos, que establecieron anteriormente, no dejan de dar frutos mes tras mes.

3. **Planificación financiera sofisticada.** Los ricos suelen tener acceso a asesores financieros y expertos en planificación patrimonial que los ayudarán a estructurar su jubilación de manera óptima. Utilizan estrategias fiscales y de inversión avanzadas para maximizar su patrimonio y minimizar los impuestos en la jubilación. **Esto no quiere decir que tú no puedas tener estos conocimientos y contactos.** Por el mero hecho de no tener dinero, no estás limitado a tener que optar a información o contactos mediocres, no lo olvides nunca, por favor.
4. **Opciones de retiro anticipado.** Con una base financiera sólida, algunos individuos ricos pueden optar por retirarse antes de la edad típica de jubilación. Esto les brinda la libertad de disfrutar de su tiempo libre y dedicarse a vivir su pasión o realizar proyectos personales. Aunque, como hemos dicho anteriormente, la jubilación o el retiro son totalmente compatibles con actividades empresariales.
5. **Filantropía y legado.** Para los ricos, la jubilación se asocia a menudo con enfocarse en la filantropía y dejar un legado para las futuras generaciones. Establecen fundaciones, hacen donaciones a organizaciones benéficas y contribuyen a causas que les interesan particularmente.
6. **Gestión continua de inversiones.** A diferencia de aquellos con menos recursos, los ricos generalmente siguen administrando sus inversiones y activos durante la jubilación para asegurarse de que su riqueza se mantenga y crezca a lo largo del tiempo.

Trabajamos sin parar, sin control, pero ¿para quién lo hacemos? Seguramente contestarás que trabajamos para nosotros mismos. Sin embargo, pasan los años y, ¿qué te queda para afrontar una cómoda jubilación? Es un tema duro del que no nos gusta hablar en familia o con la pareja, pero necesitamos hacerlo, porque el tiempo pasa muy deprisa. Además, debemos tener claros nuestros objetivos financieros, porque eso nos ayudará a trabajar con sentido, con un plan definido.

Por lo tanto, la primera pregunta que debemos hacer es ¿cuánto dinero necesitaremos cada mes una vez dejemos de cambiar tiempo por dinero? O bien, ¿dejarás este importante aspecto en manos de una pensión que te pague el Estado? Yo no lo haría. Siempre es mejor depender de uno mismo que de un tercero. Sigamos con los pasos: el primero es definir qué dinero quieres recibir mensualmente mientras disfrutas de tus veinticuatro horas para realizar lo que siempre has pospuesto. A unos les bastará con 2.000 euros, otros necesitarán 3.000. Espero que no tengas que depender de nadie y que pronto empieces a poner tu dinero a trabajar.

Si quieres recibir 2.000 euros mensuales, esto supone 24.000 euros anuales, y si tienes inversiones que te proporcionan un 8 por ciento anual (por ejemplo, con los inmuebles), tan sólo necesitas 300.000 euros invertidos para que recibas cada mes dicha mensualidad. Si logras conseguir un 20 por ciento anual realizando operaciones inmobiliarias mixtas —alquiler y plusvalías por ventas (10 por ciento por ingresos de alquiler anual y 10 por ciento por operaciones de compra y venta apalancado para que no tengas que hacerlo tú, pues estás jubilado)—, entonces el capital que necesitas es de tan sólo 122.000 euros.

Por esta razón me gustan los inmuebles, porque te permiten comprar tiempo. El secreto está en combinar estrategias de corto y largo plazo. Pero sigamos hablando de la jubilación. Se produzca cuando se produzca, recuerda que necesitarás dinero para:

- Gastos cotidianos.
- Pagos de tarjetas.
- Impuestos.
- Viajes.
- Aficiones.
- Lujos o pequeños placeres.
- Hijos y/o nietos.

Recuerda que deberás tener en cuenta la maldita inflación. Un español que hoy en día necesite 50.000 euros al año para cubrir sus necesidades, necesitará aproximadamente 78.000 euros en veinte años y 98.000 euros en treinta años con una inflación media del 3 por ciento.

Otro aspecto es el horizonte temporal, es decir, tu esperanza de vida. Pura estadística. Actualmente, si hoy tienes sesenta años, la esperanza de vida es de ochenta y cinco años. Si tienes sesenta y cinco, ochenta y seis años, y si tienes setenta, ochenta y siete años. No somos inmortales. Si lo fuésemos, necesitaríamos mucho más dinero.

Y ahora viene la pregunta del millón: ¿cómo vas a financiar tu jubilación? ¿Seguirás trabajando como hace mucha gente al jubilarse para poder mantener su estilo de vida o dependerás del Estado, o bien tendrás negocios, activos o inmuebles que te aporten rentas constantes?

La diferencia entre tus ingresos y tus gastos totales dan como resultado tu ahorro neto. Si es negativo (como ocurre con muchos jubilados o con personas a punto de jubilarse con grandes patrimonios), podrías necesitar más retornos de tu cartera de inversión para garantizar que puedes cubrir todos tus gastos. Y si no lo tienes, si no puedes obtener ningún retorno, ya sabes, ¡lagarto, lagarto! Tu calidad de vida menguará.

Existe una diferencia clave entre renta y efectivo. La renta es el dinero que se recibe y el efectivo es el dinero del que se dispone. Por ejemplo, los dividendos y los cupones que pagan los bonos se consideran rentas, y así deberías reflejarlos en tus declaraciones tributarias. Son dos fuentes aceptables de dinero. Pero si confías en ellas exclusivamente, podrías quedarte corto. Por otro lado, vender una acción también genera efectivo. Cuando vendes una acción, la diferencia entre lo que pagas y lo que obtienes se considera una plusvalía (o minusvalía).

Conclusión: a la hora de costear tu jubilación, sería sensato centrarse en la rentabilidad total de tu cartera y en la generación de efectivo, con independencia de dónde proceda el dinero que tienes ahorrado, de la venta de valores o de rentas periódicas. Sin embargo, antes de poder generar una renta, tendrás que decidir qué activos integrarán tu cartera.

Complementar la pensión o jubilación es esencial para garantizar una mayor estabilidad financiera durante la etapa de retiro. Aquí hay algunas inversiones o fuentes de ingresos que podrían ayudarte a lograr ese objetivo:

1. **Planes de jubilación privados.** Considera invertir en planes de jubilación privados en compañías de seguros. Estos instrumentos permiten invertir dinero de manera fiscalmente ventajosa para el retiro.
2. **Inversiones en acciones y bonos.** La inversión en el mercado de valores puede ser una forma de hacer crecer tus ahorros. Las acciones proporcionan ganancias de capital a largo plazo, mientras que los bonos generan ingresos a través de pagos de intereses regulares.
3. **Propiedades de alquiler.** Invertir en bienes raíces y comprar propiedades para alquilar genera ingresos pasivos mensuales adicionales. El alquiler de propiedades proporciona una fuente confiable de ingresos en la jubilación. Incluso puedes hacer operaciones tipo «avión», como vimos en *Los trucos de los ricos 2.ª parte.*

4. **Fondos de inversión.** Son una forma de invertir en una cartera diversificada gestionada por profesionales. Puedes elegir fondos que se ajusten a tu perfil de riesgo y objetivos financieros.
5. **Anualidades.** Son productos financieros ofrecidos por compañías de seguros que proporcionan ingresos regulares durante la jubilación. Pueden ser de naturaleza fija o variable, según cómo se invierta el dinero y qué rendimientos se obtengan.
6. **Ingresos pasivos en línea.** Existen diversas formas de generar ingresos pasivos en línea, como escribir libros electrónicos, crear cursos en línea, monetizar un blog o canal de YouTube o criptomonedas *staking*, entre otros. Estas actividades proporcionan ingresos adicionales sin requerir una dedicación de tiempo completo.
7. **Dividendos de acciones.** Considera invertir en acciones de empresas que pagan dividendos. Estas empresas distribuyen una parte de sus ganancias a los accionistas, lo que proporciona ingresos regulares en forma de dividendos.

Es importante tener en cuenta que cualquier inversión conlleva cierto nivel de riesgo, por lo que es crucial hacer una planificación financiera adecuada y consultar con asesores financieros para asegurarte de que tus decisiones se ajusten a tus objetivos y tolerancia al riesgo. Diversificar tus inversiones también puede ser una estrategia inteligente para reducir los riesgos y mejorar las oportunidades de crecimiento financiero a largo plazo. Es importante planificar adecuadamente la jubilación y considerar aspectos, como la seguridad financiera, la cobertura médica y el bienestar emocional para poder disfrutar de esta etapa de la vida de manera satisfactoria y enriquecedora.

Simplemente, para de trabajar ahora (tengas la edad que tengas) y diseña tu jubilación. Quizá esté más cerca de lo que crees. Nunca se sabe.

#LosTrucosDeLosRicos3

Los ricos no piensan en jubilarse para disfrutar de la vida, los ricos disfrutan de la vida primero y la equilibran para no tener que jubilarse jamás.

@juanharo

Truco 7

La tríada TEP

Aquello que anhelamos, nuestros sueños, metas, proyectos y deseos tienen que ver con tres importantes variables que van unidas. Las tres van de la mano, todas importantes, y son un faro en mi vida. Por eso las comparto contigo: «la tríada que lo cambia todo». **La tríada «tiempo, energía y prioridades» se refiere a la interconexión entre estos tres elementos en la vida de una persona.** Dependiendo de cómo manejes, asignes y equilibres estas tres cosas tendrá un impacto significativo en tu bienestar general y en tu capacidad para lograr tus objetivos y metas.

TEP = Tiempo, Energía y Prioridades

1. **El tiempo. El tiempo es vida, es finito y por eso ha de ser cuidado, mimado. No podemos, no debemos malgastarlo.** Cualquier cosa que queramos conseguir, necesitaremos planificar e invertir tiempo de calidad. Por tanto, esta variable es vital para lograr lo que sea. Si no tienes tiempo, la TEP deja de tener sentido. No te servirá, recuerda: los tres o ninguno. Destina tiempo (parcelas) a lo que quieres lograr. No es suficiente desearlo o visualizarlo. El tiempo es un recurso limitado y valioso. Cómo lo utilices determinará qué actividades y tareas llevarás a cabo en tu vida diaria. La gestión efectiva del tiempo implica identificar tus prioridades y dedicar tiempo suficiente a actividades que

sean importantes y que te acerquen a tus metas. Organizar tu día y establecer horarios te ayudará a aprovechar al máximo el tiempo disponible.

2. **La energía. La E de energía se refiere a tu capacidad física, mental y emocional para llevar a cabo las actividades diarias.** Es importante cuidar y mantener tu energía para ser productivo y efectivo en lo que haces. Esto implica prestar atención a factores como una dieta saludable, ejercicio regular, descanso adecuado y la gestión del estrés. Cuando tienes suficiente energía, eres más capaz de enfrentar desafíos y mantenerte enfocado para desempeñar tus prioridades. Sentirnos llenos de fuerza y vitalidad, optimismo y ganas para ir con determinación a por nuestro proyecto, deseo u objetivo. ¿Qué acciones se te ocurren para tener más energía, qué te hace estar a mil para conseguirlo? Si no te atrae lo que deseas, si no te motiva y te inyecta adrenalina, entonces me temo que será complicado que lo logres. Somos como la batería de un móvil, con una energía finita que ha de ser recargada constantemente, y el rico lo sabe. Por este motivo selecciona muy bien dónde y cómo invertirla.
3. **Las prioridades.** Finalmente, está la P de prioridades, que se ubica al mismo nivel que las anteriores (tiempo y energía). **Las prioridades son las actividades, tareas o metas que consideras más importantes y significativas en tu vida.** Identificar tus prioridades te ayuda a tomar decisiones informadas sobre cómo utilizar tu tiempo y tu energía. Es fundamental establecer tus objetivos a largo plazo y luego desglosarlos en metas más pequeñas y alcanzables. Priorizar te ayuda a enfocarte en lo que realmente importa y a evitar dispersarte en tareas que no contribuyen significativamente a tus metas. Las prioridades son como faros en la oscuridad, nos guían hacia nuestros objetivos a medida que navegamos por el tiempo.

Primero lo primero, qué prioridad tienes en tu vida que te aportará una mejor calidad, un mayor bienestar. No tres o cuatro, sino la número 1, la que hará que se dibuje una mayor y mejor sonrisa en tu cara. Esta prioridad es la que debe determinar a qué dirás que sí o que no. Si aquello que analizas hacer o decidir está alineado con tu prioridad, «juego», de lo contrario «me retiro». De la misma forma, **cuando el rico va a hacer algo, se pregunta si esto o aquello es consecuente con su tríada TEP**: ¿le aportará más tiempo, energía y está alineado con sus prioridades?

El equilibrio adecuado entre tiempo, energía y prioridades es esencial para una vida satisfactoria y exitosa. **Si dedicas tiempo y energía a actividades que están alineadas con tus prioridades y valores, estarás más cerca de lograr tus sueños y alcanzar un sentido de bienestar y realización personal.** Recuerda que el autoconocimiento y la autodisciplina son claves para administrar estos tres aspectos de manera efectiva y encontrar el equilibrio adecuado para tu vida.

Ahora te toca a ti, amigo lector. Si dudas, es que no. Si estás seguro, «dispara» y adelante. La vida es un eco en la eternidad, debemos aprovecharla y la tríada te marcará el rumbo.

Es fácil decirlo, ¿verdad?, pero vamos por la vida como simples autómatas, sin pensar en la tríada TEP. **Sólo tienes una vida, como yo. No la desperdicies quemando tiempo, energía o luchando por lograr prioridades de terceros.** Así es como yo lo veo, por si te sirve.

- No administres solamente tu tiempo, administra también tu energía y tus prioridades, y descubrirás que puedes hacer más de lo que imaginabas.
- El tiempo es un recurso no renovable, inviértelo sabiamente en lo que realmente importa y en lo que te acerca a tus sueños.
- No esperes a que el tiempo sea perfecto, comienza ahora y utiliza tu energía para dar forma a tus prioridades.
- Cuando alineas tus acciones con tus prioridades, tu tiempo y energía se vuelven poderosos aliados en la consecución de tus sueños.
- El tiempo bien utilizado y la energía enfocada son la clave para alcanzar logros extraordinarios.

Para finalizar este truco, comparto contigo **una historia que nos habla de los obstáculos** que la vida va poniendo ante nosotros. Se cree que el propio Zenón, fundador del estoicismo, decidió estudiar filosofía al leer sobre este momento decisivo en la vida de Hércules:

> Cuenta la leyenda que Hércules se encontraba reflexionando sobre su destino en un cruce de caminos, dudando sobre cuál debía tomar. En ese momento se le aparecieron dos diosas. Una de ellas, llamada Kakia, se abalanzó sobre él. Le prometió un camino fácil, lleno de lujos y placeres. No tendría que enfrentar peligros ni realizar esfuerzos, y viviría del trabajo ajeno.
>
> Después se le acercó la otra diosa, llamada Arete, y le explicó que el camino que ella proponía sería largo y difícil, lleno de peligros y desafíos.

—Nada realmente bueno y admirable es ofrecido por los dioses a los humanos sin esfuerzo ni dedicación —le dijo—. Estos desafíos te permitirían demostrar tu coraje y sabiduría, librando batallas con determinación y disciplina. Sólo de esta manera podrías realmente lograr una felicidad duradera (*eudaimonia*), al desarrollar todo su potencial natural.

Como sabemos, Hércules eligió el camino de la virtud (Arete), abordando sin descanso los famosos doce trabajos.

Usó cada obstáculo para mejorar y aprender. Tras su muerte, el todopoderoso Zeus quedó tan impresionado con su ejemplo que lo elevó a la categoría de dios.

Los estoicos usaban esta fábula como metáfora de lo que es en realidad una buena vida. Aseguraban que es mejor enfrentar desafíos en persecución de algo que merece la pena, que buscar una vida fácil y cómoda, quc simplemente debilita nuestro cuerpo y espíritu.

Por tanto, amigo lector, no tengas miedo de los obstáculos, tienen (todos ellos) una razón de ser.

#LosTrucosDeLosRicos3

La clave para una vida equilibrada es asignar tiempo y energía a tus prioridades, no a tus excusas.

@juanharo

Truco 8

Diferencian «ser ricos» de «riqueza»

«Ser ricos» y «riqueza» son conceptos relacionados, pero con diferencias importantes. A continuación, te explico cada uno de ellos:

1. **Ser ricos.** Esta expresión se refiere a la condición de poseer una gran cantidad de dinero o recursos materiales. Esta definición es la creencia popular, aunque como ya sabes a estas alturas del libro, los «ricos» a los que yo me refiero son personas bien diferentes. Podrían pasar por personas comunes. **Cuando alguien es rico, significa (popularmente)** que tiene un alto nivel de riqueza económica. La riqueza aquí se enfoca principalmente en los bienes y activos financieros que una persona o familia posee, como propiedades, inversiones, cuentas bancarias o negocios, entre otros.
2. **Riqueza.** Por otro lado, la riqueza es un concepto más amplio, que va más allá del aspecto financiero. **La riqueza puede referirse a la abundancia y diversidad de recursos que una persona, comunidad o nación poseen.** Estos recursos pueden incluir no sólo el dinero y los bienes materiales, sino también aspectos como el conocimiento, la educación, las relaciones sociales, la salud, el bienestar emocional y el capital humano. Es más, hay mucha gente que disfruta de la riqueza de la vida sin tener mucho dinero, incluso casi sin dinero. Porque primero hay que tener riqueza para luego ser rico.

En resumen, ser ricos se centra en el aspecto económico y material, mientras que la riqueza abarca una gama más amplia de recursos y activos, tanto tangibles como intangibles. Es importante tener en cuenta que, aunque el dinero y los bienes materiales pueden proporcionar comodidad y oportunidades, **la verdadera riqueza se encuentra en el equilibrio y la plenitud en diferentes aspectos de la vida**, incluidos el bienestar personal, la salud, el conocimiento y las relaciones significativas.

Para mí, la riqueza no significa tener una cuenta bancaria abultada. La riqueza es primero la habilidad de crear riqueza. Hay mucha gente que dice que sabrá vivir bien cuando sea rico, cuando realmente es al revés, primero debes saber vivir bien, para luego ser rico. ¿Ves la diferencia?

Veamos un ejemplo: alguien gana la lotería o en los juegos de azar. Incluso si gana 100 millones, no es un hombre rico: es un hombre pobre con mucho dinero, por eso el 90 por ciento de los millonarios de la lotería vuelve a ser pobre después de cinco años.

También tienes gente rica que no tiene dinero. Ejemplo: la mayoría de los emprendedores, al empezar, arrancaron casi sin recursos. Sin embargo, ya están en el camino de la riqueza, aunque no tengan dinero, porque están desarrollando su inteligencia financiera y eso es la riqueza. Los ricos y los pobres son diferentes por su forma de pensar, de ver el dinero, de manejar sus creencias. El rico puede morir para hacerse rico, entrega su vida a una misión y a una visión. Mientras que el pobre puede matar para serlo, porque se mueve por impulsos, sin estrategia, sin educación financiera, en definitiva, sin un plan.

Si veo a un joven que decide formarse, aprender cosas nuevas y que intenta mejorar constantemente, **sé que es un hombre rico**. Si veo a un joven que piensa que el problema es el Estado, y que encuentra que los ricos son todos ladrones, a los que critica constantemente, **sé que es un hombre pobre**.

Los ricos están convencidos de que necesitan información, persistencia, acción y capacitación para despegar, los pobres creen que otros deben darles dinero y los medios para despegar. El primero se los crea, el segundo aguarda a que un tercero le ayude.

En conclusión, **los iguales se atraen, y una persona rica buscará a otra que sobre todo tenga la mentalidad del rico: su forma de ver la vida sencilla, su forma de pensar sobre el dinero, los recursos y, sobre todo, las oportunidades**. Por el contrario, cuando vemos a alguien perdido, violento, enfadado con el mundo y con pocos recursos, suele ser porque no tiene claridad, no hay mentores o personas de éxito a su alrededor, está en un entorno que no es propicio. Está fomentando el mismo tipo de información una y otra vez. Es un bucle sin fin.

No cuentan con un sistema de cómo pueden ganar dinero por sí mismos.

> Un día, el vigilante de un banco encontró una bolsa llena de dinero, tomó la bolsa y se fue a entregarla al director del banco. La gente le llamó idiota, pero en realidad, ese señor era sólo un hombre rico que no tenía dinero. Un año después, el banco le ofreció un puesto de recepcionista, tres años más tarde era jefe de departamento y diez años después administraba la dirección regional del banco, lideraba a cientos de empleados y sus bonificaciones anuales superaban la cantidad que podría haber robado. Es una historia real.

La riqueza es primero un estado mental, amigo lector. No lo olvides. Si tienes dudas, si crees que no es para ti, entonces hay que continuar trabajando la fortaleza mental. Por eso comento tantas veces la importancia de ser «egoísta», entender que primero debes invertir en ti, para luego poder ofrecer algo de valor a la sociedad. No puedes vender algo que no tienes.

Aquí tienes **ocho ejemplos prácticos de riqueza** que van más allá de la simple acumulación de dinero y bienes materiales:

1. **Conocimiento y educación.** Poseer una educación sólida y tener acceso a conocimientos diversos y actualizados es una forma de riqueza intelectual. La capacidad de aprender constantemente y aplicar ese conocimiento en diferentes aspectos de la vida es valiosa.
2. **Buena salud y bienestar.** Gozar de buena salud física y emocional es una forma incalculable de riqueza. Tener la energía y la vitalidad para disfrutar de la vida y perseguir metas es un activo invaluable.
3. **Relaciones sociales y familiares.** Contar con unas buenas relaciones familiares y con amigos, que sean sólidas y significativas, es una forma de riqueza social. El apoyo emocional y el sentido de pertenencia a una comunidad son aspectos importantes de la riqueza humana.
4. **Tiempo libre y libertad.** Tener la libertad de elegir cómo utilizar tu tiempo y la posibilidad de disfrutar de momentos de ocio y

descanso es una forma de riqueza. El tiempo libre te permite dedicarte a pasatiempos y actividades significativas.

5. **Contribución a la sociedad.** Participar en actividades de voluntariado o tener un impacto positivo en la comunidad es una forma de riqueza espiritual. Sentirse parte de algo más grande y crear una diferencia en la vida de los demás puede ser gratificante y enriquecedor.
6. **Habilidades y talentos.** Desarrollar habilidades y talentos únicos es una forma de riqueza personal. Estas habilidades pueden ser valoradas en el ámbito laboral o pueden permitirte compartir tus talentos con los demás.
7. **Experiencias y viajes.** Experimentar diferentes culturas y lugares a través de viajes y experiencias es una forma de riqueza experiencial. El enriquecimiento personal que proviene de las vivencias y aventuras es incalculable.
8. **Equilibrio en la vida.** Tener un equilibrio entre el trabajo, la vida personal y el tiempo para uno mismo es una forma de riqueza emocional. El bienestar que proviene de una vida equilibrada es fundamental para la felicidad y la plenitud.

Recuerda que **la riqueza no se limita a los aspectos económicos, sino que engloba una amplia gama de recursos y activos que contribuyen a una vida satisfactoria y significativa.** La verdadera riqueza radica en encontrar un equilibrio y una plenitud en diferentes aspectos de la vida, más allá del dinero y de los bienes materiales.

Warren Buffett, cuya fortuna asciende a cerca de 65.000 millones de dólares, vive en la misma casa que compró en 1958 por 31.500 dólares. John Urschel, defensa de los Ravens de Baltimore, gana millones, pero vive con 25.000 dólares al año. La estrella de los Spurs de San Antonio, Kawhi Leonard, se traslada en la camioneta Tahoe de 1997 que ha tenido desde la adolescencia, a pesar de que tiene un contrato de 94 millones de dólares. ¿Por qué? No porque sean tacaños, sino porque **las cosas que consideran importantes son baratas.**

Ni Buffett, ni Urschel, ni Leonard acabaron así por accidente. **Su estilo de vida es el resultado de sus prioridades.** Cultivan intereses que están por debajo de sus medios económicos y, como resultado, cualquier salario les otorgaría la libertad de cultivar las cosas que les importan.

#LosTrucosDeLosRicos3

La riqueza va más allá de lo material, y encontrarla implica valorar y disfrutar de todas las bendiciones que la vida nos brinda, ya sean grandes o pequeñas.

@juanharo

Truco 9

Son artesanos

Existen dos tipos de personas: los artesanos y todos los demás. Los artesanos son personas que ponen el alma en su trabajo, en su proyecto, en su inversión, en su emprendimiento. No son calculadores, ni fríos, ni interesados. No buscan la recompensa rápida o la satisfacción inmediata, sino que están motivados por un fin mayor, la sensación de aportación de valor, de realizar las cosas lo mejor posible. Los artesanos no se esfuerzan, disfrutan con lo que hacen. Hacen las cosas fundamentalmente por razones existencialistas, y sólo en segundo lugar, por razones financieras y comerciales.

Sus decisiones nunca son plenamente económicas, aunque no dejan de serlo. Cuando construyen, aprenden, invierten o trabajan en algo, hay una cierta clase de arte, de mimo, de cariño, de amor. **No existe el esfuerzo o la desgana porque visualizan el resultado final, la meta. No sienten apego por nada.** Los artesanos permanecen al margen de la mayor parte del mundo capitalista o industrializado. No siguen a la manada, a la mayoría, parecen un tipo de especie en extinción.

Combinan arte y negocio, no venderían algo defectuoso o de calidad dudosa porque eso heriría su orgullo. Tienen tabúes sagrados, cosas que no harían, aunque ello aumentara notablemente sus beneficios, porque funcionan con principios éticos y morales. **El malvado toma el camino corto, el virtuoso, el largo.** En otras palabras, tomar atajos es deshonesto. Se trata de no pensar en la meta, sino en disfrutar del camino, en aportar valor y crecer. No de competir, ni de llegar primero, ni de acumular riqueza o dinero sin parar. Todo debe tener sentido para un artesano: todo tiene que estar en equilibrio.

Y este concepto lo puedes aplicar también al mundo de la inversión, a tu trabajo, a tu profesión o proyecto profesional. Puedes elegir ser un artesano o ser otro del montón. Muchas veces, el artesano es un ser incomprendido o incluso se burlan de él por tratarse de un «bicho raro», pero esa minoría es la que hace que la sociedad siga creciendo.

Querer hacer las cosas bien como un artesano es una actitud, un enfoque que tiene diversos beneficios y aplicaciones en la vida. Aquí te muestro **siete maneras** en las que esta mentalidad puede ser valiosa:

1. **Calidad del trabajo.** Como artesano, la búsqueda de hacer las cosas bien implica esmerarse en la calidad del trabajo que realizas. Esto dará como resultado productos finales excepcionales y servicios de alto nivel, lo que a su vez aumentará la satisfacción de tus clientes y te generará una reputación positiva.
2. **Sentido de orgullo.** Buscan la excelencia en cada proyecto o tarea para generar un sentido de orgullo personal y profesional. Saber que das lo mejor de ti en cada labor realizada te brindará una satisfacción y una autoestima que se reflejará en tu vida y en su disfrute.
3. **Aprendizaje y mejora continua.** La mentalidad de hacer las cosas bien implica enfocarse en el aprendizaje y la mejora constante. Los artesanos siempre buscan nuevas formas de perfeccionar sus habilidades y conocimientos para lograr resultados aún mejores.
4. **Valoración del oficio.** Al esforzarte por hacer las cosas bien como artesano, estarás valorando y manteniendo vivo el arte y el oficio que practicas. Esto contribuye a la preservación de tradiciones culturales y a la transmisión de habilidades a futuras generaciones.
5. **Relaciones sólidas.** Una dedicación constante a la calidad y la excelencia en tu trabajo puede generar confianza y respeto en tus clientes y colegas. Esto puede conducir a relaciones más sólidas y duraderas.
6. **Diferenciación en el mercado.** En un mundo competitivo, esforzarse por hacer las cosas bien permite diferenciar al rico del resto. La calidad y el cuidado que uno pone en todo lo que hace permite destacarte frente a la competencia.

7. **Influencia positiva.** Como artesano que busca hacer las cosas bien, puedes convertirte en una fuente de inspiración y motivación para otros en tu industria o comunidad.

Recuerda que la dedicación a hacer las cosas bien como artesano no sólo impacta en tu trabajo, sino que también puede extenderse a otros aspectos de tu vida. **Cultivar esta mentalidad conduce a un crecimiento personal y profesional significativo.**

El artesano es libre, camina libre diseñando como un arquitecto su propia vida. Hablando de libertad, me viene a la mente el concepto denominado «libertarismo deóntico»: deóntico proviene de «deberes». Algunos creemos que la libertad es uno de nuestros bienes más preciados. Y esto incluye la libertad para cometer errores (pero los que sólo nos perjudiquen a nosotros). Se trata de algo sagrado, hasta el punto de que nunca debería canjearse por beneficios económicos o de cualquier otro tipo. **Vivimos en un mundo donde cada vez existen más y más regulaciones para controlar (y asustar) al ciudadano.** Pero prefiero ser tan libre como sea posible, asumiendo mi responsabilidad social, afrontando mi destino y pagando la multa que proceda cuando se causen perjuicios a otras personas, que traicionar mis principios, la ética o el sentimiento de justicia. Esta actitud ante la vida es lo que se denomina libertarismo deóntico: actuar según tu conciencia y no a partir de lo que otras regulaciones, normativas o leyes digan que es lo correcto (o legal).

Cuentan los ricos que un ebanista mostraba a una clienta cuán exquisitamente terminada estaba una cómoda hecha enteramente a mano. Incluso los cajones tenían varios detalles que escapaban a la vista.

Entonces la clienta le preguntó:

—¿Por qué se tomó tanto trabajo con el fondo de los cajones, si nadie los va a ver?

A lo que el artista contestó:

—**Los veo yo, señora.**

Éste es un ejemplo de artesano, de integridad. Los ricos se dicen a sí mismos lo siguiente: «Al empezar un trabajo, por pequeño que éste sea, lo realizaré pensando en que sea lo más perfecto que pueda, bien acabado, para que los demás lo valoren por la calidad, la honradez y la exactitud con que fue ejecutado. La perfección en la ejecución de la obra que nos toca realizar es uno de los factores que contribuyen, en este mundo, a la tranquilidad de conciencia que da el deber bien cumplido».

Para finalizar este truco me gustaría citar al poeta, novelista y guionista español Antonio Gala cuando fue entrevistado por el periodista y presentador de programas de radio y televisión Jesús Quintero en un programa de televisión. La respuesta es brillante y **tiene mucha relación con la filosofía del «rico»**:

> **Jesús Quintero:** Señor Gala, ¿qué es lo más inteligente que se puede hacer en la vida?
>
> **Antonio Gala:** En principio, yo le diría: irse a una playa. Pero en el fondo, de verdad, tengo que decirle que salir de esta especie de laberinto en que nos han metido, una vida que no es la nuestra y que no es la mandada. Que es una organización que necesita esclavos para seguir manteniendo la pura organización que necesita esclavos, y así hasta el final. Salirse de esa cadena terrible, desencadenarse. A riesgo de la soledad, a riesgo de la falta de comprensión, pero irse un poco al campo, en el mejor de los sentidos. Salir de esa extraña y monótona esclavitud de cada día. Darle a cada día su propio afán, pero también su propia sonrisa, su propio gozo, su propio color, su propio aroma. Eso es la inteligencia. Porque una inteligencia que no nos ayude a vivir, no la quiero. No me sirve para nada. No creo que le sirva para nada a nadie.

#LosTrucosDeLosRicos3

El rico y el artesano tienen mucho en común: disfrutan con lo que hacen, siempre dan lo mejor de sí, aman crear y construir, y contribuyen a un mundo mejor.

@juanharo

Truco 10

Las dos cavernas

Hace unos meses recibí un nuevo correo de la suscripción a **la *newsletter* de Ricosylibres.com**, de Antonio Herrero. Sin duda, brillante, como siempre. De hecho, recomiendo a todo el mundo *Un manual hacia la grandeza*.

Bien, pues en dicha *newsletter* se habla de dos cavernas, lo que tiene mucho que ver con el particular prisma que tiene el rico de ver el mundo. **La caverna 1 es la que prevalece, es casi nuestra matrix (el día a día); la caverna 2 es un lugar menos transitado, pero algunos preguntan por ella, es la del rico (en conocimientos, en experiencias)**, y hasta aquí puedo contar.

Caverna 1. La primera caverna es aquella donde está la gran mayoría de la población mundial, aunque en los últimos años cada vez salen más y más personas de ella.

La caverna en la que se levantan, en la que van a trabajar, ganan dinero, y salen, y compran, y votan y votan y vuelven a votar, pero la realidad nunca parece mejorar, y se quejan, y consumen, y se hipnotizan, y se intoxican.

Ellos ven sólo las sombras que el sistema muestra en la pared de la cueva.

Nunca llegan a ver la realidad.

Nacen y mueren en la cueva.

Nacen. Van a la guardería. Después al colegio. Después a la universidad. Después al trabajo. Compran todo lo que el sistema les vende. Todas las modas. Todos los estereotipos.

Después, cuando quizá por la simple acumulación de años pudieran ser un poco más sabios, se sienten demasiado mayores como para creer que existe una salida de esa cueva.

Como para aceptar que estaban en una.

Han sido institucionalizados.

No hacen apenas uso de su creatividad, viven una vida, por lo general, monótona, no son conscientes de su poder.

Alguien decide por ellos qué hacer en su vida.

A qué hora levantarse.

A qué hora salir.

Dónde estar la mayor parte del día.

Apenas tienen tiempo para pensar porque el sistema está diseñado precisamente para ello.

Nunca jamás les enseñaron a pensar. A conectar puntos. A planificar. A ver.

Durante el poco tiempo que tienen disponible, están muy cansados y lo usan en comprar las cosas que el sistema ha creado.

Viven dando vueltas en una rueda que gira eternamente.

A veces, durante las vacaciones, se preguntan si no existe una salida. Si la vida que viven no será una mentira en comparación con la otra vida que está esperándolos si tienen el valor de buscar e ir más allá de lo conocido.

Pero luego vuelven, y se les olvida, y sus sueños mueren hasta las siguientes vacaciones.

No son conscientes de que el sistema cada vez los mete más, y más, y más dentro de la cueva.

Teléfono. Ordenador. Pantallas. Redes sociales. Juegos de ordenador. Consolas. Netflix. Amazon. HBO. Alexa. Ok Google. Realidad aumentada. Metaverso.

Ya no hace falta que salgas de casa.

Ya no hace falta que vayas al médico porque podemos monitorizarte con este sencillo...

Ya no hace falta que trabajes.

Ya no hace falta que sientas.

Su conciencia está cada vez más apagada. Más apagada. Más apagada.

Cada vez están más alejados de la realidad.

Más alejados de la magia de la naturaleza.

Más alejados de la salud.

Más alejados de la verdad.

Caverna 2. La caverna 1 está diseñada para que sea difícil salir y para que sea difícil descubrir la caverna 2; no obstante, se puede salir de la segunda sin haber salido de la primera, aunque es poco probable.

Lo normal es que, una vez sales de la primera, empiezas a preguntarte si eso es todo.

Viajas por el mundo. Conectas con la naturaleza. Encuentras formas diferentes de salud. Ves con claridad la caverna 1.

Creas.

Creces.

Y empiezas a preguntarte si no existe algo más.

Y, al preguntártelo, aparecen respuestas.

Unas te engañan y te alejan, otras te dicen la verdad y te acercan.

Aprendes a discernir.

Los enemigos para salir de esa caverna son la pereza.

El miedo.

La falta de fe en uno mismo.

Salir definitivamente de la segunda caverna es, quizá, pasarse la última pantalla del juego de la vida.

Matar al monstruo final.

Eso dicen. Yo no lo sé porque no he estado ahí.

Soy sólo una voz difusa hablando en mitad de tu sueño.

Pero saber que existe algo mucho más grande esperando siempre al otro lado de mi esfuerzo, me da vigor, motivación, aliento, foco.

Crecer, madurar, ver diferentes grados de realidad es mi meta, es mi gasolina, es mi estrella polar.

Cada paso que das en la dirección de la salida trae nuevos descubrimientos. Nuevas pistas. Nuevas señales.

Es emocionante.

Es la vida expandiéndose a cada intento.

Es la realidad haciéndose cada vez más real.

Como ves, el estado natural del rico es la caverna 2. Si recibes la educación apropiada, puedes entrar directamente en la caverna 2 sin pasar por la 1. Todo está en el tipo de conocimiento que recibes desde pequeño, los hábitos apropiados y correctos para disfrutar de la vida, ver los negocios, el dinero, las finanzas y los problemas bajo otro prisma bien distinto. Parecen, sin ninguna duda, dos mundos muy diferentes. En la caverna 1 poca gente se pregunta si existe una forma de vida diferente, aparece la clásica frase: «Es lo que hay», y ahí nos quedamos.

En la caverna 2 entendemos que hemos venido a este mundo a disfrutar, a ser felices, a crear, a vivir, no a sufrir ni a quejarnos. Y todo parte desde el conocimiento.

#LosTrucosDeLosRicos3

Nacemos y ya damos por hecho que todo funciona de una determinada manera, todo está ya creado, dirigido, las cosas son así. Pero el rico sabe que existe una caverna bien diferente, donde todo funciona de otra forma. Y hasta ahí puedo contar.

@juanharo

Truco 11

Las mil canicas

Las mil canicas es una novela escrita por el autor español Salvador García Jiménez. La obra fue publicada en 1994 y ha sido considerada como una de las novelas juveniles más destacadas y apreciadas en el ámbito de la literatura española.

La historia está ambientada en una pequeña localidad de Andalucía y sigue las aventuras de dos jóvenes hermanos, Pepe y Rosa. La trama se desarrolla durante el verano, cuando los niños están en sus vacaciones escolares y tienen tiempo libre para explorar el mundo que les rodea.

El título de la novela, «las mil canicas», se refiere a una colección de canicas que los protagonistas encuentran y que se convierte en el símbolo de sus juegos y travesuras durante el verano. A través de la historia de esas canicas, el autor aborda temas como la infancia, la amistad, la imaginación, la inocencia y el paso a la madurez. Aborda varias enseñanzas y mensajes a lo largo de su trama. **Algunos de los principales mensajes y lecciones que aporta la novela son los siguientes** (nos sirven para disfrutar de la vida como hacen los ricos):

1. **Valor de la amistad.** La relación entre los dos hermanos protagonistas, Pepe y Rosa, muestra la importancia de la amistad y el apoyo mutuo entre hermanos y amigos. A lo largo de la historia, su conexión emocional y su compañerismo les permite afrontar juntos los desafíos del verano.

2. **Apreciar la infancia y la inocencia.** La novela resalta la importancia de disfrutar y valorar la infancia como una etapa de inocencia, juegos y aventuras. A medida que los niños juegan con las mil canicas, la historia refleja cómo la imaginación y la espontaneidad forman parte esencial de esta etapa de la vida.
3. **Aprender de las experiencias.** A través de las diversas vivencias y travesuras de los niños, la novela destaca la importancia de aprender de cada experiencia, sobre todo de los errores y desafíos, para crecer como individuos.
4. **La importancia de la familia.** La novela también resalta la relevancia de la unidad familiar y cómo los lazos afectivos entre padres y hermanos pueden ser fundamentales para el desarrollo y la felicidad de los niños.
5. **La naturaleza como fuente de descubrimiento.** El relato invita a los jóvenes lectores a apreciar y a conectarse con la naturaleza. Las aventuras de Pepe y Rosa en la pequeña localidad andaluza les permiten descubrir y apreciar la belleza de su entorno.
6. **Vivir el presente y disfrutar del ahora.** A través de las actividades y juegos cotidianos, la novela enfatiza la importancia de vivir el presente y disfrutar de los pequeños momentos de la vida.

En general, *Las mil canicas* es una novela que celebra la inocencia y el espíritu lúdico de la infancia, al mismo tiempo que transmite mensajes sobre el valor de la amistad, el aprendizaje de las experiencias, vivir el ahora y la importancia de los lazos familiares.

Para que nos demos cuenta de **este símbolo de las mil canicas**, te invito a leer esta **interesante historia** que puede servir para que vivas la vida disfrutándola al máximo, independientemente de tus circunstancias; el protagonista podrías ser tú, amigo lector:

> Hace unas cuantas semanas me dirigía hacia mi equipo de radioaficionado en el sótano de mi casa con una humeante taza de café en una mano y el periódico en la otra. Lo que comenzó como una típica mañana de sábado, se convirtió en una de esas lecciones que la vida parece darnos de vez en cuando. Déjenme contarles.
>
> Sintonicé mi equipo de radio para entrar en una red de intercambio del sábado por la mañana. Después de un rato, me topé con un compañero que sonaba un tanto mayor. **Él estaba hablando, con aquel con quien estuviese conversando, de algo acerca de «mil canicas».** Quedé intrigado y me detuve para escuchar lo que le decía a su interlocutor:

—Bueno, John, de veras que parece que estás ocupado con tu trabajo. Estoy seguro de que te pagan bien, pero es una lástima que tengas que estar fuera de casa y lejos de tu familia tanto tiempo. Es difícil imaginar que un hombre joven tenga que trabajar sesenta horas a la semana para sobrevivir. Qué triste que te perdieras la presentación teatral de tu hija.

Luego continuó:

—Déjame decirte algo, John, algo que me ha ayudado a mantener una buena perspectiva sobre mis propias prioridades.

Y entonces fue cuando comenzó a explicar su teoría sobre unas «mil canicas».

—Hace algunos años, me senté un día e hice algo de aritmética: la persona promedio vive unos setenta y cinco años. Entonces, multipliqué 75 años por 52 semanas por año, y obtuve 3.900, que es el número de sábados que la persona promedio habrá de tener en toda su vida. Quédate conmigo, John, que voy a la parte importante. Para ese entonces, con mis cincuenta y cinco años, ¡ya había vivido más de 2.800 sábados! Me puse a pensar que, si llegaba a los setenta y cinco años, sólo me quedarían unos mil sábados más para disfrutar. Así que fui a una tienda de juguetes y compré todas las canicas que tenían. Tuve que visitar tres tiendas para obtener las mil canicas. Las llevé a casa y las puse en una fuente de cristal transparente, junto a mi equipo de radioaficionado. A partir de entonces, cada sábado he tomado una canica y la he tirado. Descubrí que, al observar cómo disminuían las canicas, me enfocaba más sobre las cosas verdaderamente importantes en la vida. No hay nada igual que observar cómo se te agota el tiempo en la Tierra, para ajustar y adaptar tus prioridades en esta vida. Ahora déjame decirte una última cosa antes de que nos desconectemos y lleve a mi bella esposa a desayunar: esta mañana saqué la última canica de la fuente de cristal y, entonces, me di cuenta de que, si vivo hasta el próximo sábado, me habrá sido dado un poquito más de tiempo de vida. Me gustó conversar contigo, John, espero que puedas estar más tiempo con tu familia y espero que nos volvamos a encontrar aquí en la banda. Hasta pronto, se despide «el hombre de setenta y cinco años». Cambio y fuera. ¡Buen día!

Uno pudiera haber oído un alfiler caer en la banda cuando este amigo se desconectó. Creo que nos dio a todos bastante que pensar. Yo había planeado trabajar en la antena aquella mañana y luego iba a reunirme con unos cuantos radioaficionados para preparar la nueva circular del club. En vez de eso, subí las escaleras y desperté a mi esposa con un beso.

—Vamos, querida, te quiero llevar a ti y a los muchachos a desayunar fuera.

—¿Qué pasa? —preguntó sorprendida.

—¡Oh, nada!, es que no hemos pasado un sábado juntos con los muchachos en mucho tiempo. Por cierto, ¿podríamos parar en la tienda de juguetes antes de llegar al restaurante? Necesito comprar algunas canicas.

Prioridades, tiempo, disfrutar de la vida, preciosa historia. Y recuerda: ¿cuántas canicas tienes en tu frasco de cristal?

Para acabar este truco, te presento **ocho frases con mensajes destacados de la novela *Las mil canicas***, de Salvador García Jiménez:

1. «Los veranos son como las canicas, brillantes y fugaces, pero guardan tesoros que duran para siempre.»
2. «A través de las canicas aprendimos que el valor de las cosas no está en su cantidad, sino en el significado que les damos.»
3. «Las mejores historias se encuentran en los lugares más sencillos, como el rincón donde jugamos con las mil canicas.»
4. «Cada canica era una puerta a un mundo nuevo, igual que cada día es una oportunidad para descubrir algo diferente.»
5. «En el juego, en la risa y en la complicidad encontramos la magia que transforma los días comunes en recuerdos inolvidables.»
6. «A través de las canicas, descubrimos que la verdadera riqueza reside en los pequeños detalles de la vida.»
7. «Las canicas nos enseñaron que la competencia puede ser divertida, pero la verdadera victoria es la amistad que se construye en el camino.»
8. «En el mundo de las canicas, aprendimos que las caídas son oportunidades para levantarnos más fuertes y seguir adelante con valentía.»

#LosTrucosDeLosRicos3

El rico conoce el juego de las mil canicas, lo que significa y toda la filosofía que encierra. Las mil canicas sirven para ver la vida de otra forma.

@juanharo

Truco 12

Un millón frente a cien mil

El test es una comedia basada en una obra teatral de Jordi Vallejo. La película cuenta la historia de un grupo de personas que deberán enfrentarse a una difícil elección que puede cambiar el futuro de sus vidas. **¿Qué elegirías, 100.000 euros ahora mismo o 1.000.000 de euros en diez años?**

Puede parecer una pregunta sencilla, pero el problema viene cuando un matrimonio, Héctor y Paula, tienen respuestas opuestas. Su antiguo y rico amigo de la universidad, Toni, los pone a prueba con esta elección, ya que la pareja atraviesa un mal momento económico. Héctor piensa que con los 100.000 euros podría renovar su ruinoso bar para convertirlo en un negocio de éxito, mientras que Paula prefiere esperar diez años para obtener 1.000.000 de euros.

La película ha sido dirigida por Dani de la Orden, conocido por dirigir muchas comedias españolas, entre las que podemos destacar *Mamá o papá*, *El mejor verano de mi vida* o *Loco por ella*. Cuenta con la fotografía de Pau Muñoz y la música de Fernando Velázquez. A su vez, el reparto está compuesto por Alberto San Juan, Miren Ibarguren, Blanca Suárez, Carlos Santos, Antonio Resines y Luna Fulgencio.

Muchos grandes estudios de psicología de los últimos cincuenta o sesenta años han servido para establecer la forma en la que nos vemos a nosotros mismos. De entre ellos, el «test de la golosina», o de la «nube» (*marshmallow*, como lo conocen los angloparlantes), es uno de los más conocidos. Miles de padres, a lo largo de las décadas, lo han probado sobre sus retoños para hacer predicciones sobre su futuro como individuos exitosos o fracasados dentro de la sociedad. Hicieron esos graciosos test, eso sí, sin ningún tipo de garantía científica, como veremos ahora.

En qué consiste la prueba de la golosina: pones a un niño de cuatro o cinco años frente a una chuchería. Le dices que, si es capaz de dejarla sobre la mesa sin comérsela durante quince minutos, recibirá como recompensa esa misma golosina y otra idéntica. Los adultos salen entonces del cuarto y observan. Los resultados del experimento realizado en 1970 por Walter Mischel, psicólogo de la Universidad de Columbia, mostraban que los niños que habían resistido a la tentación sacaban mejores notas, tenían mejor comportamiento, ganaban más dinero y eran más delgados al convertirse en adultos. Se siguió a algo más de una docena de aquellos niños durante diez años y luego veinte años después, y los resultados empezaron a publicarse en la década de 1990.

El reanálisis que lo ha cambiado todo se publicó hace dos años, y entre sus coautores está el propio Mischel y otros estudiantes de posgrado que ayudaron al psicólogo en el seguimiento del ensayo original. «¿Predice el retraso de la gratificación en la niñez importantes resultados de la vida?» Es una enmienda a la capacidad de replicación del famoso test: esta vez, con niños nuevos y un marco de seguimiento ligeramente superior, teniendo en cuenta más variables, como, por ejemplo, el punto de partida financiero de la familia del niño. Se ha demostrado que el resultado en la prueba de la golosina «es tan predictivo en su comportamiento adulto como cualquier componente individual en ese índice; es decir, no mucho».[1]

Mucha gente se decidirá sin problemas por los 100.000 euros o por 1.000.000 de euros dentro de diez años. Y lo más probable es que uno o dos años después estaremos en el mismo lugar que antes. El dinero habrá volado. ¿Por qué? Porque no sabemos hacerlo crecer, porque desconocemos qué impuestos tendremos que pagar, porque la inflación y nuestra ambición desmedida hará el resto.

Como ves, para disfrutar de la vida no basta con tener dinero. Hay miles de historias reales que demuestran que todo funciona al revés. No se trata de tener primero, sino de SER y luego TENER. Es decir,

1. Miguel Trula, Esther, «¿El famoso test de la golosina sobre el autocontrol de los niños? Olvídate de él, era todo mentira», *Xataka*, 26 de abril de 2021, <https://www.xataka.com/magnet/famoso-test-golosina-autocontrol-ninos-olvidate-era-todo-mentira>.

tener el conocimiento, saber qué va primero, qué va después y cómo disfrutarlo cuando llegue. Ser de una forma primero para luego poder gestionar eficazmente. Poner primero el burro o el caballo y después la carreta.

El rico (siempre en conocimiento) a la hora de elegir 1.000.000 de euros o 100.000 euros estudia diferentes factores y circunstancias personales. Aquí hay algunas consideraciones que podrían influir en la elección:

1. **Cantidad total.** 1.000.000 de euros es una suma considerablemente mayor que 100.000 euros. Si se tiene la oportunidad de elegir entre ambas cantidades y no hay restricciones o condiciones, muchas personas preferirían 1.000.000 de euros debido a su mayor valor monetario.
2. **Uso previsto.** El propósito para el cual se necesitan los fondos puede ser determinante en la elección. Si se tiene un objetivo específico que requiere una cantidad precisa, puede que los 100.000 euros sean suficientes, pero si se busca invertir o tener una mayor flexibilidad financiera, 1.000.000 de euros podría ser más adecuado.
3. **Riesgos y oportunidades.** Si la elección viene acompañada de riesgos o inversiones, es importante evaluar las implicaciones y posibles ganancias. 1.000.000 de euros puede ofrecer más oportunidades de inversión y generación de ingresos, aunque también puede implicar mayores riesgos.
4. **Nivel de necesidad financiera.** Si la persona que toma la decisión tiene necesidades financieras inmediatas o urgentes, los 100.000 euros podrían ser más apropiados para resolverlas.
5. **Perspectiva a largo plazo.** La elección también puede depender de la perspectiva a largo plazo y la planificación financiera. Si se busca una mayor estabilidad y seguridad financiera a largo plazo, 1.000.000 de euros podría ser más ventajoso.
6. **Garantías.** Si nos decidimos por 1.000.000 de euros, ¿tenemos garantías de que finalmente recibiremos el dinero? ¿Y si fallecemos o si la otra parte pierde todo el dinero? El rico estudia todos los escenarios y los plantea antes de tomar una decisión.
7. **Coste de oportunidad.** Si elijo ahora el dinero, ¿qué oportunidades aprovecharé para hacerlo crecer? ¿O bien prefiero perder el coste de oportunidad sabiendo que elijo la opción de más capital a más años (pero garantizado)? Esta variable también cuenta.

En última instancia, la elección dependerá de los objetivos financieros, las necesidades individuales y la situación específica de cada persona. Es esencial considerar todas las variables antes de tomar una decisión significativa en materia de dinero. Siempre se recomienda consultar con asesores financieros para tomar decisiones informadas y adecuadas a las circunstancias personales.

#LosTrucosDeLosRicos3

El rico no escoge por azar, no define qué camino tomar hasta que estudia todos los pros y los contras. Prefiere perder una oportunidad que tomar una mala decisión porque sabe que ahí fuera hay muchas más.

@juanharo

Truco 13

Fíngelo primero

Éste es uno de los principales trucos que vi practicar a los ricos, incluso cuando no tenían nada, cuando estaban construyendo su patrimonio, o después de haber sufrido algún revés en su vida. Siempre fingían tener aquello que querían obtener. Actuaban como si ya lo tuviesen, el famoso *fake it till you make it* ['fíngelo hasta que lo consigas']. Pero ¿realmente funciona?

La expresión *fake it till you make it* es una filosofía de vida que sugiere actuar, comportarse o adoptar una mentalidad de confianza, competencia o éxito, incluso si al principio no te sientes completamente seguro de ti mismo. **La idea es que, al actuar de esta manera, uno puede desarrollar gradualmente la confianza y habilidades necesarias para lograr sus metas o alcanzar el éxito deseado, o bien disfrutar de la vida como hacen los ricos.**

Acorralan su mente, viven de acuerdo con la manera en que quieren vivir (hasta donde pueden llegar), por ejemplo, si desean vivir en un barrio determinado, empezarán a visitar dicha zona con frecuencia, aunque vivan en la otra punta de la ciudad, o si no pueden tomarse una semana para hacer un viaje maravilloso, se marcharán dos días. Van acorralando su mente. Actúan «como si...».

De hecho, fue el doctor **William James**, creador de la escuela pragmática, quien recomendó hace un siglo: **«Actuemos como si...»**, y eso significa que:

- Si deseamos ser ordenados, hemos de actuar como si ya lo fuésemos.
- Si deseamos ser personas seguras, hemos de actuar como si ya actuásemos con decisión y firmeza.

El doctor James lo razonaba de la siguiente manera: «La voluntad no actúa nunca directamente sobre el sentimiento, pero sí sobre la acción, y al actuar "como si...", esto sí produce un cambio en nosotros, creando un sentimiento. La acción es el arranque, la llave de contacto de nuestro motor personal».

En nuestra vida cotidiana, a menudo enfrentamos desafíos y situaciones en las que nos sentimos inseguros o poco preparados. Ya sea en el ámbito laboral, académico o personal, es natural experimentar dudas y temores cuando nos encontramos ante nuevos retos. Sin embargo, ¿qué pasaría si hubiera una forma de superar esas barreras y alcanzar el éxito incluso cuando no nos sintamos completamente seguros? Aquí es donde entra en juego el famoso dicho *fake it till you make it*, un concepto popularizado por el psicólogo social **Fritz Strack**, un reconocido investigador y profesor de psicología social que llevó a cabo un **experimento revelador sobre el efecto de la postura corporal en la confianza y el desempeño**. En su estudio, Strack se propuso explorar cómo nuestras acciones físicas pueden influir en nuestra percepción de nosotros mismos y, en última instancia, en nuestros resultados.

El experimento consistió en dividir a los participantes en dos grupos. Al primer grupo se le pidió que adoptara una postura erguida y abierta, mientras que el segundo grupo fue instruido para mantener una postura encorvada y cerrada. Después de mantener estas posturas durante un tiempo, se les presentaron tareas que requerían habilidades cognitivas y se evaluó su desempeño.

Los resultados fueron sorprendentes. **El grupo que adoptó la postura erguida y abierta mostró mayor confianza en sí mismos**, un mayor nivel de autoestima y obtuvo mejores resultados en las tareas cognitivas que se les asignaron. Por otro lado, el grupo que mantuvo la postura encorvada y cerrada experimentó una disminución en su confianza y un desempeño inferior en las mismas tareas.

Estos hallazgos respaldan la idea de que nuestras acciones físicas pueden influir en nuestra actitud mental y en cómo nos percibimos a nosotros mismos. **Adoptar una postura de seguridad y confianza, incluso si inicialmente nos sentimos inseguros**, puede tener un impacto positivo en nuestra autoimagen y en nuestra capacidad para enfrentar desafíos.

El concepto de *fake it till you make it* se basa en esa premisa. Se trata de actuar y comportarse como si ya tuviéramos la confianza y las habilidades necesarias para tener éxito, incluso si en el fondo nos sentimos inseguros. Al hacerlo, estamos enviando señales, tanto a nosotros mismos como a los demás, de que somos capaces y competentes. Esta mentalidad puede ayudarnos a superar nuestros miedos, tomar riesgos y adquirir nuevas habilidades.

Es importante destacar que no se trata de engañar a los demás o fingir ser algo que no somos. Más bien se trata de adoptar una actitud proactiva y positiva que nos permita superar nuestras limitaciones y alcanzar nuestro potencial máximo. **Es un enfoque que nos anima a creer en nosotros mismos y a actuar de manera coherente con la persona que queremos ser.**

Sin embargo, también es crucial reconocer que el concepto no es una solución mágica para todos los problemas y situaciones. Si bien adoptar una postura de confianza y actuar con determinación puede ser beneficioso, también **es importante respaldar esa actitud con un esfuerzo genuino por adquirir los conocimientos y las habilidades necesarias.**

Fake it till you make it se traduciría como «simula o imita hasta lograrlo», lo cual implica que, sin importar si ya tienes un producto o un conocimiento digno de compartir, puedas falsear o emular capacidades, habilidades, para poder cumplir con los objetivos. Suena trivial, hasta sencillo, pero repensemos la expresión: **¿Fingir puede crear una nueva realidad? ¿Se podría considerar una herramienta?** ¿Es un problema real para quienes son afectados por esta táctica?

Como no poseo una respuesta específica, ya que varía dependiendo de los contextos, voy a tomar **un concepto prestado de las ciencias naturales: el mimetismo**. Recordemos que un principio bastante aceptado es la supervivencia del más apto, es decir, todas las especies se adaptan de diferentes formas para sobrevivir en sus entornos. Sabemos, además, que muchos animales practican el mimetismo como un medio para escapar de sus depredadores. El mimetismo no se limita a los insectos, lo usan las plantas para atraer polinizadores o las serpientes. Y tampoco se da únicamente con apariencias visuales, sino también con sonidos.

De los diferentes tipos de mimetismo que existen, uno, en particular, me sirve como metáfora para obtener una respuesta conveniente: el **mimetismo batesiano**. Basado en el trabajo de Walter Bates, se produce cuando una especie inofensiva se asemeja a otra peligrosa, replicando sus colores y sonidos para engañar a los depredadores creando confusión, pues no pueden diferenciar a la especie verdadera de la imitadora. Al ser una estrategia, se tendría que tener en cuenta cuándo y cómo utilizar el *fake it till you make it.*

Al hacerlo, uno puede generar una imagen de confianza y competencia, lo que, a su vez, puede abrir oportunidades y mejorar las relaciones personales y profesionales. Con el tiempo, al practicar y adoptar esta actitud, uno puede desarrollar habilidades genuinas y aumentar su autoconfianza, lo que le permitirá **avanzar alegremente por la vida.**

La filosofía del *fake it till you make it* puede tener ventajas e inconvenientes, según el contexto y la manera en que se aplique. Es una estrategia que puede ser útil en situaciones en las que se requiere un impulso de confianza o para superar la inseguridad inicial al enfrentar desafíos o nuevas experiencias.

Sin embargo, también es importante tener en cuenta que fingir de manera excesiva o poco auténtica puede generar una falta de autenticidad y de conexiones genuinas con los demás. **Es esencial equilibrar esta filosofía con la sinceridad y la autenticidad personal.**

El rico finge primero para conseguirlo después, es un truco para nuestra mente, y a la vez disfruta de la vida al hacerlo.

Desde el punto de vista del mimetismo batesiano, sólo la especie original puede reconocer una copia. Si utilizamos este principio, se pueden producir **diferentes situaciones** en las que no sería ético o correcto hacer uso de él:

- **Fingir *expertise*.** Utilizar sitios comunes, repetir frases de libros o preparar una presentación bien cuidada funciona muy bien por lo general. Sin embargo, sólo el aprendizaje validado o las competencias en situaciones específicas que impliquen ejecución pondrán a prueba el dominio requerido.
- **Falsificar información.** Una cosa es contar una historia que le sucedió a otro, y otra muy distinta es cambiar los antecedentes históricos sobre el tema o competencia que se está buscando vender. Tratar de «fingir», además de no ser ético, genera incoherencias que no traerán buenos resultados.
- **Oferta engañosa.** Volvemos al tema de los valores. Las conductas son, en mayor o menor grado, resultado final de las creencias. Si se utilizan ambigüedades en las propuestas de valor, se estarán generando incoherencias que, en mayor o menor grado, decantarán en pérdida de autenticidad. El mentir de toda la vida.

Cuando se usa correctamente, *fake it till you make it* puede ser un recurso muy poderoso. **Esta filosofía de vida es correcta aplicarla cuando existen:**

- **Escenarios alternativos.** Cuando simulamos, a través de juegos de rol, escenarios alternativos, pensando, sintiendo y/o actuando de manera diferente, le proporcionamos nuevas evidencias al cerebro consciente para ver de forma diferente las cosas.
- **Aprendizajes compartidos.** Si los involucrados son conscientes de que estamos «descubriendo algo» y nos acompañan en el proceso, podremos practicar juntos nuevas formas para «desaprender» hábitos y adquirir experiencia sobre hechos comprobables, creando nuevas historias, pero no replicadas de otras personas, sino directamente desde sus protagonistas.
- **Desarrollar competencias.** Adoptar los hábitos o características de un conjunto de creencias y prácticas permite conocer las brechas y desarrollar acciones para que puedan ser mejoradas continuamente.

Fake it till you make it puede proporcionar **varias enseñanzas prácticas y beneficios en diferentes aspectos de la vida.** A continuación, se presentan algunas enseñanzas prácticas de esta filosofía:

1. **Desarrollo de la confianza.** Adoptar una actitud de confianza y seguridad, aunque inicialmente no se sienta así, puede fortalecer la autoconfianza con el tiempo. Esto permite enfrentar nuevos desafíos con una mentalidad positiva y proactiva.
2. **Superar la timidez y la ansiedad social.** Fingir seguridad y tranquilidad en situaciones sociales puede ayudar a reducir la timidez y la ansiedad social. Al actuar de manera asertiva y participativa, es posible sentirse más cómodo y relajado en entornos sociales.
3. **Mejorar habilidades de comunicación.** Adoptar una actitud segura y comunicativa ayuda a mejorar las habilidades de comunicación. Al fingir ser un buen comunicador, se pueden desarrollar habilidades de escucha, expresión y empatía.
4. **Impulsar la motivación.** Actuar como si uno ya estuviera logrando sus objetivos puede proporcionar una motivación adicional para trabajar en su consecución. Esta mentalidad positiva puede mantener el impulso y la determinación en momentos de dificultad.

5. **Avanzar en la carrera profesional.** Adoptar una actitud de éxito y confianza en el trabajo puede influir positivamente en las percepciones de los demás y generar oportunidades de crecimiento profesional.
6. **Desarrollar habilidades de liderazgo.** Fingir ser un líder seguro y comprometido puede ayudar a desarrollar habilidades de liderazgo y generar respeto y confianza en los demás.
7. **Fortalecer las relaciones personales.** Actuar con empatía, comprensión y confianza en las relaciones personales fomenta una comunicación más efectiva y conexiones más profundas con los demás.
8. **Afrontar el miedo al fracaso.** Fingir que uno es capaz de manejar situaciones difíciles reduce el miedo al fracaso y promueve una mentalidad más resiliente frente a los desafíos.

Es importante ser conscientes de que esta herramienta puede ser valiosa en determinadas circunstancias, pero también que es esencial ser auténtico y honesto con uno mismo y con los demás. El equilibrio entre la confianza fingida y la autenticidad personal es fundamental para un crecimiento genuino y sostenible en la vida.

Como podrás observar, **todo comienza con imitar aquello que queremos obtener, da igual si es tiempo, paz, tranquilidad o una seguridad financiera. Hay que fingir que lo tenemos ya, como el rico hace.** Preparamos nuestra mente, nuestro subconsciente para que al final aprovechemos las oportunidades. Se trata de coherencia, de integridad: si el rico quiere conseguir algo, va a engañar a su mente, haciéndole creer que ya lo tiene.

Y así con todo. El rico no dice «Lo haré cuando viva allí», ¡no!, lo que hace es educar su mente, su cuerpo y su entorno como si ya lo tuviese. Esto aumenta las posibilidades, aunque el mero hecho de fingirlo no garantiza que lo tendrás, pero sí te permite condicionar muchos factores y ponerlos a tu favor. De hecho, **me gustaría cambiar el *fake it till you make it* por un *experiment it till you make it* [experimenta hasta conseguirlo].**

Una vez, en Hollywood, un periodista entrevistaba a la famosa actriz Barbra Streisand y le preguntó:

—¿Cómo es posible que triunfe de esta manera en todas las facetas? Canta, interpreta y también dirige películas. Debe de tener algún truco, algún mecanismo secreto para triunfar así. ¿Por qué no me lo confiesa?

Dicen que la actriz sonrió y con mucho misterio, dándole importancia a la contestación, dijo:

—Verá usted. Es que cuando me presentan algún proyecto, ya sea una canción o una película, yo ya lo veo acabado. Entonces es muy fácil para mí ir haciendo poco a poco lo que ya he visto claro en mi mente.

#LosTrucosDeLosRicos3

Desde el minuto cero, el rico sabe lo que quiere, lo finge, aunque no lo tenga, para que finalmente la vida se lo otorgue por convencimiento absoluto. Si tarda en llegar, el rico espera y no se enfada. Si nunca llega, el rico sonríe, pero jamás se decepciona porque ha disfrutado en el proceso.

@juanharo

Truco 14

El falso disfraz (concursante)

A estas alturas del libro ya sabrás que **me apasiona el cine**. De las películas se pueden extraer muchas lecciones y enseñanzas. Vamos con una de mis películas favoritas.

La película *Concursante* es un *thriller* dramático español, dirigido por Rodrigo Cortés, que se estrenó en 2007. A continuación te presento un resumen de la trama y algunas conclusiones clave del filme.

Martín Circo (interpretado por Leonardo Sbaraglia) es un hombre común que trabaja como profesor de Historia de la Economía. Se presenta a un concurso de televisión y consigue ganar el premio, una gran cantidad de dinero: tres millones de euros. Tras ganar el premio, de la noche a la mañana, su vida da un giro inesperado. Las personas que lo rodean, incluidos sus amigos y familiares, empiezan a mostrar interés en su dinero y a pedirle préstamos. Además, Martín es acosado por extraños y recibe amenazas, lo que lo lleva a vivir una auténtica pesadilla.

***Concursante* es una película que critica y cuestiona el poder y la manipulación que pueden tener los medios de comunicación y los concursos televisivos sobre las personas.** La trama revela cómo el premio millonario cambia drásticamente la vida del protagonista, exponiendo la codicia y la avaricia de aquellos que lo rodean.

La película también aborda temas como la soledad del protagonista, quien se encuentra atrapado en una situación compleja y angustiosa, sin saber en quién puede confiar. Martín se ve atrapado en una espiral de eventos y decisiones que lo ponen en una posición difícil y moralmente ambigua.

Concursante es una crítica social y un recordatorio de cómo la obsesión por el dinero y el poder pueden cambiar a las personas y afectar a sus relaciones. También resalta cómo la exposición mediática y la fama efímera pueden tener consecuencias negativas en la vida de las personas, aunque al principio pueda parecer un sueño hecho realidad. También critica a las entidades financieras, que sólo pretenden cobrar lo suyo arrebatándole todos los bienes al protagonista, sin que éste pueda hacer nada para defenderse.

En resumen, *Concursante* es una película que invita a la reflexión sobre la sociedad moderna, el valor del dinero y las consecuencias de la fama repentina. Es una mirada crítica a la cultura de la televisión y al poder que los medios de comunicación ejercen sobre las personas.

El rico conoce este truco de «falso disfraz», porque lo que *a priori* parece algo bueno (un premio de tres millones de euros) puede esconder un auténtico veneno si no se sabe gestionar correctamente. Una vez más: sin conocimiento de cómo funciona todo, estarás perdido. No todo lo bueno es bueno ni todo lo malo es malo. No lo olvides nunca, amigo lector.

Ofrece diversas enseñanzas y reflexiones sobre la sociedad moderna, la codicia, las relaciones humanas y la búsqueda de la felicidad. A continuación, comparto contigo algunas de las **enseñanzas más destacadas de la película**:

1. **La obsesión por el dinero.** La película critica la obsesión de la sociedad contemporánea por el dinero y cómo la promesa de una gran cantidad de dinero puede llevar a las personas a actuar de manera egoísta y codiciosa. **El rico no se centra en el dinero, sabe que es una consecuencia, un medio.**
2. **Los peligros de la fama y la exposición mediática.** La historia muestra cómo la fama repentina y la exposición mediática pueden tener consecuencias negativas en la vida de una persona. La fama puede atraer la atención no deseada, la envidia y el acoso de personas que buscan obtener ventaja de la situación. **El rico es discreto, no llama la atención.**
3. **La soledad en medio de la riqueza.** A pesar de haber ganado una gran suma de dinero, el protagonista se encuentra cada vez más solo y alienado, ya que la riqueza cambia su relación con los demás y provoca desconfianza en su entorno. **El rico no tiene apegos.**
4. **El valor de la honestidad y la integridad.** La película resalta la

importancia de mantener la honestidad y la integridad en medio de situaciones complicadas y tentadoras. Martín debe enfrentar decisiones morales difíciles a medida que se adentra en el concurso y su vida cambia drásticamente. **El rico no vende sus valores ni su esencia.**

5. **La pérdida de la identidad.** A medida que Martín avanza en el concurso y se vuelve famoso, pierde gradualmente su identidad y se convierte en un mero objeto de interés para los demás, perdiendo su autonomía y el control sobre su vida. **El rico sabe que el éxito y el fracaso son dos impostores.**
6. **La fragilidad de las relaciones humanas.** La película muestra cómo las relaciones personales pueden verse afectadas negativamente por factores como el dinero y la fama, lo que pone a prueba la confianza y la lealtad entre amigos y familiares. **El rico sabe que todo sube y baja, pero no debe depender de factores externos para disfrutar de la vida.**

En general, *Concursante* ofrece una mirada crítica y provocativa sobre la sociedad moderna y la influencia del dinero y la fama en la vida de las personas. Mediante su trama intensa y moralmente compleja, invita a la audiencia a reflexionar sobre la verdadera naturaleza de la felicidad y el significado de la riqueza material.

A continuación te presento algunas **frases destacadas de la película** *Concursante*:

1. «La lotería no da dinero, sólo cambia a la gente» (si no sabes qué hacer con el dinero).
2. «El dinero, el poder, la fama. Todo es mentira» (si no sabes cómo gestionarlo).
3. «El dinero nunca te va a dar la felicidad, sólo te va a dar más motivos para preocuparte» (este mensaje es peligroso, porque permite a mucha gente odiar las finanzas).
4. «La vida es un concurso. Ganar o perder, eso es lo único que importa» (el rico no está de acuerdo, no se trata de ganar o perder, sino de crear y de gestionar).
5. «A veces, el premio puede convertirse en la peor de tus pesadillas» (así es, y también en una maravillosa aventura, todo depende de lo que sepas hacer con el premio).
6. «Nadie es lo que parece. Todos quieren algo de ti» (el rico huye de los extremos: ni todo es blanco ni todo es negro).

7. «La codicia es como un pozo sin fondo, nunca estarás satisfecho» (el codicioso nunca tiene suficiente).
8. «El dinero no te hace libre, sólo te ata a más cosas» (*danger, danger*, ¡cuidado con estas frases que llevan veneno!, el rico piensa lo contrario: sin dinero es muy difícil gestionar tu vida, y el rico lo sabe).
9. «La fama es efímera, pero las consecuencias son eternas» (el rico sabe que todo es pasajero, que todo va y viene, pero lo que permanece es lo que haces con tu vida).
10. «No siempre lo que brilla es oro» (así es, el falso disfraz, sobre todo, para quien no tiene información o conocimiento alguno).

Estas frases reflejan algunas de las temáticas y mensajes que la película aborda, como la obsesión por el dinero, la búsqueda de la felicidad, la fragilidad de la fama y las consecuencias de las decisiones que tomamos en la vida. ***Concursante*** **invita a la reflexión sobre los valores y prioridades en una sociedad obsesionada con la riqueza y el reconocimiento público.**

Recuerda este truco del falso disfraz: antes de cantar victoria, analiza cualquier «premio» que llegue a tu vida.

#LosTrucosDeLosRicos3

La vida trae muchos premios que vienen envueltos en papel de regalo: parecen una cosa, pero en realidad son otra. El rico no se ilusiona ni celebra ninguno hasta conocerlos bien a fondo.

@juanharo

Truco 15

Los niveles de los problemas

Un proverbio oriental dice: «No existe un solo ser humano sin problemas, y si existiera, no sería un ser humano».

Todos tenemos problemas, grandes, medianos o pequeños. Es parte del juego de vivir: enfrentarnos a nuestros problemas. La preocupación apaga la luz de nuestra inteligencia y dificulta la energía de nuestra voluntad, o sea, bloquea nuestra mente. Muchas personas, la gran mayoría, pierden más tiempo y energía en hablar y quejarse de sus problemas que en intentar resolverlos. Es como si los problemas fueran pajarracos a los que, en vez de ahuyentarlos, hiciéramos un nido en nuestro cerebro.

El rico es consciente de que, en muchos casos, resolver problemas puede conducir a oportunidades para ganar más dinero. Cuando una persona o una empresa aborda un problema o una necesidad en el mercado y ofrece una solución valiosa, es probable que las personas estén dispuestas a pagar por ese producto o servicio.

Algunos ejemplos de cómo resolver problemas que nos conducen a ganar más dinero son los siguientes:

1. **Emprendimiento.** Los emprendedores identifican problemas o necesidades en el mercado y desarrollan productos o servicios innovadores para satisfacerlos. Si la solución es efectiva y es bien recibida por los clientes, generará ingresos significativos.

2. **Habilidades y talentos útiles.** Las personas que poseen habilidades y talentos que son valiosos para resolver problemas específicos tienen la oportunidad de ganar más dinero. Por ejemplo, profesionales altamente capacitados como médicos, abogados, ingenieros o programadores suelen ser bien remunerados debido a la demanda de sus habilidades.
3. **Negocios en crecimiento.** Las empresas que logran resolver problemas de manera eficiente y ofrecen productos o servicios que satisfacen las necesidades de los clientes tienden a crecer y a aumentar sus ingresos con el tiempo.
4. **Innovación y tecnología.** La innovación y el desarrollo de nuevas tecnologías a menudo están destinados a resolver problemas y mejorar la vida de las personas. Las empresas que lideran este ámbito obtienen beneficios financieros significativos.
5. **Solución de problemas a gran escala.** En algunos casos, la resolución de problemas a gran escala, como abordar desafíos sociales o ambientales, atrae a los fondos de inversores, las organizaciones benéficas o los gobiernos, lo que, a su vez, lleva a obtener una mayor financiación y más recursos.

Sin embargo, es importante destacar que ganar más dinero no siempre es el único objetivo ni la única recompensa por resolver problemas. Algunas personas y organizaciones también se centran en lograr un impacto positivo en la sociedad, en mejorar la calidad de vida de las personas o en abordar desafíos globales sin necesariamente buscar ganancias financieras masivas.

Además, es fundamental abordar los problemas de manera ética y sostenible, teniendo en cuenta el impacto a largo plazo en las personas y en el planeta, en lugar de simplemente buscar beneficios económicos a corto plazo. Un enfoque equilibrado y responsable es clave para aprovechar el potencial del dinero como resultado de resolver problemas en la sociedad.

El rico reconoce que muchos de los problemas que nos acechan nunca llegan a desarrollarse. Thomas Jefferson (tercer presidente de Estados Unidos) lo tenía claro: «¡Cuántos sufrimientos nos han costado los desastres que jamás ocurrieron!».

Y James A. Gardfield (vigésimo presidente de Estados Unidos) confesaba: «En mi vida he tenido muchos problemas, pero los peores no sucedieron nunca».

Suele existir una relación directa: quien gana más dinero suele ser quien sabe manejar los problemas. No se aparta de ellos. No se trata de los problemas que tengas, sino de la experiencia que obtienes al resolverlos. Eres como el valor de una acción en Bolsa, te revalorizas, sube tu valor.

Los problemas tienen niveles. Seguramente habrás escuchado: «¿Te pasa eso? ¡Pues yo no veo cuál es el problema!». ¿Por qué pasa eso? Porque para esa persona tiene un nivel 5 y el problema es de un nivel 1 o 2 para ti.

Cuando tienes un problema de nivel 3 y te aparece uno de nivel 8, ¡te agobias!, pero otra persona que lo haya vivido y lo haya resuelto, reconoce ese mismo problema porque lo tuvo en el pasado y lo resolvió. Aunque el nivel sea de 12, para ella no es problema.

Todo tiene que ver contigo, no con el problema. Problemas, tamaños y niveles.

En la medida en que vayas solucionando problemas de nivel 4, tú creces hasta ese número; cuando llega un problema de tipo 7, tienes que buscar personas que hayan solucionado problemas de ese mismo nivel para poder disfrutar de la vida, para crecer. El secreto está en ir superando niveles de problemas, así te superas a ti mismo.

Recuerda, ¡el problema no es tal, eres tú el que no eres suficientemente grande!

En el mundo hay dos tipos de personas: las que disfrutan debatiendo sobre problemas y las que disfrutan resolviéndolos.

Hay **una interesante anécdota del compositor Brahms que, como artista muy sensible, sufría a menudo depresiones o preocupaciones** sobre algunos problemas que tenía o podría tener en un futuro.

> Se cuenta que, cierta vez, una amiga suya fue a buscarlo para pasear juntos por la orilla de la playa. Brahms se sentía preocupado y casi sin fuerzas para reaccionar. Finalmente exclamó:
>
> —Todo lo bueno en música ya se ha escrito. A los músicos de mi generación ya no les queda nada por hacer.
>
> —¡No digas tonterías! ¡Fíjate en el mar! —le dijo su amiga intentando animarlo—. ¡Mira! ¡Allí llega la última ola!
>
> —¡Eso es ridículo! —contestó Brahms—. ¡La última ola no existe!
>
> —Pues lo mismo puedes decir tú respecto a tus composiciones. Tampoco existe la última música —le dijo su amiga sonriendo.

Los ricos saben que no existe el último problema, o la última oportunidad, o la última idea o proyecto. Siempre hay un método mejor para todo, incluso para resolver problemas, y alguien siempre sabe cómo hacerlo, no lo olvides, amigo lector.

El político, militar y escritor Winston Churchill dijo una vez: «Si huimos ante un problema que tengamos, éste se hace más grande. Si nos enfrentamos a él con decisión, se empequeñece».

Y un dicho popular con mucha esencia dice: «Las penas y las preocupaciones no se ahogan en alcohol porque saben nadar».

Por su parte, Montaigne escribió: «El que teme padecer padece ya lo que teme». Y ahí lo dejo.

Los ricos buscan los «pequeños maestros» que son los problemas y los retos, como un negocio que no factura, un exceso de estrés, una discusión con un vendedor de coches o el problema que sea. Si queremos disfrutar de la vida, debemos cambiar la percepción que tenemos de los problemas.

Lo contrario de éxito es... ¡la falta de acción!

Para finalizar este truco, ¿adivinas lo que viene ahora? ¡Exacto! Creo mucho en el poder de las historias, de las anécdotas y de los cuentos porque seguramente alguno de ellos se mantenga en tu memoria a lo largo del tiempo, y cada uno puede extraer su propia moraleja.

El Gran Maestro y el guardián se dividían la administración de un monasterio zen. Cierto día, el guardián murió y fue preciso sustituirlo. El Gran Maestro reunió a todos los discípulos para escoger quién tendría el honor de trabajar directamente a su lado.

—**Voy a presentarles un problema** y aquel que lo resuelva primero será el nuevo guardián del templo —dijo el Gran Maestro.

Terminado su corto discurso, colocó un banquito en el centro de la sala. Encima puso un florero de porcelana, seguramente carísimo, con una flor que lo decoraba.

—Éste es el problema —añadió el Gran Maestro—. Resuélvanlo.

Los discípulos contemplaron perplejos el «problema»; escudriñaron los diseños sofisticados y raros de la porcelana, la frescura y la elegancia de la flor. ¿Qué representaba aquello? ¿Qué hacer? ¿Cuál sería el enigma?

Pasó el tiempo sin que nadie atinase a hacer nada salvo contemplar el «problema», hasta que uno de los discípulos se levantó, miró al maestro y a los alumnos, caminó resueltamente hasta el florero y lo tiró al suelo, destruyéndolo.

—¡Al fin alguien lo ha hecho! —exclamó el Gran Maestro—. Empezaba a dudar de la formación que os hemos dado todos estos años; tú eres el nuevo guardián.

Al volver a su lugar el alumno, el Gran Maestro explicó:

—Fui bien claro: dije que estabais delante de un «problema». No importa cuán bello y fascinante sea el problema, tiene que ser eliminado. Un problema es un problema; puede ser un florero de porcelana muy caro, un amor que ya no tiene sentido, un camino que precisa ser abandonado, por más que insistimos en recorrerlo porque es confortable... Sólo existe una manera de lidiar con un problema: atacándolo de frente.

#LosTrucosDeLosRicos3

La envidia es el gran homenaje que la mediocridad le rinde al talento y, sobre todo, es un problema enorme para el que la padece.

@juanharo

Truco 16

Descuido planeado

A una joven concertista de violín le preguntaron cuál era el secreto de su éxito. Ella respondió: **«Descuido planeado».**

Luego se explicó:

> Cuando estaba en la escuela, había muchas cosas que demandaban mi tiempo. Iba a mi habitación después del desayuno, hacía la cama, barría y me ocupaba de cualquier cosa que me llamara la atención. Después corría a practicar con el violín.
>
> Me di cuenta de que no estaba progresando como debería. Así que cambié el orden de las cosas. Hasta que no terminaba mi tiempo de prácticas, deliberadamente descuidaba todo lo demás. Creo que mi éxito se debe a ese programa de descuido planeado.

La mayoría de las personas pueden establecer prioridades fácilmente cuando se enfrentan ante algo que es bueno o algo que es malo. **El problema surge cuando nos enfrentamos con dos cosas buenas. ¿Qué debemos hacer? ¿Qué hacer si ambas actividades cubren nuestras expectativas, tienen retribución y nos recompensan por nuestro trabajo?** ¿Cómo escoger entre dos buenas opciones?

Lo bueno es enemigo de lo mejor. A menudo somos como el comerciante que se empeñaba tanto en mantener limpia la tienda que nunca abría la puerta. ¡La verdadera razón para tener una tienda es para que entren los clientes, no para tenerla limpia!

Acabo de mostrarte una cualidad de los ricos, y es el significado que le dan al descuido planeado, pero existe otro significado más empresarial.

El descuido planeado, también conocido como «negligencia planificada» u «obsolescencia planeada», es una estrategia empresarial que consiste en que un fabricante o productor diseñe y fabrique deliberadamente productos con una vida útil limitada o con componentes que se vuelven obsoletos rápidamente. Esta práctica tiene como objetivo principal estimular la demanda de nuevos productos, impulsando así el consumo y las ventas de manera continua.

El descuido planeado tiene que ver con las decisiones que tomamos todos cada día. Con las prioridades y cómo elegir las correctas para avanzar y disfrutar de la vida.

La correcta elección de prioridades es esencial para mantener la eficiencia y la efectividad en nuestras tareas diarias. Priorizar correctamente para disfrutar de la vida implica encontrar un equilibrio entre las responsabilidades y las actividades que nos brindan felicidad y satisfacción. Recuerda que la vida es un equilibrio entre responsabilidades y placeres. Al priorizar correctamente y dedicar tiempo a lo que realmente te importa, podrás disfrutar más plenamente de cada día y vivir una vida más satisfactoria y enriquecedora.

Cómo aplicar la correcta elección de prioridades:

1. **Lista de tareas.** Haz una lista de todas las tareas que necesitas completar. Anota también los plazos y las fechas límite asociadas a cada tarea.
2. **Identifica tareas urgentes e importantes.** Clasifica las tareas en función de su urgencia e importancia. Usa métodos como la matriz de Eisenhower para categorizarlas.
3. **Evalúa el impacto.** Considera el impacto que cada tarea tendrá en tus objetivos y metas a largo plazo.
4. **Asigna tiempo.** Estima cuánto tiempo llevará completar cada tarea y asegúrate de dejar suficiente tiempo para las tareas más importantes.
5. **Elimina distracciones.** Identifica posibles distracciones y trata de minimizarlas para concentrarte en las tareas prioritarias.
6. **Flexibilidad.** Sé flexible para ajustar tus prioridades según las circunstancias cambiantes.

Ventajas de priorizar correctamente las tareas y de aplicar el «descuido planeado»:

1. **Mayor productividad.** Al centrarte en las tareas más importantes, aprovechas mejor tu tiempo y tus recursos, lo que aumenta tu productividad y puedes dedicar más tiempo a disfrutar de la vida.
2. **Menos estrés.** Al tener un plan claro y enfocarte en las prioridades, reduces la sensación de estrés y dejas de sentirte abrumado.
3. **Mejora en la toma de decisiones.** La correcta elección de prioridades te permite tomar decisiones más efectivas.
4. **Cumplimiento de plazos.** Priorizar adecuadamente te ayuda a cumplir con las fechas límite y a evitar retrasos innecesarios.
5. **Mejor enfoque.** Al saber qué tareas son más importantes, puedes dirigir tu energía y atención hacia ellas.
6. **Logro de objetivos.** Al priorizar tareas que te acercan a tus objetivos, aumentas tus posibilidades de éxito a largo plazo.
7. **Gestión del tiempo eficiente.** Aprovechas al máximo tu tiempo al enfocarte en lo que realmente importa.
8. **Mejora en la calidad del trabajo.** Al concentrarte en tareas importantes, tienes más tiempo y recursos para hacer un trabajo de mayor calidad.
9. **Aumento de la motivación.** Al lograr las tareas prioritarias, te sientes más motivado para seguir avanzando.
10. **Menos tareas pendientes.** Priorizar permite reducir la cantidad de tareas pendientes y te ayuda a estar más organizado.
11. **Mejor equilibrio entre trabajo y vida personal.** Al gestionar eficientemente tus tareas, tienes más tiempo para dedicar a actividades fuera del trabajo.
12. **Desarrollo de habilidades.** Priorizar tareas es una habilidad clave para el liderazgo y la gestión efectiva.

En resumen, priorizar adecuadamente las tareas es esencial para mejorar la eficiencia, reducir el estrés y lograr un mayor éxito en nuestras actividades diarias. La **correcta elección de prioridades** nos permite concentrarnos en lo que realmente importa y nos brinda la oportunidad de alcanzar nuestros objetivos de manera más efectiva para disfrutar de la vida como hacen los ricos.

Disfruta de la vida: el café

Un grupo de profesionales, todos triunfadores en sus respectivas áreas, se juntó para visitar a su antiguo profesor. Pronto la charla se transformó en quejas acerca del interminable «estrés» que les producía el trabajo y la vida en general.

El profesor les ofreció un café, fue a la cocina y pronto regresó con una cafetera grande y una selección de tazas de lo más ecléctica: de porcelana, de plástico, de vidrio, de cristal; unas sencillas y baratas, otras decoradas, unas caras, otras realmente exquisitas. Tranquilamente les dijo que escogieran una taza y se sirvieran un poco del café recién preparado.

Cuando lo hubieron hecho, el viejo profesor se aclaró la garganta y, con mucha calma y paciencia, se dirigió al grupo:

—Os habréis dado cuenta de que todas las tazas más bonitas se terminaron primero y quedaron pocas, las más sencillas y baratas, lo que es natural, ya que cada cual prefiere lo mejor para sí mismo. Ésa es realmente la causa de muchos de vuestros problemas de «estrés».

Luego continuó:

—Os aseguro que la taza no le añadió calidad al café. En verdad, la taza solamente disfraza o reviste lo que bebemos. Lo que queríais era café, no la taza, pero instintivamente buscasteis las mejores.

Todos se pusieron a mirar las tazas de los demás.

—Ahora pensad en esto: la vida es el café. Los trabajos, el dinero, la posición social, etcétera, son meras tazas que le dan forma y soporte a la vida, y el tipo de taza que tengamos no define ni cambia realmente la calidad de vida que llevemos. **A menudo, por concentrarnos sólo en la taza, dejamos de disfrutar del café.** La gente más feliz no es la que tiene lo mejor de todo, sino la que hace lo mejor con lo que tiene y se enfoca en disfrutar de la vida mientras construye todo aquello que desea.

#LosTrucosDeLosRicos3

**Saber decir adiós no es un signo de debilidad.
Por el contrario, demuestra madurez, sabiduría y valentía
al soltar lo que ya no tiene sentido mantener.**

@juanharo

Truco 17

Wu wei (无为)

Aunque wu wei —concepto filosófico oriental asociado al taoísmo— se traduce muchas veces como **«no acción»**, es más acertado traducirlo como **«actuar sin tomar partido»**.

Wu wei (无为) es un concepto filosófico fundamental en el taoísmo, una antigua tradición filosófica y religiosa originada en China. Se traduce generalmente como «no acción» o «acción no forzada». Aunque pueda parecer paradójico, wu wei no significa inacción o pasividad, sino más bien una forma de actuar en armonía con el flujo natural del universo.

El narrador taoísta Zhuangzi lo explicó así en torno al 350 a. C.: «Del vacío del sabio surge la quietud. De la quietud, la acción. De la acción, el logro».

El wu wei consiste en dejar que el orden natural prevalezca y así las acciones serán fluidas, enérgicas y se lograrán los resultados deseados Por eso, Tian Cheng Yang (maestro taoísta) **compara el wu wei con la naturaleza pasiva y perseverante del agua del río, en apariencia débil y delicada, pero cuya fuerza erosiona, poco a poco, la roca más sólida**. Así, el taoísmo recurre a este fluido para representar la acción del Tao (el principio). Se adapta al medio, sigue su curso natural y además sirve de hogar o sustento para la vida.

Las fuerzas externas son percibidas más claramente y se ejecutan movimientos más sabios y enérgicos porque se conserva energía para gastarla cuando se requiere. El rico se enfoca mucho en dirigir correctamente la energía, en no forzar, en no esperar el resultado, sino simplemente en hacer las cosas lo mejor que pueda. Sólo eso. Desapego del resultado, ésa es la clave, amigo lector.

La intención original de Lao Zi, autor del *Tao Te Ching*, una obra que versa sobre la filosofía del wu wei, reside en que **«no hay que dejar nada por hacer y, además, así se puede conquistar el mundo**. Es el estado supremo al que se llega practicando el Tao: dejar que las cosas sigan su curso, como la Tierra gira alrededor del Sol», explica el maestro. Tolstói, Gandhi o Martin Luther King bebieron de esta escuela.

El filósofo Alan Watts utilizó el término «no forzar» para disfrutar del buen vivir en medio de una cultura orientada a la acción. Por su parte, el psicólogo Fernand Gobet opina: «Estamos en el mundo para afrontar las situaciones tal y como se desarrollan, no como nos gustaría que fueran. Y, como no podemos saber el desenlace último, ¿por qué no dejar que el universo decida por nosotros?». Esta forma de pensar elimina mucha presión.

Conviene matizar que no se trata de resignarse, sino de autopreservarse, porque actuar apresuradamente tomando decisiones al calor de la emoción y el ego puede ser un error potencial. Al observar en calma un ecosistema natural, vemos que hay cambio, que está en movimiento y hay armonía, todo está en su lugar y se comporta de acuerdo con su naturaleza.

Lo que muere deja su sitio a lo **que brota, lo feo nos permite apreciar lo hermoso, lo brutal nos hace valorar lo sutil. Actuar sin tomar partido nos permite sencillamente pasar por nuestra existencia con armonía y sin sufrir**. Y entonces, suceda lo que suceda, no habrá sufrimiento.

Características del wu wei:

1. **Espontaneidad.** Wu wei implica actuar de forma espontánea y natural, sin esfuerzo consciente o forzado.
2. **No resistencia.** No se trata de luchar contra las circunstancias o de imponer nuestra voluntad, sino de fluir con el curso de los acontecimientos.
3. **Eficacia sin esfuerzo.** Al actuar sin forzar, se logra una eficacia sin el agotamiento que suele acompañar el esfuerzo excesivo.
4. **No interrupción del flujo.** La no acción implica no perturbar el flujo natural de la vida y permitir que las cosas sigan su curso de manera armoniosa.

5. **Intuición y sabiduría.** Wu wei insta a escuchar nuestra intuición y seguir la sabiduría innata que proviene del conocimiento interno.
6. **Adaptación y flexibilidad.** Se trata de ser flexible y adaptarse a las circunstancias cambiantes, en lugar de resistirse a ellas.

Beneficios del wu wei:

1. **Reducción del estrés.** Al dejar de luchar contra las circunstancias y fluir con el curso de la vida se reduce el estrés y la ansiedad.
2. **Mayor eficiencia.** Actuar sin esfuerzo y de manera espontánea puede conducir a una mayor eficiencia en nuestras acciones y decisiones.
3. **Conexión con la naturaleza.** Wu wei nos invita a alinearnos con el flujo natural del universo, lo que nos conecta más profundamente con la naturaleza.
4. **Mayor armonía.** Actuar en armonía con el flujo de la vida puede llevar a una mayor armonía interna y externa.
5. **Aceptación de la incertidumbre.** Wu Wei nos enseña a aceptar la incertidumbre y la naturaleza cambiante de la vida sin resistencia.
6. **Desapego.** Al practicar la no acción, se cultiva un desapego saludable hacia los resultados y las expectativas, así se obtiene una mayor paz mental.
7. **Mejor toma de decisiones.** Al escuchar nuestra intuición y sabiduría interna podemos tomar decisiones más equilibradas y acertadas.
8. **Mayor creatividad.** La no acción abre espacio para la creatividad y la inspiración, ya que no estamos limitados por una mente restrictiva.

El wu wei es un enfoque filosófico que promueve la armonía, la sabiduría y la eficacia al actuar en sincronía con el flujo natural de la vida. El rico lo sabe y lo aplica para disfrutar de la vida. Al aplicar este concepto, podemos encontrar una mayor paz interior, estar más conectados con la naturaleza y vivir de manera más plena y significativa.

La filosofía del wu wei ofrece diversas aplicaciones prácticas para disfrutar más plenamente de la vida. A continuación, presento algunas formas de **aplicar el concepto del wu wei** en la vida cotidiana:

1. ***Mindfulness* y atención plena.** Practicar la atención plena nos ayuda a estar más conectados con el momento presente y apreciar las pequeñas cosas de la vida. Al estar completamente comprometidos con lo que estamos haciendo podemos disfrutar más de cada experiencia.
2. **Aceptar la incertidumbre.** En lugar de resistirnos a los cambios y a la incertidumbre que conlleva la vida, si aplicamos el wu wei, aceptaremos y nos adaptaremos a las circunstancias cambiantes. Somos conscientes de que la vida supone un flujo constante y nos abrimos a lo que venga sin resistencia.
3. **Fluir con los desafíos.** En lugar de luchar contra los desafíos, podemos aprender a fluir con ellos y buscar soluciones creativas y armoniosas. El wu wei nos enseña a no resistirnos a los obstáculos, sino a buscar la manera más natural de superarlos.
4. **Dejar de controlar.** A veces, intentamos controlar todas las situaciones de nuestras vidas, lo que suele generar estrés y ansiedad. Aplicar el wu wei significa dejar de lado el control excesivo y permitir que las cosas se desenvuelvan por sí mismas en su flujo natural.
5. **Practicar la simplicidad.** Reducir la complejidad y el exceso en nuestras vidas nos permite disfrutar de momentos más significativos y auténticos. Al simplificar nuestras agendas y nuestras posesiones, nos liberamos de la carga innecesaria y creamos más espacio para disfrutar de lo que realmente importa.
6. **Escuchar nuestra intuición.** El wu wei nos invita a confiar en nuestra intuición y sabiduría interior para tomar decisiones. Al seguir nuestro instinto, podemos tomar elecciones más alineadas con lo que realmente queremos y disfrutar de sus consecuencias.
7. **Practicar el desapego.** El wu wei nos enseña a aligerar nuestras expectativas, lo que nos permite experimentar una mayor paz mental. Al practicar el desapego hacia las situaciones y los resultados nos liberamos de la carga de preocuparnos por el futuro y disfrutamos más del presente.
8. **Encontrar tiempo para el ocio.** Integrar momentos de ocio y descanso en nuestras vidas es fundamental para disfrutar plenamente de la vida. Estos momentos nos permiten recargar energías y experimentar momentos de disfrute y gratificación sin expectativas ni esfuerzos.

En resumen, aplicar el wu wei en la vida cotidiana implica vivir en armonía con el flujo natural de la vida, cultivar la atención plena y la aceptación de la incertidumbre, soltar el control excesivo y practicar el desapego. Al integrar estos conceptos, **podemos disfrutar de la vida más plenamente, de cada momento y experimentar una mayor paz interior y felicidad.**

#LosTrucosDeLosRicos3

La vida no siempre implica subirse al próximo tren, a veces nos invita a bajar en la siguiente estación. El rico acepta los cambios como oportunidades para crecer y descubrir nuevos caminos.

@juanharo

Truco 18

Reconocen los veintiocho sesgos

Un sesgo es una tendencia o inclinación cognitiva que afecta a la forma en que procesamos información y tomamos decisiones. Los sesgos pueden influir en el pensamiento, la percepción y el juicio de una manera sistemática, a menudo de manera inconsciente. Estos prejuicios pueden ser útiles en ciertos contextos, pero también pueden llevar a errores y distorsiones en la interpretación de la realidad.

Los sesgos pueden servir a diferentes propósitos y tienen diversas funciones en nuestro pensamiento y en la forma de comportarnos. Algunas de las **funciones** más importantes de los sesgos son:

1. **Eficiencia cognitiva.** Los sesgos sirven para procesar la información de manera más rápida y eficiente. Nos permiten tomar decisiones rápidas basadas en patrones previos y experiencias anteriores sin tener que analizar minuciosamente cada situación.
2. **Toma de decisiones rápidas.** Los sesgos pueden ayudarnos a tomar decisiones rápidas y automáticas en situaciones de riesgo o peligro, lo que es especialmente útil en momentos de emergencia o cuando el tiempo es limitado.
3. **Simplificación de la realidad.** Los sesgos simplifican la complejidad de la realidad, pues proporcionan atajos mentales. Esto

es útil para lidiar con la sobrecarga de información y facilitar la comprensión de situaciones complejas.

4. **Preservación del ego.** Algunos sesgos nos ayudan a mantener una imagen positiva de nosotros mismos y protegen nuestro ego, porque la información que proporcionan respalda nuestras creencias y actitudes preexistentes.
5. **Protección ante la incertidumbre.** Los sesgos actúan como un mecanismo de defensa contra la incertidumbre y la ambigüedad. Nos brindan una sensación de seguridad y control al reducir la ambigüedad y proporcionar explicaciones aparentemente convincentes.
6. **Coherencia y consistencia cognitiva.** Los sesgos nos ayudan a mantener cierta coherencia y consistencia en nuestras creencias y decisiones, lo que nos permite actuar de manera más predecible y estable.

Es importante ser conscientes de la existencia de los sesgos y tratar de mitigar su influencia cuando sea necesario, especialmente en situaciones en las que se requiere un pensamiento más crítico y objetivo. La conciencia de la existencia de los sesgos puede ayudarnos a tomar decisiones y evitar caer en patrones de pensamiento que puedan distorsionar nuestra percepción de la realidad.

El rico conoce perfectamente a qué sesgos ha de prestar atención para seguir caminando por la vida sin verse perjudicado y poder disfrutar de la vida.

Aquí tienes **veintiocho sesgos** que conviene que conozcas:

1. **Sesgo de arrastre.** Es la tendencia a hacer o creer en algo porque muchas personas lo hacen o lo creen.
2. **Sesgo de pensamiento de grupo (PG).** Muchas personas toman decisiones por el deseo de armonía del grupo, incluso cuando se trata de decisiones totalmente irracionales. Hablaremos más adelante de esto, en otro hábito de los ricos: no se dejan influir por los demás.
3. **Sesgo halo.** El mero hecho de ver a una persona con un rasgo positivo nos induce (muchas veces de forma errónea) a pensar que esa impresión positiva se extiende a otros rasgos. De aquí vienen muchas desilusiones posteriores.
4. **Sesgo *spotlight*.** Nos preocupamos demasiado pensando en lo que los demás piensan de nosotros o sobre un hecho concreto.

Damos excesiva importancia a la opinión o pensamiento de la gente, cuando en realidad cada persona se preocupa de lo suyo y no está pendiente de ti, y el rico lo sabe.

5. **Sesgo heurístico de disponibilidad.** Muchas de las decisiones que tomamos se basan en los ejemplos inmediatos que nos vienen a la mente, por ejemplo, cuando hacemos juicios, o bien si necesitamos algo, recurrimos a lo último que recordamos. Este sesgo es utilizado por el poder y los medios de comunicación para manipular e inducir a la toma de decisiones en una dirección concreta. Cuando tienes que tomar una decisión, te incitan a que tomes una determinada.
6. **Sesgo del mundo justo.** Es una tendencia que el rico conoce bien. Mucha gente tiende a pensar que el mundo es justo a largo plazo y que los actos de injusticia son merecidos. Por ejemplo, cuando uno es atracado en una calle, muchos piensan que esto ha ocurrido porque anteriormente le hizo algo malo a otra persona y el karma ha actuado. Intentamos justificar los sucesos pensando que vivimos en un mundo justo.
7. **Sesgo del realismo ingenuo.** Pensamos que nosotros observamos la realidad con objetividad y los demás son irracionales, están desinformados o actúan sesgadamente. Es como si el resto de la gente fuese imbécil y tú llevases siempre la razón. Este sesgo es utilizado por otros para crear discusiones y poner a unos en contra de otros.
8. **Sesgo del cinismo ingenuo.** Pensamos constantemente que cuando alguien nos hace un favor es porque quiere algo de ti. Es como si todo lo que hiciésemos es para obtener algo a cambio, como si no existiera el mero hecho de querer ayudar y disfrutar haciéndolo. Sólo nos mueve el interés oculto, de esta forma desconfiamos de todo y de todos.
9. **Sesgo de la explicación continua.** Se basa en la idea de que hay buscar explicaciones a todo, muchas veces basadas en creencias como la astrología, el destino, el aura personal, etcétera, que aportan interpretaciones para cualquier cosa. El ser humano necesita conocer el motivo de todo lo que le ocurre y cuando no lo descubre, muchas veces se lo inventa. El rico no pierde el tiempo en buscar una explicación, simplemente actúa en función de lo que le llega.
10. **Sesgo de inteligencia o del experto.** Se trata de dar como válido todo lo que la ciencia, el gobierno o un experto hayan di-

cho. El rico sabe que no es así, que hay miles de razones interesadas para que dicha información (la diga quien la diga) sea creída como verdadera.

11. **Sesgo del anclaje.** Es la tendencia a confiar demasiado en la primera información ofrecida a la hora de tomar decisiones.
12. **Sesgo de reactancia.** Algunas decisiones se toman sólo por rebeldía, en lugar de tener en cuenta nuestros propios intereses.
13. **Sesgo de confirmación.** Se trata también de un sesgo muy común y los ricos lo tienen muy en cuenta. Es la tendencia a fijarnos sólo en la información que confirma nuestras opiniones o percepciones. Desechamos todo aquello que no nos gusta, aunque en el fondo sea verdad. Hemos elegido antes de valorar las opciones.
14. **Sesgo de retroceso.** «Ojos que no quieren ver, lo desmienten todo» podría ser la explicación de este sesgo. Desmentir las pruebas para confirmar nuestras creencias. No buscamos la verdad que presentan los datos reales, sino que nos dejamos llevar por nuestros prejuicios hasta ver lo negro como blanco, negando lo evidente.
15. **Sesgo de la cascada.** Las creencias colectivas ganan más adeptos y más aplausos cuanto más se repiten en el discurso público, es decir, repetir una mentira mil veces en público hace que sea vista como verdadera por cada vez más gente.
16. **Sesgo de la retrospectiva.** Nos empeñamos en ver con buenos ojos el pasado e insistimos en pensar que el futuro será negativo y más decadente. Ni uno será tan malo ni el otro fue tan bueno.
17. **Sesgo del equilibrio.** Solemos huir de la inestabilidad, de la incertidumbre y apreciamos en demasía la estabilidad y el equilibrio. Sin embargo, los momentos de cambio son precisamente los que ofrecen más posibilidades de aprendizaje y crecimiento.
18. **Sesgo del esfuerzo inversor.** Invertimos más en cosas que nos han costado mucho esfuerzo, trabajo u horas de aprendizaje, en lugar de hacerlo en otros asuntos que no requieren tanto esfuerzo. Podría decirse que buscamos lo complicado en lugar de lo sencillo. Incluso cuando los resultados son negativos, nos cuesta cambiar. Valoramos en exceso el esfuerzo.
19. **Sesgo del jugador de casino.** Es cuando crees que tienes más posibilidades de ganar después de una racha perdedora, lo apuestas todo a un nuevo proyecto, reto u operación porque ya has perdido cinco veces seguidas, y ahora toca ganar, ¿verdad?

Pues no tiene por qué ser así. Las grandes quiebras o desastres suelen venir por este sesgo que demuestra un exceso de confianza.

20. **Sesgo del riesgo cero.** Se produce cuando necesitamos tener una total seguridad, cuando huimos de cualquier pequeño riesgo, compramos extensiones de garantía, pólizas de seguros extra, cuando nos apartamos porque tememos que algo ocurra en lugar de buscar otras alternativas.
21. **Sesgo marco.** Dependiendo de cómo presentes algo, estás influyendo en el resultado (sutilmente o no), ya sea un problema, un negocio, una situación, una idea o una inversión: en función de tus preferencias, podrás influir en la otra parte a causa de este sesgo. Por ejemplo, si un candidato a la alcaldía ha obtenido un crecimiento de popularidad del 40 por ciento, tú lo vendes como que un 60 por ciento de la localidad no tiene claro a quién elegir como alcalde. Es la misma noticia, pero presentada según tu conveniencia.
22. **Sesgo del estereotipo.** Se basa en la creencia generalizada de que los miembros de un grupo son de determinada manera, a pesar de no tener información sobre los individuos concretos.
23. **Sesgo placebo y nocebo.** Ambos sesgos son utilizados a conveniencia y los ricos lo saben. El placebo se basa en la creencia de que un tratamiento (o cualquier otra cosa) funcionará, y eso a menudo genera efectos fisiológicos difíciles de explicar. Lo mismo ocurre con el efecto nocebo, que es cuando crees que algo te hará daño, y finalmente tus creencias harán mella en ti.
24. **Sesgo del superviviente.** Posiblemente es uno de los sesgos más potentes en la creencia popular y, una vez más, es utilizado por quienes lo conocen para lograr sus pretensiones. Tendemos a centrarnos en todo aquello que sobrevive, que tiene éxito, en el ganador o superviviente, sin tener en cuenta a todos los que han fallado. Nos fijamos en el ganador, aunque esto sea algo anecdótico comparado con todos los fracasos.
25. **Sesgo del gato en la estufa.** Nuestras percepciones cambian en función del trauma. Este sesgo se denomina del gato en la estufa a partir de una frase de Mark Twain: «No seamos como el gato que se sienta en una estufa caliente y se quema». Nunca volverá a sentarse en una estufa caliente, y eso está bien. El problema es que tampoco se sentará en una estufa fría.
26. **Sesgo de la trivialidad.** Concedemos un peso desproporcionado a cuestiones triviales, que no tienen demasiada importancia,

pero que para nosotros suponen todo un «mundo». A menudo, a causa de este sesgo evitamos cuestiones más complejas o aspectos relevantes que sí deberían ser tenidos en cuenta.

27. **Sesgo Zeigarnik.** Este sesgo nos impide también disfrutar la vida. Es importante reconocerlo. El efecto Zeigarnik se basa en que recordamos con más facilidad las actividades que han sido interrumpidas o no terminadas que las que sí han sido completadas. En el caso de los inversores, recuerdan más la operación en la que perdieron dinero que las tres que fueron exitosas.
28. **Sesgo del espectador.** Este sesgo también es tenido en cuenta por los ricos a la hora de actuar. Cuanta más gente esté cerca, menos probable es que ayudemos a una víctima, y esto es válido para cualquier situación. El grupo ejerce una presión mayor de lo que pensamos sobre el individuo.

Te invito a que trabajes un sesgo al mes. Tenlo presente al tomar decisiones y no te dejes llevar por tus prejuicios previos.

#LosTrucosDeLosRicos3

No toda distancia implica ausencia ni todo silencio significa olvido. El rico sabe soltar y vivir con menos apegos, valorando la belleza que trasciende las barreras físicas.

@juanharo

Truco 19

Huir de la ley de los promedios

El rico no apuesta, no opina, no espera que la ley de los promedios funcione. El rico está atento a cualquier posibilidad, porque todo puede suceder. Y así suele ocurrir. El rico disfruta de la vida mientras está atento a cualquier suceso que pueda llegar.

La ley de los promedios es la creencia común de que un resultado o evento en particular ocurrirá durante ciertos períodos de tiempo, con una frecuencia similar a su probabilidad. Según el contexto o la aplicación, puede considerarse una observación válida de sentido común o un malentendido de la probabilidad. Esta noción puede conducir a la falacia del jugador cuando se convence de que un resultado en particular debe llegar pronto, simplemente porque no ha ocurrido recientemente (por ejemplo, creer que debido a que tres lanzamientos consecutivos de monedas arrojaron «cara», garantizan que el siguiente lanzamiento de moneda será «cruz»).

Como se aprecia en la vida cotidiana, esta «ley» por lo general genera ilusiones o una mala comprensión de las estadísticas, en lugar de cualquier principio matemático. Si bien existe un teorema real de que una variable aleatoria reflejará su probabilidad subyacente en una muestra muy grande, la ley de promedios generalmente asume que un «equilibrio» a corto plazo no natural debe ocurrir. Las aplicaciones típicas generalmente tampoco asumen ningún sesgo en la distribución de la probabilidad subyacente, lo que con frecuencia está en desacuerdo con la evidencia empírica.

A continuación expongo dos ejemplos comunes en los que se aplica la ley de los promedios: **la ley de los grandes números y la regresión a la media.**

1. **Ley de los grandes números.** Se trata de un concepto estadístico que establece que, a medida que aumenta el tamaño de una muestra, el promedio tiende a acercarse al valor esperado o promedio de la población de donde proviene la muestra. En otras palabras, a medida que se recopilan más datos, los resultados tienden a estabilizarse y aproximarse al valor verdadero o esperado.

   Pongamos un ejemplo de su aplicación. Supongamos que lanzas un dado con seis caras muchas veces. A medida que aumenta la cantidad de lanzamientos, el promedio de los resultados tiende a acercarse a 3,5, que es el promedio teórico de los resultados posibles (1 + 2 + 3 + 4 + 5 + 6) / 6. Ejemplo de resultados:

   - En 10 lanzamientos, el promedio puede ser 4.
   - En 100 lanzamientos, el promedio puede ser 3,8.
   - En 1.000 lanzamientos, el promedio puede ser 3,55.
   - En 10.000 lanzamientos, el promedio puede ser 3,52.

   A medida que aumentamos el número de lanzamientos, el promedio se acerca cada vez más a 3,5.

   El rico tiene un especial cuidado ante el «puede ser». Por eso no apuesta y no cree en la ley de los promedios.

2. **Regresión a la media.** Es un fenómeno que ocurre cuando un valor extremo (muy alto o muy bajo) en una medición inicial tiende a estar más cerca del promedio en mediciones posteriores. En otras palabras, **si un valor es inusualmente alto o bajo en un primer intento, es probable que tienda a «regresar» hacia el promedio en intentos posteriores.**

Pongamos otros ejemplos de aplicación. Supongamos que realizas un examen en el que obtienes una calificación muy alta, digamos un 95 por ciento. La regresión a la media no es una ciencia cierta, simplemente se basa en la repetición de un hecho en concreto, que pierde su efectividad al repetirlo de forma continuada. Es como tirar una moneda al aire, la repetición continuada hará que se acerque a una media. Por otro lado, si inicialmente obtuviste una calificación muy baja, como un

30 por ciento, es probable que en intentos posteriores tu calificación mejore y se acerque al promedio.

Es importante tener en cuenta que estos fenómenos estadísticos son probabilísticos y se basan en el análisis de grandes cantidades de datos. Pueden no aplicarse de manera precisa a casos individuales o a muestras pequeñas. Sin embargo, son conceptos valiosos para comprender el comportamiento de los datos a nivel general.

La falacia del jugador es una mala aplicación particular de la ley de los promedios. Éste cree que un resultado particular es más probable porque no ha ocurrido recientemente o, a la inversa, dado que un resultado particular ha ocurrido recientemente, será menos probable en el futuro inmediato.

Como ejemplo, consideremos que la bola en una ruleta ha caído en el rojo las tres últimas veces. Si un espectador aplicase la ley de los promedios, concluiría que en el próximo giro estaría casi garantizado (o al menos será mucho más probable) que se detuviese en el negro. Por supuesto, la rueda no tiene memoria y sus probabilidades no cambian según los resultados pasados. Por tanto, incluso si la rueda ha caído en rojo en diez o cien ocasiones consecutivas, la probabilidad de que el siguiente giro caiga en el negro no supera el 48,6 por ciento (es decir, suponiendo una ruleta europea, con una casilla en verde). La probabilidad sería del 50 por ciento si la casilla del cero no fuera verde y del 47,4 por ciento en una ruleta americana, con las casillas en verde para el 0 y el 00.

Del mismo modo, no existe una base estadística para creer que los números de lotería que no han salido recientemente lo harán pronto. Es tan probable que aparezcan los números impopulares como los populares, y en el caso de una gran ganancia, es probable que tengas que compartirla con menos personas.

En el ejemplo siguiente, uno intenta aumentar la probabilidad de que un evento raro ocurra al menos una vez realizando más pruebas. Por ejemplo, una persona que busca trabajo podría argumentar: «Si envío mi currículum a suficientes empresas, la ley de los promedios dice que alguien finalmente me contratará». Suponiendo una probabilidad distinta de cero, es cierto que realizar más ensayos aumenta la probabilidad general del resultado deseado. Sin embargo, **no hay un número particular de juicios que garantice ese resultado, sino que la probabilidad de que ocurra se aproxima, pero nunca alcanza el cien por cien.**

Huir de la «ley de los promedios» puede tener ciertos beneficios. Aquí están algunos posibles **beneficios** al evitar basar todas las decisiones únicamente en promedios:

1. **Identificar valores atípicos.** Al no depender exclusivamente de promedios, puedes detectar valores atípicos o excepcionales en los datos de que dispones. Estos valores inusuales pueden contener información valiosa o mostrar un problema o una oportunidad que no sería evidente si sólo se observara el promedio.
2. **Reconocer la variabilidad.** La ley de los promedios puede ocultar la variabilidad dentro de un conjunto de datos. Al escapar de su influencia, puedes comprender mejor la dispersión y la distribución de los datos, lo que es fundamental para la toma de decisiones y un análisis más preciso.
3. **Considerar el contexto.** En ciertas situaciones, puede ser más relevante observar datos individuales o resultados particulares en lugar de enfocarse únicamente en el promedio. Esto es especialmente cierto cuando cada punto de datos representa una entidad o individuo único, con características únicas que afectan al resultado.
4. **Evitar la falacia del apostador/jugador.** La ley de los promedios puede conducir a dejarse llevar por la «falacia del jugador», que es la creencia errónea de que los resultados futuros estarán influenciados por los sucedidos, especialmente cuando se observan secuencias aleatorias. Al tener en cuenta los resultados individuales, es posible evitar esta trampa mental.
5. **Valorar la relevancia del promedio.** En algunos casos, el promedio puede no ser la medida más adecuada para resumir un conjunto de datos. La mediana, por ejemplo, puede ser más adecuada si hay valores atípicos que distorsionan el promedio. En otros casos, una medida como la moda puede ser más relevante para identificar tendencias en datos discretos. O bien, la mejor opción puede ser lo que suele hacer el rico: no dejarse guiar en absoluto por datos pasados.
6. **Mejor toma de decisiones.** Al comprender los datos en su totalidad, incluidos los valores atípicos y la variabilidad, puedes tomar decisiones más informadas y considerar escenarios diversos, en lugar de basarlas únicamente en un promedio que puede no reflejar adecuadamente la realidad.

En conclusión, aunque la **ley de los promedios** es un concepto estadístico útil, **es importante no depender exclusivamente de él en todas las situaciones**. Reconocer la importancia de los datos individuales, la variabilidad y otros aspectos del conjunto de datos puede conducir a una comprensión más completa para tomar decisiones de manera más informada.

Acabamos este truco con un poco de humor: «Las tres cosas preferidas de Gluck».

Christoph Willibald von Gluck, el ilustre compositor de la ópera *Orfeo y Eurídice*, adoraba el dinero y la buena comida, cosa de la que no se avergonzaba a la hora de contarlo.

En cierta ocasión, alguien le preguntó:

—Maestro, ¿qué es lo que preferís en el mundo?

—Tres cosas, por este orden: el dinero, el vino y la gloria.

—¿Cómo? Para vos, un músico, **¿la gloria viene después del dinero y del vino? ¡No estáis siendo sincero!**

—Pues es bien sencillo... Con el dinero compro vino, el vino despierta mi genio y éste me trae la gloria.

#LosTrucosDeLosRicos3

No todos los problemas requieren una solución inmediata ni todas las preguntas necesitan una respuesta. El rico sabe aceptar lo que no puede cambiar y encuentra paz en esa aceptación.

@juanharo

Truco 20

Siguen la teoría de las ventanas rotas

Otro truco especialmente útil para disfrutar de la vida como hacen los ricos es seguir la teoría de las ventanas rotas. Todos estos trucos los empezaron a utilizar desde el minuto 1, cuando empezaban su andadura profesional. Es decir, ya puedes aplicarlo si realmente entiendes el poder que encierra.

La teoría de las ventanas rotas es una teoría criminológica y sociológica que fue propuesta por los académicos **James Q. Wilson y George L. Kelling** en un artículo publicado en 1982. Esta teoría se enfoca en la relación entre el deterioro del entorno urbano y el aumento de la delincuencia.

La teoría de las ventanas rotas se basa en una metáfora visual: si una ventana rota en un edificio no se repara rápidamente es probable que otras ventanas se rompan también en un corto período de tiempo. Esta aparentemente pequeña infracción de la propiedad genera la percepción de que el lugar está descuidado, de que está abandonado, y que las normas sociales no se aplican ahí. Como resultado, la delincuencia y el comportamiento antisocial tienden a aumentar.

El concepto clave de esta teoría es que el desorden y la falta de mantenimiento en un área pueden transmitir la señal de que las normas sociales no son respetadas y, por lo tanto, puede conducir a un aumento en la delincuencia y la actividad criminal.

La teoría de las ventanas rotas se ha aplicado en la práctica en diferentes contextos, especialmente en el campo de la prevención del crimen y la mejora de la seguridad urbana. Aquí hay algunas **formas en las que se ha aplicado**:

1. **Reparación y mantenimiento de infraestructuras.** Una de las aplicaciones más directas es la reparación y el mantenimiento constante de infraestructuras y propiedades. Esto incluye la reparación inmediata de las ventanas rotas, la pintura de edificios deteriorados, la limpieza de grafitis y la eliminación de basura y escombros.
2. **Políticas de tolerancia cero.** Algunas ciudades y comunidades han adoptado políticas de «tolerancia cero» contra delitos menores, como la mendicidad agresiva, el consumo de drogas en público o el vandalismo. La idea es abordar estos problemas menores antes de que se agraven y contribuyan a una sensación de deterioro generalizado.
3. **Participación comunitaria.** Fomentar la participación de la comunidad en la vigilancia y el cuidado del vecindario puede ayudar a prevenir el desorden y la delincuencia. Los vecinos pueden colaborar en actividades de limpieza, vigilancia y reporte de delitos, lo que crea una sensación de responsabilidad compartida. Los ricos también llevan esto a rajatabla.
4. **Mejora de los espacios públicos.** La creación y mejora de los espacios públicos, bien cuidados y atractivos, puede ayudar a generar un ambiente de comunidad más seguro y positivo, reduciendo la probabilidad de actividades delictivas.

Philip Zimbardo, psicólogo social de la Universidad Stanford, llevó a cabo, en 1969, un interesante experimento que se convirtió en teoría gracias al trabajo de James Wilson y George Kelling. Se vino a llamar «La teoría de las ventanas rotas». Y vale mucho la pena conocer en qué consiste, porque su aplicación cubre amplias áreas de nuestra vida.

Volvamos al año 1969. El experimento consistía en abandonar un coche en el deteriorado barrio del Bronx de aquella época: pobre, peligroso, conflictivo y con abundante delincuencia. Zimbardo dejó el vehículo con las placas de matrícula arrancadas y con las puertas abiertas para simplemente observar qué ocurría. Y sucedió que, al cabo de tan sólo diez minutos, el coche empezó a ser desvalijado. Tras tres días, ya no quedaba nada de valor en el coche y, a partir de ese momento, el vehículo fue destrozado.

Pero el experimento no terminaba ahí. Había una segunda parte consistente en abandonar otro vehículo idéntico y en similares condiciones, pero, en este caso, en un barrio muy rico y tranquilo: Palo Alto, en California. Y sucedió que, durante una semana, nada le pasó al vehículo. Pero Zimbardo decidió intervenir, tomó un martillo y golpeó algunas partes del vehículo, entre ellas, una de las ventanas, la cual rompió. De este modo, el coche pasó de estar en un estado impecable a mostrar signos de maltrato y abandono. Y entonces se confirmó la hipótesis de Zimbardo. ¿Qué ocurrió? A partir del momento en el que el coche se mostró en mal estado, los habitantes de Palo Alto se cebaron con el vehículo a la misma velocidad que lo habían hecho los habitantes del Bronx.

Lo que dice la teoría de las ventanas rotas es simple: si en un edificio aparece una ventana rota y no se arregla pronto, inmediatamente el resto de las ventanas acabarán siendo destrozadas por los vándalos. ¿Por qué? Porque se está transmitiendo un mensaje: aquí nadie cuida de esto, está abandonado. El rico cuida y mima lo que tiene.

La lectura que nos da esta teoría es extrapolable a múltiples ámbitos de la cotidianidad. Si alguien hace una pintada en la pared de tu casa y no la limpias pronto, se convertirá en un muro lleno de pintadas en pocos días. Si el árbitro permite una pequeña transgresión en el partido, lo más probable es que vayan apareciendo más y más acciones violentas hasta que se forme una tangana. Si tú mismo comienzas con pequeñas mentiras, acabarás creyéndotelas y generando más. Si descargas contenidos ilegalmente, luego no pidas que se valore tu trabajo creativo y reclames un buen sueldo. Si no cuidas la relación con tu pareja y comienzas descuidando los pequeños detalles, estás sembrando posibilidades para un deterioro que puede acelerarse. Y la lista sería interminable.

Si bien la teoría de las ventanas rotas se ha utilizado principalmente en el contexto de criminología y prevención del delito, también se pueden extraer lecciones valiosas de ella para aplicar en la vida diaria y disfrutarla de una manera más plena y satisfactoria. A continuación, te presento algunos **ejemplos** de cómo aplicar la teoría de las ventanas rotas en el ámbito personal para disfrutar más de la vida:

1. Mantén el entorno limpio y ordenado:

    - **En tu hogar.** Mantén tu espacio de vida limpio y ordenado. Repara o reemplaza los objetos dañados o rotos para evitar que se acumule el desorden.

- **En tu lugar de trabajo.** Organiza tu espacio de trabajo y mantén tu escritorio limpio y libre de elementos innecesarios.
- **En tus relaciones.** Evita acumular resentimientos y conflictos sin resolver. Aborda los problemas de manera proactiva para mantener tus relaciones en armonía.

2. Cultiva una mentalidad positiva:

   - **Evita la «ventana rota» mental.** No dejes que pensamientos negativos o creencias limitantes arraiguen en tu mente. Trabaja en mantener una mentalidad positiva y constructiva.
   - **Practica la gratitud.** Agradece y valora las pequeñas cosas de la vida. Concentrarte en lo positivo puede mejorar tu perspectiva y aumentar tu bienestar.

3. Cuida tu salud física y mental:

   - **Atiende tu bienestar físico.** Haz ejercicio regularmente, come saludablemente y mantén un estilo de vida equilibrado.
   - **Cuida tu salud mental.** Practica técnicas de relajación, meditación o *mindfulness* para reducir el estrés y mejorar tu salud mental.

4. Fomenta la conexión social:

   - **Construye relaciones significativas.** Dedica tiempo a cultivar amistades y conexiones significativas con familiares, amigos y compañeros.
   - **Ayuda a construir una comunidad sólida.** Participa en actividades comunitarias y fomenta el sentido de pertenencia a tu vecindario o comunidad.

5. **Evita la acumulación de tareas pendientes: aborda las tareas a medida que surgen.** Evita la tendencia de dejar tareas sin terminar o acumular responsabilidades. A medida que surjan, trata de abordarlas de manera oportuna.
6. **Equilibra trabajo y tiempo libre: dedica tiempo a relajarte y descansar.** Asegúrate de incluir actividades recreativas y de ocio en tu rutina para recargar energías y disfrutar de la vida.

En resumen, la teoría de las ventanas rotas nos enseña la importancia de mantener el orden y cuidar los detalles en diferentes aspectos de la vida para disfrutar de una existencia más plena y satisfactoria. Al aplicar estas ideas en tu vida diaria puedes promover un entorno propicio para el bienestar personal y social, lo que te permitirá disfrutar de la vida en su máximo potencial.

Para el rico, la teoría de las ventanas rotas tiene que ver con la imagen que proyectamos en los pequeños detalles. El cuidado de todo aquello que tenemos alrededor dice más que nuestras palabras. Si no atendemos a algo que se rompe o que esté dañado, terminará por contagiar al resto. Es una actitud de vida, es una práctica de los ricos para seguir disfrutando de la vida.

Y para acabar este truco, una **historia real** sobre el poder que tienen nuestra mente y las creencias (sesgo 23, efecto nocebo del truco 18):

> Clifton Meador, un terapeuta de Nashville, llevaba reflexionando sobre el poder potencial del efecto nocebo[2] durante treinta años. En 1974, Meador tuvo un paciente, Sam Londe, un vendedor de zapatos jubilado que padecía cáncer de esófago, enfermedad que por aquel entonces se consideraba letal por no tener cura. Aunque le trataron el cáncer, a nadie sorprendió que Londe muriera unas semanas después del diagnóstico.
>
> La sorpresa llegó tras la muerte de Londe, cuando la autopsia encontró escasos signos de cáncer, desde luego no los suficientes como para matarlo. Tenía un par de manchas en el hígado y otra en el pulmón, pero no había rastro del cáncer esofágico que todos creían que lo había matado.
>
> En una entrevista en el Discovery Health Channel, Meador dijo: «Murió con cáncer, pero no de cáncer».
>
> ¿De qué murió entonces si no fue del cáncer esofágico?
>
> ¿Murió acaso porque creía que iba a morir?
>
> El caso todavía obsesiona a Meador tres décadas después del falleci-

2. El efecto nocebo es un fenómeno psicológico que consiste en que la expectativa negativa de una persona respecto a un tratamiento, procedimiento o sustancia puede llevar a que ésta experimente efectos secundarios o síntomas adversos, incluso cuando el tratamiento en sí mismo es inerte o no tiene sustento científico para provocar tales efectos. El efecto nocebo también puede manifestarse en situaciones cotidianas en las que alguien es informado de los posibles efectos secundarios de un medicamento o un tratamiento y, como resultado, experimenta esos efectos secundarios, aunque el medicamento en sí no tenga una probabilidad significativa de causarlos.

miento de Londe: «Creí que tenía cáncer. Él creyó que tenía cáncer. Todos los que lo rodeaban creían que tenía cáncer. ¿Le robé la esperanza de alguna forma? Los problemáticos casos de efecto nocebo sugieren que los terapeutas, los padres y los profesores pueden robarte la esperanza haciéndote creer que no puedes hacer nada para sanar».

#LosTrucosDeLosRicos3

La fuerza del ser humano siempre encuentra una manera de seguir adelante. Las personas más valiosas no se buscan entre sí, la vida te las presenta cuando tienes claro lo que quieres.

@juanharo

Truco 21

Los seis grados

Los ricos son unos magos de las relaciones sociales, de las relaciones humanas. Crean relaciones constantemente y las manejan especialmente para experimentar mejor el truco de los seis grados.

Se llama «seis grados de separación» a la idea que intenta probar que cualquier individuo puede estar conectado a cualquier otra persona del planeta a través de una cadena de conocidos que no tiene más de cinco intermediarios (conectando a ambas personas con sólo seis enlaces), algo que se ve representado en la popular frase «el mundo es un pañuelo». La teoría fue inicialmente propuesta en 1929 por el escritor húngaro Frigyes Karinthy en un cuento llamado *Láncszemek* [Eslabones].

El concepto está basado en la idea de que los conocidos crecen exponencialmente con el número de enlaces en la cadena, y sólo son necesarios unos cuantos enlaces para que el conjunto de conocidos se convierta en la población humana entera.

Está recogida también en el libro *Six degrees: The science of a connected age* [Seis grados: la ciencia de una era conectada], del sociólogo Duncan Watts, que **asegura que es posible acceder a cualquier persona del planeta con tan sólo seis «saltos».**

Según esta idea, cada persona conoce de media, entre amigos, familiares y compañeros de trabajo o escuela, a unas cien personas. Si cada uno de esos amigos o conocidos cercanos se relaciona con otras cien personas, cualquier individuo puede pasar un recado a diez mil personas más tan sólo pidiendo a sus amigos que pasen el mensaje a sus amigos.

Estos diez mil individuos serían contactos de segundo nivel, que un individuo no conoce, pero que puede conocer fácilmente pidiendo a sus amigos y familiares que se los presenten, y a los que se suele recurrir para ocupar un puesto de trabajo o realizar una compra. Cuando preguntamos a alguien, por ejemplo, si conoce una secretaria interesada en trabajar, estamos tirando de estas redes informales que hacen funcionar nuestra sociedad. Este argumento supone que los cien conocidos de cada persona no son amigos comunes. En la práctica, esto significa que el número de contactos de segundo nivel será sustancialmente menor a diez mil debido a que es muy usual tener amigos comunes en las redes sociales.

Si esos diez mil conocen a otros cien, la red ya se ampliaría a un millón de personas conectadas en un tercer nivel, a cien millones en un cuarto nivel, a diez mil millones en un quinto nivel y a un billón en un sexto nivel. En seis pasos, gracias a las tecnologías disponibles, se podría enviar un mensaje a cualquier individuo del planeta. Por ejemplo, imaginemos un limpiabotas de la calle, que conoce a un portero de un hotel de dos estrellas, y dicho portero conoce al dueño del hotel, éste al dueño de un hotel más prestigioso, que a su vez conoce a una persona que trabaja en el gobierno, y esta persona conoce al presidente. Con unos pocos enlaces se ha conseguido ligar un limpiabotas con el presidente.

Evidentemente, cuantos más pasos haya que dar, más lejana será la conexión entre dos individuos y más difícil la comunicación. Internet, sin embargo, ha eliminado algunas de esas barreras creando verdaderas redes sociales mundiales, especialmente en segmentos concretos de profesionales y artistas, entre otros.

En 2011, **Facebook realizó un estudio denominado «Anatomy of Facebook»** con todos los usuarios activos de su página en ese momento, 721.000.000 miembros (alrededor del 10 por ciento de la población mundial) y se analizó el conjunto de amigos en común, para sacar el promedio de cuántos eslabones hay entre un usuario y otro cualquiera. En esta prueba, se excluyeron las celebridades y los famosos. Los resultados mostraron que **el 99,6 por ciento de los pares de usuarios estaban conectados por cinco grados de separación**. Ésta es la prueba más cercana de la teoría a fecha de hoy, y da un resultado aproximado de 4,75 eslabones.

En 2013, el belga **Michiel Das** utilizó la teoría de los seis grados para encontrar trabajo en la ciudad de Barcelona. Creó tres tarjetas de visita y se las dio a tres personas diferentes, quienes, a su vez, iban pasando la suya a conocidos hasta que una llegó a manos de una persona que lo quería contratar. Después de pasar por las manos de cuatro contactos, consiguió entrar en SEAT gracias a su tarjeta de visita, lo cual le llevó a salir en varios medios de comunicación nacionales por su proyecto.

En otras palabras, todos estamos conectados de alguna manera, aunque sea indirectamente, con cualquier otra persona en el mundo, y el rico lo sabe. Aunque esta teoría fue originalmente propuesta en el contexto de las relaciones sociales y las redes sociales, también se pueden extraer ventajas y beneficios para disfrutar de la vida:

1. **Conexión y empatía.** Saber que estamos todos conectados puede ayudarnos a desarrollar una mayor empatía y comprensión hacia los demás. Comprender que nuestras experiencias y desafíos están entrelazados nos permite ser más compasivos y solidarios con las personas que nos rodean.
2. **Ampliar horizontes.** La teoría de los seis grados nos invita a considerar que siempre hay oportunidades para conocer a nuevas personas, culturas y perspectivas. Aprovechar estas conexiones puede enriquecer nuestras vidas y abrirnos a nuevas experiencias y aprendizajes.
3. **Construir relaciones significativas.** Saber que estamos a sólo unos pocos grados de separación de cualquier persona nos puede hacer más proactivos en la construcción de relaciones significativas. Esto nos permite acercarnos a personas con intereses similares, metas compartidas o valores comunes, lo que puede resultar en amistades y conexiones significativas.
4. **Potenciar la colaboración.** La conciencia de esta interconexión nos hace más propensos a colaborar y trabajar juntos para alcanzar objetivos comunes. Esto puede generar un sentido de comunidad y satisfacción al contribuir al bienestar de los demás.
5. **Oportunidades profesionales y personales.** Reconocer que existe una red de conexiones puede abrirnos puertas en el ámbito profesional y personal. Aprovechar nuestra red de conocidos y contactos nos proporcionará más oportunidades laborales, colaboraciones creativas y enriquecimiento personal.
6. **Sentido de pertenencia.** Entender que estamos todos conectados fortalece nuestro sentido de pertenencia a una comunidad global más amplia. Esto puede generar un mayor sentido de propósito y contribuir a nuestro bienestar emocional.

En resumen, la teoría de los seis grados nos recuerda que vivimos en un mundo interconectado y que nuestras acciones y relaciones tienen un impacto más amplio de lo que podríamos imaginar. Aprovechar esta conciencia puede conducir a una mayor conexión, empatía y colaboración, lo que contribuye a un mayor disfrute y satisfacción en la vida.

El rico es una persona sencilla, como tú y como yo, amigo lector. Y, como muestra, esta **historia**:

> Alejandro Magno sintió el deseo de conocer personalmente al gran sabio Diógenes, de cuya inteligencia, discreción y sencillez tan bien le habían hablado.
>
> Montado en su carruaje y acompañado por una cortejo, se dirigió a cierto lugar de la llanura en donde el personaje estaba reposando. Dicen que, al llegar, en su intento de ser generoso con el sabio, le preguntó qué es lo que más anhelaba tener en aquel momento.
>
> —¿Qué deseas de mí? ¿Qué quieres que te ofrezca?
>
> A lo que Diógenes, con una cordial sonrisa y con todo el respeto, ante la mirada sorprendida de los presentes, le pidió:
>
> —Que, por favor, te apartes para que me dé el sol.
>
> Cuentan que aquella respuesta le gustó a Alejandro Magno. El sabio no le pidió riquezas, ni honores, ni propiedades, sólo le pidió poder disfrutar del sol. El rico quiere, sobre todas las cosas, disfrutar de la vida.

Y querría añadir a esta historia lo que dijo un **poeta**:

Todo el arte de vivir
con paz y resignación
está en saber alegrarse
con cada rayo de sol.

#LosTrucosDeLosRicos3

El rico elige cuidadosamente sus batallas, porque a veces es preferible tener paz en lugar de tener razón. Nuestro tiempo es limitado y nuestra salud el bien más preciado. Y el rico lo sabe.

@juanharo

Truco 22

Escenario negro

En el primer libro de *Los trucos de los ricos* vimos varias formas para que **cualquier individuo pueda proteger su patrimonio** y evitar que sea embargado por un tercero. Sin embargo, en el truco de hoy, el «escenario negro», nos referimos a que una de las primeras cosas que hacen los ricos (para poder disfrutar de la vida) es atar su patrimonio para que todo pueda ser distribuido de la forma que ellos eligen en el supuesto de su fallecimiento.

Ya hemos explicado que el rico siempre tiene en cuenta diferentes escenarios, no sólo cuando invierte, sino en todo momento y situación. Y si desea disfrutar de la vida, también deberá tener en cuenta ese escenario negro.

Ese escenario negro es algo que ocurrirá tarde o temprano: nos vamos a morir, sí o sí. Por tanto, dejemos todo atado y sistematizado. Da igual si tenemos mucho o poco, el rico debe prepararse para el escenario negro contestando a estas **preguntas** en el momento presente:

- ¿Tenemos testamento?
- ¿Existe un sistema automático para dejar nuestros bienes ligados a nuestros seres queridos?
- ¿Qué ocurrirá con el dinero, esté donde esté?
- ¿Quién puede acceder a él en caso de fallecimiento repentino?
- Los inmuebles actuales, ¿quién se queda con ellos y de qué forma?

- ¿Qué pasa con las deudas existentes?
- Los negocios que poseemos, ¿quién los dirigirá y de qué forma?
- ¿Qué abogado de confianza tiene instrucciones claras para que se cumplan nuestras voluntades?
- ¿Dónde guardamos los documentos importantes, escrituras, claves, contraseñas y demás datos relevantes? ¿Quién hará uso de ellos?

Deja un testamento: sólo el 13 por ciento de los españoles lo ha hecho. No tenerlo puede perjudicar mucho a nuestro cónyuge. Otros **documentos vitales** que debemos tener o crear para poder protegernos mejor son:

- **Poderes preventivos.** Es el mecanismo notarial que permite a una persona designar a otra para que pueda actuar en su nombre en el momento en que pierda la capacidad natural de obrar por sí misma. Por ejemplo, por una enfermedad degenerativa (alzhéimer), un accidente de tráfico que provoque una situación de parálisis física o psíquica, o por la vejez. Es un instrumento de autoprotección al que puede recurrir cualquier persona, en el que se pueden incluir previsiones, tanto de índole personal como patrimonial.
- **Testamento vital.** Es el documento con el que una persona deja constancia por escrito de su voluntad en relación con los tratamientos médicos a los que desea someterse o no, en caso de enfermedad, llegado el momento en que no pueda expresarse por sí misma, o una vez fallecida. También se le denomina documento de instrucciones previas o testamento de voluntades anticipadas.
- **Documento notarial en el que se hace mención al sobre lacrado que se adjunta en notaría.** En dicho sobre aparecen los pasos que seguir una vez se fallece o se pierden las facultades para decidir por sí mismo. Se entrega a un notario, un abogado o un asesor fiscal para seguir la hoja de ruta en caso de que esto suceda. Este documento no sustituye al testamento. En él deben incluirse todas las claves y datos de cuentas bancarias, *exchanges*, etcétera.

A menudo, los ricos utilizan diversas estrategias para legar su patrimonio y proteger sus activos al morir. Estas estrategias se implementan mediante la planificación patrimonial y legal, con el objetivo de minimizar los impuestos sobre herencias, proteger los activos para las futuras generaciones y asegurar que sus deseos se cumplan de manera efectiva. Así disfrutan mejor de la vida. Esto lo hacen siempre.

Algunas de las formas más comunes mediante las cuales los ricos legan su patrimonio antes de morir son:

1. **Testamentos y fideicomisos** (ya visto anteriormente). Un testamento es un documento legal que establece cómo se distribuirán los activos de una persona después de su fallecimiento. Los fideicomisos son acuerdos legales que permiten la transferencia y protección de activos a terceros designados, llamados fiduciarios, para el beneficio de beneficiarios específicos. Estas herramientas permiten al individuo establecer cómo se distribuirán y administrarán sus activos, y protegerlos de impuestos innecesarios o disputas familiares.
2. **Planificación fiscal.** Los ricos suelen emplear estrategias fiscales para minimizar la carga de impuestos sobre herencias y donaciones, como donaciones caritativas, fideicomisos caritativos, donaciones en vida, entre otras.
3. **Empresas y estructuras legales.** Algunos ricos optan por estructurar sus activos a través de empresas, sociedades o fundaciones, lo que les permite separar sus activos personales de los empresariales. Esto puede proporcionar beneficios fiscales y protección adicional contra posibles demandas y riesgos.
4. **Planificación internacional.** Algunos individuos ricos establecen estructuras legales en jurisdicciones extranjeras que ofrecen ventajas fiscales, confidencialidad y protección de activos.
5. **Seguros de vida.** Los seguros de vida pueden ser una herramienta efectiva para proporcionar liquidez a los herederos o para cubrir los impuestos sobre herencias, lo que permite la transferencia eficiente de riqueza. En el truco 46 de *Los trucos de los ricos* comento la importancia de los seguros *unit linked.*
6. **Donaciones anticipadas y regalos.** Al realizar donaciones anticipadas y regalos en vida, los ricos pueden reducir su patrimonio y, a su vez, minimizar la carga de impuestos sobre herencias. Así pueden traspasar todo su patrimonio en vida a sus herederos de múltiples formas para evitar pagar impuestos, como el de sucesiones, evitar de este modo aceptar la herencia y, con ello, las deudas. Las deudas morirán con ellos, pero los bienes de todo tipo se han repartido en vida.

Algo que cualquiera puede hacer si imita a los ricos: tanto el dinero en efectivo como el dinero en cuentas corrientes puede pasarse de múltiples formas a los herederos para evitar legalmente al fisco y los impuestos. Todo de forma legal, a través de préstamos, sociedades o incluso a través del mundo de las criptomonedas (bitcoin). Sin duda, todo esto aporta tranquilidad y disfrute de la vida. Si no prestamos atención, los problemas los tendrán nuestros allegados cuando el escenario negro llegue.

La **planificación patrimonial** puede ser también un proceso creativo y personalizado, y hay varias formas creativas para dejar todo el patrimonio atado antes de morir, como la figura del **fideicomiso**, un acuerdo legal mediante el cual una persona (llamada «fiduciante») transfiere la propiedad de bienes, activos o fondos a otra persona o entidad (llamada «fiduciario») para que lo administre y lo utilice en beneficio de uno o más beneficiarios específicos. El fiduciario es el responsable de gestionar y distribuir los activos del fideicomiso de acuerdo con las instrucciones establecidas en el documento del fideicomiso.

Aquí van algunas **ideas**:

1. **Fideicomiso artístico.** Crea un fideicomiso que se encargue de preservar y promover el arte y la cultura. Los fondos podrían utilizarse para adquirir y mantener obras de arte, financiar becas para artistas emergentes o apoyar proyectos culturales en la comunidad.
2. **Fideicomiso ecológico.** Establece un fideicomiso dedicado a la protección del medio ambiente y la sostenibilidad. Los fondos podrían utilizarse para financiar proyectos de conservación de la naturaleza, restauración de ecosistemas o investigación científica sobre temas ambientales.
3. **Fideicomiso educativo.** Crea un fideicomiso que ofrezca becas y apoyo financiero a estudiantes con mérito académico o talento en campos específicos, como ciencia, tecnología, ingeniería, arte o música.
4. **Fideicomiso de bienestar social.** Diseña un fideicomiso destinado a mejorar la calidad de vida de grupos desfavorecidos o comunidades necesitadas. Los fondos podrían utilizarse para proyectos de vivienda, atención médica, programas de nutrición o desarrollo de habilidades laborales.
5. **Fideicomiso de emprendimiento.** Establece un fideicomiso para apoyar a jóvenes emprendedores o *start-ups* con ideas innovado-

ras. Los fondos podrían utilizarse para proporcionar capital inicial, mentoría empresarial o acceso a recursos y redes.

6. **Legados creativos.** Además de la planificación patrimonial tradicional, puedes considerar dejar un legado creativo. Esto podría incluir la publicación de un libro, la creación de una obra de arte o música, o la fundación de una organización sin fines de lucro para promover una causa que te apasione.

Es importante tener en cuenta que para llevar a cabo estas ideas debes contar con asesoramiento legal para que queden bien estructuradas y asegurarte de que se cumplan tus deseos, y que los fondos se utilicen de manera efectiva y responsable. Busca la ayuda de abogados y asesores financieros especializados en planificación patrimonial para implementar estas ideas de manera adecuada y coherente con tus valores y objetivos.

#LosTrucosDeLosRicos3

Los ricos no esperan a que la muerte los sorprenda.
Lo dejan todo bien atado, repartido y protegido.
Así ahorran disgustos, problemas y muchos impuestos.

@juanharo

Truco 23

Quién es tu dueño

Los ricos son dueños de sí mismos. Aceptan el sistema, el mundo en el que viven, pero intentan no olvidar jamás quién es su dueño: ellos mismos. Para lograrlo, actúan como un personaje en una obra de teatro. Con el fin de que entiendas bien este truco, déjame que te cuente...

Hace tiempo vi un **vídeo en YouTube** que me resultó especialmente curioso. El título era: **«¿Quién es tu dueño?».** Aquí te muestro lo que cuenta una joven en cuatro minutos de vídeo: (si no lo borran o censuran, quizá lo puedas encontrar en YouTube):

> ¿Quién es tu dueño?
>
> ¿A quién le pertenece tu vida?
>
> ¿Quién es tu dueño?
>
> La mayoría de la gente instintivamente responde: «Yo soy dueño de mí mismo».
>
> Pero la mayoría de la gente, en realidad, no cree eso.
>
> ¿Qué significa ser dueño de algo?
>
> Significa que tú, y sólo tú, tienes el derecho de decidir qué hacer con esa cosa.
>
> Lo que es tuyo, tú lo puedes usar, tú lo puedes negociar, tú lo puedes regalar, tú lo puedes destruir.
>
> Entonces, ¿qué significa decir que tú eres dueño de ti mismo?

Significa que tú, y sólo tú, tienes el derecho de decidir qué hacer con tu cuerpo y tu mente, con tu tiempo y tu energía.

Si otra persona tiene el derecho de decidir lo que se hace con tu cuerpo y tu mente, con tu tiempo y tu energía, entonces él será tu dueño, y tú serás su esclavo.

¿Tú eres esclavo de alguien? ¿Tú pagas impuestos?

¿Te sientes obligado a obedecer todo lo que los políticos deciden llamar «ley»?

¿Crees que otra persona tiene el derecho de controlarte, de gobernarte? ¿Tú votas?

En todas las elecciones políticas, se te pide que decidas quién quieres que sea tu dueño.

Pero la opción de que tú seas tu propio dueño nunca se te ofrece.

La única opción que se te da es la de elegir qué político te va a coaccionar y controlar por medio de las llamadas «regulaciones» y «legislaciones».

Y te va a confiscar lo que produces a través de los «impuestos».

Gane quien gane, tú serás extorsionado y dominado.

Cuanto tú votas, ganes o pierdas, estás aceptando que otra persona tenga el derecho de gobernarte.

Tú estás concediendo la «autoridad» del Estado sobre ti.

Tú estás aceptando que vas a ser el esclavo de alguien.

La única pregunta es: ¿qué amo político será tu dueño?

Si tú crees que tienes la obligación de pagar impuestos.

Si admites que le corresponde a otra persona decidir cuánto de tus ingresos te permitirá mantener.

Entonces tú eres su esclavo.

Si tú eres dueño de ti mismo, no necesitas permiso de nadie.

De ningún individuo, ningún grupo, ningún colectivo, ningún país, ninguna legislatura.

Para dirigir tu propia vida, tomar tus propias decisiones y quedarte con los frutos de tu propio trabajo.

Mientras que los políticos te vean votando, solicitando, protestando y haciendo campaña.

Rogando por recortes de impuestos y lloriqueando por una legislación diferente.

Mientras ellos te vean obedeciendo tímidamente cualquier norma que ellos emitan, a la misma vez que tú sigas rogándoles para que cambien sus llamadas «leyes», ellos sabrán que son tus dueños, en cuerpo y mente.

Escribiendo o llamando a tu congresista, diputado, simplemente le estás diciendo que tú todavía piensas que él es importante.

Que todavía lo ves a él y a sus compañeros parásitos como «autoridad».

Y que todavía piensas que es su decisión la de permitirte que seas libre o no.

Mientras sigas jugando a sus juegos, y legitimes su sistema, obedeciendo sus llamadas «leyes» y pagando sus llamados «impuestos», actuando como si ellos fueran tus legítimos señores y amos, los tiranos saben que no tienen nada que temer.

Al amo no le importa dejar que sus esclavos pidan clemencia míseramente, siempre y cuando sigan obedeciendo y produciendo riqueza, para que luego el amo la pueda robar/embargar.

Aquellos en el poder no están preocupados por las elecciones o peticiones.

Lo que ellos temen es que un día sus víctimas se den cuenta de la verdad.

Que dejen de creer en el derecho divino de los políticos.

Que pasen de llamarles «legisladores» a llamarles mentirosos y ladrones.

Que pasen de llamarles «agentes de la ley» a llamarles tiranos y mercenarios.

Que dejen de creer que alguien tiene el derecho de gobernarlos.

Que dejen de creer en la autoridad donde no la hay.

Que se den cuenta de que ellos son dueños de sí mismos.

Y que dejen de hacer reverencia a la bestia parasitaria antihumana llamada «gobierno».

Si tú eres dueño de tu tiempo y de tu esfuerzo y de los frutos de tu trabajo, entonces deja de pedir amablemente que te lo permitan mantener.

Si tú eres dueño de ti mismo, entonces deja de pedir amablemente un permiso legislativo para dirigir tu propia vida.

Si tú realmente crees en los derechos inalienables, en la libertad individual y en las libertades, entonces deja de pedir amablemente a los parásitos sociopáticos que te permitan ser libre.

Para que la humanidad sea libre, la gente tiene que dejar de pensar, hablar y actuar como esclavos.

Deja de hacer reverencia a los megalómanos.

Deja de rendir homenaje a los sociópatas.

Deja de obedecer a los parásitos políticos.

Si realmente entiendes que tú eres dueño de ti mismo, ¡comienza a actuar como tal!

Es cierto, son palabras duras. Pero recordemos el objetivo de este libro: **disfrutar de la vida como lo hacen los ricos.** Y para ello, posiblemente sea bueno **conocer todas «las cartas», no sólo aquellas que sa-**

len con más frecuencia. Siempre es bueno escuchar todos los puntos de vista, esto nos enriquece. No se trata de estar de acuerdo o no, sino de extraer lo que sirva a nuestro propósito. Vamos a por el siguiente truco, amigo lector.

#LosTrucosDeLosRicos3

El rico nace en un mundo lleno de leyes, lleno de normas, decretos, obligaciones, impuestos y cadenas, incluso con un dueño prefijado, pero pronto el rico irá buscando su lugar para pasar desapercibido e intentará desaparecer para poder ser más libre.

@juanharo

Truco 24

Tiempo para sí mismo (cada día)

El rico ama la vida. No la malgasta, porque **el tiempo es la primera materia con la que nosotros tejemos nuestra propia vida**. Vivimos acelerados queriendo llegar a todas partes, intentamos complacer a todos menos a nosotros mismos. Cuando nos damos cuenta, el día se ha ido, luego la semana, y finalmente el mes pasó volando. Pero ¿en qué lugar he quedado yo? ¿He sacado tiempo para mí, para mi deleite o disfrute? ¿He actuado como un autómata para satisfacer los deseos de terceros? ¿Aplazo poder disfrutar de la vida a un futuro que quizá nunca llegue?

Sobre la búsqueda del tiempo, un poeta nos dejó estos pensamientos:

Todos los que te buscan, tiempo,
dicen que no te pueden hallar.
Que te escurres,
como el agua entre las manos,
como la espuma en el mar.
Todos los que te buscan, tiempo,
Se quejan de que no esperas,
que, cuando ellos vienen,
tú te vas.
Que, como a la propia sombra,

no te pueden alcanzar.
Todos los que te buscan, tiempo,
los llevas corriendo detrás.
Siempre corren, corren y corren,
porque no saben que, para alcanzarte,
tiempo,
sólo hay que hacer una cosa:
¡parar!

Y Juan Ramón Jiménez también nos dejó los suyos propios:

Ve deprisa
y el tiempo irá delante de ti,
como una mariposa esquiva.
Ve despacio
y el tiempo irá a tu lado
como un buey manso.

El rico dice:

Hay dos días en la semana por los que no me angustio en absoluto. Dos días que me mantengo libre de angustia y miedo, cueste lo que cueste. Uno de estos días es ayer, el otro es mañana. Pero eso sí, me ocupo intensamente del día de hoy, que un hoy vale siempre más que dos mañanas.

Por su parte, **Edwin Bliss**, al final de su libro *El ABC del tiempo*, escribió: «El mañana es una letra de cambio para cobrar en el futuro. El ayer es un talón ya cobrado. Sólo el hoy es dinero en efectivo. ¡Usémoslo!».

Usemos el día de hoy como dinero en efectivo, como si cada minuto fuera una moneda de valor vigente sólo por hoy, como si cada grano de arena fuera un gramo de oro con el que pudiéramos comprar las cosas que hoy tenemos que hacer. En el gran reloj del tiempo sólo hay una palabra: «¡Ahora!». El rico destina tiempo para sí mismo cada día, sin excepción. De lo contrario, no disfrutaría de la vida, sería esclavo de sus rutinas, de un sistema por el que se deja llevar como si se tratara de una hoja en medio de un lago. El rico para y obtiene tiempo para él, sí o sí.

Y hablando del tiempo, permíteme que comparta contigo una **historia** para que extraigas de ella tu mejor reflexión:

Un emperador romano oyó hablar de un filósofo anciano y sabio que vivía en una aldea, y deseoso de conocer la profundidad de su pensamiento, se dispuso a visitarlo.

Acudió con sus cortesanos a la puerta de la choza del filósofo y lo encontró rodeado de un grupo de muchachos que escuchaban sus lecciones.

Se dirigió hacia él sin bajar del caballo:

—Me han dicho que eres muy sabio.

—Debe de ser por lo mucho que he vivido, señor.

Entonces, el emperador, curioso, le preguntó:

—¿Cuántos años tienes, anciano?

El sabio, sereno, le contestó:

—No lo sé, señor.

El emperador, mofándose de él, añadió:

—¿Cómo es posible que, siendo tan sabio, no sepas los años que tienes?

Entonces, el anciano, sin inmutarse, le preguntó:

—Lleváis una bolsa, ¿verdad, señor? ¿Podríais decirme cuántas monedas tenéis en ella?

El emperador accedió, divertido. Abrió la bolsa, y después de contar las monedas, le dijo una cantidad. Entonces el sabio le dijo:

—Ésas son las monedas que tenéis, las que os quedan en la bolsa. Yo no puedo deciros los años que aún tengo en la bolsa de mi vida. Puedo deciros los que he gastado, pero no los que tengo, porque lo ignoro. No sé los que aún me quedan.

¿Cuántos años te quedan? Nadie lo sabe. Por tanto, vive y cuida tu tiempo disfrutando de la vida (como hacen los ricos).

#LosTrucosDeLosRicos3

El rico sigue este proverbio: «No depende de nosotros poner muchos años a nuestra vida, pero sí el hecho de poner mucha vida a nuestros años mientras pasan».

@juanharo

Truco 25

Estrategia de los cinco pasos

Existe una diferencia clave entre los ricos y el resto de las personas. Si deseamos disfrutar de la vida, **debemos dejar de reaccionar a todo lo que nos sucede y pensar antes de actuar**. No se trata de ser un robot, de trabajar, de consumir horas, de producir sin más. Los ricos tienen una estrategia definida para todo.

Y hablando de trabajar y de producir sin parar, recuerdo una anécdota real de un excelente carpintero de Málaga que conozco que se llama Daniel. Se encontró con otro profesional del gremio que estaba en Barcelona y empezaron a hablar de la cantidad de trabajo que tenían ambos. Trabajan y trabajaban sin parar, tenían obras por hacer por todas partes, y era el mes de julio.

Daniel comentó que se iba a marchar un mes entero de vacaciones, y el amigo catalán no se lo podía creer. Daniel argumentaba que su mujer quería disfrutar de la familia, del verano, y para su pareja eso era lo primero. A lo que el catalán dijo:

—Pero, Daniel, no me lo puedo creer. ¡Con todo el trabajo que hay! Si tu mujer mira la cuenta del banco, verá que hay mucho dinero.

Daniel le contestó:

—Eso puede que ocurra en otras ciudades, pero a la mujer malagueña no le interesa lo que hay en el banco, sino que lo que desea es disfrutar de la vida, saborearla, estar con la familia, comer unos espetos y vivir.

Es algo que ocurrió de verdad. Es fácil dejarse llevar por lo que hace el resto. Pero la vida tiene mucho más que ofrecernos. Ahora hablemos de la estrategia y su importancia, para posteriormente conocer los cinco pasos que dan los ricos cuando quieren lograr algo: sea lo que sea.

Una estrategia es un conjunto de planes y acciones diseñados para alcanzar un objetivo específico. Es una herramienta fundamental, tanto en el ámbito empresarial como en otros contextos, como el militar, el político o el personal. Su principal objetivo es proporcionar una guía para tomar decisiones y dirigir recursos hacia metas previamente definidas.

La **estrategia** sirve para:

1. **Alcanzar objetivos.** Ayuda a establecer metas claras y proporciona un camino para lograrlas de la manera más efectiva.
2. **Enfocar el uso de recursos.** Permite asignar recursos limitados (tiempo, dinero, personal, etcétera) de manera adecuada y maximizar su rendimiento.
3. **Adaptarse al entorno.** Facilita la identificación de oportunidades y amenazas en el entorno, y permite ajustar la dirección en función de los cambios externos.
4. **Priorizar actividades.** Ayuda a establecer qué actividades son más relevantes y cuáles deben abordarse en primer lugar.
5. **Mejorar la toma de decisiones.** Proporciona un marco para evaluar opciones y elegir la más adecuada para lograr los objetivos.
6. **Fomentar la coordinación.** Facilita la alineación de esfuerzos en una organización o equipo, y evita las acciones descoordinadas.

Ventajas que ofrece la estrategia:

1. **Visión a largo plazo.** La estrategia promueve una visión a largo plazo, lo que permite el crecimiento y la sostenibilidad a lo largo del tiempo.
2. **Enfoque y eficiencia.** Al definir objetivos claros y establecer un camino para alcanzarlos, la estrategia evita la dispersión de recursos y esfuerzos.
3. **Adaptabilidad.** Una estrategia bien diseñada permite adaptarse a los cambios y desafíos del entorno, y mantener así la relevancia y la competitividad.

4. **Competitividad.** Ayuda a las organizaciones a posicionarse de manera más ventajosa en el mercado o en el ámbito en el que operan.
5. **Reducción de riesgos.** La estrategia permite anticipar y mitigar riesgos potenciales, lo que puede reducir las posibilidades de fracaso.
6. **Comunicación clara.** Una estrategia bien definida facilita la comunicación entre los miembros de una organización, lo que lleva a un mejor trabajo en equipo, así como la comunicación con uno mismo. **Cuando sabes lo que quieres, todo es más fácil.** Ya lo decía Antoine de Saint-Exupéry: «El mundo entero se aparta cuando ve pasar a un hombre que sabe adónde va».

Es importante ser conscientes de que la riqueza no se obtiene únicamente a través de estrategias, sino que también depende de otros factores, como la educación, el trabajo duro, la innovación, el ahorro y la inversión, entre otros.

Algunas de las **estrategias comunes** que utilizan los ricos para construir y mantener su riqueza son:

1. **Educación y adquisición de habilidades.** Invertir en educación y formación para adquirir habilidades valiosas que les permitan destacar en sus campos profesionales o emprender negocios exitosos.
2. **Emprendimiento.** Muchos ricos se han convertido en empresarios exitosos porque han sabido identificar oportunidades de negocio, innovar y crear productos y servicios que satisfacen las necesidades del mercado.
3. **Inversiones inteligentes.** Para hacer crecer su riqueza con el tiempo, los ricos invierten cuidadosamente en acciones, bienes raíces, bonos u otros activos financieros.
4. **Red de contactos.** Hay que establecer y mantener una red de contactos sólida y relevante para acceder a oportunidades de negocio, información valiosa y colaboraciones estratégicas.
5. **Gestión financiera prudente.** Los ricos controlan los gastos, mantienen un presupuesto equilibrado y evitan endeudarse imprudentemente.
6. **Diversificación.** No hay que poner todos los huevos en una sola cesta. Los ricos tienden a diversificar sus inversiones y ne-

gocios para reducir riesgos y aumentar la probabilidad de obtener ganancias.

7. **Pensar a largo plazo.** En lugar de centrarse en resultados inmediatos, los ricos tienden a planificar a largo plazo y perseverar en sus objetivos a lo largo del tiempo.
8. **Aprender de los errores.** En vez de desanimarse por los fracasos, los ricos ven los errores como oportunidades para aprender y mejorar.

En la obtención de riqueza también influyen factores socioeconómicos y culturales; no hay una fórmula mágica para lograrla. Lo más importante es tener una mentalidad proactiva, educarse, ser disciplinado y perseverar en el camino hacia el éxito financiero. En resumen, **la estrategia es una herramienta fundamental** para lograr el éxito en diversos ámbitos. Proporciona **dirección, enfoque y adaptabilidad**, lo que permite a las organizaciones y personas enfrentar los desafíos y aprovechar las oportunidades de manera más efectiva.

La estrategia que siguen los ricos para poder disfrutar de la vida se basa en **cinco pasos:**

1. **Definen hacia dónde van.** Con claridad, definen cuál es su fin último, qué pretenden conseguir.
2. **Definen por qué quieren llegar ahí.** Muchos deseos, proyectos y objetivos son eliminados porque no tienen sentido una vez se reflexiona acerca de por qué conseguirlos. Si, por el contrario, a la hora de definir dónde van y por qué lo quieren existe congruencia, entonces los ricos pasan al tercer paso.
3. **Definen cuándo desean llegar allí.** Mucha gente se pierde en el tiempo, pero el rico le pone fecha a todo, incluso a sus propias auditorías para ver cómo van. Si algo se demora en exceso, seguramente terminen girando el barco en otra dirección.
4. **Definen qué recursos necesitan.** Lógicamente, dependiendo de hacia dónde van, necesitan unos u otros recursos. Hay que listarlos todos.
5. **Definen qué personas les pueden ayudar a llegar allí.** Serán «diamantes» que ya hayan conseguido lo que quieren o bien expertos en cada área.

En Centroamérica se cuenta esta interesante leyenda sobre la importancia de pensar, reflexionar antes de hablar, antes de actuar:

En un lugar lejano vivía Ampac, un anciano muy peculiar porque siempre encontraba la respuesta acertada a cualquier pregunta.

Una vez, unos muchachos traviesos quisieron desprestigiarlo y burlarse de él, y anunciaron a todo el pueblo que le harían a Ampac una pregunta que no sabría contestar y que, si la contestaba, se equivocaría.

Para ello los chicos habían ingeniado la siguiente estratagema: el muchacho más destacado se presentaría ante el anciano y llevaría en sus manos, oculto a sus espaldas, un pajarito, y le preguntaría: «El pajarito que estoy sosteniendo en mis manos, ¿está vivo o muerto?».

Si el sabio contestaba que estaba vivo, lo mataría, retorciéndole el pescuezo. Pero si contestaba que estaba muerto, lo echaría a volar.

Llegó el día fijado y todo el pueblo se reunió en la plaza. En el momento preciso, el cabecilla del grupo se adelantó e hizo la pregunta, sosteniendo entre sus manos el pájaro detrás de su espalda, dispuesto a actuar de una forma u otra según fuera la contestación del sabio.

El silencio era absoluto. Todo el pueblo esperaba expectante la respuesta de Ampac. El anciano se adelantó, miró fijamente a los ojos del muchacho y, con toda la calma, le contestó:

—En tus manos está. Si quieres, el pájaro estará vivo, pero también si tú quieres, el pájaro estará muerto.

El rico **medita, piensa y estudia la situación** antes de actuar, no se precipita.

#LosTrucosDeLosRicos3

Para los ricos la estrategia es el arte de convertir los desafíos en oportunidades y los obstáculos en ventajas.

@juanharo

Truco 26

Jerry Maguire

El rico se identifica con Jerry Maguire, una película estadounidense de 1996 dirigida por Cameron Crowe y protagonizada por Tom Cruise, Renée Zellweger, Cuba Gooding Jr. y Bonnie Hunt. El filme cuenta la historia de Jerry Maguire, un exitoso agente deportivo que, después de tener una epifanía sobre la falta de ética en su industria, redacta un manifiesto en el que aboga por un enfoque más humano y menos comercial en el mundo de los deportes. Como resultado, es despedido de su agencia y se ve obligado a comenzar por su cuenta con un único cliente, un talentoso pero problemático jugador de fútbol americano llamado Rod Tidwell.

Enseñanzas de *Jerry Maguire* que sigue el rico para disfrutar de la vida:

1. **La importancia de la integridad.** Jerry Maguire adopta una valiente posición ética al cuestionar las prácticas comerciales deshonestas y centrarse en la honestidad y el trato humano, en lugar del beneficio a toda costa. La película resalta la importancia de mantener la integridad y seguir lo que creemos que es correcto, incluso si eso significa enfrentar dificultades.
2. **La búsqueda del significado y la felicidad.** Jerry pasa por una crisis personal que lo lleva a cuestionar su sentido de propósito y encontrar lo que realmente importa en la vida. La película nos

recuerda que el éxito material no siempre conduce a la felicidad y que es esencial buscar una conexión genuina con los demás.

3. **La importancia de las relaciones personales.** La relación entre Jerry y su único cliente, Rod Tidwell, se convierte en el tema central de la película. A través de su vínculo, se destaca el valor de las relaciones auténticas y de cuidar a las personas con quienes compartimos nuestras vidas.
4. **El trabajo duro y la perseverancia.** A pesar de enfrentar dificultades y desafíos, Jerry se muestra decidido a seguir adelante con su negocio independiente. La película enfatiza la importancia de trabajar duro y perseverar para alcanzar nuestros objetivos.
5. **El valor de la empatía.** A medida que Jerry se involucra emocionalmente con sus clientes y amigos, aprende a ser más empático y comprensivo hacia sus necesidades y luchas. La empatía juega un papel fundamental en la construcción de relaciones sólidas y significativas.

En general, *Jerry Maguire* es una película que combina elementos de comedia romántica y drama, mientras explora temas más profundos sobre la vida, el amor, la integridad y el propósito. Ofrece enseñanzas valiosas sobre la importancia de ser auténtico, tratar a los demás con respeto y buscar la felicidad en lo que realmente importa.

La película es conocida por tener varias escenas que contienen frases icónicas y memorables. Estas frases capturan algunos de los temas clave de la película, como el amor, la honestidad, la pasión y la importancia de las relaciones personales. Cada una de ellas ha dejado una huella en la cultura popular y es recordada por los fanáticos de *Jerry Maguire*.

Aquí te presento **algunas de las frases más famosas** de la película:

1. «¡Muéstrame el dinero!» (Rod Tidwell, interpretado por Cuba Gooding Jr.).
2. «Tú me completas» (Jerry Maguire, interpretado por Tom Cruise).
3. «Ayuda y te ayudarán. Ignora y serás ignorado. Da amor y te amarán» (Dicky Fox, interpretado por Jared Jussim).
4. «No me hagas ser el hombre que te dejó ir. Encontraré algo más» (Jerry Maguire).
5. «El amor verdadero, como cualquier otra cosa en esta vida, tiene que ser con pasión, trabajo duro y un poco de magia» (Rod Tidwell).

6. «No me importa lo que la gente piense de mí, porque lo que yo sé es que nunca tendrán otra mamá como yo» (Dorothy Boyd, interpretada por Renée Zellweger).
7. «Nuestro corazón es el reloj más grande, siempre nos mantiene en el horario correcto» (Jerry Maguire).
8. «No se trata sólo del dinero, se trata de cuánto valoramos a las personas en nuestras vidas» (Jerry Maguire).

De la película se pueden extraer varias lecciones y mensajes, pero una de las moralejas principales es sobre la importancia de ser auténtico y valiente para seguir tus convicciones, incluso en el mundo competitivo y a veces despiadado del deporte y de los negocios.

Una de las escenas icónicas de la película, en la que Jerry Maguire le dice a Dorothy Boyd «Tú me completas», también representa una lección sobre la **importancia de las relaciones humanas** y el valor de la conexión emocional en nuestras vidas.

En resumen, la moraleja de *Jerry Maguire* es que **la honestidad, la lealtad, el coraje y el amor genuino son elementos fundamentales** para encontrar el éxito y la felicidad tanto en el ámbito profesional como en el personal. Además, la película destaca la importancia de valorar a las personas por lo que son, más allá de su éxito material o su estatus social.

#LosTrucosDeLosRicos3

El rico se asemeja a Jerry Maguire: apuesta por la integridad, por ofrecer siempre lo mejor y hacer las cosas desde el corazón.

@juanharo

Truco 27

KPI y ratios

Los ricos **revisan los números/ratios** e inician nuevos caminos, algunos inexplorados o diferentes. Hablando de caminos diferentes, permíteme que te cuente una anécdota de **Óscar Feito**, un experto en marketing. En sus comienzos en el mundo del marketing como *freelancer* intenta vender sus servicios enviando e-mails a directivos para conseguir entrevistas. Con suerte, uno de cada diez accedía a tener una reunión con él. A partir de esa experiencia realizó un cambio: se creó un avatar imaginario llamado «Margarita Durán», su secretaria virtual. Creó este personaje ficticio y fue ella quien escribía a su lista de directivos, aportando siempre algún dato sobre ellos que encontraba en las redes sociales, algún gusto, afición, algo que señalar. Estos dos cambios —que escribiese una secretaria en nombre de Óscar Feito y señalar algo personal del directivo al que se dirigía— hicieron que del pobre 10 por ciento de éxito a la hora de conseguir entrevistas, como mucho, a veces ni eso, pasara a un 40 por ciento. **La gente te ve de otra forma cuando creas una imagen en torno a ti.**

Utilizan su tablero de mandos para conocer cómo marcha su negocio, sus finanzas. Son las ratios, los números en su cuentakilómetros del coche. Existen **tres aspectos clave** para obtener tranquilidad en los negocios:

1. Flujo de efectivo (*cash flow*).
2. KPI (indicadores clave del negocio).
3. Margen (por operación).

El hábito de los ricos es el control exhaustivo de los gastos y los ingresos con gráficos de datos, incluso de la economía personal. No se trata de ganar más, lo primero es controlar los gastos y reducirlos al máximo, hasta que cada negocio pueda pagarlos. La mayoría de la gente no presta atención a los gastos, simplemente dicen: «Ya me ocuparé después de los gastos, ahora toca buscar facturación, buscar ingresos para tener una vida más tranquila».

El rico, cuando escucha esto, siempre pone el mismo ejemplo: llena una bolsa de agua que tiene un pequeño agujero y abre el grifo para seguir llenando la bolsa, pero por más agua que eches, toda se va vaciando por el agujero. Es decir, lo primero es controlar los gastos. Es lo que hace el rico para tener una vida tranquila y disfrutarla. Incluso cuando empieza.

Un **KPI (*key performance indicator*)**, o **indicador clave de desempeño**, es una métrica que se utiliza para **medir el rendimiento y el progreso de un objetivo o proceso** específico en una organización o negocio. Los KPI son herramientas valiosas para evaluar el éxito de una estrategia y para tomar decisiones informadas.

Los KPI **sirven** para:

1. **Medir el progreso hacia objetivos.** Permiten evaluar el desempeño y la eficacia de las acciones tomadas para alcanzar metas establecidas.
2. **Identificar áreas de mejora.** Ayudan a identificar áreas que requieren atención y posibles ajustes para mejorar el rendimiento.
3. **Facilitar la toma de decisiones.** Proporcionan datos concretos y cuantificables que respaldan la toma de decisiones basadas en hechos.
4. **Comunicar el rendimiento.** Permiten comunicar de manera clara y concisa el desempeño de un proyecto a la organización.
5. **Motivar a los equipos.** Al establecer metas claras y medibles, los KPI pueden motivar a los empleados a trabajar hacia el logro de resultados específicos.

Los KPI que utilizan los ricos o las personas exitosas pueden variar según el ámbito en el que se muevan. Algunos de los **KPI comunes** que pueden ser relevantes para los ricos (y también para ti, por supuesto) incluyen:

1. **Rendimiento de inversión (ROI).** Mide la eficiencia de una inversión y ayuda a evaluar su rentabilidad.
2. **Ingresos y ganancias.** Evalúa el crecimiento y la rentabilidad del negocio o de las inversiones.
3. **Margen de beneficio.** Indica la proporción del beneficio obtenido de las ventas.
4. **Valor neto.** Mide el valor total de los activos restándole las deudas, lo que indica la riqueza neta de una persona o empresa. Esto aporta tranquilidad, o no, para continuar disfrutando de la vida.
5. **Retorno de capital empleado (ROCE).** Muestra la eficiencia con la que una empresa utiliza su capital para generar beneficios.
6. **Satisfacción del cliente.** Se evalúa mediante encuestas y otros indicadores que miden el nivel de satisfacción y la lealtad de los clientes.
7. **Tasa de conversión.** Mide la proporción de clientes potenciales que se convierten en reales.
8. **Rotación de inventario.** Evalúa cuántas veces se ha vendido y reemplazado el inventario durante un período de tiempo.

Cabe mencionar que los KPI varían según la industria y los objetivos específicos de cada individuo o empresa. Los ricos y las personas exitosas suelen utilizar una combinación de KPI para medir y gestionar sus actividades financieras y empresariales de manera efectiva.

Es importante aclarar que el disfrute de la vida y el éxito no se reducen únicamente a indicadores financieros o ratios. Sin embargo, existen algunas métricas (ratios) o enfoques que las personas ricas o exitosas pueden utilizar para tener una vida más satisfactoria, entre ellas las siguientes:

1. **Índice de felicidad.** Aunque no es una métrica financiera, muchas personas ricas valoran su felicidad y bienestar general. Pueden medir su nivel de satisfacción con respecto a la vida que llevan a través de encuestas y autoevaluaciones.
2. **Libertad financiera.** Esta ratio mide la capacidad de una persona para mantener su estilo de vida sin depender de un trabajo o ingreso específico. Alcanzar la independencia financiera permite disfrutar más de la vida sin preocuparse constantemente por cuestiones económicas.
3. **Proporción de ahorro.** Los ricos suelen tener una alta tasa de

ahorro, ya que destinan una parte significativa de sus ingresos a inversiones y ahorros para asegurar su futuro financiero y disfrutar de la tranquilidad económica.

4. **Equilibrio trabajo-vida.** No se trata de una ratio específica, pero muchos ricos se esfuerzan por encontrar un equilibrio entre su vida profesional y personal para disfrutar más del tiempo con su familia y las actividades que les apasionan.
5. **Calidad de relaciones interpersonales.** Los ricos también valoran la calidad de sus relaciones con familiares, amigos y seres queridos. La satisfacción en el ámbito de las relaciones es un aspecto importante para disfrutar de la vida plenamente.
6. **Nivel de bienestar emocional y salud.** Medir y mejorar el bienestar emocional, así como mantener una buena salud física, son aspectos fundamentales para disfrutar de una vida plena y exitosa.

Es relevante destacar que cada persona tiene sus prioridades y valores en la vida, por lo que los indicadores utilizados pueden variar significativamente. Lo más importante es que estos indicadores o ratios se alineen con los valores y objetivos personales de cada individuo para permitirles disfrutar de una vida significativa y satisfactoria.

#LosTrucosDeLosRicos3

El éxito en la vida no se mide por las ratios financieras (aunque ayudan mucho a saber cómo está la salud de nuestro patrimonio), sino por la calidad de nuestras relaciones y el bienestar que sentimos al final del día.

@juanharo

Truco 28

Huir de las noticias

Irvin Fisher, uno de los mayores economistas de la historia, fue catedrático de la Universidad de Yale. El gobierno le encomendó una misión, a raíz de la cual inventó el IPC (índice de precios al consumo) en Estados Unidos.

Unos días antes del Lunes Negro de 1929, Fisher afirmó, en uno de sus informes, que la Bolsa de Nueva York no estaba sobrevalorada. Un año más tarde, la Bolsa había caído un 30 por ciento, así que en 1930 decidió invertir todo su patrimonio personal y el de su familia política en la Bolsa. En 1932, la Bolsa acumulaba una caída del 80 por ciento desde 1929 y Fisher había dilapidado su patrimonio y el de sus suegros.

Un experto lo perdió todo.

El rico conoce que incluso los que se creen expertos se equivocan, sin entrar en lo que ya conocemos todos: la continua manipulación de los medios de comunicación, que responden a intereses creados. Si el rico desea disfrutar de la vida, debe huir de las noticias.

En la década de 1980, el psicólogo **Paul Andreassen** realizó una serie de experimentos que demostraban que prestar mucha atención a las noticias económicas provoca comprar y vender más a menudo y obtener rentabilidades inferiores que aquellos que directamente las ignoran.

Esto era en los años ochenta, hoy en día es mucho peor. Cualquiera tiene acceso a noticias financieras las veinticuatro horas del día. Nos bombardean constantemente con información de infinidad de fuentes.

Si te dedicas a operar en la Bolsa de forma diaria (*day trader*) es posible que esto sea importante en tu actividad cotidiana, pero si tu horizonte temporal es el largo plazo, deberías ignorar todo ese ruido, como hacen los ricos.

De hecho, muchos gurús, como Warren Buffett, prefieren alejarse de todo el ruido de Wall Street y sitúan su centro de operaciones lejos.

Además, si escuchas las noticias, te estarás dando cuenta de que cada vez son más sensacionalistas: cuanto más impactantes y negativas, mejor. Muchas de esas opiniones al final resultarán incorrectas.

Aunque la información tuviera algún valor (que lo dudo) a ti te llega tarde y corrompida, por lo tanto, el mercado ya lo habrá reflejado en el precio. Si quieres ser mejor inversor y disfrutar de la vida, ignora todo ese ruido.

Las noticias pueden tener un impacto significativo en nuestras vidas, en nuestro bienestar emocional, debido a cómo nos afectan psicológicamente y cómo influyen en nuestras percepciones y comportamientos. Algunos de los **efectos** que las noticias pueden tener en nosotros y los **inconvenientes** que provocan para disfrutar de la vida son:

1. **Ansiedad y estrés.** Las noticias a menudo se enfocan en eventos negativos y situaciones de crisis, lo que puede generar ansiedad y estrés en quienes las consumen.
2. **Sensación de inseguridad.** Al estar expuestos a noticias sobre crímenes, desastres naturales o conflictos, podemos sentirnos menos seguros y temerosos sobre nuestro entorno.
3. **Desensibilización.** La sobreexposición a noticias impactantes y trágicas puede llevar a una desensibilización emocional, lo que afecta a nuestra empatía hacia los demás y nuestra capacidad para disfrutar de las pequeñas alegrías de la vida.
4. **Negatividad y pesimismo.** La constante exposición a noticias negativas influye en nuestra perspectiva y puede hacernos ver el mundo de manera más pesimista.
5. **Pérdida de enfoque.** Las noticias pueden distraernos de nuestros objetivos y prioridades, y desviar nuestra atención hacia temas que, en realidad, no tienen un impacto directo en nuestras vidas.
6. **Comparación social.** Al ver noticias sobre el éxito de otras personas o eventos destacados, podemos caer en la trampa de la comparación, lo que generará insatisfacción con respecto a nuestras propias vidas.

Para **evitar que las noticias afecten negativamente** a nuestra capacidad de disfrutar de la vida, es recomendable:

1. **Limitar la exposición.** Reducir la cantidad de tiempo que pasamos viendo noticias, especialmente antes de acostarnos.
2. **Buscar fuentes equilibradas.** Consumir noticias de fuentes confiables y equilibradas, que presenten tanto noticias negativas como positivas, aunque hay que reconocer que esto es bastante complicado.
3. **Practicar el *mindfulness*.** Ser conscientes de cómo nos afectan emocionalmente las noticias y aprender a gestionar esas emociones.
4. **Fomentar la gratitud.** Debemos centrarnos en lo positivo y agradecer lo que tenemos, en lugar de enfocarnos en lo negativo y en lo que nos falta.
5. **Encontrar momentos de desconexión.** Buscar actividades que nos hagan desconectar de las noticias y nos permitan disfrutar de la vida plenamente.

Es esencial ser selectivos con la información que consumimos y aprender a equilibrar el acceso a noticias con el cuidado de nuestra salud mental y emocional para poder disfrutar de la vida de manera más plena y satisfactoria. Cada vez conozco más personas que siguen una dieta severa en lo que respecta a las noticias. Y no sucede nada por no enterarse de lo que pasa alrededor.

Existen varios motivos para huir o limitar la exposición a las noticias, basados la mayoría en el bienestar personal y la salud mental. **Tres de las principales razones** para alejarse de las noticias son:

1. **Información selectiva y sesgada.** Las noticias, a menudo, se basan en una información selectiva y sesgada, lo que puede distorsionar nuestra percepción de la realidad y dificultar la formación de opiniones informadas.
2. **Tiempo y productividad.** Pasar demasiado tiempo consumiendo noticias puede restar tiempo a otras actividades más productivas o que nos brinden satisfacción personal.
3. **Manipulación.** Si dejas de consumir noticias, evitas que manipulen tus creencias y que tomes decisiones basadas en estudios de supuestos científicos o gurús.

Es importante recordar que no se trata de ignorar completamente lo que sucede en el mundo, sino de ser conscientes de cómo la exposición a las noticias puede afectar a nuestra salud mental y emocional. Es recomendable buscar un equilibrio, consumir información de fuentes confiables y equilibradas, y hacer pausas cuando sea necesario para cuidar nuestra salud y bienestar. De todas formas, hoy en día es complicado saber qué fuente es confiable.

La clave está en ser selectivos con la información que consumimos y aprender a gestionar nuestras emociones en relación con las noticias para poder disfrutar de la vida plenamente.

Terminemos este truco con una **parábola budista** muy interesante que nos hará reflexionar sobre la importancia de aligerar el peso antes de buscar un nuevo horizonte:

> Un hombre está de pie en la orilla de un río peligroso y embravecido. Es la temporada de lluvias, y si no cruza a la otra orilla, ya se puede ir despidiendo. Improvisa una balsa y cruza el río sin más dificultad. Aliviado y contento, se felicita a sí mismo, se carga la balsa a la espalda y se dirige hacia el bosque.
>
> Sin embargo, mientras intenta avanzar entre la espesa vegetación, la balsa choca contra los árboles, se engancha a las lianas y le impide continuar. Sólo hay una forma de sobrevivir: tiene que abandonar la balsa. La misma embarcación que ayer le salvó la vida, lo matará hoy si no la suelta.

La balsa representa las ideas obsoletas y las maneras de pensar antiguas que ya no resultan útiles. Y también todas las noticias que nos bombardean diariamente. Esto crea escenarios imaginarios de la realidad que muchas veces son falsos. Hay estrategias que resultan absolutamente útiles y necesarias en ciertas etapas de la vida. Sin embargo, llega un momento en el que, si no las dejamos atrás, morimos.

#LosTrucosDeLosRicos3

El rico huye de las noticias porque no son un retrato fidedigno de la realidad, sino el reflejo de nuestras percepciones manipuladas por los mismos de siempre.

@juanharo

Truco 29

Billetes de dos grupos (5-10 euros y 100-500 euros)

En *Los trucos de los ricos*, en el truco 40 mencioné la relevancia que tiene para el rico crear, en lugar de gestionar. El rico siempre tiene en mente disfrutar de la vida, e insisto de nuevo, incluso cuando no tiene nada más que tiempo. Por eso, en su mente siempre sabe **qué tareas son delegables**, cuáles pueden gestionar otros, a las que denomina **tareas de 5-10 euros**. Esto nos hará recordar que el rico necesita aportar su valioso tiempo a las **tareas de 100-500 euros.**

Posiblemente, en una primera fase tendrá que realizarlas todas él, pero en cuanto pueda, las delegará rápidamente para enfocarse en las que marcarán una diferencia en su vida: las más importantes y creativas, las de 100-500 euros.

Centrarse en las tareas más relevantes es esencial para lograr una gestión efectiva del tiempo y maximizar la productividad. Tanto las tareas de 10 euros como las de 100 euros pueden tener su importancia en diferentes contextos, pero la clave está en identificar cuáles tienen un mayor impacto en tus objetivos y priorizarlas en consecuencia.

Aquí te presento algunas **razones** para centrarse en las tareas más relevantes (100-500 euros):

1. **Eficiencia.** Dedicar tiempo y esfuerzo a las tareas más relevantes te permite utilizar tus recursos de manera eficiente, ya que

estás concentrando tus energías en actividades que realmente generan resultados significativos.

2. **Impacto.** Las tareas más relevantes suelen ser aquellas que tienen un impacto directo en tus metas y objetivos. Al priorizarlas, estás aumentando la probabilidad de alcanzar tus aspiraciones y obtener los resultados deseados.
3. **Concentración.** Al centrarte en las tareas más relevantes puedes aprovechar al máximo tu concentración y habilidades. Evitas la dispersión de tus esfuerzos en tareas menos importantes y te sumerges en actividades que requieren tu atención total.
4. **Valor añadido.** Las tareas más relevantes a menudo están relacionadas con la creación de valor para ti mismo, para tu trabajo o para tu negocio. Estas tareas pueden contribuir directamente al éxito y al progreso a largo plazo.
5. **Priorización.** El tiempo es un recurso limitado, por lo que es esencial priorizar las tareas para evitar el agotamiento y el estrés. Al darle prioridad a las tareas más relevantes puedes gestionar mejor tu carga de trabajo y mantener un equilibrio saludable entre tus responsabilidades y tu estilo de vida.
6. **Resultados a largo plazo.** Las tareas más relevantes generalmente están alineadas con tus objetivos a largo plazo. Al enfocarte en ellas estás construyendo un camino sostenible hacia el éxito, en lugar de centrarte únicamente en ganancias a corto plazo.
7. **Eliminación del ruido.** Centrarte en las tareas más relevantes te permite evitar el «ruido» de tareas menos importantes, que puede distraerte y desviar tu atención de lo que realmente importa.
8. **Aprendizaje y crecimiento.** A menudo, las tareas más relevantes también son las que te desafían y te brindan oportunidades de aprendizaje y crecimiento. Enfrentar desafíos significativos puede impulsar tu desarrollo personal y profesional.
9. **Motivación intrínseca.** La creación suele estar vinculada a la pasión y la motivación intrínseca. Cuando se trabaja en proyectos que se alinean con las fortalezas y los intereses personales es más probable que se mantenga la dedicación y la perseverancia a largo plazo.
10. **Adaptabilidad.** En un mundo en constante cambio, centrarte en las tareas más relevantes te hace más adaptable y capaz de

ajustarte a nuevas circunstancias mientras sigues avanzando hacia tus objetivos clave.

La importancia de centrarse en las tareas más relevantes radica en tu capacidad para generar resultados significativos, impulsar el progreso y permitirte alcanzar tus metas de manera más eficiente y efectiva.

Una de las primeras prioridades para el rico es tener una secretaria (o *assistant manager*) para que proceda a ocuparse a las tareas de 5-10 euros, mientras el rico se ocupa de las de 100-500 euros; sin esta claridad y distinción no se podrá disfrutar de la vida en toda su extensión, pues pareceremos un saltarín intentando llegar a todas partes.

Es cierto que muchas personas exitosas y ricas suelen centrarse más en la creación y la ejecución de tareas importantes en lugar de en la gestión detallada. Esto se debe a que el enfoque en la creación y la generación de valor puede tener varias ventajas, tanto en términos de resultados financieros como en términos de impacto y crecimiento. Ahora veamos las ventajas de este enfoque, junto con ejemplos prácticos.

Ventajas de centrarse en la creación en lugar de en la gestión:

1. **Generación de valor.** Al centrarse en la creación, las personas pueden idear y llevar a cabo proyectos, productos o servicios que generen valor significativo para los consumidores y el mercado en general. Esta generación de valor suele ser el motor principal detrás del éxito, de la riqueza y, por ende, del disfrute de la vida.
2. **Innovación.** La creación está intrínsecamente relacionada con la innovación. Los individuos que se centran en la creación tienden a estar más abiertos a nuevas ideas y a encontrar formas únicas de abordar los problemas, lo que puede conducir a la introducción de productos y servicios disruptivos.
3. **Capacidad de influencia.** Las personas que se centran en la creación tienden a tener una mayor influencia en sus industrias y comunidades. Sus contribuciones innovadoras pueden cambiar la forma en que las personas piensan y actúan, lo que a su vez les otorga una posición de liderazgo.
4. **Escalabilidad.** Los enfoques creativos y centrados en la creación a menudo tienen el potencial de ser escalables. Esto significa que las ideas y los productos pueden crecer y expandirse

rápidamente, lo que puede dar como resultado un aumento significativo de los ingresos y de la influencia.

Ejemplos prácticos de este hábito de los ricos al centrarse en las tareas de 100-500 euros:

1. **Steve Jobs y Apple.** Cofundador de Apple, Steve Jobs es conocido por su enfoque en la creación de productos revolucionarios, como el iPhone, el iPad y el Mac. En lugar de enfocarse en la gestión del detalle, Jobs puso gran énfasis en la innovación y en la experiencia del usuario, lo que le llevó a la creación de productos que cambiaron la industria tecnológica.
2. **Elon Musk y SpaceX.** Elon Musk es un ejemplo de centrarse en la creación y la innovación. A través de SpaceX, ha revolucionado la industria aeroespacial gracias a la creación de cohetes reutilizables y tener la visión de colonizar Marte.
3. **Jeff Bezos y Amazon.** Jeff Bezos fundó Amazon con la idea la crear la «tienda en línea más grande del mundo». Su visión y su enfoque en la experiencia del cliente y la expansión constante de servicios y productos innovadores han llevado a Amazon a ser una de las empresas más valiosas del mundo.

En resumen, centrarse en la creación y la generación de valor es una estrategia efectiva para muchas personas exitosas y ricas. Al abordar proyectos importantes y enfocarse en la innovación, estas personas pueden lograr un impacto significativo en sus industrias y en la sociedad en general, lo que a menudo conduce al éxito financiero y al crecimiento.

Ejemplos de tareas de 5-10 euros:

1. Comprar café o té en una cafetería.
2. Lavar un automóvil.
3. Hacer pequeñas reparaciones en la casa de alguien.
4. Realizar tareas de jardinería básicas.
5. Realizar una entrega pequeña para un vecino.
6. Llevar a pasear a la mascota de alguien.
7. Ayudar a alguien con la compra de víveres.
8. Ofrecer servicios de limpieza de ventanas.
9. Proporcionar asistencia para organizar un armario.
10. Ayudar a configurar dispositivos electrónicos simples.

Ejemplos de tareas de 100-500 euros:

1. Brindar servicios de consultoría en línea en tu área de experiencia.
2. Diseñar un logotipo o gráficos para un negocio.
3. Realizar una sesión de fotografía profesional.
4. Desarrollar una página web personalizada.
5. Brindar clases particulares en una materia específica.
6. Organizar un evento pequeño, como una fiesta de cumpleaños.
7. Realizar servicios de edición de vídeo.
8. Ofrecer servicios de diseño de interiores en una habitación.
9. Proporcionar servicios de entrenamiento personal.
10. Ayudar a una empresa local con estrategias de marketing digital.

Recuerda que el valor económico de una tarea no siempre refleja su importancia en términos de impacto y resultados. Algunas tareas de menor coste pueden ser cruciales para establecer relaciones, mantener la organización y construir una base para tareas de mayor valor en el futuro. Por otro lado, las tareas de mayor coste pueden requerir un mayor nivel de habilidad, experiencia y dedicación, pero también pueden suponer mayores ingresos y oportunidades de crecimiento.

Mary Kay Ash fue una gigantesca empresaria y fundadora de Mary Kay Cosmetics. En su biografía, *Ocurren los milagros*, nos cuenta una anécdota que ilustra muy bien este interesante tema de centrarse en tareas de 500 euros. Espero que te inspire, el título es **«La lista de 35.000 dólares»**:

> Cuando estaba iniciando mi carrera de ventas, escuché una anécdota que tendría un efecto duradero en mí y en mi forma de trabajar. El tema era la administración del tiempo, y la historia concernía a Ivy Lee, un líder experto en eficiencia, y Charles Schwab, presidente de la entonces pequeña empresa llamada Bethlehem Steel.
>
> Lee llamó a Schwab para decirle:
>
> —Puedo aumentar su eficiencia —y sus ventas— si me permite pasar quince minutos con cada uno de sus ejecutivos.
>
> Por supuesto, Schwab preguntó:
>
> —¿Cuánto me va a costar?
>
> —Nada —le respondió Lee—, a menos que funcione. En tres meses me manda un cheque por la cantidad que considere justa. ¿Le parece bien?
>
> Schwab acepto, así que Lee pasó quince minutos con los ejecutivos de la compañía de acero y les pidió que hicieran una sola tarea. Le pidió a cada

ejecutivo que por los siguientes tres meses hicieran cada noche una lista de las seis cosas más importantes que tuvieran que hacer al día siguiente. Por último, les pidió que las enumeraran en orden de importancia:

—Cada mañana comience con el primer punto de su lista y táchelo en cuanto lo termine —les dijo—. Luego continúe con el resto de los puntos de su lista. Si no termina alguna de las tareas, pásela a la lista del día siguiente.

Al final del período de prueba de tres meses, la eficiencia y las ventas habían aumentado hasta tal punto que Schwab le envió a Lee un cheque por 35.000 dólares. Esa cantidad sigue siendo considerable por tan poco trabajo, pero en su valor actual, esos 35.000 dólares probablemente equivaldrían a ¡350.000 dólares!

A mí me impresionó esta historia. Pensé que si esa lista valía 35.000 dólares para Charles Schwab, seguro que valdría 35 dólares para mí. Analicé la historia, saqué un sobre viejo de mi bolsa y anoté las seis cosas más importantes para el día siguiente. Desde entonces no ha habido día de mi vida que no haya hecho mi «lista de los 35.000 dólares».

Ahora bien, a todos nos han dicho alguna vez que hagamos una lista, sin embargo, esta historia me convenció de que una herramienta de este tipo podría significar una buena ganancia de dinero. Esta lista se convirtió en un mecanismo para mantenerme con la mira puesta en el blanco. Es tan fácil saltar de una cosa a otra en un día ajetreado, con miles de tareas pendientes importantes sin saber a ciencia cierta por dónde comenzar. La lista resuelve ese problema. La lista te obliga a decidir qué tareas pendientes son de veras las más importantes; por eso precisamente es esencial que la lista sea breve y vaya al grano. No exageres y apuntes diecisiete cosas que debes hacer, porque verás el número y pensarás que no es posible hacerlo. Seis es un número razonable y manejable. Si llegas al punto en el que puedas realizarlas todas, entonces considera hacer frente a tareas más grandes.

Concentrémonos, como hacen los ricos, en las tareas de 100-500 euros.

#LosTrucosDeLosRicos3

Quien persigue únicamente ser rico, difícilmente será feliz, pero quien persigue primero ser feliz, seguramente será rico.

@juanharo

Truco 30

Tener un plan

Chris Gardner, un emprendedor millonario, conferencista y filántropo estadounidense, inspirador de la película *En busca de la felicidad*, protagonizada por el actor Will Smith, cuenta **que el éxito y el liderazgo se consiguen haciendo lo que en realidad a uno le apasiona**. Y añade:

> Es bueno tener esperanza, pero es mejor que tengas un plan. He hablado sobre esto en mi último libro, es algo que yo llamo el complejo C-5. Tu plan tiene que ser claro, conciso, convincente y tienes que ser consistente y estar comprometido con él. La gente me habla todo el tiempo sobre la esperanza y yo les hago la misma pregunta: «¿cuál es el valor nutricional de la esperanza?». Necesitas un plan. Y cuando estás haciendo algo que en verdad te apasiona, no hay un plan B.

La película *En busca de la felicidad* (*The pursuit of happyness*) es un drama basado en la verdadera historia de Chris Gardner, un hombre que lucha por superar la adversidad y alcanzar el éxito en la vida.

Narra la vida de un vendedor de equipos médicos que lucha por llegar a fin de mes para mantener a su hijo pequeño, Christopher (interpretado por Jaden Smith), después de que su esposa los abandonase. A pesar de enfrentar dificultades financieras y personales, **Chris decide seguir su sueño de convertirse en un corredor de Bolsa**. Lucha constantemente para obtener una pasantía sin paga en una prestigiosa firma de corredores, a pesar de las dificultades y obstáculos que enfrenta en el camino.

Aquí te presento algunos **mensajes, frases y lecciones valiosas** de la película:

1. «Nunca dejes que nadie te diga que no puedes hacer algo. Ni siquiera yo. Si tienes un sueño, debes protegerlo» (Chris Gardner).
2. «Tienes una habilidad para resolver problemas que he visto en muy pocas personas» (Jay Twistle, el jefe de Chris).
3. «¿Sabes cuál es el único momento en que los niños no pueden mentir? Es cuando están riendo» (Chris Gardner).
4. «Siempre está oscuro antes del amanecer» (Chris Gardner).
5. «La felicidad es simplemente querer lo que tienes» (Chris Gardner).

Lecciones valiosas que nos presenta esta sensacional película, y que nos sirven para disfrutar de la vida son las siguientes:

1. **Persistencia.** La perseverancia y la determinación son clave para superar los desafíos y alcanzar tus metas.
2. **Valora las relaciones.** La relación entre Chris y su hijo muestra la importancia de la familia y la conexión emocional en la búsqueda de la felicidad.
3. **Enfocarse en lo positivo.** A pesar de las dificultades, Chris se enfoca en los aspectos positivos de su vida y en sus habilidades para superar las adversidades.
4. **Aprender de las dificultades.** Las experiencias difíciles pueden brindarnos valiosas lecciones y oportunidades para crecer.
5. **No renunciar a tus sueños.** Chris nunca deja de luchar por su sueño de ser un corredor de Bolsa, incluso cuando todo parece estar en su contra.
6. **Ser un buen ejemplo.** Chris muestra cómo ser un buen padre, dando amor y apoyo incondicional a su hijo, a pesar de sus propias dificultades.

En general, *En busca de la felicidad* nos enseña que la verdadera felicidad no proviene de la riqueza material, sino de encontrar un propósito para la vida, la autenticidad y la conexión con las personas que amamos. La película nos inspira para valorar lo que tenemos y seguir luchando por nuestros sueños, incluso en los momentos más difíciles de la vida.

La moraleja de la película se centra en la perseverancia, la determinación y la importancia de nunca renunciar a nuestros sueños, incluso en medio de las dificultades más abrumadoras. La película nos muestra que la verdadera felicidad no se encuentra en la riqueza material o el éxito superficial, sino en encontrar significado y propósito a nuestras vidas, y en valorar las relaciones y las experiencias genuinas. La historia nos inspira para ser resilientes, valorar lo que tenemos y encontrar la felicidad en los pequeños momentos de la vida, sin importar las circunstancias adversas que enfrentemos.

Nuestras acciones, nuestra actitud y nuestra determinación son fundamentales para superar los desafíos y alcanzar la realización personal y la felicidad duradera. Chris Gardner sabe lo importante que es tener un plan personal. Tener un plan en la vida es fundamental para poder disfrutar de manera plena y satisfactoria. Un plan bien estructurado y diseñado conlleva una serie de ventajas y características que contribuyen significativamente a una vida más organizada, significativa y gratificante.

Aquí te presento la importancia de tener un plan, las características de un buen plan, cómo crearlo y las ventajas que ofrece para disfrutar de la vida.

La **importancia** de tener un plan en la vida y las **ventajas** que ofrece tener un plan para disfrutar la vida son las siguientes:

1. **Sentido de propósito.** Tener un plan te brinda un sentido de propósito y dirección en la vida.
2. **Mayor control.** Te permite tener un mayor control sobre tu vida y tus decisiones.
3. **Logros satisfactorios.** Al lograr metas, experimentarás un sentido de logro y satisfacción personal.
4. **Menos estrés.** La organización y el enfoque del plan reducen el estrés y la ansiedad.
5. **Felicidad duradera.** El progreso hacia metas significativas contribuye a una felicidad duradera y sostenible.
6. **Aprovechamiento del tiempo.** Un plan eficiente te ayuda a aprovechar mejor tu tiempo y tus recursos.
7. **Claridad y dirección.** Un plan te proporciona claridad sobre tus metas, objetivos y el camino que debes seguir. Te ayuda a evitar la deriva y te proporciona dirección en tu vida.

8. **Enfoque.** Un plan te permite concentrar tus esfuerzos en lo que realmente importa, evitando distracciones y actividades poco productivas.
9. **Organización.** Un plan bien estructurado te ayuda a organizar tus tareas, actividades y recursos de manera eficiente.
10. **Claridad y energía.** Tener metas y objetivos definidos te proporciona una motivación constante para trabajar para conseguirlos y lograr tus aspiraciones.
11. **Reduce la ansiedad.** Un plan puede reducir la incertidumbre y la ansiedad, ya que tienes un camino a seguir y un sentido de control sobre tu vida.
12. **Logro personal.** Al alcanzar tus metas y objetivos, experimentarás un sentido de logro y satisfacción que contribuye a una mayor felicidad.

Características de un buen plan:

1. **Específico.** Debe ser claro y detallado en cuanto a lo que deseas lograr.
2. **Realista.** Las metas deben ser alcanzables y ajustadas a tus circunstancias.
3. **Medible.** Debes poder medir el progreso y los resultados de manera cuantitativa o cualitativa.
4. **Temporal.** Establece plazos y marcos de tiempo para tus metas y objetivos.
5. **Flexible.** Asegúrate de que el plan pueda adaptarse a cambios y a circunstancias imprevistas.
6. **Alineado con tus valores.** El plan debe reflejar tus valores personales y aspiraciones más profundas.

Los **pasos** para crear un buen plan o una «hoja de ruta» son:

1. **Definir tus metas.** Establece metas claras y específicas en diferentes áreas de tu vida, como carrera, relaciones, salud y desarrollo personal.
2. **Priorizar.** Ordena tus metas por importancia y viabilidad.
3. **Dividir en pasos, niveles o fases.** Desglosa cada meta en pasos más pequeños y factibles.
4. **Establecer plazos.** Asigna fechas límite realistas para cada paso y para la meta final.

5. **Recursos necesarios.** Identifica los recursos necesarios para alcanzar tus metas, como tiempo, dinero y habilidades.
6. **Flexibilidad.** Prepárate para ajustar el plan según sea necesario, ya que las circunstancias pueden cambiar.

En resumen, tener un plan bien estructurado en la vida es esencial para disfrutar de cada día de manera más significativa y satisfactoria. Un buen plan te brinda claridad, dirección y una mayor sensación de logro, lo que contribuye en gran medida a tu bienestar y felicidad general.

Recuerda que cada persona tiene sus propias metas y valores, por lo que es importante personalizar el plan según tus circunstancias y deseos personales.

Aquí tienes un **ejemplo práctico de un buen plan** para disfrutar de la vida:

1. **Objetivo general.** Lograr un equilibrio entre el trabajo, la salud, las relaciones y el desarrollo personal para disfrutar de una vida plena y satisfactoria.
2. **Establecimiento de metas:**

- **Carrera.** Avanzar en mi carrera profesional para lograr un equilibrio entre el éxito laboral y la satisfacción personal.
- **Salud.** Mantener un estilo de vida saludable mediante la práctica regular de ejercicio, una dieta equilibrada y suficiente descanso.
- **Relaciones.** Fortalecer y nutrir mis relaciones familiares y amistades para mantener conexiones significativas.
- **Desarrollo personal.** Dedicar tiempo a actividades que me ayuden a crecer personalmente, como aprender nuevas habilidades o explorar pasatiempos creativos.

3. **División en pasos:**

- **Carrera:**

a. Identificar áreas de crecimiento y capacitación en mi campo.
b. Establecer metas de desempeño específicas en mi trabajo.
c. Buscar oportunidades de mentoría y desarrollo profesional.

- **Salud:**
    a. Crear un plan de ejercicios semanal que incluya cardio y entrenamiento de fuerza.
    b. Planificar comidas saludables y mantener un equilibrio entre indulgencias y elecciones nutritivas.
    c. Establecer una rutina de sueño consistente.
- **Relaciones:**
    a. Programar regularmente tiempo de calidad con mi familia y amigos.
    b. Practicar la escucha activa y la empatía en las interacciones con los seres queridos.
    c. Organizar actividades sociales y reuniones para fortalecer las conexiones.
- **Desarrollo personal:**
    a. Elegir un nuevo libro o curso para aprender algo nuevo cada trimestre.
    b. Dedicar tiempo a la práctica de pasatiempos creativos, como la pintura o la música.
    c. Participar en grupos o comunidades relacionados con mis intereses.

4. **Establecimiento de plazos:**

- **Carrera.** Identificar áreas de crecimiento en el próximo mes, establecer objetivos de desempeño trimestrales y revisar mi progreso cada seis meses.
- **Salud.** Comenzar con un plan de ejercicios la próxima semana, establecer metas de mejora en mi dieta para los próximos dos meses y mejorar la calidad de mi sueño en los próximos tres meses.
- **Relaciones.** Planificar una salida con amigos cada mes y organizar una reunión familiar trimestralmente.
- **Desarrollo personal.** Elegir un curso para aprender en el próximo mes, dedicar tiempo a un pasatiempo creativo semanalmente y unirse a una comunidad relacionada con mis intereses en los próximos dos meses.

5. **Evaluación y ajuste:**

   - Revisar mis avances mensualmente para asegurarme de estar en el camino correcto.
   - Realizar ajustes según las circunstancias cambiantes y las experiencias acumuladas.
   - Celebrar los logros y los momentos positivos en el camino.

Éste es sólo un ejemplo de cómo podría ser un plan para disfrutar de la vida como hacen los ricos. Recuerda que **tu plan debe ser personalizado y adaptado a tus propios objetivos, valores y circunstancias.**

#LosTrucosDeLosRicos3

El rico tiene un claro enemigo que le impide disfrutar de la vida: la rutina, otra forma de morir, silenciosa y sigilosa pero letal.

@juanharo

Truco 31

Conexión con el dinero

Para el rico, el dinero es simplemente un medio que le permite acercarse al fin, que es disfrutar de la vida. Punto. No hay adoración al dinero, ni apego, ni enamoramiento, ni avaricia alguna.

Para poder conectar con el dinero, el rico tiene principalmente estos **ocho hábitos**:

1. El hábito del manejo de nuestro recurso más importante: el tiempo.
2. El hábito de saber desarrollar conocimiento y convertirlo en sabiduría.
3. El hábito de filtrar su círculo tóxico y así luego relacionarse correctamente con cientos de personas.
4. El hábito de hacer trabajar la tecnología a favor de nuestros negocios y de nosotros mismos.
5. El hábito de influenciar a su círculo cercano y al lejano.
6. El hábito de generar riqueza y conectarse con la energía y el poder positivo del dinero. Dinero atrae más dinero.
7. El hábito de crear equipos humanos inteligentes, disciplinados y, lo más importante, motivados y leales.
8. El hábito de lograr dar sin pedir nada a cambio y conectarse con la verdadera riqueza que lo trasciende todo, incluyendo el dinero.

Conectar con el dinero implica desarrollar una relación saludable y consciente con las finanzas personales. Esta conexión va más allá de simplemente acumular riqueza, y se trata de **comprender, respetar y utilizar el dinero de manera efectiva para lograr tus objetivos y disfrutar de una vida financiera equilibrada**.

Aquí te presento la importancia de conectar con el dinero, junto con algunas **ventajas**:

1. **Mejor toma de decisiones.** Al comprender tus finanzas y la influencia del dinero en tu vida, puedes tomar decisiones más informadas y conscientes.
2. **Control financiero.** Conectar con el dinero te permite tener un mayor control sobre tus gastos, ahorros e inversiones, evitando la deuda excesiva y la falta de planificación.
3. **Reducir el estrés.** Una relación saludable con el dinero disminuye la ansiedad y el estrés relacionados con las preocupaciones financieras.
4. **Alcanzar metas.** Cuando comprendes cómo administrar y usar el dinero de manera efectiva estás mejor posicionado para alcanzar tus metas financieras a corto y largo plazo.
5. **Flexibilidad.** Una conexión positiva con el dinero te brinda la flexibilidad para manejar los altibajos financieros y adaptarte a situaciones cambiantes.
6. **Empoderamiento.** Conectar con el dinero te empodera para tomar decisiones financieras que respalden tu bienestar y tu futuro.
7. **Control de gastos.** Entender tus gastos y hábitos de gasto te ayuda a evitar gastos innecesarios y a tomar decisiones más inteligentes.
8. **Ahorro y planificación.** Conectar con el dinero te permite establecer metas de ahorro realistas y crear un plan financiero sólido para tu futuro.
9. **Inversiones inteligentes.** Comprender los conceptos básicos de las inversiones te ayuda a tomar decisiones informadas y aprovechar oportunidades de inversión.
10. **Reducción de deuda.** Una conexión consciente con el dinero te ayuda a evitar la acumulación de deudas y a desarrollar estrategias para reducirlas.
11. **Emprendimiento y oportunidades.** Al entender el dinero, puedes tomar decisiones más informadas sobre emprendi-

miento, inversiones en negocios propios o en nuevas oportunidades.

Ejemplos prácticos:

1. **Crear un presupuesto que detalle ingresos y gastos** te permite administrar tu dinero de manera efectiva y asegurarte de que estás viviendo dentro de tus posibilidades.
2. **Invertir tiempo en educación financiera**, como aprender sobre inversiones, impuestos y estrategias de ahorro, te ayuda a tomar decisiones más informadas y beneficiosas.
3. **Ahorrar para una casa, un viaje o la jubilación** te proporciona un sentido de propósito y dirección.
4. **Desarrollar un plan para pagar deudas**, como tarjetas de crédito o préstamos estudiantiles, te ayuda a liberarte de cargas financieras y mejorar tu situación a largo plazo.
5. **Estudiar las opciones de inversión y considerar diversificar tu cartera** te permite aprovechar el potencial de crecimiento y proteger tus activos.
6. **Configurar pagos automáticos para ahorros y facturas** es una forma práctica de mantener tus finanzas en orden sin preocuparte constantemente.
7. **Consultar a un asesor financiero puede brindarte orientación personalizada** para tomar decisiones inteligentes en función de tus objetivos y situación.

En resumen, conectar con el dinero va más allá de los aspectos prácticos y se refiere a una comprensión profunda y consciente de cómo manejar tus finanzas.

Aquí tienes **otros hábitos** que pueden ayudarte a establecer una conexión positiva con el dinero:

1. **Llevar un registro financiero.** Mantén un seguimiento regular de tus ingresos y gastos. Puedes utilizar aplicaciones de presupuesto o simplemente llevar un registro manual para tener una visión clara de cómo estás manejando tu dinero.
2. **Establecer metas financieras.** Define objetivos claros para tus finanzas, como ahorrar para una emergencia, para hacer un viaje o para la jubilación. Establecer metas te proporciona dirección y propósito en tus decisiones financieras.

3. **Crear un presupuesto.** Diseña un presupuesto que se adapte a tus ingresos y gastos. Asigna fondos a categorías específicas y asegúrate de cumplir con el plan establecido.
4. **Practicar la gratitud.** Desarrolla un sentido de gratitud por lo que tienes. Reconocer y apreciar lo que se tiene ayuda a los ricos a evitar un enfoque excesivo en lo que les falta.
5. **Educarte financieramente.** Dedica tiempo a aprender sobre conceptos financieros básicos, inversiones y estrategias de ahorro. La educación financiera te empoderará para tomar decisiones más informadas.
6. **Revisar tus finanzas regularmente.** Dedica tiempo cada semana o cada mes para revisar tus cuentas bancarias, inversiones y metas financieras. Esto te ayudará a mantener el rumbo y a realizar ajustes si es necesario.
7. **Ahorrar de manera automática.** Configura transferencias automáticas para que parte de tus ingresos se destine a una cuenta de ahorros. Esto garantiza que estás ahorrando regularmente sin tener que pensarlo demasiado.
8. **Reducir gastos innecesarios.** Analiza tus gastos y busca áreas donde puedas reducir o eliminar gastos innecesarios. Esto te permitirá liberar fondos para tus metas financieras más importantes.
9. **Planificar compras grandes.** Antes de realizar compras importantes, los ricos se toman su tiempo para investigar y comparar precios. Planificar tus compras puede ayudarte a evitar compras impulsivas y obtener mejores ofertas.
10. **Establecer un fondo de emergencia.** Crea un fondo de emergencia que cubra, al menos, de tres a seis meses de gastos. Esto te brindará tranquilidad en caso de situaciones inesperadas.
11. **Revisar inversiones.** Para conectar con el dinero, necesitamos empezar a tener inversiones, revisar su rendimiento y realizar ajustes según sea necesario para asegurarnos de que están alineadas con nuestros objetivos financieros.
12. **Visualizar nuestros objetivos.** Imagina y ten un cuadro claro de cómo te sentirás al alcanzar tus metas financieras. La visualización puede ayudarte a mantenerte enfocado y motivado.
13. **Dar prioridad a la salud financiera.** Los ricos tratan sus finanzas como una prioridad, al igual que hacen con su salud física y emocional. Esto les ayuda a tomar decisiones conscientes y a largo plazo.

Recuerda que el cambio lleva tiempo, así que comienza poco a poco e incorpora estos hábitos gradualmente a tu vida diaria. ¡Vamos a por ello!

#LosTrucosDeLosRicos3

Construye algo. Si tienes éxito, tendrás un negocio. Si fallas, tendrás una historia. Ambos son poderosos.

@juanharo

Truco 32

Los opuestos atractivos

Mientras leía la biografía del actor, productor y rapero estadounidense Will Smith, he podido reconocer otro hábito que nos permite vivir la vida como un rico. Se trata de los **«opuestos atractivos»**:

> La renuncia pasó de ser una palabra de debilidad a un concepto de poder infinito. Siempre había tenido un sesgo hacia la acción: empujar, tirar, esforzarme, luchar y hacer. Hasta que me di cuenta de que sus opuestos eran igual de poderosos: la inacción, la receptividad, la aceptación, no resistirse, ser. Detenerse era tan potente como entrenar. El silencio era tan potente como hablar.
>
> Dejarse ir era tan potente como aferrarse. Renunciar ya no implicaba una derrota. Ahora era una herramienta de manifestación muy poderosa. Perder podía equivaler a ganar en términos de mi crecimiento y de mi desarrollo.
>
> Comencé a entender una frase de Gigi que me desconcertaba: «Déjalo ir y déjaselo a Dios». Siempre me había parecido mal. Era como renunciar a toda responsabilidad, algo que uno dice cuando es demasiado holgazán para hacer lo que tiene que hacer, para construir la vida que quiere vivir. De repente, significaba algo muy distinto, algo mágico.
>
> La energía sigue fluyendo mientras dormimos. Es la energía que calienta el sol, que mueve el océano y que hace latir nuestro corazón. No tenemos que hacerlo todo. Los opuestos importan.

Muchas veces no nos damos cuenta de la importancia de los opuestos porque son atractivos: la noche y el día, el frío y el calor, el amor y el miedo. Todo en esta vida tiene su opuesto. Sí, los opuestos desempeñan un papel importante en la forma en que experimentamos y disfrutamos de la vida. La variedad y el equilibrio entre opuestos pueden añadir profundidad, contraste y significado a nuestras experiencias. Aquí hay algunas **formas** en las que los opuestos pueden enriquecer nuestra vida:

1. **Contraste y apreciación.** Experimentar opuestos nos permite apreciar mejor las cualidades y las características de cada extremo. Por ejemplo, entender la tristeza puede hacer que la felicidad se sienta aún más gratificante.
2. **Equilibrio.** La vida está llena de equilibrios entre opuestos. El equilibrio entre el trabajo y el tiempo libre, la actividad y el descanso, y el esfuerzo y la relajación puede ser fundamental para mantener una vida saludable y satisfactoria.
3. **Crecimiento personal.** Enfrentar desafíos y obstáculos es un aspecto esencial del crecimiento personal. Los momentos difíciles y los opuestos pueden brindarnos oportunidades de aprender, adaptarnos y desarrollarnos.
4. **Empatía y comprensión.** Experimentar opuestos puede ayudarnos a comprender mejor a los demás. Al ponernos en el lugar de alguien que tiene experiencias diferentes podemos desarrollar empatía y una perspectiva más amplia.
5. **Variedad de experiencias.** La diversidad de experiencias en la vida, desde la tristeza hasta la alegría, desde la calma hasta la emoción, contribuye a una vida rica y plena.
6. **Creación de significado.** El contraste entre opuestos puede ayudarnos a dar sentido a nuestras experiencias y a construir narrativas significativas sobre nuestras vidas.
7. **Aumento de la gratitud.** Experimentar momentos difíciles puede aumentar nuestra gratitud por los momentos felices y agradables en la vida.
8. **Creatividad.** La combinación de opuestos puede inspirar creatividad y nuevas perspectivas en diversos aspectos, desde el arte y la música hasta la resolución de problemas en la vida cotidiana.
9. **Desarrollo de la resiliencia.** Enfrentar opuestos nos permite desarrollar resiliencia y habilidades para manejar situaciones desafiantes.

10. **Ampliación de la perspectiva.** La exposición a opuestos puede expandir nuestra visión del mundo y fomentar una mentalidad más abierta y comprensiva.

Los opuestos son importantes en la vida porque agregan profundidad, significado y variedad a nuestras experiencias. **Aprender a equilibrar y apreciar los opuestos puede contribuir, en gran medida, a una vida enriquecedora y satisfactoria.**

Los opuestos pueden ayudarnos a valorar lo que tenemos y a disfrutarlo al resaltar la importancia de la diversidad, el contraste y la perspectiva. Aquí tenemos algunos **ejemplos de opuestos** que nos permiten apreciar más lo que tenemos:

1. **Salud y enfermedad.** Experimentar la salud y la enfermedad nos ayuda a valorar la vitalidad y el bienestar cuando estamos sanos. Los momentos de enfermedad pueden recordarnos la importancia de cuidar nuestro cuerpo y apreciar nuestra capacidad para llevar una vida activa.
2. **Abundancia y escasez.** Pasar por períodos de escasez nos hace apreciar aún más los momentos de abundancia. La falta de recursos puede recordarnos la importancia de la administración financiera responsable y la gratitud por lo que tenemos.
3. **Alegría y tristeza.** Experimentar momentos de tristeza puede hacer que valoremos y disfrutemos más los momentos de alegría. La tristeza nos recuerda la fragilidad de la vida y nos impulsa a aprovechar al máximo los momentos felices.
4. **Soledad y compañía.** Pasar tiempo solos nos ayuda a valorar la compañía y las relaciones significativas en nuestras vidas. La soledad ocasional puede recordarnos la importancia de mantener las conexiones y cultivar las amistades.
5. **Éxito y fracaso.** Experimentar tanto el éxito como el fracaso nos permite apreciar el esfuerzo y la dedicación que requiere alcanzar nuestros objetivos. El fracaso puede ser una oportunidad para aprender y crecer, y nos ayuda a valorar los logros. El rico sabe que ambos son unos impostores, que no hay que tomarlos muy en serio porque son fugaces.
6. **Rutina y aventura.** Alternar entre la rutina y la aventura nos permite apreciar la comodidad y la estabilidad de la primera, así como la emoción y la novedad de la última. Muchas perso-

nas están envueltas en un cerco continuo de rutina y automatismo, lo que impide poder disfrutar de la vida, y el rico lo sabe.

7. **Tiempo ocupado y tiempo libre.** Pasar por períodos ocupados y otros de tiempo libre nos hace valorar el equilibrio y la necesidad de dedicar tiempo a relajarse y recargar energías.
8. **Dificultades y logros.** Enfrentar desafíos y superar dificultades nos ayuda a valorar nuestros logros y a reconocer nuestra capacidad para superar obstáculos.
9. **Climas diferentes.** Experimentar diferentes estaciones del año, como invierno y verano, nos hace apreciar la variedad y la belleza de cada temporada.
10. **Simplicidad y complejidad.** Alternar entre momentos de simplicidad y situaciones más complejas puede recordarnos la belleza de la sencillez y la importancia de encontrar alegría en las cosas simples.

Estos ejemplos demuestran cómo los opuestos pueden trabajar juntos para resaltar y enriquecer nuestras experiencias. Apreciar los opuestos nos permite encontrar un equilibrio en nuestras vidas y disfrutar al máximo de lo que tenemos en cada momento.

Acabamos este truco como lo empezamos, hablando del gran actor Will Smith. Una de las figuras claves en su desarrollo fue la relación que mantuvo con su padre. Ambos tuvieron una relación curiosa, y aquí lo demuestra con la pasión que sentía su padre por el ajedrez.

> Su padre le enseñó a jugar al ajedrez a los siete años. Jugaba casi todas las noches, preparaba el tablero en el porche de atrás. El padre también jugaba con su vecino John, un hombre de su edad. La educación que el padre de Will Smith impartía era la de no facilitar la vida a su hijo, sino prepararlo para una vida que le permitiera acarrear y enfrentarse a las dificultades.
>
> Por este motivo, machacaba en todas las partidas a Will. Después de algunos años, cuando cumplió trece años, Will seguía estudiando ajedrez y aprendió la apertura española. No se lo podía creer, había acorralado a su padre, pero después de tantos años perdiendo, era incapaz de hacer jaque mate.
>
> El padre se dio cuenta y le animó: «Me tienes pillado, ¡adelante, termina la partida!».
>
> Así lo hizo y por primera vez Will ganó a su padre después de seis años. Él le dio la mano, cogió el cigarrillo y la copa, y entró en casa.
>
> Pero curiosamente, después de esa partida, su padre no volvió a jugar

con su hijo durante años, así que Will pensó que su padre era un mal perdedor. Pero la realidad es que su padre quería que su hijo guardase ese recuerdo perfecto de las partidas de ajedrez con él, quería que su mente grabara que finalmente le había ganado. Quería que tuviese ese recuerdo siempre presente y no se mezclase con otras partidas, por eso decidió no jugar más. Era una forma de trabajar la mente de su hijo.

#LosTrucosDeLosRicos3

Muchos muestran que nadan en la riqueza, mientras que otros, más inteligentes y discretos, simplemente viven en la riqueza sin llamar la atención.

@juanharo

Truco 33

Ayuno

El rico se cuida, sabe que su máquina son su cuerpo y su mente. Una máquina que no responde limita su calidad de vida. Por este motivo, tienen en cuenta este importante hábito: el ayuno.

Ayunar significa no comer nada durante un período prolongado de tiempo, que hasta ahora hemos limitado siempre a la franja horaria que va desde la cena hasta el desayuno del día siguiente. **Pero también se practica el ayuno intermitente**, que propone ampliar el rango de horas de no ingesta y elevarlo, por ejemplo, a 16:8, uno de los métodos más eficientes. Es decir, pasar dieciséis horas sin comer (sí se permite beber agua, café o té) para volver a ingerir alimentos durante las ocho horas restantes del día.[3]

Numerosos estudios demuestran que el ayuno ofrece importantes beneficios para el cuerpo y el cerebro. Aquí encontrarás varios **beneficios para la salud** basados en la evidencia del ayuno intermitente:[4]

3. Panea, Amalia, «Ayuno intermitente: beneficios, mitos y pautas para hacerlo bien», *Women's Health*, 17 de octubre de 2023, <https://www.womenshealthmag.com/es/nutricion-dietetica/a29017749/ayuno-intermitente-seguro-fasting/>.

4. Gunnars, Kris, «10 beneficios del ayuno intermitente: pérdida de peso, reparación celular y más», traducido por HolaDoctor, *Healthline*, 22 de noviembre de 2021, <https://www.healthline.com/health/es/beneficios-de-ayuno-intermitentes>.

1. Cambia la función de las hormonas, de las células y de los genes.
2. **Niveles de insulina.** Los niveles de insulina en la sangre caen significativamente, lo que facilita quemar más grasa. Puede ayudar a mejorar la sensibilidad hacia la insulina y también reducir la resistencia a la insulina, lo que disminuye el riesgo de padecer diabetes de tipo 2.
3. **Niveles de la hormona del crecimiento humano.** Los niveles en sangre de la hormona del crecimiento humano (HCH) pueden aumentar dramáticamente. Los niveles más altos de esta hormona facilitan quemar la grasa y aumentar el músculo, y tienen muchos otros beneficios.
4. **Reparación celular.** El cuerpo induce importantes procesos de reparación celular, como eliminar los residuos de las células.
5. **Expresión génica.** Hay cambios beneficiosos en varios genes y moléculas relacionados con la longevidad y la protección contra enfermedades.
6. Se ha relacionado con menores tasas de enfermedad arterial coronaria y diabetes de tipo 2.
7. Se ha observado que mejora la presión sanguínea.
8. También **ayuda a** reducir grasa, especialmente en personas obesas. Y también en personas que entrenan la fuerza.
9. Puede contribuir a tener una microbiota intestinal más sana.
10. Ayuda a combatir el estrés oxidativo.
11. Puede ayudarte a perder peso y grasa visceral.
12. Los niveles más bajos de insulina, los niveles más altos de la HCH y las cantidades más altas de norepinefrina (noradrenalina) aumentan la descomposición de la grasa corporal y facilitan su uso para generar energía.
13. El ayuno a corto plazo, en realidad, **aumenta** tu índice metabólico, ayudándote a quemar aún más calorías.
14. La práctica del ayuno intermitente da como resultado tener mayores beneficios para la resistencia a la insulina y causar una impresionante reducción de los niveles de azúcar en la sangre.
15. Puede reducir el estrés oxidativo y la inflamación del cuerpo. El estrés oxidativo es uno de los pasos hacia el envejecimiento y muchas enfermedades crónicas. Involucra moléculas inestables, llamadas radicales libres, que reaccionan con otras moléculas importantes, como la proteína y el ADN, y los dañan. Varios estudios muestran que el ayuno intermitente puede mejorar la resistencia del cuerpo al estrés oxidativo.

16. Puede ser beneficioso para la salud del corazón. Las enfermedades cardiacas son las que causan más muertes en el mundo actualmente. Se sabe que varios marcadores de salud (los llamados «factores de riesgo») están asociados con un aumento o disminución del riesgo de enfermedad cardiaca.
17. Mejora varios factores de riesgo diferentes, entre ellos: niveles de azúcar en sangre, presión arterial, triglicéridos en sangre, colesterol total y LDL (malo) y marcadores inflamatorios.
18. Induce varios procesos de reparación celular.
19. Cuando ayunamos, las células del cuerpo inician un proceso celular de «eliminación de residuos» llamado autofagia. Esto implica que, con el tiempo, las células se descomponen y metabolizan las proteínas rotas y disfuncionales que se acumulan dentro de las células.
20. Puede ayudar a prevenir el cáncer. El cáncer se caracteriza por el crecimiento descontrolado de las células. Se ha demostrado que el ayuno tiene varios efectos beneficiosos en el metabolismo que pueden reducir el riesgo de cáncer.
21. Tiene beneficios para tu cerebro. Lo que es bueno para el cuerpo a menudo también lo es para el cerebro. El ayuno intermitente mejora varias funciones metabólicas importantes para la salud cerebral. También aumenta los niveles de una hormona cerebral llamada factor neurotrófico derivado del cerebro (BDNF, por sus siglas en inglés). Se ha relacionado una deficiencia de BDNF con la depresión y con varios otros problemas cerebrales.
22. Puede ayudar a prevenir la enfermedad de Alzheimer, la dolencia de tipo neurodegenerativo más común en el mundo. Actualmente no hay cura disponible para dicha enfermedad, por lo que evitar que aparezca es crítico. Los estudios realizados en ratas y ratones demuestran que el ayuno intermitente puede retrasar su aparición o reducir su gravedad. En una serie de informes de casos, una intervención en el estilo de vida que incluía ayunos diarios a corto plazo pudo mejorar significativamente los síntomas de la enfermedad de Alzheimer en nueve de cada diez personas.
23. Podría extender tu vida. Uno de los beneficios más emocionantes del ayuno intermitente puede ser su capacidad para extender la vida útil. Los estudios en roedores han demostrado que el ayuno intermitente extiende la vida de manera similar a la res-

tricción continua de calorías. También se ha demostrado que el ayuno intermitente aumenta la vida de las moscas de la fruta. En algunos de estos estudios, los efectos fueron bastante considerables. En un estudio anterior, las ratas a las que se puso a ayunar cada dos días vivieron un 83 por ciento más que las que no practicaron ningún ayuno.

Algunas de las personas más conocidas que se sabe que han practicado el ayuno en algún momento son:

1. **Hugh Jackman.** El actor australiano ha mencionado en entrevistas que ha practicado el ayuno intermitente como parte de su rutina de preparación para ciertos papeles en películas.
2. **Terry Crews.** El actor y exjugador de la NFL Terry Crews es conocido por haber seguido el ayuno intermitente como parte de su enfoque en su salud y su estado físico.
3. **Chris Pratt.** El actor estadounidense ha hablado sobre cómo ha incorporado el ayuno intermitente a su rutina de ejercicios y alimentación.
4. **Kourtney Kardashian.** La celebridad del *reality* televisivo Kourtney Kardashian ha compartido con el público que sigue una dieta basada en el ayuno intermitente y ha hablado sobre sus experiencias con esta práctica.
5. **Jennifer Aniston.** La actriz también ha informado de que mantiene un ayuno intermitente en su rutina de salud y belleza.
6. **Ben Affleck.** El actor ha hablado sobre cómo ha usado el ayuno intermitente para mantenerse en forma y sano.
7. **Jimmy Kimmel.** El presentador de televisión Jimmy Kimmel ha mencionado que ha seguido una dieta de ayuno intermitente como parte de su enfoque en la pérdida de peso.
8. **Gwyneth Paltrow.** La actriz y empresaria Gwyneth Paltrow ha hablado sobre su interés en el ayuno y otras prácticas de bienestar en su sitio web Goop.
9. **Dwayne «La Roca» Johnson.** Si bien no sigue un ayuno estricto, Dwayne Johnson ha hablado sobre cómo controla su ingesta de alimentos y ha mencionado que ocasionalmente realiza ayunos cortos.
10. **LeBron James.** El famoso jugador de baloncesto ha experimentado con el ayuno intermitente y ha mencionado cómo ha influido en su entrenamiento y rendimiento.

11. **Mario Casas.** El actor español ha mencionado en algunas entrevistas que ha seguido el ayuno intermitente como parte de su rutina de preparación para ciertos papeles.
12. **Sergio Ramos.** El futbolista Sergio Ramos, excapitán del Real Madrid y de la selección española, ha compartido en redes sociales su interés por el ayuno intermitente como parte de su enfoque en su entrenamiento y su salud.
13. **Cristina Pedroche.** La presentadora de televisión Cristina Pedroche ha hablado públicamente sobre su experiencia con el ayuno intermitente y cómo ha influido en su estilo de vida.
14. **Elsa Pataky.** La actriz Elsa Pataky ha hablado en entrevistas sobre cómo incorpora el ayuno intermitente en su rutina de alimentación y bienestar.
15. **Albert Rivera.** El expolítico español ha compartido en redes sociales su interés por el ayuno intermitente y cómo lo ha incorporado a su vida cotidiana.
16. **Carles Puyol.** El exfutbolista y excapitán del FC Barcelona Carles Puyol ha mencionado su interés por el ayuno intermitente y cómo lo ha experimentado.
17. **Nuria Roca.** La presentadora y comunicadora Nuria Roca ha hablado en su programa de radio sobre su experiencia con el ayuno intermitente y su enfoque hacia la salud y el bienestar.
18. **Javier Gómez Noya.** El triatleta español Javier Gómez Noya ha compartido en redes sociales su interés por el ayuno intermitente y cómo lo ha incorporado a su entrenamiento y su estilo de vida.
19. **Marta Torné.** La actriz y presentadora Marta Torné ha hablado sobre su experiencia con el ayuno intermitente y cómo ha influido en su relación con la comida y la salud.
20. **Miguel Ángel Silvestre.** El actor español ha hablado sobre cómo ha seguido un ayuno intermitente como parte de su preparación para ciertos papeles y para mantenerse en forma.

Es importante destacar que la información sobre las prácticas de ayuno de estas personas se basa en declaraciones públicas y entrevistas, por lo que las circunstancias individuales pueden variar. Además, las opiniones sobre el ayuno en la comunidad médica y de salud pueden variar, por lo que siempre es recomendable hablar con un profesional de la salud antes de iniciar cualquier tipo de ayuno.

#LosTrucosDeLosRicos3

El ayuno no sólo nutre el cuerpo, también permite que la mente encuentre claridad en la pausa entre comida y comida, y el rico lo sabe.

@juanharo

Truco 34

El entorno

El rico presta mucha atención al entorno: no sólo sobre dónde vivir, sino dónde pasa su tiempo de ocio también. Quiere tranquilidad, paz y armonía. **Huye del ruido y el bullicio.** Incluso cuando elige un restaurante para comer solo o acompañado, valora el entorno, busca que sea un lugar donde poder conversar con tranquilidad sin tener que alzar la voz. Esta filosofía responde a su voluntad de disfrutar de la vida.

Elegir un entorno agradable puede tener una serie de beneficios significativos para nuestra salud, bienestar y calidad de vida. A continuación, presento **doce beneficios** que puede acarrear la elección de un entorno placentero:

1. **Reducción del estrés.** Un entorno agradable y tranquilo puede ayudar a reducir los niveles de estrés, promoviendo una sensación de calma y relajación.
2. **Mejora del estado de ánimo.** Un entorno positivo y atractivo puede tener un impacto positivo en nuestro estado de ánimo y ayudar a combatir la tristeza o la ansiedad.
3. **Mayor creatividad.** Un entorno agradable estimula la creatividad y el pensamiento innovador, pues proporciona un espacio adecuado para ello.
4. **Mejora del enfoque y la concentración.** Un entorno libre de

distracciones y ruidos no deseados puede facilitar la concentración y mejorar la productividad.

5. **Fomento de las relaciones sociales.** Un entorno agradable es propicio para el desarrollo de las relaciones sociales y la interacción con otras personas.
6. **Mejora de la calidad del sueño.** Un entorno tranquilo y cómodo contribuye a un mejor descanso y a un sueño más reparador.
7. **Promoción de la salud mental.** Un entorno agradable tiene un efecto positivo en la salud mental, lo que reduce la probabilidad de problemas como la depresión y la ansiedad.
8. **Estimulación sensorial.** Un entorno con estímulos visuales, auditivos y táctiles agradables proporciona una experiencia sensorial enriquecedora.
9. **Mayor apreciación de la naturaleza.** Un entorno que incluye elementos naturales, como vegetación y luz natural, fomenta la conexión con la naturaleza y mejora la sensación de bienestar.
10. **Reducción de la fatiga.** Un entorno agradable ayuda a disminuir la fatiga mental y física, lo que da como resultado una mayor energía y vitalidad.
11. **Promoción de un estilo de vida activo.** Un entorno que incluye espacios al aire libre, senderos para caminar o áreas para la actividad física es un acicate para llevar un estilo de vida más activo.
12. **Mejora de la calidad de vida.** En última instancia, un entorno agradable contribuye a una mejor calidad de vida, pues crea un espacio en el que nos sentimos cómodos, felices y en armonía.

La elección de un entorno agradable puede ser una inversión en nuestro bienestar y felicidad a largo plazo, y estos beneficios pueden influir positivamente en diferentes aspectos de nuestra vida cotidiana.

Existen numerosos estudios científicos que demuestran cómo un entorno con ruido puede afectar negativamente a diversos aspectos de nuestra vida, entre ellos, la salud física y mental, la concentración y el bienestar en general. Uno de esos estudios es **«Effects of environmental noise on mental health in the United States»** [Efectos del ruido ambiental en la salud mental en Estados Unidos], publicado en la revista *Psychological Science* en 2019. El estudio examinó la relación entre la exposición al ruido ambiental y la salud mental en el país norteamericano. Los investigadores utilizaron datos de una encuesta nacional y analizaron la relación entre la exposición a diferentes niveles de ruido y los síntomas de depresión y ansiedad en los participantes.

Los resultados del trabajo mostraron una asociación significativa entre la exposición a niveles más altos de ruido ambiental y una mayor prevalencia de síntomas de depresión y ansiedad en los participantes. Se observó que la relación entre el ruido y la salud mental era más estrecha en áreas urbanas y en personas de bajos ingresos.

Este estudio resalta cómo la exposición constante a niveles elevados de ruido en el entorno puede tener efectos negativos en la salud mental de las personas, aumentando la posibilidad de sufrir depresión y ansiedad. Es importante tener en cuenta que los efectos del ruido en la salud pueden variar según factores como la sensibilidad individual, la duración de la exposición y la capacidad de adaptación. Sin embargo, este y otros trabajos similares indican que la calidad del entorno acústico puede tener un impacto significativo en nuestra salud y bienestar general.

El rico elige un buen entorno para trabajar y disfrutar de la vida, pues sabe que tiene un impacto significativo en su bienestar general. Aquí tienes algunos ejemplos prácticos de cómo hacerlo:

1. **Espacio de trabajo tranquilo.** Selecciona un lugar de trabajo tranquilo y libre de distracciones. Evita lugares ruidosos y caóticos para mantener la concentración y la productividad.
2. **Oficina organizada.** Mantén tu espacio de trabajo limpio y ordenado. Un entorno organizado ayuda a reducir el estrés y aumentar la eficiencia.
3. **Iluminación adecuada.** Busca un lugar con luz natural o utiliza iluminación artificial que sea cómoda para tus ojos. Una buena iluminación mejora tu estado de ánimo y tu energía.
4. **Espacios verdes.** Si es posible, elige un entorno que incluya áreas verdes cercanas. Pasear por un parque o relajarte en un jardín tiene efectos positivos en tu bienestar.
5. **Buen equilibrio entre trabajo y descanso.** Diseña tu espacio de trabajo para que puedas desconectar fácilmente cuando sea necesario. Crea una separación clara entre tu área de trabajo y tus espacios de descanso.
6. **Cercanía a comodidades.** Escoge un lugar que esté cerca de servicios esenciales, como tiendas, restaurantes y centros de salud. Esto te permitirá tener acceso a lo que necesitas sin dificultad.
7. **Comunidad.** Busca un entorno en el que puedas interactuar con otras personas de tu sector o campo de trabajo. Participar

en eventos locales o grupos puede ser enriquecedor, tanto a nivel profesional como social.

8. **Clima agradable.** Considera el clima de la región en la que planeas vivir. Un clima que se adapte a tus preferencias puede contribuir a tu comodidad y felicidad.
9. **Amenidades de ocio.** Investiga si el entorno ofrece actividades y opciones de ocio que te interesen. Acceder a pasatiempos y actividades recreativas aumentará tu satisfacción y enriquecerá tu vida social.
10. **Cercanía a la naturaleza.** Si te gusta estar entre naturaleza, busca un lugar cercano a parques, montañas o cuerpos de agua. Estar en contacto con la naturaleza tiene efectos positivos en tu bienestar emocional.
11. **Acceso al transporte.** Elige un lugar que tenga buenas opciones de transporte público (taxi, avión, tren) o acceso a vías principales. Esto facilitará tus desplazamientos y reducirá el estrés asociado al tráfico.
12. **Seguridad.** Investiga la seguridad del área antes de establecerte. Un entorno seguro contribuye a tu tranquilidad y te permite disfrutar de tus actividades sin preocupaciones.

Recuerda que cada persona tiene diferentes preferencias y necesidades, por lo que lo más importante es encontrar un entorno que se adapte a tu estilo de vida y te brinde la mayor satisfacción en tu trabajo y en tu vida cotidiana. Igualmente, el rico sabe que un entorno apropiado suele marcar una notable diferencia en su calidad de vida y bienestar.

Aquí hay algunos **pasos** que puedes seguir para tomar esta decisión de manera efectiva:

1. **Define tus prioridades.** Antes de buscar un entorno, identifica qué aspectos son más importantes para ti. ¿Valoras la tranquilidad, la proximidad a la naturaleza, la accesibilidad a servicios o la comunidad local?
2. **Investiga diferentes lugares.** Investiga y compara diferentes lugares que se ajusten a tus preferencias. Puedes investigar en línea, hablar con residentes locales y visitar los lugares en persona para tener una idea más clara.
3. **Considera tu estilo de vida.** Piensa en tu estilo de vida actual y futuro. ¿Necesitas un entorno cerca del trabajo, de escuelas, de parques o de actividades recreativas con las que disfrutes?

4. **Evalúa el ambiente social.** Observa la comunidad y el ambiente social. ¿Es un lugar donde te sientes cómodo y en sintonía con los valores y la atmósfera del lugar?
5. **Analiza la infraestructura.** Verifica la disponibilidad de servicios esenciales, como tiendas, hospitales, transporte público y otras comodidades que sean importantes para ti.
6. **Valora la seguridad.** Investiga también la seguridad del entorno. Puedes consultar estadísticas de seguridad y hablar con residentes para obtener información sobre la tranquilidad del entorno.
7. **Considera la naturaleza.** Si te atrae la naturaleza, busca lugares que ofrezcan áreas verdes, parques o espacios al aire libre cercanos.
8. **Infórmate sobre eventos y cultura local.** Investiga si el lugar tiene una escena cultural activa y eventos que puedan ser de tu interés.
9. **Presta atención al clima.** El clima puede afectar a tu bienestar. Evalúa si te sientes cómodo con las condiciones climáticas del lugar durante todas las estaciones.
10. **Escucha tu intuición.** Una vez que hayas recopilado información y evaluado tus opciones, escucha tu intuición. ¿Te sientes atraído por un lugar en particular? La sensación de comodidad y conexión emocional es importante.
11. **Realiza visitas.** Si es posible, visita los lugares que estás considerando. Pasea por las calles, explora los alrededores y habla con los residentes para tener una experiencia más realista del entorno.
12. **Considera el futuro.** Piensa en tu perspectiva a largo plazo. ¿Es adecuado el lugar que estás considerando para tus metas y aspiraciones futuras?

Al realizar estos pasos y considerar diversos aspectos podrás tomar una decisión informada sobre el entorno en el que deseas vivir. Recuerda que no hay una respuesta única para todos, ya que lo que es agradable y positivo dependerá de tus preferencias y necesidades individuales.

En última instancia, la «inteligencia» a la hora de elegir el entorno se basa en una evaluación cuidadosa de las necesidades personales, los valores y los objetivos, y en cómo equilibrar estos factores para lograr un estilo de vida satisfactorio y gratificante.

Acabamos con una anécdota de Confucio, el gran pensador chino.

Cuentan que Confucio insistía en que un pueblo, para prosperar, necesita tres cosas: pan, ejército y esperanza.

Al oírlo, un joven le preguntó lo siguiente:

—Pero, maestro, si hubiese que eliminar uno, ¿cuál quitaría?

El maestro respondió:

—Si el pueblo es disciplinado, eliminaría el ejército.

El joven quiso rizar el rizo y volvió a preguntar:

—Genial. Y si tuviese que quedarse sólo con uno, ¿cuál sería, maestro?

El maestro sonrió y exclamó finalmente:

—Es fácil, muchacho, sin duda me quedaría con la esperanza, porque un pueblo sin esperanza es imposible que sobreviva, se autodestruiría.

No pierdas la esperanza, querido lector, eso nunca. Siempre hay una salida. El rico lo sabe y tú también.

#LosTrucosDeLosRicos3

Nuestro entorno moldea nuestra experiencia, como si fuese un lienzo en blanco sobre el cual pintamos los colores de nuestra vida.

@juanharo

Truco 35

«4-1» (*minibreak*)

El rico da suma importancia al tiempo, a la creación, a la ruptura de la rutina, a apostar en primer lugar por la calidad de vida. En la segunda parte de mi libro *Los trucos de los ricos*, concretamente en el truco 47, comentaba que **hay tres momentos clave en la vida de una persona** (cada año): su cumpleaños, el mes de vacaciones y a primeros de año o Navidades. ¿Por qué? Porque, dado que se dispone de más tiempo para reflexionar, se producen importantes decisiones.

Por este motivo, **el rico utiliza el «4-1», es decir, cada año se toma cuatro *minibreaks***, cuatro vacaciones cortas, de una semana o diez días. Y también combina grupos de dos a cuatro días sueltos. El rico no suele coger vacaciones de un mes porque sigue este hábito. Escucha su cuerpo, sus biorritmos.

Minibreak es un término inglés que se traduce al español como «minivacaciones» o «escapada breve». Es una expresión que se utiliza para referirse a un corto período de tiempo en el que se toma un descanso o se realiza un viaje corto para relajarse y desconectar de la rutina diaria. En este contexto, *minibreak* se refiere a una pausa o intervalo breve en la rutina para disfrutar de un tiempo de descanso o recreación.

Durante estos *minibreaks* es cuando se producen las ideas, nuevos negocios o nuevos cambios importantes que marcan la diferencia.

El rico no sigue a la manada. Busca otros resultados. Prioriza siempre.

Tomarse uno o varios *minibreaks*, también conocidos como «escapadas breves» o «minivacaciones», puede ofrecer una serie de ventajas y beneficios que contribuyen al bienestar y a la calidad de vida. Aquí tienes **quince ventajas y beneficios** de tomar *minibreaks*:

1. **Reducción del estrés.** Las minivacaciones permiten desconectar de las responsabilidades diarias y reducir los niveles de estrés acumulado.
2. **Recarga energética.** Incluso un corto descanso puede revitalizar tu energía y mejorar tu estado de ánimo.
3. **Aumento de la productividad.** Tomar un *minibreak* seguramente incrementará la eficiencia y la concentración cuando vuelvas a tus actividades habituales.
4. **Mejora de la creatividad.** Alejarse de la rutina cotidiana inspira para tener nuevas ideas y enfoques creativos.
5. **Fortalecimiento de las relaciones.** Compartir una escapada breve con amigos o familiares fortalece los lazos y fomenta la comunicación.
6. **Exploración de nuevos lugares.** Los *minibreaks* brindan la oportunidad de descubrir destinos cercanos que tal vez no habías considerado.
7. **Fomento de la aventura.** Incluso aunque el tiempo sea corto, puedes disfrutar de actividades emocionantes y llenas de aventuras.
8. **Mejora de la salud mental.** Un cambio de entorno y un descanso contribuyen a una mejora de la salud mental y emocional.
9. **Incremento de la felicidad.** Las experiencias nuevas y el tiempo libre aumentan la sensación de felicidad.
10. **Conexión con la naturaleza.** Aprovechar los *minibreaks* para pasar tiempo al aire libre puede tener un impacto positivo en tu bienestar.
11. **Mejora del sueño.** Un entorno diferente y un ritmo relajado ayudan a mejorar la calidad del sueño.
12. **Reducción del agotamiento.** Los *minibreaks* previenen el agotamiento, pues proporcionan pausas regulares en la rutina.
13. **Desarrollo de nuevas habilidades.** Participar en actividades diferentes durante un *minibreak* te permite adquirir nuevas habilidades.

14. **Cambio de perspectiva.** Alejarte temporalmente de tus preocupaciones proporciona una nueva perspectiva y más claridad mental.
15. **Crecimiento personal.** Dado que desafían la zona de confort y ayudan a reflexionar, los *minibreaks* contribuyen al crecimiento personal.

En resumen, tomarse uno o varios *minibreaks* ofrece una serie de ventajas, que van desde el bienestar mental y emocional, hasta la exploración de nuevas experiencias y destinos. Estas pausas breves pueden tener un impacto positivo en tu calidad de vida y en tu relación con el entorno que te rodea, y el rico lo sabe.

Una sugerencia práctica: tómate una semana sabática ya, descansa, para, reflexiona y recarga tu energía. Sin interrupciones, sin llamadas, sin ordenador y sal de la rutina ahora.

Acabo con una anécdota sobre la importancia de un hábito que a veces pasa desapercibido: **la importancia de saludar y de despedirse.**

Juan trabajaba en una planta distribuidora de carne. Un día, cuando ya se acercaba el fin de su turno de trabajo, fue a una de las cámaras refrigeradoras para inspeccionar algo y cuando estaba dentro, se cerró la puerta, se bajó el seguro y quedó atrapado.

Aunque golpeó la puerta fuertemente y comenzó a gritar, nadie lo escuchó.

La mayoría de los trabajadores ya se habían ido, y desde fuera de la cámara era imposible escuchar lo que ocurría dentro.

Cinco horas después, ya al borde de la muerte, alguien abrió la puerta. Era el guardia de seguridad, que entró y por fin lo rescató.

Juan preguntó a su salvador cómo se le ocurrió abrir la puerta si no era parte de su rutina de trabajo, y éste le explicó:

—Llevo trabajando en esta empresa treinta y cinco años; cientos de trabajadores entran en la planta cada día, pero tú eres el único que me saluda por la mañana y se despide por la tarde. El resto de los trabajadores me tratan como si fuera invisible. Hoy, como todos los días, me dijiste un simple «Hola» cuando entraste, pero luego no oí el «Hasta mañana» de siempre. Estoy siempre atento a ese «Hola» y ese «Hasta mañana» todos los días. Para ti soy alguien, y eso me levanta el ánimo. Así que al no oír tu despedida, supe que algo te había pasado. ¡Te busqué y te he encontrado!

Reflexión: sé humilde, todos somos importantes. ¡Todos somos importantes, desde tu jefe o tu socio, hasta quien te sirve el café por la mañana!

#LosTrucosDeLosRicos3

Las mejores aventuras vienen en paquetes pequeños: los *minibreaks* son un bálsamo para un alma cansada, para renovar la energía y revitalizar la perspectiva. Y el rico lo sabe.

@juanharo

Truco 36

Mentalidad estoica

La filosofía del estoicismo surge en el siglo IV a. C. como un conjunto de ideas que nos ayudan a dirigir nuestros pensamientos y acciones para aceptar esa naturaleza incierta del mundo. Precisamente, uno de los grandes desafíos intelectuales es esa lucha con la incertidumbre. Cualquier plan de inversión a largo plazo es incierto. Nadie sabe cómo se van a comportar los mercados ni qué va a ser de nosotros dentro de veinte, veinticinco o treinta años.

Los estoicos no rechazaban la riqueza *per se*, sino como fin último. Precisamente, estoicos clásicos como el emperador Marco Aurelio o el senador Séneca eran personas sumamente ricas.

Esto no es ninguna contradicción. La riqueza, usada correctamente, es una herramienta útil tanto para alcanzar nuestros objetivos vitales como para ayudar a las personas que nos rodean. El problema surge cuando la riqueza se utiliza para satisfacer únicamente nuestros placeres sensoriales.

Un estoico centrará su energía en cambiar aquellas cosas que entran dentro de su área de influencia. Todo lo que escapa a nuestro control debe ser simplemente ignorado.

En el mundo de la inversión, muchas personas se preocupan sobre si las inversiones, activos, inmuebles o acciones subirán o bajarán, o si es un buen momento para invertir. Todos estos sucesos están fuera de nuestro control. En ese sentido, la inversión pasiva es un claro reflejo de la inversión estoica.

Como inversores, sólo podemos controlar dos cosas: la asignación de activos y las **«bolitas de Navidad» (formas para revalorizar nuestros inmuebles)**. Centrémonos en eso. Fijemos una asignación de activos según nuestro perfil de riesgo, reduzcamos los costes de nuestra cartera al máximo y aportemos valor a nuestros inmuebles. De este modo, a largo plazo batiremos al 95 por ciento de los inversores.

Un estoico centrará su energía en cambiar aquellas cosas que entran en su área de influencia. Todo lo que escapa a nuestro control debe ser simplemente ignorado.

Somos nosotros quienes permitimos a las cosas que nos suceden que nos afecten. **Nada me va a afectar si yo no lo autorizo.** Y para muestra, un botón: veamos lo que le ocurrió a Mónica en un restaurante.

> Un camarero le sirvió incorrectamente un plato, tirándoselo casi sobre la mesa. Otra persona, en la misma situación, se habría irritado increpándole por su conducta. Mónica sonrió, no hizo caso y siguió comiendo tranquilamente sin alterarse y dijo:
>
> —Si yo me hubiera enfadado, habría sido como si, en mi interior, me hubiera dicho «permito que este camarero, con su incorrección, cambie mi estado de ánimo y esto provoque en mí una reacción violenta». Sin embargo, si yo me digo a mí misma: «No voy a permitir que este camarero, con su comportamiento, altere mi estado de ánimo. No, no permito que esta persona me ponga de los nervios». Yo estoy controlando mi sentimiento, no él.

El rico sabe que tiene el poder de controlar su estado de ánimo, de no permitir abusos y de guardar siempre el equilibrio. No permitamos que otros nos dominen. Un sentimiento es la reacción que yo elijo tener ante un hecho determinado.

Otra gran cualidad en un buen inversor es la acción, y una de las causas del éxito del estoicismo es que se trata de una escuela filosófica centrada en la acción, al contrario de otras escuelas filosóficas orientadas a teorizar sobre la vida y la naturaleza. Este hecho es muy relevante al observar algunos de los cargos desempeñados en la sociedad por los estoicos clásicos. Marco Aurelio fue uno de los emperadores más brillantes de la antigua Roma, en una época marcada por los ataques de los bárbaros y las rebeliones en las provincias del imperio. Séneca fue un célebre político y senador romano que acabó siendo enviado a la isla de Córcega por ser considerado una amenaza por el emperador Claudio. Todos ellos fueron personas importantes de su tiempo. Hombres de acción en tiempos revueltos.

Los estoicos se preocupan únicamente por el presente, que es otra gran cualidad de un inversor profesional. El aficionado tendrá miedo por el futuro. Una gestión de tu patrimonio o de tus finanzas que no te aporta tranquilidad es una gestión totalmente incorrecta, según la filosofía estoica.

«Los hombres no se perturban por las cosas, sino por la interpretación que hacen de ellas» (Epicteto, filósofo griego).

La virtud es el otro gran activo, junto a la tranquilidad que, según los estoicos, te permite ser mejor inversor y relacionarte mejor con el dinero. Además, considera igualmente **estos cuatro componentes de la filosofía estoica**, que son:

- La sabiduría.
- La disciplina.
- La justicia.
- El coraje.

Si analizamos las virtudes estoicas individualmente y su relación con la gestión de nuestras finanzas, podremos también extraer numerosos aprendizajes. La filosofía estoica ofrece una serie de principios y enfoques que pueden ser aplicados para disfrutar de la vida de manera más plena y significativa. Aquí tienes **doce beneficios** de aplicar la filosofía estoica para disfrutar de la vida:

1. **Tranquilidad mental.** La filosofía estoica enfatiza la aceptación de las cosas que no podemos cambiar y el enfoque en lo que está en nuestras manos. Esto conduce a una mayor tranquilidad mental, pues reduce el estrés por las cosas que quedan fuera de nuestro control.
2. **Mayor resiliencia.** Los estoicos abogan por la capacidad de adaptarse y enfrentar las adversidades con calma. Esto promueve una mayor resiliencia ante los desafíos de la vida.
3. **Apreciación del presente.** Los estoicos instan a centrarse en el momento presente en lugar de preocuparse por el pasado o el futuro. Esto ayuda a apreciar y disfrutar plenamente el ahora.
4. **Desapego material.** La filosofía estoica alienta a desapegarse de los bienes materiales y a valorar más las experiencias y relaciones significativas.
5. **Gratitud.** Practicar la gratitud por lo que se tiene, en lugar de lamentarse por lo que falta, es un pilar de la filosofía estoica, lo que conduce a una actitud más positiva y satisfactoria.
6. **Aceptación de la muerte.** Los estoicos consideran la muerte como parte natural de la vida. Esta perspectiva puede ayudar a reducir el miedo a lo desconocido y a vivir con más autenticidad.

7. **Serenidad interior.** A través de la autodisciplina y el autocontrol, los estoicos buscan la serenidad interior para superar las fluctuaciones de la vida.
8. **Vivir con propósito.** La filosofía estoica promueve la búsqueda de un propósito, darle sentido a la vida, lo que puede dar una sensación de realización y dirección.
9. **Control de las emociones.** Aprender a manejar las emociones y reacciones de manera racional y equilibrada contribuye a una mayor estabilidad emocional.
10. **Respeto por la naturaleza.** Los estoicos resaltan la conexión con la naturaleza y la importancia de vivir en armonía con ella, lo que puede inspirar un mayor respeto por el entorno.
11. **Amistad y relaciones significativas.** La filosofía estoica valora las relaciones basadas en la virtud y la amistad genuina, lo que fomenta conexiones más profundas y significativas.
12. **Sencillez y moderación.** Adoptar un enfoque de vida sencillo y moderado puede liberarte de las presiones y expectativas excesivas, y disfrutar así de las pequeñas cosas.

En resumen, aplicar la filosofía estoica puede tener una serie de beneficios que influyen en la forma en que enfrentamos la vida, las relaciones y las experiencias. Estos principios pueden llevar a una tener vida más plena, equilibrada y significativa.

Comparto contigo los lemas estoicos que siempre acompañan mi vida. Espero que te sean útiles:

1. *Summum bonum* ['sumo bien o bien supremo']. Es una expresión muy utilizada en las corrientes filosóficas, sobre todo en la filosofía medieval y por Immanuel Kant para describir la importancia definitiva, el fin último que los seres humanos deben perseguir.
2. *Memento mori* ['recuerda que morirás']. Es una frase latina que recuerda la mortalidad del ser humano.
3. *Premeditatio malorum* ['premeditación de la adversidad']. Darnos cuenta de que lo que tememos en realidad no es para tanto.
4. *Amor fati* ['amor al destino']. Se utiliza para describir una actitud ante la vida, ante todo lo que sucede, incluido el sufrimiento y la pérdida, de forma que lo veamos como bueno o, al menos, necesario.
5. *Temet nosce* ['conócete a ti mismo'].

6. *To live in accordance with nature* ['vivir de acuerdo con la naturaleza'].
7. *Death looms above and life hangs but by a thread, remember this in everything that is thought, done and said* ['la muerte acecha desde arriba y la vida pende de un hilo, recuérdalo en todo lo que piensas, haces y dices'].
8. **Atributos del estoicismo:** justicia, coraje, templanza y sabiduría.

El rico también valora, para disfrutar de la vida, los siguientes **diez principios básicos del estoicismo**:

1. **Recuerda que morirás.** La vida es finita, vive el momento presente, no dejes nada para después. Valora lo que tienes, cuida de los que te acompañan, habla despacio.
2. **Reconoce tus errores.** Trabaja en tus áreas de mejora. Equivocarse no es importante, sí lo es rectificar, buscar soluciones y trabajar en la mejora continua, obtener un aprendizaje de cada error cometido.
3. **Somos iguales.** Los humanos no somos tan diferentes, compartimos sentimientos y emociones. Y todos formamos parte de la misma esencia. Practicar la empatía es saludable. Sé estricto contigo mismo y tolerante con los demás.
4. **Nada es bueno ni malo.** Lo importante no es lo que nos sucede, que es inevitable y neutral, sino la forma de interpretar y afrontar cada situación. Es cuestión de perspectiva. Lo que sucede, conviene. Lo importante es comprender por medio de la razón, averiguar qué podemos hacer y aceptar sin resistencia lo que no depende de nosotros.
5. **No sufrir por lo que no ha ocurrido.** Puede pasar cualquier cosa, pero, si aún no ha sucedido, no te adelantes y no anticipes un dolor que quizá no llegue. Y si llega, es porque era inevitable.
6. **Escribir un diario.** En opinión de los estoicos, dedicar un tiempo cada día a reflexionar por escrito es un buen hábito, que ayuda a reflexionar sobre las acciones de cada día y a estar más vigilantes sobre nosotros mismos.
7. **Contacto con la naturaleza.** Respirar aire puro, pasear por el entorno, disfrutar del aire libre y contactar con nosotros mismos es una forma eficaz de aquietar la mente.
8. **Trabaja con efectividad.** El trabajo constante y humilde es el

camino hacia la mejora. Trabaja cada día, construye lentamente. No procrastines.

9. **Necesitamos muy poco.** Tenemos mucho más de lo que necesitamos, y hacemos y decimos más de lo necesario. Sería bueno que te lo cuestionaras, porque así dispondrías de más tiempo para lo que sí es esencial, y eso te proporcionaría más tranquilidad. Elimina lo que no sea necesario.
10. **Abraza tu destino.** Que las cosas no salgan como quieres no significa que salgan mal. Encuentra un aprendizaje en cada experiencia que creas negativa. En realidad, no lo es. Lo negativo es tu actitud, y eso lo puedes cambiar. No desaproveches las experiencias.

Y para acabar, te presento estas **siete frases** que espero que te ayuden a reflexionar:

1. «No es lo que te sucede, sino cómo reaccionas lo que importa» (Epicteto).
2. «La felicidad reside en la moderación, incluso en la riqueza» (Séneca).
3. «No es la carga lo que te derriba, sino cómo la llevas» (Séneca).
4. «El sabio no dice nunca todo lo que piensa, pero siempre piensa todo lo que dice» (Séneca).
5. «La virtud es el único bien. Y ese bien no puede ser quitado por nadie» (Séneca).
6. «No pretendas que las cosas ocurran como tú quieres. Desea, más bien, que se produzcan tal como se producen, y serás feliz» (Epicteto).
7. «Lo que el destino quiera yo lo quiero» (Séneca).

#LosTrucosDeLosRicos3

La verdadera riqueza del estoicismo reside en la sabiduría de valorar la virtud por encima de las posesiones materiales, cultivar la tranquilidad interior y la autodisciplina frente a los caprichos del mundo externo.

@juanharo

Truco 37

Proteger la identidad

Los ricos siempre protegen su identidad, la seguridad de sus datos. No los ofrecen alegremente, aman su vida, son discretos. Quieren preservar también su tiempo, y saben que si dan alegremente sus datos serán utilizados constantemente por terceros y para múltiples intereses.

Proteger la identidad y preservar los datos personales de forma segura se ha vuelto esencial en la era digital actual, en la que la información personal se comparte y almacena en línea de manera rutinaria. Este enfoque proactivo tiene múltiples razones y beneficios que se extienden más allá de la mera preocupación por la privacidad. El rico protege su identidad para preservar sus datos personales de manera segura por las siguientes **razones:**

1. **Prevención del robo de identidad.** El delito de robo de identidad consiste en que los delincuentes obtienen y utilizan los datos personales de alguien para cometer fraudes financieros u otras actividades ilícitas. Al proteger la identidad, se reduce significativamente el riesgo de convertirse en una víctima de este tipo de delito.
2. **Evitar el fraude en línea.** Mantener en privado detalles como números de tarjetas de crédito, contraseñas y números de seguridad social disminuye la probabilidad de que los ci-

berdelincuentes utilicen esta información para realizar compras fraudulentas o acceder a cuentas personales.

3. **Reducción del riesgo en redes sociales.** Compartir información personal excesiva en las redes sociales puede exponer a los individuos a riesgos como el acoso en línea, el ciberacoso y la invasión de la privacidad. Limitar la cantidad de información personal disponible puede ayudar a prevenir estos problemas.
4. **Privacidad en línea.** La privacidad es un derecho fundamental, y proteger la identidad en línea permite a las personas mantener un mayor control sobre quién tiene acceso a su información y cuándo se comparte.
5. **Minimización de riesgos en el mercado empresarial.** Muchas personas a menudo buscan información en línea sobre nosotros antes de tomar cualquier decisión. Al proteger la identidad, los individuos pueden mitigar el riesgo de que las actividades expuestas en línea afecten a sus oportunidades empresariales.
6. **Confianza en las relaciones personales.** Ser selectivo con la información compartida fomenta la confianza en las relaciones personales. Las personas pueden establecer conexiones genuinas basadas en el respeto y la autenticidad en lugar de en detalles superficiales.
7. **Empoderamiento personal.** Tomar medidas para proteger la identidad empodera a los individuos para que tomen decisiones informadas sobre cómo desean interactuar en línea. Esto les permite controlar el alcance y la naturaleza de la información que comparten.
8. **Control sobre el seguimiento en línea.** Muchas plataformas y anunciantes rastrean las actividades en línea de los usuarios para enviarles anuncios específicos. Al limitar la información compartida, se puede reducir la cantidad de seguimiento y personalización no deseada.
9. **Mitigación de estafas y engaños.** Los estafadores a menudo utilizan información personal para manipular a las personas. Al proteger la identidad, se minimiza la posibilidad de ser víctima de estafas y se mantiene la seguridad financiera.
10. **Preservación de la integridad personal.** Proteger la identidad mantiene la integridad personal, pues se evitan las situaciones en las que otros puedan usar la información personal para fines inapropiados o dañinos.

Proteger la identidad y los datos personales de forma segura es fundamental para salvaguardar la privacidad, la seguridad y la reputación en un mundo cada vez más interconectado. Es una medida proactiva que permite al rico mantener el control sobre su información y decidir cómo desea interactuar en el mundo digital.

Proteger la identidad y no facilitar datos personales a terceros conlleva una serie de **beneficios y ventajas** significativos para la privacidad y la seguridad personal:

1. **Seguridad en línea.** Evitar compartir información personal reduce el riesgo de ser víctima de robo de identidad, fraude en línea y ataques cibernéticos dirigidos.
2. **Prevención de *spam* y publicidad no deseada.** Si no se proporcionan datos personales a empresas y sitios web, se disminuye la cantidad de correos no deseados y anuncios dirigidos.
3. **Preservación de la privacidad.** Mantener la información personal en secreto ayuda a preservar la privacidad y a mantener el control sobre quién tiene acceso a tus datos.
4. **Ahorro de tiempo.** No facilitar tus números de teléfono habituales evitará que tengas que atender cientos de llamadas de proveedores que querrán venderte todo tipo de servicios.
5. **Protección contra el robo de identidad.** Al limitar la cantidad de información personal disponible en línea se reduce la posibilidad de que los criminales utilicen tus datos para cometer fraude.
6. **Control sobre la información compartida.** No divulgar datos personales te permitirá decidir cuándo y con quién compartes información y cuándo mantenerla en privado.
7. **Fomento de la confianza interpersonal.** Ser selectivo con la información que compartes te permite cultivar relaciones más genuinas y basadas en la confianza con aquellos a quienes elijas compartir detalles personales.

En última instancia, proteger tu identidad y ser selectivo con los datos personales que compartes contribuye a una experiencia en línea más segura, privada y controlada.

Preservar y proteger la identidad personal en el mundo digital puede parecer desafiante, pero hay varias formas prácticas y efectivas de hacerlo. Aquí tienes algunas **recomendaciones** que el rico utiliza y te aconseja poner en práctica:

1. **Usa contraseñas complejas y únicas.** Utiliza contraseñas seguras y diferentes para cada cuenta en línea. Considera el uso de administradores de contraseñas para mantener un seguimiento de ellas de manera segura.
2. **Autenticación de dos factores (2FA).** Habilita la autenticación de dos factores siempre que sea posible. Esto agrega una capa adicional de seguridad al requerir una segunda forma de verificación, como un código enviado a tu teléfono, además de tu contraseña.
3. **Actualiza regularmente tus dispositivos.** Mantén tus sistemas operativos, aplicaciones y dispositivos actualizados con las últimas versiones de seguridad y parches.
4. **Cuida tus redes sociales.** Limita la cantidad de información personal que compartes en línea, como tu dirección, número de teléfono y detalles de la ubicación. Ajusta las configuraciones de privacidad para controlar quién puede ver tus publicaciones.
5. **Sé prudente con los correos electrónicos.** Ten cuidado con los correos electrónicos sospechosos o enlaces desconocidos. No compartas información personal o financiera a través del correo electrónico sin verificar la fuente.
6. **Evita la sobreexposición en línea.** Comparte sólo la información necesaria en línea. No reveles detalles personales innecesarios en foros, redes sociales o sitios web.
7. **Utiliza conexiones seguras.** Siempre que ingreses información personal en línea, asegúrate de que el sitio web utilice una conexión segura (HTTPS) y evita acceder a cuentas importantes en redes wifi públicas no seguras.
8. **Configura los ajustes de privacidad.** Revisa y ajusta regularmente las configuraciones de privacidad en tus cuentas en línea, incluidas las redes sociales y las plataformas de correo electrónico.
9. **Sé consciente de las solicitudes de información.** Ten precaución con las solicitudes de información personal a través de llamadas telefónicas, mensajes de texto o correos electrónicos. Verifica siempre la autenticidad de la fuente antes de proporcionar detalles.
10. **Mantén un seguimiento de tus cuentas.** Revisa regularmente tus cuentas bancarias, de correo electrónico y otras en busca de actividad sospechosa. Esto te ayudará a detectar posibles problemas rápidamente.

11. **Limita la información en perfiles públicos.** Evita incluir información sensible, como tu dirección o número de teléfono, en perfiles en línea que sean visibles para el público en general.
12. **Revisa la política de privacidad.** Antes de compartir información con un sitio web o una aplicación, lee su política de privacidad para comprender cómo se tratarán tus datos.
13. **Cuidado con el *phishing*.** Sé cauteloso con los mensajes o enlaces que solicitan información personal. Verifica la autenticidad de las fuentes antes de responder o hacer clic en enlaces.
14. **Considera utilizar una VPN.** Una red privada virtual (VPN) puede ayudar a cifrar tu conexión a Internet y proteger tu información cuando estás en línea.
15. **Limita las aplicaciones de terceros.** Revisa las aplicaciones que tienen acceso a tu información en las redes sociales y en otros servicios en línea. Revoca los permisos de las aplicaciones que ya no necesitas.
16. **Utiliza un móvil personal (uso muy restringido) y otro prepago**, que es el que debes usar para hacer llamadas a terceros, o bien para cederlo cuando te lo pidan.
17. **Crea tres o cuatro cuentas de correo electrónico que no requieran un móvil para validar:**

- Una será la personal u oficial, la que debes mimar.
- Otra la usarás para validar páginas, cuentas de correo, altas en webs o en un concesionario de coches.
- Y otra será la que das para cualquier cosa tonta que te pidan. Casi nunca la revisas para ver lo que hay, es casi como *spam*.

18. **Utiliza los proveedores de correo siguientes: Tutanota (alemán) y Protonmail (suizo).** Son privados y seguros. Usan datos encriptados. No te suelen pedir un número de móvil.
19. **Puedes utilizar un DNI inventado para cuando te lo pidan, incluso para darte de alta como socio en una tienda.** Estos datos van a grandes bases de datos para múltiples usos comerciales.

Si implementas estas prácticas, puedes reducir significativamente los riesgos de robo de identidad, fraude en línea y otros problemas de seguridad relacionados con la privacidad. Recuerda que la protección de la identidad es un esfuerzo continuo que requiere vigilancia y precaución constantes.

Y para finalizar, por qué no recordar al actor Will Smith de nuevo:

> No intentes construir un muro de la nada. No empieces un día y digas, de repente: «Voy a construir el más grande y colosal muro que jamás se haya construido». Más bien di: «Voy a colocar este ladrillo tan perfectamente como un ladrillo puede ser colocado». Haz eso todos los días, y pronto tendrás un muro.

#LosTrucosDeLosRicos3

Preservar la identidad es la mayor riqueza que un individuo puede tener, porque así resguardarás no sólo tu patrimonio, sino también tu privacidad y autenticidad en un mundo interconectado.

@juanharo

Truco 38

Escasa influencia de otros

Es un hecho, nos dejamos influir por los demás.

Merlí es una serie de televisión española (su nombre responde al de un profesor de Filosofía) cuyo argumento gira en torno a la idea de estimular a los alumnos a **pensar** por sí mismos mediante métodos no muy ortodoxos. La consecuencia es que suele producir división de opiniones, no sólo de los propios alumnos, sino también de sus familias y del resto del profesorado. Todo con un único fin: acercar el razonamiento, el conocimiento, las actitudes y la reflexión a las personas.

Como ejemplo, a continuación, se refleja un diálogo entre una profesora y sus alumnos en el que les muestra con claridad una carpeta de color verde. De hecho, este diálogo se ha mostrado en un vídeo que se ha hecho viral:

[(P): profesora; (A): alumnos; (A1): alumno que llega tarde]

(P): ¿De qué color es esta carpeta?

(A): Verde.

(P): Si algún alumno llega tarde a clase como acostumbra a suceder, yo le preguntaré por el color de la carpeta y ustedes me dirán rojo, ¿de acuerdo?

(A): Sí.

Al poco rato entra un alumno en la clase que llega tarde.

(A1): Hola.

(P): Llega tarde, pero pase.

El alumno recién entrado toma asiento.

(P): Bien, sigamos. En filosofía hay corrientes como el positivismo que no admiten otra realidad que no sean los hechos. Por ejemplo, el color de esta carpeta.

Entonces la profesora le pregunta a uno de los alumnos:

(P): Usted, ¿de qué color es esta carpeta?

(A): Roja —contesta el alumno cómplice.

Tal y como antes habían acordado, recibe la misma contestación de otros alumnos elegidos al azar.

El alumno recién llegado, que ve que la carpeta es de color verde, se asombra por la contestación de sus compañeros, que la «ven» de otro color distinto.

Al poco rato, le llega su turno y la profesora le hace la misma pregunta:

(P): ¿Y usted?

Tras muchas dudas consigo mismo, y aun viendo que la carpeta es de color verde, contesta:

(A1): ¡Roja!

Su contestación provoca la inmediata reacción de sus compañeros, que comienzan a reír por su respuesta.

Finalmente, la profesora, dirigiéndose a todos, dice:

(P): Está claro que la carpeta es de color verde. Y han sido testigos directos de la debilidad del ser humano cuando es sometido a la presión ambiental, incluso en lo que se refiere a la percepción física.

No contento con la situación, el alumno interpelado replica:

(A1): Bueno, bueno, yo me he dado cuenta de que era un juego. Me parecía rara la pregunta. La carpeta claramente es de color verde.

Entonces la profesora le responde:

(P): Pero como todos han dicho roja, usted ha dicho roja.

(A1): Bueno, bueno...

Se puede comprobar cómo la profesora hace énfasis en el positivismo como corriente filosófica que se basa sólo en los hechos comprobables. Si embargo, no siempre ocurre así. En el mundo actual, en campos como la política, la economía o cualquier otro, muchas veces se impone la opinión grupal, aunque vaya en contra de los hechos o del conocimiento científico. El ejemplo anterior es claro. Se puede apreciar cómo una persona (alumno), aun viendo el color de un objeto (de una carpeta), si el grupo (resto de los alumnos) dice ver otro distinto, se «pliega», no mantiene su criterio, para no entrar en conflicto o por miedo a sentirse rechazado. Frente a la opinión mayoritaria, no es capaz de discrepar respondiendo lo que piensa, que por otra parte era evidente. A pesar de que ve que la carpeta es de color verde, contesta lo mismo que los demás: ¡roja!

No son pocas las veces que, en contra del propio criterio, se acepta o se termina por aceptar la opinión de la mayoría. Y en muchas ocasiones sin pensar en las posibles consecuencias.

Las personas inteligentes y ricas a menudo se resisten a dejarse influir por los demás debido a una **combinación de factores internos y externos que moldean su perspectiva y su enfoque en la vida**:

1. **Confianza en sí mismos.** La confianza en sus propias habilidades y juicio puede llevar a estas personas a confiar más en sus decisiones y opiniones, en lugar de depender de la aprobación o influencia de los demás.
2. **Autonomía.** La independencia es un rasgo común entre las personas inteligentes y ricas. Tienen la capacidad y los recursos para tomar decisiones por sí mismas, lo que a menudo hace que no dependan de la dirección de otros.
3. **Metas claras.** Las personas exitosas suelen tener metas y objetivos definidos. Están enfocadas en sus propias ambiciones y trabajan para lograrlas sin distraerse por las opiniones o deseos de los demás.
4. **Capacidad de evaluación crítica.** Las personas inteligentes suelen poseer una habilidad aguda para analizar la información, cuestionar suposiciones y evaluar opciones. Esto les permite formarse opiniones fundamentadas y resistentes a la influencia externa.
5. **Mentalidad de líder.** Las personas exitosas a menudo tienen una mentalidad de liderazgo. Esto significa que están dispuestas a tomar la iniciativa y liderar, en lugar de seguir ciegamente a otros.
6. **Conciencia de la manipulación.** Aquellos que son inteligentes y ricos tienden a ser más conscientes de las tácticas de manipulación y persuasión. Pueden reconocer cuándo se intenta influir en ellos y tomar medidas para proteger su independencia.
7. **Experiencia y conocimiento.** Las personas exitosas a menudo han acumulado experiencia y conocimientos valiosos en su campo. Esto les otorga un mayor sentido de autoridad y les permite confiar en su juicio sobre temas específicos.

8. **Tolerancia al riesgo.** Aquellos que han tenido éxito en sus esfuerzos a menudo tienen una mayor tolerancia al riesgo. Esto les permite tomar decisiones audaces y seguir sus instintos, incluso cuando pueden diferir de la opinión predominante.
9. **Integridad personal.** Los ricos a menudo valoran su integridad y autenticidad. Prefieren mantener sus valores y principios en lugar de ceder ante influencias externas que puedan comprometer su identidad.
10. **Foco en el largo plazo.** Muchas personas inteligentes y ricas tienen una visión de largo plazo. Están dispuestas a tomar decisiones impopulares en el corto plazo si creen que es lo mejor para su éxito a largo plazo.

En conjunto, estas características y factores contribuyen a la resistencia de las personas inteligentes y ricas a dejarse influir por los demás. Esto no significa que no consideren las opiniones de otras personas, pero su capacidad para mantener su independencia y confiar en su propio juicio es parte fundamental de su éxito.

Hay varios **experimentos psicológicos** que han demostrado cómo la influencia de los demás puede afectar a las decisiones y los comportamientos de una persona. Aquí hay algunos ejemplos:

1. **Experimento de conformidad de Asch.** En este famoso experimento, Solomon Asch mostró cómo la presión del grupo puede llevar a las personas a dar respuestas incorrectas en una tarea visual simple. A pesar de que los participantes sabían cuál era la respuesta correcta, a menudo se conformaban con la respuesta incorrecta dada por el grupo.
2. **Experimento de la prisión de Stanford.** Dirigido por Philip Zimbardo, este experimento exploró cómo los roles asignados en un entorno simulado de prisión influían en el comportamiento de los participantes, personas que no habían tenido contacto con la vida carcelaria. A los que les asignaron el rol de guardias comenzaron a ejercer un comportamiento autoritario y abusivo, mientras que los designados como prisioneros mostraron sumisión y estrés.
3. **Experimento de la obediencia de Milgram.** Stanley Milgram realizó un experimento en el que los participantes fueron instruidos para administrar descargas eléctricas crecientes a un actor cuando este respondía incorrectamente a preguntas. A pesar de que las descargas eran ficticias, los participantes continuaron

administrándolas debido a la autoridad de la figura que les había indicado hacerlo.

4. **Experimento del testigo ocular.** Elizabeth Loftus realizó experimentos que demostraron que la información errónea proporcionada por otras personas puede influir en la memoria de un testigo. Los participantes vieron un vídeo de un accidente de tráfico y, a través de manipulación de preguntas intencionadas, se introdujo información incorrecta en sus recuerdos.
5. **Experimento de conformidad en la red social.** En el mundo digital, los investigadores han demostrado que la conformidad ante lo incorrecto puede manifestarse también en plataformas de redes sociales. Los estudios han revelado que las personas tienden a dar «Me gusta» o a interactuar con contenido que es popular o respaldado por otros, incluso si no están de acuerdo o no les interesa realmente.
6. **Efecto del observador externo.** Algunos estudios han demostrado que la presencia de un observador externo puede afectar al comportamiento de las personas en situaciones sociales. Por ejemplo, la presencia de alguien que está observando puede hacer que las personas sean más propensas a seguir normas sociales y comportarse de manera más conforme.

Estos experimentos resaltan cómo el poder de la influencia social puede ser significativo y cómo las personas a menudo pueden verse influenciadas por la opinión y el comportamiento de los demás, incluso cuando va en contra de su propio juicio o creencias.

El rico sigue su camino y se fía más de sí mismo que de los demás.

Berti Charles Forbes, quien fundó la compañía hace justo un siglo, comentaba en el primer número de la revista que lleva su nombre que «el fin de una empresa es generar felicidad, no amontonar dinero».

#LosTrucosDeLosRicos3

La verdadera fortaleza radica en mantenerse fiel a uno mismo y no ceder ante las corrientes de influencia de los demás, forjando así un camino auténtico y genuino, y el rico lo sabe.

@juanharo

Truco 39

La rentabilidad no es igual para todos

El valor de la riqueza es relativo, va en función de lo que necesitas. El valor de la riqueza puede ser relativo y personal, ya que está influenciado por las necesidades, los deseos y los objetivos individuales de cada persona. Lo que una persona considera valioso en términos de riqueza puede diferir significativamente de lo que otra persona valora. Aquí hay algunas **razones** por las cuales el valor de la riqueza es relativo a lo que necesitas:

1. **Necesidades y objetivos personales.** El valor de la riqueza está en gran medida determinado por las necesidades y los objetivos personales. Lo que una persona necesita para sentirse financieramente segura y lograr sus metas puede ser diferente a lo que otra necesite.
2. **Estilo de vida.** El estilo de vida que una persona desea llevar influirá en cómo percibe la riqueza. Algunos valoran la posibilidad de viajar y disfrutar de lujos, mientras que otros priorizan la estabilidad y la seguridad financiera.
3. **Circunstancias personales.** La edad, la familia, la salud o las responsabilidades son circunstancias personales que pueden afectar a cómo se valora la riqueza. Las personas tienen diferentes prioridades en distintas etapas de la vida.
4. **Cultura y valores.** Los valores culturales y personales también influyen en la forma en que se valora la riqueza. Algunas culturas

enfatizan la acumulación de bienes materiales, mientras que otras valoran más la contribución a la comunidad o la realización personal.

5. **Perspectiva individual.** La perspectiva individual y la mentalidad de cada persona juegan un papel importante en cómo perciben y valoran la riqueza. Lo que una persona considera suficiente o valioso puede variar ampliamente.

El valor de la riqueza es subjetivo y puede ser único para cada individuo. Lo que importa es que las decisiones financieras se tomen de manera informada y estén alineadas con los objetivos y valores personales. Establecer metas financieras claras y buscar un equilibrio entre el presente y el futuro es esencial para lograr una sensación de riqueza que sea significativa para cada persona, el rico lo sabe y sabe disfrutar de la vida.

Podemos ver la diferencia en cómo ver la riqueza con el siguiente **ejemplo**:

- **Persona A (filántropo).** Valora marcar la diferencia en la sociedad y ayudar a los demás. La riqueza para esta persona puede derivar de la capacidad de contribuir significativamente a causas benéficas y ayudar a quienes lo necesitan.
- **Persona B (amante de la tecnología).** Está fascinada por las últimas innovaciones tecnológicas. La riqueza para esta persona podría ser tener acceso a dispositivos y *gadgets* de última generación.

Este truco trata sobre todo del axioma **«la rentabilidad no es igual para todos».** Imaginemos que tú y yo tenemos el mismo patrimonio neto, y supongamos que tú eres mejor inversor que yo: yo puedo obtener una rentabilidad del 8 por ciento, mientras que tú ganas un 12 por ciento al año. Sin embargo, yo soy más eficiente con mi dinero, porque sólo necesito la mitad que tú. **Tu estilo de vida es más caro que el mío, tienes «cocodrilos»** (gastos superfluos para mantener un alto nivel de vida) **o negocios que te obligan a poner dinero.**

Yo obtengo unos mayores beneficios de mis inversiones pese a tener una rentabilidad menor. Cuidado con «aparentar», con el «ego», con tener gastos fijos altos que te cuesten dinero, porque eso puede hacer que seas peor inversor, aunque tengas una rentabilidad alta. Disminuye el ego y aumenta la humildad.

Te tiene que importar un bledo lo que piensen los demás.

Ésta es una cara de la moneda que el rico vigila: el hecho de obtener menos rentabilidad, pero vivir mejor porque tiene menos gastos o presume de menos cocodrilos, frente a otro que obtiene tres puntos más, pero sufre más presión por sus altos costes de vida.

La otra cara de la moneda para el rico es que **la rentabilidad no es igual para todos debido a las diferencias individuales de las estrategias de inversión**, objetivos y circunstancias. Veamos algunos **ejemplos**:

1. Inversión en acciones:

    - Persona A: invierte en acciones de alto riesgo en empresas tecnológicas emergentes. Obtiene una alta rentabilidad en un año de crecimiento en el sector tecnológico.
    - Persona B: prefiere invertir en acciones de empresas consolidadas que den dividendos. Aunque su rentabilidad es menor, se siente cómoda con la estabilidad y los pagos de dividendos.

2. Inversión en bienes raíces:

    - Persona C: compra una propiedad en un área en crecimiento y la vende después de un año, obteniendo una ganancia significativa debido a la apreciación del valor de la propiedad.
    - Persona D: adquiere una propiedad para alquilarla a largo plazo y obtiene ingresos por alquileres, lo que da como resultado una rentabilidad más estable, menos volátil.

3. Inversor novato versus inversor experimentado:

    - Inversor novato: decide invertir en criptomonedas sin mucha investigación ni conocimiento. Experimenta ganancias y pérdidas significativas debido a la volatilidad del mercado.
    - Inversor experimentado: desarrolla una estrategia diversificada, que incluye criptomonedas, acciones y bonos. Minimiza riesgos y busca un crecimiento a largo plazo más estable.

4. Retiro y horizonte de inversión:

    - Persona E: está a punto de jubilarse y busca una inversión segura y de baja volatilidad para preservar el capital y garantizar ingresos durante la jubilación.

- Persona F: es joven y está invirtiendo para la jubilación que vendrá varias décadas después. Acepta mayores niveles de riesgo y busca inversiones con potencial de crecimiento a largo plazo.

5. Tolerancia al riesgo:

- Persona G: prefiere inversiones seguras y está dispuesta a aceptar rendimientos más bajos para evitar cualquier pérdida significativa de capital.
- Persona H: acepta un mayor riesgo y busca inversiones con mayores rendimientos potenciales, incluso aunque eso signifique enfrentar una mayor volatilidad.

Estos ejemplos demuestran cómo las diferencias en estrategias de inversión, objetivos y circunstancias personales pueden llevar a resultados de rentabilidad muy distintos. Cada persona tiene un enfoque único en la inversión que está influenciado por su tolerancia al riesgo, el horizonte de inversión, los conocimientos financieros y los objetivos individuales.

Correcto, la rentabilidad no es igual para todos. Aquí hay algunas **razones** por las cuales la rentabilidad puede variar entre individuos:

1. **Tolerancia al riesgo.** Las personas tienen diferentes niveles de tolerancia al riesgo. Algunas están dispuestas a asumir riesgos mayores en busca de mayores rendimientos, mientras que otras prefieren inversiones más seguras, incluso aunque eso signifique rendimientos más bajos.
2. **Horizonte de inversión.** El período de tiempo durante el cual una persona está dispuesta a mantener sus inversiones puede influir en la rentabilidad. Los inversores con un horizonte de inversión a largo plazo pueden permitirse tomar posiciones en activos con mayor potencial de crecimiento a pesar de la volatilidad a corto plazo.
3. **Conocimientos financieros.** Los que cuentan con conocimientos financieros sólidos y experiencia en inversiones pueden tomar decisiones más informadas y tomar ventaja de oportunidades que pueden no ser evidentes para otros inversores.
4. **Diversificación.** La diversificación de la cartera puede afectar a la rentabilidad. Los inversores bien diversificados pue-

den mitigar riesgos y tener un rendimiento más estable a lo largo del tiempo.

5. **Tipo de inversiones.** La elección de activos y clases de inversiones (acciones, bonos, bienes raíces, etcétera) tendrá un impacto directo en la rentabilidad.
6. **Circunstancias económicas.** Las condiciones económicas y del mercado afectan a la rentabilidad de manera diferente según el momento en el que se realicen las inversiones.
7. **Decisiones de inversión.** Las decisiones de compra y venta de activos, así como el momento en que se toman, pueden afectar a la rentabilidad. Las decisiones impulsivas o basadas en emociones pueden conducir a resultados distintos.
8. **Costes y comisiones.** Los costes asociados con la inversión, como las comisiones de los corredores, pueden reducir la rentabilidad total.
9. **Inversión activa y pasiva.** La elección entre invertir activamente o seguir una estrategia pasiva (como los fondos indexados) puede influir en los rendimientos.
10. **Ciclos de mercado.** Los distintos ciclos económicos y del mercado pueden influir en la rentabilidad de diferentes maneras, dependiendo de los activos en los que se invierta.

Recuerda que el valor de la riqueza es relativo porque cada uno necesita o desea cosas muy diferentes, tiene necesidades distintas. Por ello, tampoco la rentabilidad es igual para todos, porque uno puede alargar mucho más el disfrute de su vida con mucho menos, aunque ambos ganen lo mismo. Y el rico lo sabe, por eso disfruta de la vida. Y ahora que tú también lo sabes, también lo harás.

#LosTrucosDeLosRicos3

Si tienes una duda ante dos opciones, elige la que sea la historia que preferirías contar el resto de tu vida.

@juanharo

Truco 40

Cero lamentos

Rabindranath Tagore escribió lo siguiente: «Si lloras por haber perdido el sol, las lágrimas no te dejarán ver las estrellas».

Y lo que es aún más, en nuestra adversidad quizá exista una posibilidad oculta de que pudiésemos ver con ojos limpios. Como dice este poema:

¡Basta ya de lamentarme!
No puedo volver atrás.
Cuanto pasó ya ha ocurrido
y lo hecho, ¡hecho está!
Ni una sola de mis quejas
lo pueden rectificar,
que el agua va río abajo.
¡Nunca más ya subirá!
Pues no existe aquí en la Tierra,
como en Saturno, ¡quizá!
un anillo que, al pasado,
nos pueda a todos llevar
y bajar en cualquier tiempo
para volver a empezar.
¡Basta ya de lamentarme!
No puedo volver atrás.

Yo necesito ojos nuevos
para saber encontrar,
en las cosas que han cambiado,
mi buena oportunidad.
Lo positivo que existe
en la raíz de mi mal.
Pues sé que, con esos ojos,
al yo poder valorar
esa posibilidad oculta
que me ha traído el azar,
sabré ver el beneficio
de mi propia adversidad.
¡Basta ya de lamentarme!
No puedo volver atrás.

Los ricos no se lamentan, no hay quejas, no hay reproches, tan sólo observan, estudian lo sucedido y aprenden de ello. Ésa es una de sus señas de identidad, saben que lamentarse o quejarse, o incluso la crítica, no los lleva a ningún lugar.

Hay varios estudios e investigaciones que han abordado el tema de la queja o el lamento desde diversas perspectivas, incluyendo la psicología, la sociología y la salud mental. Aquí tienes algunos **ejemplos de estudios y experimentos** relacionados con la queja y el lamento:

1. **«Does venting anger feed or extinguish the flame? Catharsis, rumination, distraction, anger, and aggressive responding» (1999):** elaborado por Brad J. Bushman y Roy F. Baumeister, el estudio investiga si expresar la ira a través de la queja o el lamento realmente reduce la agresión o la intensifica. Los resultados sugieren que la expresión de la ira no tiene un efecto positivo a largo plazo y puede aumentar la agresión.
2. **«Expressing and suppressing emotion in daily life: Happy, happy, You're so happy (2001):** conducido por Susan T. Charles y Jennifer Piazza, el estudio explora cómo las personas expresan o reprimen sus emociones en la vida cotidiana. Analiza cómo la expresión emocional, incluyendo las quejas y los lamentos, puede tener efectos en la salud mental y en el bienestar.
3. **«The paradox of repetition as an expression of irritation» (2012):** investigación realizada por Robin M. Kowalski y Jessika C. Johnson que explora el papel de la repetición en la expresión de

irritación y de queja. El estudio examina cómo la repetición puede tener efectos contradictorios en la expresión de emociones negativas.

4. **«Effects of complaining on mood and performance» (2007):** este estudio de Robin M. Kowalski y Laurie A. Ostdick analiza cómo el acto de quejarse afecta al estado de ánimo y al rendimiento. Los resultados sugieren que las quejas pueden tener efectos negativos en ambos aspectos.

El rico considera lo siguiente para **mejorar su calidad de vida**:

1. **Enfoque en soluciones.** El rico tiende a enfocarse en encontrar soluciones a los problemas, en lugar de simplemente lamentarse. Pueden ser soluciones proactivas para resolver situaciones difíciles en lugar de instalarse en la queja.
2. **Habilidades de resiliencia.** La inteligencia emocional y la resiliencia pueden influir en cómo las personas manejan situaciones desafiantes. Por ello, el rico tiene habilidades de resiliencia para adaptarse mejor y encontrar formas constructivas de lidiar con las dificultades.
3. **Perspectiva crítica.** Los ricos tienen una perspectiva crítica y analítica sobre las situaciones. Cuestionan la utilidad de la queja si perciben que no llevará a soluciones concretas.
4. **Variedad de personalidades.** Los ricos tienen una amplia variedad de personalidades y enfoques ante la vida.
5. **Diferentes formas de lamentarse.** El lamento o la queja pueden expresarse de muchas maneras, algunas de las cuales pueden ser constructivas y productivas. Expresar preocupaciones y buscar apoyo puede ser una forma de abordar los problemas, es una táctica estudiada por el rico para lograr ventajas a su favor en determinadas situaciones.

Hay una gran historia real, que me enseñó mi maestro **Eduardo Criado**, que nos ayuda a valorar y disfrutar de la vida:

Cuentan que, cierta vez, el famoso psiquiatra Karl Menninger se encontraba en Nueva York contestando a preguntas del público después de haber dado una conferencia sobre salud mental.

Alguien le preguntó:

—¿Qué le recomendaría usted a una persona cuando nota que está próximo a tener una crisis nerviosa, un gran bajón, una tristeza creciente o que empiezan a crecer sus quejas y lamentos?

Sin duda, la mayoría de la concurrencia esperaba que el doctor Menninger respondería:

—Que vea a un psiquiatra.

Pero no fue así. Debieron de asombrarse con su respuesta, pues dijo:

—Que cruce la vía del ferrocarril (en Estados Unidos se usa la expresión «cruzar la vía del ferrocarril» con el significado de «dirigirse al barrio más pobre del pueblo»), que busque a alguien necesitado y haga algo para ayudarle. Seguramente sus problemas, quejas o lamentos perderán fuerza.

#LosTrucosDeLosRicos3

La queja es como una cuenta que pagas sin recibir el cambio, mientras que la acción es la inversión que cosecha resultados.

@juanharo

Truco 41

Efectivo *for ever*

El efectivo, las criptomonedas, el dinero en billetes, en moneda corriente y sonante, es libertad, y el rico lo sabe. El efectivo es libertad y anonimato. **Si pierdes el anonimato, pierdes libertad, y si pierdes libertad, eres un esclavo.** El rico es consciente de que, si todos los pagos se realizaran de manera electrónica, se abriría la puerta al aumento del control, y la vigilancia sobre todos y cada uno de nosotros sería total.

La guerra contra el dinero en efectivo se está convirtiendo poco a poco en un conjunto de actuaciones coercitivas de todo tipo, adoptadas por los poderes políticos y regulatorios que restringen la libertad y reducen el bienestar de millones de ciudadanos. Todas las iniciativas en contra de la circulación y uso del dinero en efectivo tienen como objetivo el beneficio exclusivo de aquellos que ya ejercen una cantidad excesiva de poder y control sobre la economía y las personas; el oligopolio financiero que tuvimos que rescatar de la quiebra con todos los impuestos en Occidente.

En el ámbito mundial, las tendencias varían según la región y la infraestructura financiera. Algunos países nórdicos, por ejemplo, han experimentado una disminución significativa del uso del efectivo, mientras que, en otros lugares, el efectivo sigue siendo una forma común de pago. Sin embargo, la digitalización y la tecnología están desempeñando un papel importante en la transformación de los sistemas de pago en todo el mundo.

El dinero en efectivo sigue siendo el principal medio de pago en España. Teniendo en cuenta únicamente las compras en los comercios físicos, el 51 por ciento del gasto de los consumidores se realiza mediante dinero en metálico. La tarjeta representa ya casi el 37 por ciento del total y el teléfono móvil ha crecido hasta un 6 por ciento del gasto efectuado por los españoles en los establecimientos.

Tenemos la opción de pagar con tarjeta o con dinero en efectivo; el rico usa esta segunda opción. El circuito al completo te lo agradecerá. Porque ya no es únicamente tema de tributar o de no hacerlo: pagar con dinero en efectivo le ofrece a la persona a la que estás pagando la oportunidad de decidir qué hace con ese dinero.

Y ahí está la verdadera libertad: la capacidad de elección. Tú y la persona que lo recibe os beneficiáis de igual manera.

La economía sumergida en España es del 17,2 por ciento según los últimos datos. Es decir, que de cada 1.000 euros que se mueven por nuestro país, 172 euros lo hacen en la economía sumergida. Así, pues, la excusa de prohibir el efectivo para acabar con la economía sumergida no tiene mucho sentido, dado que, en un porcentaje tan bajo como el 17,2 por ciento, no justifica la cantidad de leyes, de noticias que existen y la persecución que sufre el dinero en efectivo justificando una economía sumergida que es muy baja. Esto quiero decir. Tendría sentido prohibirlo si habláramos de un porcentaje mayor.

España se encuentra en quinta posición en cuanto al uso de dinero en metálico, por detrás de Malta, Lituania, Eslovenia y Austria. Está lejos de Francia o Alemania, donde el gasto en efectivo es hasta 15 puntos más bajo que aquí. Finlandia o Países Bajos, donde no se pasa del 15 por ciento, se encuentran a la cabeza en el uso del «dinero de plástico».

El uso del dinero en efectivo tiene ciertas ventajas en términos de comodidad y calidad de vida para algunas personas. Aquí hay algunos puntos que considerar:

1. **Control de gastos.** Utilizar efectivo puede ayudarte a tener un mayor control sobre tus gastos porque es más fácil visualizar cuánto estás gastando en comparación con el uso de tarjetas de crédito o débito. Esto te ayuda a administrar mejor tus finanzas personales.
2. **Evitar deudas.** Al usar efectivo, evitas acumular deudas a través de tarjetas de crédito: no puedes gastar más de lo que tienes físicamente. Esto te ayuda a mantener un equilibrio financiero y evitar problemas de endeudamiento.

Gráfico 1. España, de los países europeos donde se usa más efectivo

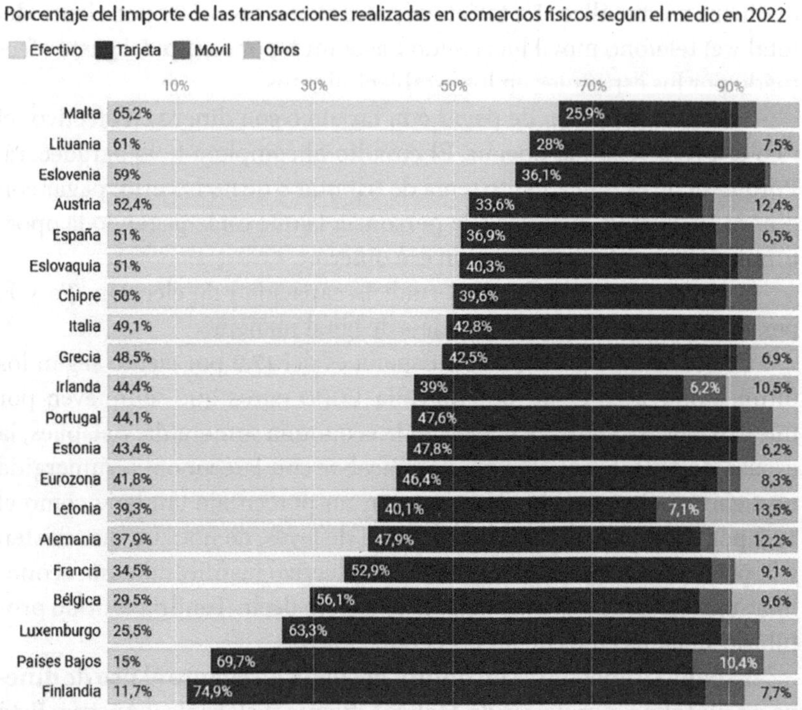

Fuente: Encuesta SPACE (BCE).

3. **Privacidad.** Usar efectivo te proporciona un mayor nivel de privacidad en tus transacciones. A diferencia de los pagos electrónicos, que dejan un rastro digital, los que se realizan en efectivo son anónimos, no están vinculados directamente a tu identidad.
4. **Evitar cargos y comisiones.** Algunas transacciones electrónicas pueden estar sujetas a tarifas o comisiones, especialmente en ciertos lugares o en ciertas situaciones. Usar efectivo evita estos costos adicionales.
5. **Acceso universal.** A diferencia de las transacciones electrónicas, el uso de efectivo no depende de la disponibilidad de tecnología o del acceso a Internet. Esto es particularmente útil en áreas donde la infraestructura tecnológica puede ser limitada.
6. **Control sobre la información personal.** Las transacciones electrónicas a menudo requieren compartir información perso-

nal, como nombres, números de tarjeta de crédito y direcciones. El uso de efectivo evita la necesidad de compartir esta información con terceros.

7. **Menos riesgo de fraude.** Las transacciones electrónicas pueden estar sujetas a fraudes cibernéticos, robo de datos y otros riesgos de seguridad. Utilizar dinero en efectivo reduce el riesgo de ser víctima de este tipo de fraudes en línea.
8. **Evitar el rastreo del comportamiento de gastos.** Algunas personas prefieren evitar que sus hábitos de compra sean rastreados y analizados por terceros, como empresas o gobiernos. El uso de dinero en efectivo puede dificultar este tipo de seguimiento.

En 2023, en España, al igual que en muchos otros lugares, el uso de dinero en efectivo comienza a tener ciertas limitaciones y restricciones, que son establecidas por regulaciones gubernamentales y financieras, y pueden variar con el tiempo. Algunas de las **limitaciones comunes** en el uso de efectivo en España son las siguientes:

- **Límites de transacciones en efectivo.** En España existe un límite legal para la cantidad de efectivo que se puede utilizar en una sola transacción. Según la normativa vigente, desde 2020, el límite es de 1.000 euros para operaciones entre personas físicas no residentes y de 2.500 euros para residentes fiscales. Esto significa que no se pueden realizar transacciones en efectivo por montos superiores a estos límites.
- **Límites de pagos en efectivo.** Para ciertas operaciones, como la compra de bienes y servicios en establecimientos comerciales, hay límites en la cantidad de efectivo que se puede utilizar para realizar el pago. El límite es de 1.000 euros o su equivalente en moneda extranjera.

Esto no evita que el rico se aproveche de las leyes para adquirir bienes y servicios **hasta un importe de 10.000 euros en efectivo**. ¿Cómo es posible? Simplemente, comprando en otro país donde no sea residente, por ejemplo, en Francia, Andorra o Portugal. Y listo. Ya puedes pagar en diferentes comercios en cada compra hasta 10.000 euros en efectivo. Es legal.

Además, el rico paga sus deudas o hace transacciones entre particulares en efectivo, ya que en este caso no aplica la norma de hasta 1.000 euros, sino que el límite está en 10.000 euros.

No existe libertad total sin libertad económica. Eres libre de ir a un buen restaurante, pero si no puedes pagarlo, ¡lagarto!, ¡lagarto! Eres libre de querer viajar alrededor del mundo, pero si no tienes dinero, no podrás conocer el mundo. Eres libre de no trabajar, pero si no pagas las facturas, ¡lagarto!, ¡lagarto!

El rico saca dinero en efectivo de sus cuentas en importantes cantidades a través de préstamos y de otras muchas formas. Pide un certificado o documento al banco para demostrar legalmente esta salida de dinero (por si tuviese una inspección futura) y, a continuación, gasta dicho dinero en diferentes compras de todo tipo: gastos cotidianos, restaurantes, ropa, ocio, viajes, hoteles... De esta forma, nadie sabe qué estilo de vida lleva, en qué se gasta el dinero o dónde lo hace. Porque el rico es libre, porque el efectivo te aporta anonimato y privacidad. Sin eso, no somos nadie; sin eso, somos sólo esclavos, y ya sabes, no existe mejor esclavo que aquel que se cree libre pero no lo es.

Ya lo decía el político, científico e inventor estadounidense **Benjamin Franklin**: «Aquellos que cederían la libertad esencial para adquirir una pequeña seguridad temporal no merecen ni libertad ni seguridad».

En el célebre cuento del sabio Ahiqar, que más tarde retomaría Esopo (y luego La Fontaine), un perro alardea ante un lobo de todos los lujos y comodidades que tiene a su disposición, hasta el punto de que el lobo casi se anima a ser como él. Entonces, el lobo le pregunta por su collar y queda aterrado al comprender para qué se usa ese artilugio: «No quiero ninguna de tus comidas», le dijo el lobo. Y acto seguido, echó a correr y correr, y aún sigue corriendo.

La pregunta es: **¿tú qué quieres ser, perro o lobo?**

#LosTrucosDeLosRicos3

El dinero en efectivo es como un verso libre en el poema de la transacción: su verdadero valor es la autenticidad y la libertad de hacer intercambios sin intermediarios.

@juanharo

Truco 42

Alimentación consciente

La alimentación consciente es una práctica que implica prestar atención plena a lo que se come, cómo se come y cómo afecta eso a nuestro cuerpo y nuestra mente. **Se trata de comer con atención**, apreciando los sabores, texturas y aromas de los alimentos, así como **estar conectado con las señales internas de hambre y saciedad**. Esta práctica tiene **varios beneficios** que contribuyen a que el rico (y tú también, amigo lector) disfrute más plenamente de la vida:

1. **Mayor conexión con el momento presente.** Si prestas atención plena a los alimentos que consumes, te sumerges en el presente y te desconectas de distracciones externas. Esto te llevará a tener una experiencia más rica y satisfactoria durante las comidas.
2. **Disfrute de los sabores y las texturas.** La alimentación consciente te permite saborear y disfrutar plenamente de los sabores, las texturas y los aromas de los alimentos. Esto hará que la experiencia gastronómica sea más gratificante y aprecies mucho más la comida.
3. **Regulación del apetito.** Ser consciente de las señales internas de hambre y saciedad hará que comas de manera más equilibrada y evitarás comer en exceso. Esto contribuye a un mayor bienestar físico y a mantener un peso saludable.

4. **Digestión mejorada.** Comer con tranquilidad y atención ayuda a una mejor digestión, ya que el cuerpo puede concentrarse en procesar los alimentos de manera eficiente.
5. **Relación saludable con la comida.** La alimentación consciente fomenta una relación más saludable con la comida, pues reduce el enfoque en la restricción o la indulgencia excesivas. Se trata de escuchar y responder a las necesidades reales del cuerpo.
6. **Reducción del estrés y la ansiedad.** Comer con atención plena puede ser una forma de reducir el estrés y la ansiedad, ya que te permite estar presente en el momento y alejarte de preocupaciones cotidianas.
7. **Promoción del bienestar general.** Una alimentación consciente contribuye al bienestar general, ya que fomenta una relación más equilibrada con la comida, lo que ayuda a tomar decisiones más saludables.
8. **Cultivo de la gratitud y la apreciación.** Al ser consciente de la comida y de su impacto en tu bienestar puedes cultivar un sentido de gratitud por la abundancia de alimentos y por la capacidad de nutrir tu cuerpo de manera consciente.

La alimentación consciente es una herramienta que te permite saborear y apreciar más plenamente la experiencia de comer. Al estar presente en cada bocado, en cada comida, aumentas tu conexión con el momento presente y cultivas una relación más saludable con la comida y contigo mismo, lo que a su vez contribuye a disfrutar de la vida en su totalidad.

Aplicar una alimentación consciente implica prestar atención plena a lo que comes y cómo lo comes. Aquí hay algunos **ejemplos prácticos** de cómo puedes incorporar esta práctica a tu vida diaria, como hace el rico:

1. **Comer sin distracciones.** Evita comer mientras trabajas, miras la televisión o usas dispositivos electrónicos. En lugar de eso, siéntate en un lugar tranquilo y concéntrate en la comida.
2. **Observa tus sensaciones físicas.** Antes de comenzar a comer, tómate un momento para notar cómo te sientes físicamente. ¿Tienes hambre? ¿Estás satisfecho? Esto te ayudará a conectar con tus señales internas de hambre y saciedad.
3. **Apaga el piloto automático.** Tómate unos momentos para mirar tu comida antes de comenzar a comer. Observa los colores,

las formas y las texturas. Aprecia la apariencia de los alimentos en tu plato.

4. **Saborea cada bocado.** Mastica lentamente y saborea cada bocado. Presta atención a los sabores y a las texturas mientras comes. Esto te permitirá disfrutar más de la comida y también te ayudará a evitar comer en exceso.
5. **Come conscientemente.** En lugar de comer rápido, intenta comer de manera consciente y deliberada. Deja el tenedor o la cuchara en su sitio entre bocado y bocado. Esto te da tiempo para saborear y permite que las señales de saciedad lleguen a tu cerebro.
6. **Haz preguntas mientras comes.** A medida que comes, pregúntate: ¿cómo me hace sentir este alimento?, ¿estoy disfrutando de esta comida?, ¿estoy comiendo por hambre real o por emociones?
7. **Disminuye las distracciones.** Trata de minimizar las distracciones durante las comidas. Apaga la televisión, pon el teléfono en silencio y come en un ambiente tranquilo.
8. **Conéctate con tus sentidos.** A medida que comes, presta atención a cómo se siente la comida en tu boca, cómo suena al masticar y cómo huele. Ser consciente de tus sentidos enriquecerá tu experiencia culinaria.
9. **Escucha tu cuerpo.** A medida que te acerques al punto de sentirte satisfecho, detente y observa si realmente necesitas más comida. Escucha tu cuerpo y respeta las señales de saciedad.

Recuerda que la alimentación consciente no se trata de perfección, sino de cultivar una relación más saludable y consciente con la comida. Puedes comenzar aplicando estos principios de manera gradual en tus comidas diarias para experimentar los beneficios de una conexión más profunda con la alimentación.

Muchas personas famosas han adoptado la alimentación consciente como parte de su estilo de vida saludable. Aquí tienes algunos **ejemplos de celebridades** que han hablado sobre su enfoque en la alimentación consciente:

1. **Gwyneth Paltrow.** La actriz y empresaria estadounidense es conocida por su enfoque en un estilo de vida saludable. Ha hablado sobre cómo practica la alimentación consciente: presta mucha atención a los ingredientes de alta calidad y saborea cada bocado.

2. **Oprah Winfrey.** Oprah es una defensora de la atención plena y la alimentación consciente. Ha compartido su lucha con el peso y cómo ha incorporado la atención plena en su enfoque para comer de manera más saludable y disfrutar de la comida.
3. **Elena Malova.** Una influyente personalidad de la salud y el bienestar, Elena Malova, promueve la actividad física, la meditación y la alimentación saludable a través de sus plataformas en línea.
4. **Cameron Díaz.** La actriz y autora estadounidense es una defensora de la alimentación consciente y ha hablado sobre cómo presta atención a lo que come y cómo eso afecta a su bienestar general.
5. **Deepak Chopra.** El autor y orador motivacional indio es conocido por su enfoque en la salud holística y la espiritualidad. Ha hablado sobre la importancia de la alimentación consciente como parte de un estilo de vida equilibrado.
6. **Michelle Obama.** La ex primera dama de Estados Unidos ha sido una defensora de la alimentación saludable y la actividad física. A través de su iniciativa «Let's Move!», promovió la alimentación consciente y el acceso a alimentos saludables para los niños.
7. **Elsa Pataky.** Nacida en España y residente en Australia, la actriz Elsa Pataky es conocida por su estilo de vida saludable. Ha hablado sobre su enfoque hacia la alimentación y la importancia de llevar un estilo de vida equilibrado.
8. **Samantha Vallejo-Nágera.** La chef y jueza del programa televisivo Master Chef es defensora de una alimentación saludable y equilibrada. Si bien no se sabe si sigue específicamente la alimentación consciente, su enfoque en ingredientes frescos y naturales es afín a esta filosofía.

Éstos son sólo algunos ejemplos de personas famosas que han hablado sobre su adopción de la alimentación consciente como parte de su enfoque en el bienestar y la salud. La atención plena y la alimentación consciente son prácticas que pueden beneficiar a cualquier persona, independientemente de su estatus o reconocimiento público. El rico, ya sabes, disfruta de la vida.

Japón, uno de los países con las tasas más bajas de obesidad (un 3,5 por ciento, frente al 21 de España o el 33 de Estados Unidos), es una buena muestra de ello. Las tradiciones y la cultura del país nipón, así como las leyes aprobadas para combatir el sobrepeso, **han ayudado en gran medida a que sus ciudadanos mantengan una salud envidiable.**

Es cierto que los japoneses tienen una reputación de cuidar su alimentación y disfrutar de una alta expectativa de vida. Varias prácticas culturales y dietéticas podrían contribuir a esta percepción y a sus índices de longevidad. Algunos de los factores clave o trucos que usan los japoneses son:

1. **Comen alimentos de fácil digestión.** Los japoneses llevan a rajatabla una alimentación basada en comidas que resultan fáciles de digerir por nuestro organismo. De hecho, están acostumbrados a consumir productos crudos durante los meses de verano (lo que les ayuda a afrontar el calor) y optan por los cocinados en invierno.
2. **Nunca se llenan del todo con la comida.** La población nipona utiliza un método, conocido como Hara Hachi Bu, que se basa simple y llanamente en parar de comer cuando sienten cierta sensación de saciedad. De este modo, se sienten satisfechos y no necesitan darse un gran atracón, como ocurre en los países occidentales, donde culturalmente comemos hasta que no podemos más.
3. **No van al gimnasio. Los japoneses están acostumbrados a realizar entrenamientos moderados, sin matarse en el gimnasio.** Caminar a diario, hacer yoga o estirar son algunas de sus prácticas habituales que, además, les ayudan a reducir el estrés, uno de los principales factores por los que el cuerpo usa la grasa de nuestro organismo.
4. **Una alimentación basada en el yin y el yang.** El filósofo japonés George Ohsawa desarrolló una dieta macrobiótica basada en la elección de los alimentos, el ejercicio, la meditación y la energía del yin y el yang. Se trata de comer y vivir en armonía y buscar el equilibrio de nuestro cuerpo. Para ello, la comida (generalmente de productos orgánicos y de temporada cultivados de forma local) se divide en cereales integrales, como el arroz integral, la avena, la cebada, el trigo sarraceno o la quinoa (entre el 40 y el 60 por ciento), frutas y verduras (20-30 por ciento) y judías y productos derivados (10-25 por ciento).
5. **Tamaño de las porciones.** En la dieta japonesa, las porciones suelen ser más pequeñas en comparación con las de muchas

otras culturas. Esto contribuye a un menor consumo calórico y a un mejor control del peso.

6. **Toman baños calientes.** Esta actividad ayuda al cuerpo a quemar calorías, reduce los niveles de azúcar en sangre, disminuye la inflamación y facilita tener un sueño de mejor calidad. Sólo bastan 20 minutos en agua con temperaturas que oscilen entre los 38 y los 42 ºC.
7. **Consumo de pescado.** El pescado es una parte central de la dieta japonesa, una fuente rica en ácidos grasos omega-3, que se asocian con beneficios para la salud cardiovascular y cerebral.
8. **La dieta de la respiración prolongada.** Se trata de una técnica tradicional consistente en respirar durante tres segundos y exhalar fuertemente durante otros siete. La grasa está compuesta principalmente por carbohidratos, hidrógeno y oxígeno, y cuando éste llega a las células, se descompone en agua y carbono, de forma que cuanto más oxígeno utiliza el cuerpo, más grasa se quema.
9. **Hábitos de comida lenta.** Los japoneses suelen comer de manera más lenta y consciente, lo que facilita la digestión y contribuye al control de la ingesta de alimentos.
10. **Enfoque en ingredientes frescos.** La preferencia por los ingredientes frescos y de temporada es una característica importante de la cocina nipona.
11. **Estilo de vida activo.** La cultura japonesa promueve la actividad física en la vida cotidiana, como caminar y andar en bicicleta.
12. **Mantienen una buena postura.** Gracias al método de Toshiki Fukutsudzi, un popular médico japonés, se ha demostrado que una buena postura ayuda a adelgazar. Esta técnica consiste en sentarse en el suelo con las piernas estiradas y situar una toalla enrollada detrás de la espalda. Acto seguido, hay que tumbarse en posición recta con la toalla bajo la cintura e intentar acercar los dedos de los pies de forma que éstos formen un triángulo. Por último, hay que levantar los brazos por encima de la cabeza e intentar juntar los dedos meñiques. Una vez lograda esta postura, hay que permanecer en ella al menos cinco minutos.[5]

5. Alma, Corazón y Vida, «Los 7 trucos que usan los japoneses para estar delgados y no hacer dieta», *El Confidencial*, 20 de diciembre de 2023, <https://www.elconfidencial.com/alma-corazon-vida/2023-08-11/japoneses-trucos-estar-delgados-no-hacer-dieta_3434534/>.

#LosTrucosDeLosRicos3

Una alimentación consciente es el cimiento para saborear cada momento de la vida y nutrir no sólo el cuerpo, sino también el alma y los recuerdos que perdurarán.

@juanharo

Truco 43

Margen de error

El rico venera el margen de error. Calcula todas las posibilidades en cada decisión que debe tomar. Por tanto, cabeza fría. Un diferencial entre lo que podría pasar en el futuro y lo que necesitas que ocurra en el futuro para obtener lo que quieres es lo que te confiere capacidad de resistencia. El margen de error a menudo parece una cobertura conservadora, pero, si te permite seguir en la partida, puede salir rentable con creces.

Los ricos tienen siempre en cuenta un margen de error. Siguen a pies juntillas la frase del actor **Matt Damon**: «Espera lo mejor, pero prevé lo peor» (margen de error). Tanto en la vida personal como en el ámbito de los negocios, tener un margen de error es fundamental para lograr un equilibrio saludable y para alcanzar el éxito a largo plazo.

No digo que no te guste el riesgo, pero deberías ser estricto con respecto al riesgo de arruinarte, porque eso puede eliminarte totalmente de la partida, como le ha sucedido a mucha gente. Un montón de cosas pueden salir mal, puedes estar equivocado la mitad de las veces y ganar igualmente una fortuna, porque la mayoría de los resultados dependen de una pequeña cantidad de elementos.

Así es como funciona el mundo, y el rico lo sabe. Muchos proyectos no van a salir bien; hay que fijarse en el bosque, no en algunos árboles. No pasa nada por tener una buena cantidad de malas inversiones frente a algunas sobresalientes: ése es habitualmente el mejor escenario posible. Para disfrutar de la vida, debemos tener presente siempre el margen de error. No quedarnos fuera de la partida. El rico no apuesta todo a caballo ganador, eso pasa sólo en las películas. Centrarse en inversiones individuales hace que los ganadores parezcan más brillantes de lo que son y que los perdedores parezcan más lamentables de lo que deberían.

Es positivo mantener la euforia baja cuando las cosas van bien o muy bien, y ser clemente o estar tranquilo cuando vayan mal, porque las cosas nunca son tan buenas ni tan malas como parecen. El mundo es grande y complejo, tanto la suerte como el riesgo son reales y difíciles de identificar. Respetando el poder de la suerte y del riesgo tendremos mejores opciones de centrarnos en las cosas que realmente podemos controlar.

Concentrarse en lo que sí puedes controlar: eso es lo que tienes que hacer, concentrarte en lo que puedes controlar, y no en lo que escapa a tu control. No puedes controlar la economía ni si la Bolsa sube o baja. ¡Pero eso no importa! Los vencedores del juego de las finanzas saben que ellos tampoco pueden controlar el futuro. Son conscientes de que cualquier previsión que hagan será a menudo incorrecta, ya que el mundo resulta demasiado complejo y cambiante para ser capaces de predecir lo que va a pasar.

Disponer de un margen de error al tomar decisiones implica considerar diferentes escenarios y posibilidades antes de comprometerse completamente con una opción. Aquí hay algunos **ejemplos prácticos** de cómo aplicar este enfoque en situaciones de toma de decisiones como hace el rico:

1. **Comprar una casa.** En lugar de invertir todos tus ahorros en una casa podrías establecer un límite máximo que estés dispuesto a gastar. Esto te deja espacio financiero en caso de que surjan gastos imprevistos durante la compra o después de mudarte.
2. **Lanzamiento de un producto nuevo.** Si estás desarrollando un nuevo producto o servicio en tu negocio, podrías realizar una fase de prueba o lanzamiento piloto antes de hacer un lanzamiento completo. Esto te permite evaluar la respuesta del mercado y realizar ajustes antes de invertir grandes cantidades de recursos.
3. **Carrera profesional.** Si estás considerando un cambio de carrera o un nuevo trabajo, podrías explorar la industria o el puesto a

través de pasantías, un trabajo temporal o proyectos independientes antes de tomar una decisión definitiva.

4. **Inversiones financieras.** Si quieres invertir dinero, diversificar tus inversiones en diferentes activos reduce el riesgo. No colocar todas tus inversiones en un solo lugar te protege en caso de que una inversión no tenga el rendimiento esperado.
5. **Relaciones personales.** Si vas a tomar decisiones importantes por lo que respecta a tus relaciones personales, como la relación de pareja, resulta útil establecer una etapa de compromiso previa, como vivir juntos durante un tiempo antes de tomar decisiones a largo plazo.
6. **Elección de estudios.** Si estás eligiendo una carrera universitaria, podrías considerar una universidad que ofrezca una variedad de programas relacionados con tus intereses. Esto te permite cambiar de enfoque si descubres que tu elección inicial no es lo que esperabas.
7. **Planificación de eventos.** Al planificar un evento importante, como una boda o una conferencia, es útil tener un plan de respaldo en caso de cambios de último momento, como los relacionados con el clima o las cancelaciones.
8. **Decisión de iniciar un negocio propio.** Si estás pensando en emprender, podrías comenzar con un proyecto paralelo mientras mantienes tu trabajo actual. Esto te permite probar la idea y evaluar su viabilidad antes de renunciar a tu empleo.

Estos ejemplos ilustran cómo tener un margen de error cuando vas a tomar decisiones puede ayudarte a mitigar riesgos y afrontar situaciones imprevistas. A menudo, este enfoque implica hacer una inversión más pequeña o buscar alternativas flexibles antes de comprometerte completamente. **El rico mantiene controladas sus expectativas**, y para muestra, un botón:

En 2004, *The New York Times* entrevistó al científico Stephen Hawking, víctima de una enfermedad motoneuronal, una afección incurable que lo dejó paralizado e incapaz de hablar a los veintiún años.

Con la ayuda de su ordenador, Hawking le contó al entrevistador lo mucho que le entusiasmaba vender libros a personas profanas en la materia.

—¿Siempre está usted tan alegre? —le preguntó el periodista del diario.

Hawking contestó:

—Mis expectativas quedaron reducidas a cero cuando tenía veintiún años. Desde entonces todo ha sido un extra.

¡Bonita respuesta, muy certera! Todo es un extra. Cada día cuenta.

#LosTrucosDeLosRicos3

En cada decisión, resérvate un margen de error, porque es en la incertidumbre donde encontramos espacio para crecer y aprender.

@juanharo

Truco 44

No hacer pronósticos (mente en blanco)

Los ricos no hacen pronósticos, tienen la mente en blanco. En la segunda parte del libro *Los trucos de los ricos*, concretamente en el truco número 60, comentaba la importancia de utilizar la herramienta conocida como «mente en blanco» a la hora de negociar. Parece sencillo aplicarla, pero no lo es. El rico no especula. Observa, no prejuzga. Este truco 44 enlaza directamente con el anterior (truco 43), que nos aportaba el hábito del rico a la hora de tener en cuenta siempre el «margen de error». Van de la mano, tienen muchos puntos en común.

El profesor de la Universidad Stanford, **Scott Sagan**, dijo una vez que cualquier persona inversora debería colgar en la pared de su habitación esta frase: «Continuamente pasan cosas que no habían ocurrido nunca».

El rico lo tiene presente. Es bueno tener un conocimiento en profundidad de la historia económica y de las inversiones, pero no es un mapa del futuro. Una trampa en la que caen muchos inversores, empresarios y emprendedores es lo que yo llamo la falacia de considerar a los historiadores como profetas. Consiste en fiarse demasiado de los datos del pasado. La probabilidad histórica de ganar dinero en los mercados es de un 50 por ciento en períodos de un día, de un 68 por ciento en períodos de un año, de un 88 por ciento en períodos de diez años y, hasta la fecha, de un cien por cien en períodos de veinte años. Si abandonas la partida, estás perdido.

Los geólogos pueden observar datos históricos de hace mil millones de años y elaborar modelos de cómo se comporta la Tierra, y lo mismo pueden hacer los meteorólogos, y los médicos: los riñones funcionan de igual manera en 2020 a como lo hacían en el año 1020. Sin embargo, invertir no es una ciencia dura. Es una inmensa multitud de personas tomando decisiones imperfectas con una información limitada sobre cosas que tendrán unos efectos enormes en su bienestar, lo que puede hacer que incluso personas inteligentes se pongan nerviosas o se vuelvan avariciosas y paranoicas.

El gran físico **Richard Feynman** dijo una vez: «Imaginaos lo mucho más difícil que sería la física si los electrones tuvieran sentimientos». Los inversores tienen sentimientos, por eso cuesta predecir cómo van a actuar. La piedra angular de la economía nos indica que, con el tiempo, las cosas cambian, porque la mano invisible no soporta que algo se mantenga ni demasiado bien ni demasiado mal indefinidamente. El inversor **Bill Bonner** describió cómo funciona el «señor mercado»: «Viste una camiseta en la que pone "Atención, obras por capitalismo" y lleva un mazo en la mano».

Hay pocas cosas que permanezcan inalterables durante mucho tiempo, lo cual significa que no podemos tratar a los historiadores como profetas. La trampa mental es admirar en exceso a las personas que han estado en tal sitio o han hecho tal cosa en cuestiones financieras. Haber experimentado hechos concretos no te capacita necesariamente para saber qué es lo que va a ocurrir a continuación. La experiencia lleva a tener un exceso de confianza, más que a desarrollar la habilidad de hacer pronósticos.

Hablando sobre hacer pronósticos, en una ocasión, el inversor **Michael Batnick** explicó el asunto de haber vivido las situaciones muy bien. Cuando le plantearon el argumento de que pocos inversores están preparados para que aumenten los tipos de interés porque nunca han vivido esa situación, Michael defendió que no tenía importancia, porque experimentar o siquiera estudiar lo que sucedió en el pasado no podía ser útil como guía de lo que va a ocurrir cuando los intereses aumenten en el futuro. ¿El tipo actual subirá como la última vez o como la penúltima? ¿Distintas clases de activos se comportarán de forma parecida, de la misma forma o todo lo contrario?

De nada sirve hacer pronósticos. Si te fías demasiado de la historia de la inversión (o de muchos otros campos o áreas) como guía para prever lo que va a ocurrir, pueden suceder siete cosas:

1. **Es probable que pases por alto los sucesos marginales que son más determinantes.** Los sucesos más importantes de los datos históricos son los casos únicos, los eventos excepcionales. Son esos sucesos los que determinan el rumbo de la economía y del mercado bursátil, por ejemplo, la Gran Depresión, la Segunda Guerra Mundial, la burbuja de las punto.com, el 11 de septiembre, la burbuja inmobiliaria de la década de los 2000, las vacunas. Un puñado de sucesos únicos tienen una relevancia enorme porque, cuando ocurren, influyen en muchos eventos ajenos.
2. Tan sólo un puñado de personas, ante miles de millones de habitantes, determinan sucesos únicos que golpean en uno o en otro sentido la economía y las inversiones: Bill Gates, Steve Jobs, Thomas Edison, etcétera. **Los sucesos extremos son fáciles de infravalorar**, es muy fácil subestimar el poder de la acumulación. Por ejemplo, el 11 de septiembre llevó a la Reserva Federal de Estados Unidos a reducir los tipos de interés, lo cual contribuyó a impulsar la burbuja inmobiliaria, y eso condujo a la crisis financiera, que dio como resultado un mercado laboral deficiente, lo que llevó a decenas de millones de personas a intentar conseguir formación universitaria.
3. La mayor parte de lo que ha sucedido en un instante concreto de la economía mundial puede vincularse a unos cuantos sucesos pasados que eran casi imposibles de pronosticar. **Ser consciente de que el futuro podría diferir de lo que sucedió en el pasado** es una habilidad especial que en general no es muy valorada por la comunidad de los pronosticadores financieros. La lección acertada que hay que aprender de las sorpresas es que el mundo está lleno de ellas, no que deberíamos usar las sorpresas pasadas como guía de los límites del futuro, sino que las sorpresas pasadas deberían llevarnos a admitir que no tenemos ni idea de lo que podría ocurrir en el futuro.
4. **La historia no nos ofrece ninguna guía para los sucesos económicos más importantes del futuro.** Serán eventos sin precedentes, lo cual significa que no estaremos preparados para ellos, y eso es lo que los hace, en parte, tan determinantes. Esto vale tanto para los sucesos horribles —como las recesiones y las guerras— como para los sucesos magníficos y las innovaciones.
5. La historia puede ser una guía engañosa del futuro de la economía y del mercado de valores porque no tiene en cuenta los cambios estructurales que son relevantes para el mundo de hoy.

6. Un **ejemplo práctico: el capital riesgo**. Hace veinticinco años prácticamente no existía. Hoy en día existen fondos de capital riesgo de unas dimensiones mayores de lo que representaba el sector entero hace una generación. En sus memorias, el fundador de Nike, **Phil Knight**, habló de sus primeras etapas en el negocio: «No había nada parecido al capital riesgo. Un emprendedor con ambición tenía pocos sitios a los que acudir, y esos sitios estaban todos protegidos por unos guardianes reacios al riesgo y con una imaginación nula. En otras palabras, banqueros».
7. Lo que sabemos acerca de los ciclos de inversión y del índice de fracaso de las *start-ups* no es una base histórica sólida de la que podamos aprender, porque la manera como se financian hoy en día las empresas es un paradigma nuevo en la historia.

La parte más importante de cualquier plan es **prepararse para cuando éste no funcione según lo esperado**. Tiene que haber margen para el error. Así lo hace el rico, y ahora debes hacerlo tú también.

Kevin Lewis, un exitoso contador de cartas y jugador de casinos, ahondó en esta filosofía en su libro *Hundir la banca*: «A pesar de que está demostrado estadísticamente que contar cartas funciona, no garantiza que vayas a ganar todas las manos, y no digamos ya en cada sesión en el casino. Tenemos que asegurarnos de que tenemos dinero para resistir cualquier golpe de mala suerte».

Supongamos que tienes un 2 por ciento de ventaja sobre el casino. Esto todavía significa que el casino ganará el 49 por ciento de las veces. Por tanto, tienes que tener dinero suficiente para resistir cualquier cambio de rumbo de la suerte que te perjudique.

Una regla de oro: debes tener al menos 100 unidades básicas. Suponiendo que empiezas con 10.000 dólares, podrías jugarte una unidad de 100 dólares para tener 100 oportunidades. El propósito del margen de seguridad es hacer que los pronósticos sean innecesarios. Margen de seguridad es el margen de error, y es la única forma efectiva de navegar de manera segura por un mundo gobernado por la probabilidad y no por las certezas. Y casi todo lo relacionado con el dinero tiene lugar en un mundo de este tipo.

No debemos ver el mundo de las inversiones, ni el mundo en general, como blanco o negro, sino como áreas grises. Es la manera inteligente de actuar. La gente infravalora la necesidad de reservar un margen para el error en casi todo lo que hace relacionado con el dinero. Los analistas de la Bolsa les dan a sus clientes objetivos concretos de precios, no abanicos de precios. Los analistas económicos predicen cosas con cifras precisas, raramente con probabilidades amplias. El experto que habla con certezas inquebrantables tendrá más sorpresas que otro que diga: «No podemos saberlo a ciencia cierta» y que hable partiendo de probabilidades.

Bill Gates lo entendió bien cuando Microsoft era una empresa joven. Gates dijo que se le ocurrió la estrategia increíblemente conservadora de que quería tener suficiente dinero en el banco para pagar las nóminas de un año, aunque no les entrará ni un solo pago.

Warren Buffett expresó una idea parecida cuando les dijo a los accionistas de Berkshire Hathaway en 2008: «He prometido que siempre voy a dirigir Berkshire con una liquidez más que abundante. Cuando tenga que elegir, no cambiaré ni una sola noche de sueño por la probabilidad de conseguir unos beneficios extra».

Normalmente asumimos implícitamente el **sesgo optimista cuando aceptamos riesgos o el «síndrome de la ruleta rusa»**: es el apego a la probabilidad favorable, aun cuando los aspectos negativos son absolutamente inaceptables. La probabilidad está de tu parte al jugar a la ruleta rusa, pero los aspectos negativos superan los potenciales aspectos positivos. La idea es que tienes que asumir riesgos para progresar, pero no merece la pena asumir ningún riesgo que pueda arruinarte.

Veamos un **ejemplo práctico e histórico** cuando no tenemos en cuenta el truco del rico de «no hacer pronósticos».

La batalla de Stalingrado durante la Segunda Guerra Mundial fue la más larga de la historia. Existen múltiples relatos sobrecogedores de cómo la gente manejó el riesgo. Uno de esos relatos tuvo lugar a finales de 1942, cuando una unidad de tanques alemana esperaba en un prado a las afueras de la ciudad. Y en un momento en el que los tanques eran un elemento desesperadamente crucial en las líneas del frente, sucedió algo que sorprendió a todo el mundo: casi ninguno funcionaba.

De los 104 tanques de la unidad, menos de veinte estaban operativos. Los ingenieros enseguida encontraron dónde estaba el problema. Durante las semanas de inactividad detrás de las líneas del frente habían anidado ratones de campo dentro de los vehículos y se habían comido el aislante que recubría los sistemas eléctricos.

Los alemanes tenían la maquinaria más sofisticada del mundo. Y, sin embargo, ahí estaban, derrotados por unos simples ratones. Nadie había previsto eso. Como en las inversiones y en la vida en general, nos saltamos este hábito y tenemos grandes pérdidas. Así no disfrutamos de la vida.

En 2006 **Warren Buffett** anunció que comenzaba a buscar un futuro sustituto. Dijo que necesitaba alguien programado genéticamente para identificar y evitar riesgos graves, incluso aquellos que no se hubieran detectado nunca.

#LosTrucosDeLosRicos3

Los pronósticos son faros entre la niebla del futuro, guiándonos con la información disponible, pero recordándonos que la incertidumbre siempre está ahí en el horizonte.

@juanharo

Truco 45

El lujo invisible

Los ricos no visten marcas ostentosas ni famosas. Hoy, gracias a la piratería, cualquiera puede tener un bolso Louis Vuitton, o un pantalón de Armani, o de otras marcas de renombre. **El rico es discreto, no le va la ostentación, no quiere llamar la atención**, y utiliza, tanto para la ropa como para los complementos, marcas neutras, poco o nada conocidas. Aunque dichas prendas u objetos cuesten mucho, pero esto no lo sabe la gente, el gran público, la masa. **Utilizan el lujo invisible.**

El «lujo invisible» es un concepto que se refiere a un tipo de lujo que no es fácilmente reconocible por los demás, ya que no se basa en elementos externos ostentosos o visibles. En lugar de centrarse en productos de marca o exhibir signos externos de riqueza, el lujo invisible se relaciona más con experiencias personales, el bienestar interior y la calidad de vida.

A diferencia del lujo convencional, que puede involucrar objetos caros y visibles, el lujo invisible se basa en intangibles y emocionales. Aquí hay algunos **aspectos clave** del concepto de lujo invisible que utiliza el rico para disfrutar de la vida:

1. **Experiencias significativas.** El lujo invisible puede estar relacionado con experiencias que tienen un valor significativo para una persona, como pasar tiempo de calidad con seres queridos,

disfrutar de la naturaleza, viajar a lugares inspiradores o invertir en sí mismo.
2. **Bienestar y salud.** Invertir en la salud y el bienestar personal es una forma de lujo invisible. Esto podría incluir dedicar tiempo para cuidar la mente y el cuerpo, como practicar la meditación, hacer ejercicio regularmente y comer alimentos nutritivos.
3. **Tiempo y libertad.** El lujo invisible puede implicar tener tiempo libre para hacer lo que uno ama y disfrutar de la libertad de elegir cómo se pasa el tiempo. Esto puede ser especialmente valioso en un mundo tan ocupado y acelerado.
4. **Conexiones personales.** El lujo invisible también puede estar relacionado con el cultivo de relaciones profundas y auténticas. El tiempo invertido en mantener y nutrir relaciones cercanas puede considerarse un tipo de lujo interior.
5. **Equilibrio y autenticidad.** En lugar de seguir las tendencias y expectativas externas, el lujo invisible implica vivir de manera auténtica y en equilibrio con uno mismo. Esto puede significar alejarse de la presión de demostrar riqueza o estatus.
6. ***Mindfulness* y conciencia.** Practicar la atención plena y ser consciente del momento presente es un aspecto del lujo invisible. Puede llevar a una mayor apreciación de la vida cotidiana y de las pequeñas cosas que a menudo pasan desapercibidas.
7. **Marcas de ropa, accesorios y otros elementos que no son conocidos.** Marcas neutras, que no quiere decir que no sean de calidad. Los ricos huyen de llamar la atención, aman la discreción.

El lujo invisible consiste en reconocer y valorar lo que realmente enriquece nuestra vida en un nivel más profundo y significativo. En lugar de centrarse únicamente en lo que se puede mostrar externamente, busca la satisfacción interna y la conexión con lo que realmente importa. Es una forma de buscar la riqueza que va más allá de las posesiones materiales y se concentra en el bienestar emocional, la autenticidad y el significado. Igualmente, esto no excluye vestir o tener los mejores complementos, un buen coche o una buena casa, pero sin ostentar, sin presumir, sin alardear. De ahí las marcas neutras.

Los ricos adoptan una gran variedad de enfoques en cuanto a su estilo de vestimenta y las marcas que eligen usar para mantener un perfil discreto y no llamar la atención. Algunas características comunes y estrategias que algunos individuos ricos emplean:

1. **Mejor calidad que logos vistosos.** En lugar de optar por prendas con logotipos llamativos o diseños excesivamente ostentosos, las personas adineradas prefieren prendas de alta calidad, que no necesariamente exhiban la marca de manera prominente.
2. **Colores neutros y clásicos.** Los colores neutros y los tonos clásicos, como blanco, negro, gris y azul marino, son populares para una apariencia elegante y discreta.
3. **Corte y confección de alta calidad.** La ropa con un corte y una confección excelentes tiende a tener una apariencia más sofisticada y puede denotar un cierto nivel de estatus sin necesidad de exhibir ninguna marca.
4. **Marcas de lujo con identidad sutil.** Algunas marcas de lujo se especializan en un enfoque discreto y minimalista en su diseño. Estas marcas pueden atraer a individuos que buscan calidad sin llamar la atención de manera exagerada.
5. **Ropa hecha a medida.** Las prendas hechas a medida permiten a las personas ricas personalizar su vestimenta según sus preferencias y su complexión, lo que da como resultado una apariencia elegante y única.
6. **Accesorios de calidad.** Los accesorios, como relojes, cinturones y zapatos, pueden ser una forma de expresar un gusto refinado sin necesariamente llamar la atención. Los ricos prefieren accesorios de calidad que complementen su estilo.
7. **Uniforme personalizado.** Algunas personas adineradas optan por adoptar un «uniforme» personalizado, como Steve Jobs con su icónico jersey negro, para reducir la necesidad de tomar decisiones sobre qué ponerse y mantener un perfil discreto.
8. **Prendas de diseñador menos conocidas.** En lugar de las marcas de diseñador más conocidas, algunas personas ricas buscan diseñadores emergentes o marcas menos conocidas para mantener un aspecto exclusivo y no tan reconocible.
9. **Atención a los detalles.** Las personas ricas a menudo se centran en la calidad de los detalles, como costuras bien delineadas, telas de alta calidad y acabados refinados.

Es importante recordar que la vestimenta es una elección personal y puede variar ampliamente según las preferencias y valores individuales. Algunas personas ricas prefieren mantener un perfil bajo, mientras que otras pueden optar por lucir su estatus. Pero, ya sabes, el rico inteligente elegirá el camino menos transitado. Y el más discreto.

#LosTrucosDeLosRicos3

La discreción es la luz que ilumina el camino, pero sin cegar, y el poder de mantener lo valioso en la sombra, donde florecen los secretos y la elegancia.

@juanharo

Truco 46

Precio y valor

Una vez pedí a mi encantador suegro que me explicara el tema del vino, ¿puede una botella que vale 200 euros en un restaurante de lujo ser realmente treinta o cuarenta veces mejor que una botella que puedes comprar por 5 euros en una tienda? Su respuesta fue interesante: «No estás pagando sólo por el vino, estás pagando por el ambiente, el servicio, por la situación y el conocimiento del sumiller, por la buena compañía, los finos manteles, la privacidad y la discreción, el estilo y la clase, la comida, la elegancia, la conversación. El vino resulta casi irrelevante si lo comparas con el resto. Una cosa es el **precio** y otra el **valor**».

Ahí está la clave, querido lector, **en el valor que aporta lo que quiera que estemos comprando**. Algo vale lo que la gente esté dispuesta a pagar. El rico se fija en todo lo que rodea al hecho en sí. No es el vino, sino todo lo que lo acompaña. El rico diferencia entre valor y precio. ¿Cuánto vale este libro que tienes entre las manos? ¿Acaso 15 euros o tal vez 20 euros? Para unos valdrá un precio bajo porque no les gustará; para otros valdrá 40 euros porque lo disfrutarán; a otros les cambiará la vida. Por tanto, nada tiene un precio fijo: depende de ti. ¡De cómo lo uses, de cómo lo sientas y de cómo lo aproveches! Igual ocurre con una casa, para ti tiene un valor, pero para otro será diferente. Y el rico lo sabe.

Lo mismo se aplica a las personas. Tú mismo le pones un valor, en número, a veces sin saberlo, a las cosas y situaciones. En tu vida, de 1 a

100, tienes gente que vale 50, otras 70 —son personas que te ponen las pilas—, otras 20 —ni fu ni fa—. Para mí, hay personas que valen 500. De 1 a 100 valen 500, seguramente tú también tienes gente así: que se sale de la regla. ¡Son ET, es decir, extraterrestres!

¿Cómo poner precio a todo esto? Es inviable. La distinción entre valor y precio es una manifestación de la inteligencia y de la capacidad de evaluación profunda. Una persona inteligente tiende a mirar más allá de las consideraciones inmediatas. Reconoce que el precio es simplemente la cantidad monetaria, mientras que el valor es la utilidad, la satisfacción o el beneficio que se obtiene del producto o servicio a lo largo del tiempo. El rico analiza los factores que contribuyen al valor de un artículo o servicio, como la calidad, la durabilidad, la utilidad y los beneficios a largo plazo. Esta evaluación detallada permite a la persona comprender que lo que paga se correlaciona con lo que recibe.

La publicidad y el marketing a menudo intentan influir en las decisiones de compra al enfocarse en el precio. Una persona inteligente es capaz de reconocer cuándo está siendo dirigida por tácticas de marketing y evaluar objetivamente el valor real. Si comprendes la diferencia entre valor y precio, puedes tomar decisiones más informadas y evitar caer en trampas basadas sólo en el precio. El rico está interesado en el rendimiento real y en los beneficios prácticos. Sabe que un artículo o servicio puede ser costoso, pero carece de valor real, o viceversa.

La distinción entre valor y precio es un reflejo de una mente analítica y crítica. Una persona inteligente es capaz de ver más allá de los números y considerar los aspectos más profundos y sostenibles del valor que un producto o servicio ofrece en comparación con su precio.

Aquí tienes algunos **ejemplos prácticos** que ilustran la diferencia entre valor y precio:

1. **Teléfono inteligente versus teléfono económico:**

    - Precio. Un teléfono inteligente de alta gama puede tener un precio mucho más alto que un teléfono económico.
    - Valor. El teléfono inteligente de alta gama puede ofrecer un mejor rendimiento, una cámara de mayor calidad, funciones avanzadas y una experiencia más satisfactoria en general. A pesar del mayor precio, su valor podría ser más alto debido a las características y capacidades adicionales.

2. **Ropa de marca versus ropa genérica:**

    - Precio. Una prenda de ropa de marca reconocida puede tener un precio mucho más alto que una prenda genérica de una tienda menos conocida.
    - Valor. La ropa de marca a menudo está hecha con materiales de mayor calidad y se beneficia de un diseño más cuidadoso y una mejor confección. Aunque cuesta más, su valor puede ser más alto en términos de durabilidad, comodidad y apariencia.

3. **Educación universitaria versus cursos en línea gratuitos:**

    - Precio. Obtener un título universitario puede ser costoso en términos de matrícula y gastos relacionados.
    - Valor. La educación universitaria ofrece un conjunto más completo de conocimientos, habilidades y oportunidades. A pesar del precio, su valor puede ser más alto debido a las perspectivas de carrera mejoradas y la profundidad del aprendizaje.

4. **Comida rápida versus comida saludable:**

    - Precio. La comida rápida suele ser más económica que las opciones de comida saludable y fresca.
    - Valor. La comida saludable ofrece beneficios para la salud a largo plazo y puede prevenir enfermedades. Aunque cuesta más, su valor es más alto en términos de bienestar y calidad de vida.

5. **Vehículo eficiente en combustible versus vehículo de lujo o mejores prestaciones:**

    - Precio. Un vehículo eficiente en combustible puede tener un precio más bajo que un vehículo de lujo o de mejores prestaciones.
    - Valor. El vehículo eficiente en combustible puede ahorrar dinero a lo largo del tiempo debido al menor consumo de combustible. A pesar de su precio más bajo, su valor podría ser más alto en términos de ahorro y sostenibilidad.

6. **Vacaciones todo incluido versus viaje de aventura:**

    - Precio. Un paquete de vacaciones con todo incluido puede tener un precio más alto que organizar un viaje de aventura de forma independiente.
    - Valor. Un viaje de aventura puede ofrecer experiencias auténticas y únicas que enriquecen el espíritu de exploración. A pesar del mayor precio, su valor puede ser más alto en términos de recuerdos y emociones duraderas.

Evaluar el valor real en función de las características, beneficios y satisfacción a largo plazo puede ayudarte a tomar decisiones más informadas y a encontrar un equilibrio entre lo que pagas y lo que obtienes.

#LosTrucosDeLosRicos3

El valor es lo que transforma un simple objeto en una experiencia significativa, trascendiendo el mero precio.

@juanharo

Truco 47

5X

Una empresa, una persona, un negocio, un empresario, un emprendedor o un trabajador valen en función de lo que aportan al mercado, a la sociedad. La vida es muy sabia y normalmente **equilibra los beneficios con respecto a lo que aportas**. A más valor, más recompensa. Si aportas 5X, lo normal es que (más pronto que tarde) recibas cinco veces más beneficios. Es la ley de la vida. No solamente en dinero, sino en beneficios en forma de sincronicidad, nuevos contactos, oportunidades, negocios y/o elogios.

El rico lo sabe y se aprovecha de este truco para avanzar en la vida y también para disfrutarla.

La mayoría de las personas aportan X y reciben X. Muchas están equilibradas, y eso no está mal, no lo critico, pero a mí me atraen los desequilibrios: aquellos pocos que aportan 5X, cinco veces más de lo que la otra parte espera. Aquí aparece la magia.

Es como la mentira, puedes mentir una vez, pero si lo haces frecuentemente, la vida te quitará mucho más de lo que imaginas: prestigio, confianza, dinero, amistades, etcétera. La gente quiere estar con personas honestas, con personas que se entregan a los demás, que aportan 5X. Cuando alguien espera X y tú le entregas 5X, **te conviertes en un «diamante», en un profesional, en una persona excelente**, en alguien valioso para la sociedad. El juego se llama aportar más valor de forma masiva, pero no buscando la recompensa multiplicada por cinco, sino la satisfacción de hacer bien las cosas, de ayudar a otro ser humano a que su vida sea más útil y cómoda.

Las recompensas llegan siempre cuando eres alguien valioso (para ti, para tu entorno y para la sociedad). Al final, detrás de un gran producto, servicio, negocio o idea, hay un ser humano que aporta 5X, en lugar de X. La gente espera X, pero tú das más y más. A mí me ha funcionado esta forma de pensar, de actuar, de vivir. Cuando una actividad no te gusta o no te llena, es complicado dar 5X: te sientes como un impostor. Por eso es tan importante vivir y trabajar con sentido.

Aquí hay algunos **ejemplos de personas** que han dado mucho más de lo que se esperaba de ellas, dejando un impacto significativo en el mundo:

1. **Teresa de Calcuta.** La Madre Teresa de Calcuta es conocida por su dedicación a los pobres y desfavorecidos. Fundó Misioneras de la Caridad, una orden religiosa que brinda atención médica y apoyo a personas necesitadas en todo el mundo.
2. **Nelson Mandela.** Luchó contra el *apartheid* en Sudáfrica y pasó veintisiete años en prisión por sus creencias. Después de ser liberado, trabajó incansablemente por la reconciliación y la igualdad en su país.
3. **Oprah Winfrey.** Además de ser una influyente presentadora de televisión, Oprah ha sido una filántropa activa, ha donado generosamente a causas benéficas y establecido la Fundación Oprah Winfrey para apoyar la educación y otros esfuerzos humanitarios.
4. **Mahatma Gandhi.** Gandhi lideró el movimiento de la independencia de la India mediante la resistencia no violenta. Su lucha por la justicia y la igualdad ha inspirado a millones de personas en todo el mundo.
5. **Malala Yousafzai.** Malala es una defensora de la educación de las niñas y las mujeres en Pakistán y en todo el mundo. Sobrevivió a un intento de asesinato por parte de los talibanes y continuó luchando por los derechos de las mujeres y la educación.
6. **Warren Buffett.** Conocido como uno de los inversores más exitosos del mundo, Buffett ha donado la mayor parte de su riqueza a causas benéficas a lo largo de los años, comprometiéndose a regalar la mayoría de sus activos a la caridad.
7. **Rafa Nadal.** El tenista español no sólo ha logrado un éxito sobresaliente en el tenis, sino que también ha establecido la Fun-

dación Rafa Nadal para apoyar a jóvenes en riesgo de exclusión social, promoviendo la educación y el deporte.

8. **Rosa Parks.** Es conocida por su papel en el movimiento por los derechos civiles en Estados Unidos. Su negativa a ceder su asiento en un autobús a un pasajero blanco fue un momento crucial en la lucha contra la segregación racial.
9. **Penélope Cruz.** La actriz española ha utilizado su fama para apoyar a diversas organizaciones benéficas y causas humanitarias, incluyendo su trabajo con Médicos Sin Fronteras y su participación en campañas para promover la conciencia sobre el cáncer.
10. **Risto Mejide.** El presentador de televisión Risto Mejide es conocido por su participación en programas de entrevistas y por su estilo directo. Además de su carrera en los medios, Risto ha escrito libros y se ha involucrado en proyectos sociales y culturales.
11. **Alejandro Sanz.** El cantante y compositor Alejandro Sanz ha sido un defensor activo de causas benéficas y sociales. Ha apoyado la lucha contra el VIH/SIDA, y trabajado en favor del acceso a la educación y otros esfuerzos humanitarios.
12. **Pau Gasol.** El baloncestista Pau Gasol ha utilizado su influencia para recaudar fondos y promover iniciativas de ayuda en momentos de crisis, como en el caso del terremoto de Haití y la pandemia de la COVID-19.
13. **Sara Baras.** La bailaora de flamenco Sara Baras no sólo ha llevado el flamenco a un nivel internacional, sino que también ha estado involucrada en proyectos benéficos, entre ellos la Fundación Ana Bella, que ayuda a mujeres víctimas de violencia de género.

Estos ejemplos ilustran cómo estas personas han dado mucho más de lo que se esperaba de ellas, marcando una diferencia positiva en el mundo y dejando un legado duradero.

Te animo a dar siempre 5X, tal y como muestra esta **bonita historia** de un joven que había conseguido la recompensa de un ascenso en su empresa por su buen hacer. Refleja a la perfección esa actitud de no conformarse con una simple respuesta, sino de ir mucho más allá. Espero que te inspire, que te ayude a mejorar y a disfrutar de la vida:

Juan trabajaba en una empresa desde hacía dos años. Era muy serio, dedicado, y cumplía con todas sus obligaciones. Llegaba puntual y estaba orgulloso de no haber recibido nunca una amonestación.

Cierto día, buscó al gerente para hacerle una petición:

—Señor, trabajo en la empresa hace ya dos años con bastante esmero y estoy a gusto con mi puesto, pero siento que he sido dejado de lado. Mire, Fernando ingresó a un puesto igual al mío hace sólo seis meses y ya ha sido promocionado a supervisor.

—¡Ajá! —contestó el gerente.

Y mostrando cierta preocupación le dijo a Juan:

—Mientras resolvemos este asunto, quisiera pedirte que me ayudes con un problema. Quiero dar fruta para la sobremesa del almuerzo de hoy. Por favor, averigua si en la tienda de enfrente tienen frutas frescas.

Juan se esmeró en cumplir con el encargo y a los cinco minutos estaba de vuelta.

—Bien, ¿qué averiguaste?

—Pues tienen naranjas a la venta.

—¿Y cuánto cuestan?

—¡Ah!, eso no lo he preguntado.

—Bien. ¿Viste si tenían suficientes naranjas para todo el personal?

—Tampoco lo he preguntado.

—¿Hay alguna fruta que pueda sustituir las naranjas?

—No lo sé, señor, pero creo que...

—Bueno, siéntate aquí un momento.

El gerente cogió el teléfono e hizo llamar a Fernando. Cuando se presentó, le dio las mismas instrucciones que a Juan, y en diez minutos, estaba de vuelta. El gerente le preguntó:

—Bien, Fernando, ¿qué noticias me traes?

—Pues tienen naranjas, las suficientes para atender a todo el personal, y si prefiere, también tienen plátanos, papayas, melones y mangos. La naranja está a 1,50 euros el kilo; el plátano, a 2,20 euros el kilo; el mango, a 1,90 euros el kilo; la papaya y el melón a 2,80 euros el kilo. Me dicen que si la compra es por cantidades altas, nos darán un descuento del 10 por ciento. Dejé separadas las naranjas, pero si usted escoge otra fruta, debo regresar para confirmar el pedido.

—Muchas gracias, Fernando. Espera un momento.

Entonces se dirigió a Juan, que aún seguía allí:

—Juan, ¿qué me decías?

—Nada, señor... Eso es todo. Sigo con mi trabajo.

Cuando una actividad no te gusta o no te llena, es complicado dar 5X: te sientes un impostor. Por eso es tan importante vivir y trabajar con sentido. Y el rico lo sabe.

#LosTrucosDeLosRicos3

Dar cinco veces más de lo que esperan de ti no es sólo un acto generoso, es una forma de dejar una huella imborrable en el corazón de los demás.

@juanharo

Truco 48

El diálogo interno

El diálogo interno **es el proceso de pensamiento mediante el que una persona se comunica consigo misma de manera interna**. Es la voz interior que nos habla y nos permite reflexionar, analizar situaciones, tomar decisiones y evaluar nuestras propias acciones.

El diálogo interno puede ser consciente o inconsciente, y puede variar de una persona a otra. Algunas personas tienen un diálogo interior más activo y constante, mientras que para otras puede ser más silencioso. Este diálogo puede ser positivo o negativo, dependiendo de los pensamientos y creencias de cada individuo. Un diálogo interno positivo puede motivarnos, ayudarnos a superar desafíos y fortalecer nuestra autoestima. Por otro lado, un diálogo interno negativo puede generar dudas, inseguridad y autocrítica. Y el rico lo sabe, por ello cuida este hábito de forma especial, para mejorar su calidad de vida.

Es importante prestar atención a nuestro diálogo interno y ser conscientes de cómo nos hablamos a nosotros mismos. Si notamos que nuestro diálogo interno tiende a ser negativo, podemos trabajar en cambiar esos pensamientos por otros más positivos y constructivos. El diálogo interno también influye en nuestras emociones y en nuestros comportamientos. Si nos repetimos constantemente pensamientos negativos, es probable que nos sintamos mal emocionalmente y actuemos de manera acorde a esos sentimientos. Por el contrario, si nos hablamos de manera positiva, es más probable que nos sintamos emocionalmente bien y tengamos comportamientos más constructivos.

Es importante prestar atención a cómo nos hablamos y trabajar para desarrollar un diálogo interno positivo que nos ayude a crecer y a desarrollarnos como personas. Una persona inteligente utiliza el diálogo interno a su favor. Puede ser una herramienta poderosa para fortalecer la inteligencia emocional y cognitiva.

El rico aprovecha el diálogo interno para reflexionar y analizar situaciones de forma objetiva. Lo utiliza para plantearse preguntas, entender diferentes perspectivas y considerar las posibles consecuencias de sus acciones. A través del diálogo interno, evalúa y cuestiona sus propias ideas y creencias, lo que permite un aprendizaje y un crecimiento continuos.

Además, el diálogo ayuda al rico a resolver problemas y a tomar decisiones de manera más efectiva. Al hablar consigo mismo internamente, puede examinar las diferentes opciones, sopesar los pros y los contras, y llegar a una conclusión informada. Este proceso de pensamiento interno le permite afrontar los desafíos desde una posición más racional y estratégica.

También influye en el estado de ánimo y el nivel de motivación de una persona inteligente. Si se habla de manera positiva y alentadora, puede aumentar la confianza en uno mismo y la motivación para alcanzar metas. Por el contrario, un diálogo interno negativo puede generar dudas y limitar el potencial de una persona inteligente.

El rico, al cultivar un diálogo interno positivo y constructivo, puede impulsar su inteligencia emocional y cognitiva, lo que le llevará a un mayor crecimiento personal y a tener éxito en diversas áreas de su vida.

Utilizar un correcto diálogo interno tiene numerosos **beneficios** en nuestra vida, entre ellos los siguientes:

1. **Mejoramiento de la autoconfianza.** Un diálogo interno positivo, que nos anime y apoye en lugar de criticarnos, puede fortalecer nuestra confianza en nosotros mismos. Esto nos permite enfrentar los desafíos con una actitud positiva y creer en nuestras propias habilidades.
2. **Reducción del estrés y de la ansiedad.** Un diálogo interno negativo y autocrítico genera estrés y ansiedad. Si aprendemos a cambiar nuestro diálogo interno hacia pensamientos más positivos y realistas, podremos reducir estos sentimientos negativos y mejorar nuestro bienestar emocional.

3. **Toma de decisiones más efectivas.** Al utilizar el diálogo interno de manera consciente podemos analizar las diferentes opciones y sopesar los pros y los contras de cada una antes de tomar una decisión. Esto nos ayuda a tomar decisiones más informadas y acertadas.
4. **Mejoramiento de la resiliencia.** Un diálogo interno positivo nos permite recuperarnos más fácilmente de los desafíos y obstáculos. Nos ayuda a encontrar soluciones, aprender de nuestras experiencias y seguir adelante con una mentalidad más fuerte y resiliente.
5. **Fomento del autodesarrollo.** El diálogo interno puede ser utilizado para reflexionar sobre nosotros mismos, nuestras metas y nuestros valores personales. Nos permite evaluar las fortalezas y las áreas de mejora, y realizar acciones para nuestro crecimiento y desarrollo personal.
6. **Mejora de las relaciones.** Un diálogo interno positivo también puede influir en nuestras relaciones con los demás. Si es negativo, puede generar pensamientos y emociones negativas que se reflejen en nuestra comunicación y comportamiento con los demás. Al trabajar en un diálogo interno más positivo podemos tener una visión más optimista de las personas y comunicarnos de manera más efectiva.

En definitiva, utilizar un correcto diálogo interno puede tener efectos positivos en la salud mental, el bienestar emocional, la toma de decisiones y las relaciones con los demás. Es una herramienta poderosa, un hábito poderoso que, cuando se utiliza de manera constructiva, puede mejorar nuestra calidad de vida, ayudarnos a alcanzar nuestras metas y, sobre todo, disfrutar de la vida como hacen los ricos.

Desde hace muchos años me gusta el tenis, aunque mi pasión es el baloncesto, pero la fortaleza mental que debes tener como jugador de tenis es bestial. Estás solo contra el mundo. Hoy te traigo una anécdota de una excelente deportista.

> A Martina Navratilova, la gran extenista de origen checoslovaco, le preguntaron una vez:
>
> —¿Cómo te mantienes tan en forma físicamente y con un juego tan potente a los cuarenta y tres años?
>
> Ella dio una humilde pero interesante respuesta:
>
> —La pelota no sabe cuántos años tengo. Tienes que evitar detenerte.

Cada juego en la vida se juega en un terreno de 6 pulgadas: el espacio entre tus dos orejas.

No vivimos en bungalós, dúplex o pisos, vivimos en nuestra mente, que es una zona ilimitada. La vida es genial cuando las cosas se solucionan y se desconectan ahí dentro. Nuestro desorden mental cuando, por ejemplo, dejamos que el odio crezca en la mesa, que los rencores se acumulen en las esquinas, que las expectativas hiervan en la cocina, cuando barremos los secretos bajo la alfombra y esparcimos las preocupaciones por doquier, hará que nuestra casa mental sea un desastre.

La clave para desempeñarse bien en la vida y en todos los ámbitos es la capacidad de controlar la calidad y la cantidad de tu «diálogo interno».

Creo, sin lugar a dudas, que la calidad de vida de una persona está relacionada con la calidad de su diálogo interno. Por favor, mejora y cuida todo aquello que te dices.

#LosTrucosDeLosRicos3

El rico sabe que una de las claves para disfrutar de la vida radica en el diálogo interior. Es la conversación más importante, la que tienes contigo mismo. Lo que te dices se multiplica.

@juanharo

Truco 49

Renunciar a parcelas de poder

El expresidente del antiguo Banco Popular, **Luis Valls**, cuenta lo siguiente:

> Hace un tiempo, al salir de un almuerzo con los representantes de los siete grandes bancos, un colega de la competencia me preguntaba cómo gestionaba mi tiempo, es decir, quería saber cómo hace el presidente de un banco para que las visitas no le ocupen un tiempo excesivo.
>
> —Muy fácil —le respondí—, se trata de no tenerlas.
>
> —Y eso, ¿cómo se consigue? —preguntó.
>
> —Renunciando a parcelas de poder. ¿Para qué son las visitas? Para pedir puestos de trabajo, favores, créditos, comprar o vender algo. Mi planta va a ser la planta del «no». Eso la gente lo olfatea y entonces no hay visitas. Ello otorga tiempo racional. El «no» por delante supone mucho ahorro en gestiones y negociaciones, lo que se traduce en una mayor eficiencia.

Una vez más vemos que el principal activo es el «tiempo». Depende de nosotros mimarlo, cuidarlo y protegerlo. Me gustó lo que explicaba Luis Valls sobre «parcelas de poder». Qué cierto es, y cuánto cuesta renunciar a parcelas que consideramos nuestras. El problema radica en que, si tenemos muchas parcelas, esto nos restará productividad, porque, cuantas más parcelas de poder, más áreas de responsabilidad, más reuniones y menos tiempo para focalizarnos en lo prioritario.

Por este motivo, uno de los grandes secretos en la gestión del tiempo es renunciar a parcelas de poder, delegar su gestión a otras personas. De lo contrario, nos convertimos en gestores, en lugar de inversores que hacen que su dinero trabaje para ellos. Los ricos saben delegar y renuncian a parcelas de poder.

Aristóteles decía: «La riqueza consiste más en el disfrute que en la posesión».

Por su parte, **Epicuro de Samos** escribió: «Si uno quiere ser rico, no hay que afanarse en aumentar los bienes, sino en disminuir la codicia».

Las parcelas de poder se refieren a las áreas o esferas en las que una persona o grupo tiene influencia, autoridad y capacidad para tomar decisiones y ejercer el control. Estas parcelas pueden ser tanto personales como profesionales.

Las parcelas de poder son importantes para la gente en general, pero no para el rico. La gente cree que estas parcelas les permiten tener un mayor grado de control sobre sus vidas y alcanzar más fácilmente metas y objetivos. Al tener influencia y autoridad en un área específica, podemos utilizar nuestros recursos y habilidades para tomar decisiones, implementar cambios y lograr resultados positivos.

Las parcelas de poder **sirven para**:

1. **Tomar decisiones.** Quienes tienen parcelas de poder pueden influir en las decisiones importantes que afectan a la organización o sociedad en cuestión.
2. **Asignar recursos.** Controlar parcelas de poder permite determinar cómo se distribuyen los recursos, ya sean financieros, humanos o materiales.
3. **Influir en la dirección.** Aquellos con parcelas de poder pueden definir la dirección estratégica y los objetivos de la organización.
4. **Cambiar las cosas.** Tener influencia en parcelas de poder es fundamental para impulsar cambios significativos y reformas en diversos ámbitos.
5. **Negociar y colaborar.** Las parcelas de poder también son utilizadas en la negociación y colaboración con otros actores para alcanzar acuerdos y objetivos comunes.

En términos de lo que se puede conseguir al tener parcelas de poder, el resultado varía según el contexto. Si tiene parcelas de poder, el rico puede conseguir ganancias financieras, reconocimiento, influencia sobre políticas y capacidad para generar cambios sociales, entre otras cosas. El rico renuncia a ellas. Pero dichas parcelas de poder tienen que ser pequeñas, casi indetectables por terceros. Quienes tienen acceso a estas parcelas pueden moldear agendas, definir prioridades y establecer el rumbo que seguir. Sin embargo, también es importante tener en cuenta que un equilibrio de poder saludable y una distribución justa de las parcelas de poder son esenciales para evitar la concentración excesiva de influencia en manos de unos pocos, lo que podría llevar a desequilibrios y abusos.

En resumen, las parcelas de poder nos brindan influencia, autoridad y oportunidades para tomar decisiones y lograr resultados significativos, siempre que no intentemos controlarlo todo. Son importantes para nuestra autonomía, desarrollo personal y profesional, y nos permiten generar un impacto positivo en nuestras vidas y en la sociedad en general. Sin embargo, es necesario utilizar el poder de manera ética y responsable.

¡Qué difícil parece en esta sociedad disminuir la codicia, la avaricia, el ansia viva de querer más y más! Por este motivo, el rico intenta tener las menos parcelas de poder posibles, para poder disfrutar de la vida. Nos olvidamos de vivir y de disfrutar. No hace falta renunciar a nada, podemos tenerlo todo si aprendemos a decir que no a aquello que no esté alineado con nuestro propósito. Las apariencias engañan, como cuando pensamos que estar ocupados nos hará sentirnos más importantes. Hablando de apariencias, aquí tienes una bonita **historia real** que habla de ello:

> Una mujer, que vestía un vestido barato, y su esposo, también con un humilde traje, llegaron sin tener cita a la oficina de la secretaria del presidente de la Universidad de Harvard. La secretaria pensó: «Estos campesinos, ¿qué vienen a hacer a la universidad?».
>
> —Desearíamos ver al presidente —dijo suavemente el hombre.
>
> —Está ocupado —contestó la secretaria.
>
> —Esperaremos —replicó la mujer.
>
> Durante horas, la secretaria los ignoró, esperando que la pareja se fuera. Al final, decidió interrumpir al presidente y avisarle:
>
> —Tal vez si usted conversa unos minutos con ellos se irán.
>
> El presidente, haciendo una mueca de desagrado, aceptó, y se dirigió con paso arrogante hacia la pareja.
>
> La mujer le dijo:
>
> —Tuvimos un hijo que estudió aquí por un año, pero falleció. ¡Mi esposo y yo deseamos levantar algo aquí para conmemorar su recuerdo!

El presidente respondió:

—No podemos poner una estatua cada vez que un estudiante muere, esto sería un cementerio...

—Oh, no —explicó la mujer—, nos gustaría donar un edificio a la universidad.

El presidente entornó los ojos y exclamó:

—¿Un edificio? ¿Tiene la remota idea de cuánto cuesta un edificio? Los que hay aquí construidos costaron 7,5 millones.

Por un momento, la mujer se quedó en silencio, y luego le dijo a su esposo suavemente:

—¿Tan poco cuesta iniciar una universidad? ¿Por qué no hacemos la nuestra?

Su esposo aceptó, y el rostro del presidente reflejó la confusión y el desconcierto que le embargaban.

El señor Leand Stanford y su esposa se fueron a Palo Alto, en California, donde construyeron la universidad que lleva su nombre: «Leand Stanford Junior», inaugurada en 1891.

Hoy en día, la Universidad Stanford es la que ostenta el número dos del mundo, detrás de la Universidad de Harvard.

¡Qué fácil es «juzgar» y equivocarse! Las apariencias engañan.

#LosTrucosDeLosRicos3

El rico huye de las parcelas de poder, observa, investiga, pero no tiene la última palabra porque desea ver cómo lo hacen los otros. Está pendiente de ceder dichas parcelas a otros, seguramente mejores que él.

@juanharo

Truco 50

Predicciones y conspiraciones cero

Es cierto que tanto las personas ricas como las inteligentes suelen tener una mayor tendencia a **basar sus decisiones en la intuición que en los datos supuestamente verificables** y mucho menos confían en predicciones infundadas o teorías conspirativas. Esto se debe a su enfoque en la evidencia, la lógica, el sentido común y la información confiable.

Enfoque en datos y evidencia. Tanto las personas ricas como las inteligentes tienden a valorar positivamente la información basada en datos y pruebas concretas. El análisis objetivo de información verificable es esencial para tomar decisiones informadas y estratégicas en el mundo de los negocios, la inversión y otros ámbitos. Confiar en predicciones no respaldadas por datos sólidos es visto como arriesgado y poco confiable.

Pensamiento crítico y análisis lógico. Las personas inteligentes (los ricos) tienden a poseer un alto nivel de pensamiento crítico y habilidades analíticas. Evalúan cuidadosamente las afirmaciones y las teorías, considerando su lógica y coherencia interna. Esto también aplica a las personas ricas que desean proteger y hacer crecer sus activos financieros. En lugar de seguir ciegamente predicciones o teorías conspirativas, aplican su capacidad de análisis (sentido común e intuición) para comprender mejor la situación y tomar decisiones.

Su enfoque en la información confiable y su capacidad para evaluar críticamente las afirmaciones los lleva a evitar predicciones no respaldadas y teorías conspirativas. Esto les permite tomar decisiones más informadas y exitosas en diversos aspectos de la vida, ya sea en el ámbito financiero, en el empresarial o en el personal.

Aquí tienes algunos **ejemplos de predicciones o teorías** conspirativas que nunca ocurrieron en España ni en el mundo:

1. **Fin del mundo en 2012.** Una teoría conspirativa ampliamente difundida afirmaba que el mundo se acabaría en diciembre de 2012 debido a un supuesto evento cósmico o cataclismo. Esta teoría se basó en una interpretación errónea del calendario maya. Por eso, la fecha pasó sin ningún evento apocalíptico.
2. **Teoría de la Tierra plana.** Aunque la teoría de la Tierra plana ha sido ampliamente desacreditada por siglos de evidencia científica, sigue habiendo gente que sostiene que la Tierra es plana en lugar de esférica. Sólo por citar un ejemplo de refutación, las exploraciones espaciales y la observación de fenómenos naturales han confirmado la verdadera forma de la Tierra.
3. **Predicciones de recesión después de la crisis financiera de 2008.** Después de la crisis financiera global de 2008 se realizaron varias predicciones sobre una recesión prolongada en España. Aunque hubo una recesión significativa en los años inmediatos posteriores, la economía española comenzó a recuperarse antes de lo previsto por algunos expertos.
4. **Impacto económico negativo por el referéndum de Cataluña de 2017.** Antes del referéndum de independencia en Cataluña en 2017 se realizaron predicciones sobre un impacto económico negativo sustancial en caso de que se tuviese lugar tal evento. Sin embargo, aunque hubo incertidumbre y tensiones, el impacto económico no fue tan severo como se había pronosticado.
5. **Profecías de Nostradamus.** Las profecías atribuidas al adivino Nostradamus a menudo han sido interpretadas de manera amplia y vaga para que encajen en eventos históricos después de que hayan ocurrido. A pesar de las afirmaciones de predicciones precisas, muchas de sus profecías son ambiguas y no han demostrado ser exactas.
6. **Efectos devastadores de la subida del IVA en 2012.** Cuando el gobierno español aumentó el impuesto sobre el valor añadido (IVA) en 2012, se predijo que tendría efectos devastadores en la economía, incluida una disminución del consumo y un impacto negativo en los sectores minoristas. A pesar de las preocupacio-

nes iniciales, la economía logró adaptarse y recuperarse gradualmente.

7. **Efectos negativos de la reforma laboral de 2012.** Como en toda reforma, existen efectos positivos y negativos. En la reforma laboral de 2012 todo eran críticas, y objeto de predicciones sobre una mayor precariedad laboral y un aumento del desempleo. De igual manera, la reforma generó controversia, y con el tiempo contribuyó a una disminución gradual de la tasa de desempleo. El rico sabe que nada es malo ni bueno, hay que formar una opinión dejando que el tiempo transcurra.
8. **Impacto de la crisis de la deuda soberana en la zona euro.** Durante la crisis de la deuda soberana en la zona euro se realizaron predicciones sobre la posible caída del euro y una catástrofe económica en España y en otros países afectados. Aunque hubo dificultades económicas, la situación no fue tan grave como algunas predicciones iniciales sugerían.

Éstos son sólo algunos ejemplos de predicciones o teorías conspirativas que nunca ocurrieron o que carecen de fundamento científico y evidencia sólida. Es importante mantener una actitud crítica y basada en la evidencia al evaluar afirmaciones de este tipo. No hay que creer ciegamente en predicciones de terceros. En cambio, adoptar un enfoque crítico y basado en la evidencia puede tener varias **ventajas y beneficios**:

1. **Toma de decisiones informada.** Al no depender de predicciones no verificadas puedes tomar decisiones informadas basadas en datos y hechos concretos. Esto es especialmente valioso en áreas como las inversiones, la planificación financiera y la toma de decisiones empresariales.
2. **Reducción del estrés.** La incertidumbre que rodea a muchas predicciones puede causar estrés y ansiedad. Al no darles crédito ciego puedes evitar esta ansiedad innecesaria y centrarte en cuestiones más fundamentales y reales.
3. **Enfoque en la acción.** No depender de predicciones te permite centrarte en lo que puedes controlar, en lugar de preocuparte por eventos que pueden o no ocurrir. Puedes tomar medidas concretas para mejorar tu situación, en lugar de esperar pasivamente un resultado.
4. **Pensamiento crítico desarrollado.** Evaluar críticamente las predicciones y buscar evidencia sólida para refutarlas fomenta

el desarrollo del pensamiento crítico y la capacidad de análisis. Esto te ayuda a discernir entre información creíble y especulativa.

5. **Resistencia a la desinformación.** Al adoptar un enfoque escéptico hacia las predicciones te vuelves más resistente a la desinformación y las teorías conspirativas, y así puedes identificar afirmaciones infundadas y desacreditarlas con más facilidad.
6. **Mejora de la toma de riesgos.** No depender de predicciones inciertas hará que te arriesgues de manera más consciente y calculada. Tendrás una comprensión más realista de las probabilidades y sus consecuencias, y así las decisiones serán más fundamentadas.
7. **Foco en el presente y el futuro.** Si no estás obsesionado con predicciones futuras podrás enfocarte en tu bienestar presente y en la construcción de un futuro basado en tus acciones y decisiones. Esto promueve un mayor sentido del control y el empoderamiento.
8. **Mayor autonomía.** Al confiar en tu propio juicio y evaluación de la información desarrollarás un sentido de autonomía y confianza en tus decisiones. No estarás atado a las opiniones de otros.

En resumen, no creer en predicciones ciegamente y en lugar de eso basarse en una evaluación crítica y en la evidencia puede mejorar tu capacidad para tomar decisiones informadas, reducir el estrés y mejorar tu resiliencia frente a la desinformación. Te permite enfocarte en lo que puedes controlar y desarrollar un pensamiento crítico sólido, lo que tendrá un impacto positivo en varios aspectos de tu vida, así como en su disfrute.

El rico vive tranquilo y no cree en las conspiraciones o en aquellos que lanzan predicciones negras o pesimistas. Ya lo decía el **Gran Wyoming**, humorista y presentador de televisión: «No se alarmen. Mañana no va a empezar ninguna guerra nuclear. Los bancos no permitirían que ocurriera antes de que terminemos de pagar nuestras hipotecas».

Cuando hablamos de vivir y disfrutar de la vida como los ricos me viene a la cabeza, precisamente, la opinión de otro rico, que habla sobre la inversión de esta forma: «Invertir es como hacer dieta. Es simple, pero no fácil. Todo el mundo sabe lo que tiene que hacer (comer menos y hacer más ejercicio). Nada podría ser más simple, pero pocas cosas son tan difíciles en un mundo lleno de chocolate y Cheetos».

Si sustituyes el verbo «invertir» por «disfrutar de la vida», verás que básicamente todo el mundo quiere disfrutar de la vida, pero este «sistema», con la educación y sus reglas, se basa en que disfrutes lo justo y te centres en trabajar, producir y pagar impuestos. Te montas en un barco que te lleva a un lugar donde no quieres estar, pero miras a tu alrededor y sólo ves gente y más gente, ¿cómo bajarse de dicho barco?

El rico lo tiene claro, se baja y busca otro barco menos concurrido. Y si no le gusta el destino, escoge otro mejor.

#LosTrucosDeLosRicos3

El rico sabe que la historia ha demostrado que las afirmaciones exageradas y las predicciones sensacionalistas a menudo no se hacen realidad, por lo que es prudente cuestionar la información antes de tomarla como verdad absoluta.

@juanharo

Truco 51

Saber dónde ir, saber qué construir

Muchos de nosotros andamos perdidos, dando vueltas, sin claridad de mente, confundidos. En definitiva, sobrevivimos. El rico, con el fin de disfrutar de la vida, **sabe dónde ir y sabe qué construir. Y si no lo sabe, para el mundo y se poner a reflexionar.**

El mundo abre paso a las personas que saben dónde se dirigen, y el rico lo sabe. Ningún barco se hace a la mar sin saber a qué puerto se dirige ni ningún avión despega sin tener la idea clara del aeropuerto donde va a aterrizar.

¿Nuestra vida es menos importante que un avión o un barco? ¿Adónde vamos?

Al final de la película *Vidas rebeldes*, Marilyn Monroe le pregunta a Clark Gable, quien va conduciendo un camión por el desierto: «¿Cómo sabes adónde vamos?». Y él contesta: «Siempre me fijo en aquella estrella y nunca me he perdido. Siempre llego a casa».

¿Cuál es la estrella que guía tu camino, amigo lector? ¿Qué sentido le estoy dando a mi vida? Me muevo mucho, pero ¿hacia dónde voy?

Igualmente, los ricos saben qué construir y, cuando eso ocurre, **generan valor de varias formas**:

1. **Activos generadores de ingresos.** Las personas ricas construyen carteras de activos que generan ingresos pasivos, como propiedades de alquiler, inversiones en dividendos de acciones y

otros activos financieros que generan flujos de efectivo constantes.

2. **Redes y relaciones.** Construir relaciones sólidas con personas influyentes y exitosas puede abrir puertas a oportunidades de negocio y colaboraciones estratégicas.
3. **Marcas personales y reputación.** Las personas ricas a menudo trabajan en construir su marca personal y reputación en sus respectivas industrias. Esto puede conducir a oportunidades de negocio y conferencias bien remuneradas.
4. **Tecnología y plataformas digitales.** En la era digital, construir productos, aplicaciones o plataformas tecnológicas puede generar ingresos significativos si satisfacen una necesidad del mercado.
5. **Solución de problemas y necesidades.** Las personas ricas identifican problemas y necesidades en la sociedad y desarrollan soluciones innovadoras para abordarlos, lo que puede resultar en productos o servicios altamente demandados.

Si sabes dónde ir y qué construir, marcarás una diferencia en tu vida y en la de los demás, y el rico lo sabe. Aquí tienes algunos ejemplos de personas en España que han aplicado estas premisas para lograr éxito financiero, construir activos significativos y, por ende, disfrutar de la vida:

1. **Amancio Ortega.** Es el fundador de Inditex, uno de los conglomerados de moda más grandes del mundo, y propietario de la famosa cadena de tiendas Zara. Ortega supo dónde ir al identificar la demanda de moda accesible y rápida en el mercado, y construyó una red de tiendas y marcas exitosas.
2. **Isak Andic.** Fundador de Mango, otra exitosa cadena de moda a nivel internacional. Andic supo dónde ir al detectar la oportunidad de crear una marca de moda global que ofreciera productos de calidad a precios asequibles.
3. **Juan Roig.** Presidente de Mercadona, una de las cadenas de supermercados más grandes y exitosas de España. Roig supo dónde ir al enfocarse en la innovación en el sector de la distribución de alimentos y al construir una marca que se centra en la satisfacción del cliente.
4. **Rafael del Pino y Calvo-Sotelo.** Presidente de Ferrovial, una multinacional española de infraestructuras y servicios. Del Pino supo dónde ir al diversificar el negocio de construcción de carre-

teras de la empresa en áreas como servicios de aeropuertos y gestión de infraestructuras.

5. **Amelia y Enrique Adam Bakers.** Fundadores de Adam Foods, empresa conocida por la marca de galletas artesanas Cuétara. Supieron dónde ir al crear productos de calidad que se han convertido en un referente en el mercado de alimentos y golosinas en España.

Éstos son sólo algunos ejemplos de empresarios en España que supieron identificar oportunidades y construir activos exitosos en diferentes sectores. Cada uno de ellos tuvo una visión clara, tomó riesgos calculados y trabajó arduamente para lograr sus objetivos financieros y empresariales. Y hablando de trabajo duro... **Un hábito importante que los ricos tienen cuando saben dónde ir y qué quieren construir es: insistir.**

Insistir, pero buscando otros caminos si los primeros no funcionan. No tropiezan diez veces con la misma piedra. En nuestra lucha contra las circunstancias hemos descansado, pero no hemos desistido. Hemos aguantado un *round* más. Hay unos pensamientos maravillosos de **Rudyard Kipling**, que expresa este sentimiento así:

Cuando vayan mal las cosas
como a veces suelen ir,
Cuando ofrezca tu camino
sólo cuestas que subir,
Cuando tengas poco que hacer
pero mucho que pagar,
y precises sonreír
aun teniendo que llorar,
cuando el dolor te agobie
y no puedas ya sufrir,
descansar acaso debes,
¡pero nunca desistir!

A Medea, la heroína de la tragedia griega, oímos que el oráculo, cuando todo está perdido, le pregunta: «Medea, todo se ha destruido, ha desaparecido todo. ¿Qué es lo que queda?».

Y Medea responde solemne: «Quedo yo».

El rico reconoce su importancia, tiene un gran respeto por sí mismo. Se quiere a sí mismo y sabe que todas las cosas (buenas o malas) parten de él.

Acabamos con la frase del gran **Robert Kiyosaki**, empresario, escritor e inversor: «No importa cuánto dinero ganas, sino cuánto dinero te queda, cómo de duro trabaja ese dinero para ti y por cuántas generaciones consigues mantenerlo».

#LosTrucosDeLosRicos3

Saber dónde ir y qué crear es el primer paso para construir un futuro exitoso y disfrutar del camino.

@juanharo

Truco 52

Teniente Colombo

Siempre he admirado esta famosa serie de televisión que ya tiene unos años (1971-1978): doce temporadas, sesenta y nueve episodios en total. El teniente Colombo es un desaliñado y aparentemente despistado detective de policía que, a primera vista, suele ser considerado torpe e inofensivo. Lleva siempre gabardina y un puro mientras investiga, y resuelve los casos más sorprendentes.

Es un crac de las preguntas este Colombo. La mejor forma de obtener información.

Emerson dijo una vez: «El que hace una pregunta tiene miedo a parecer tonto durante cinco minutos. Pero el que no la hace permanece tonto toda su vida».

Y, efectivamente, el rico disfruta de la vida porque durante todo el recorrido ha aprendido a realizar constantemente preguntas, a no prejuzgar y a conocer a la gente a base de preguntar y preguntar.

Aquí tienes **algunas frases** para reflexionar inspiradas en el famoso detective:

1. «A veces, la apariencia puede ser engañosa. Detrás de una fachada tranquila puede ocultarse un misterio sin resolver.»
2. «La paciencia es una virtud. Colombo nos enseñó que, con tiempo y observación, incluso los crímenes más astutos pueden ser resueltos.»

3. «No subestimes a nadie. El teniente Colombo demostró que la humildad y la inteligencia pueden ser tus mejores aliados.»
4. «La verdad siempre sale a la luz. Por más que intentes ocultarla, el teniente Colombo siempre encontrará la manera de descubrirla.»
5. «Nunca subestimes el poder de la persistencia. Colombo nos recordó que seguir adelante, sin importar lo que ocurra, es clave para resolver los enigmas de la vida.»
6. «A veces, las respuestas están justo delante de nosotros, pero no las vemos. Colombo nos enseñó a prestar atención a los detalles aparentemente insignificantes.»
7. «El ingenio puede superar a la astucia. Colombo demostró que la inteligencia y la astucia son armas poderosas en la lucha contra el crimen.»
8. «Cuestiónalo todo. La curiosidad implacable de Colombo nos recuerda la importancia de hacer preguntas y no dar nada por sentado.»
9. «En la mente de un detective, nada es imposible. Colombo nos inspira a creer en nuestras habilidades y confiar en nuestra intuición.»
10. «A veces, el culpable más improbable es el verdadero responsable. La serie nos enseña a mantener una mente abierta y a no juzgar por las apariencias.»

Espero que estas frases te inspiren a reflexionar sobre la serie *Teniente Colombo* y sobre las lecciones que nos ofrece de la resolución de misterios y de la perspicacia detectivesca.

Disfrutar de la vida está estrechamente relacionado con realizar preguntas, porque **la curiosidad y la búsqueda de respuestas son aspectos fundamentales de la experiencia humana**, y de cómo encontramos significado y satisfacción en nuestras vidas. Aquí te explico cómo estos **dos conceptos están interconectados**:

1. **Descubrimiento y aprendizaje.** Cuando nos hacemos preguntas sobre el mundo que nos rodea, estamos naturalmente inclinados a encontrar respuestas. Este proceso de búsqueda de conocimiento y comprensión nos lleva a descubrir cosas nuevas y a aprender continuamente. Esta sed de conocimiento y entendimiento es una fuente constante de satisfacción y enriquecimiento personal.

2. **Desarrollo personal.** Las preguntas nos desafían a crecer y desarrollarnos como individuos. Cuestionar nuestras creencias, valores y comportamientos nos permite reflexionar sobre quiénes somos y quiénes queremos ser. A medida que evolucionamos a través de la introspección y la autorreflexión podemos encontrar mayor plenitud en nuestras vidas.
3. **Exploración de oportunidades.** Hacer preguntas nos lleva a explorar nuevas oportunidades y experiencias. Nos impulsa a salir de nuestra zona de confort y a aventurarnos en lo desconocido. Esta búsqueda activa de experiencias y aventuras es esencial para vivir una vida plena y emocionante.
4. **Relaciones y conexiones.** Las preguntas son una forma poderosa de conectarnos con los demás. Cuando hacemos preguntas mostramos interés genuino por las vidas y perspectivas de los demás. Esto fortalece nuestras relaciones y nos brinda una sensación de comunidad y pertenencia que es esencial para disfrutar de la vida.
5. **Resolución de problemas.** La vida está llena de desafíos y obstáculos. Hacer preguntas nos ayuda a abordar esos problemas de manera efectiva. Al plantear preguntas pertinentes, podemos analizar problemas desde diferentes ángulos y encontrar soluciones creativas, lo que reduce el estrés y aumenta nuestra satisfacción al superar obstáculos.
6. **Sentido de propósito.** Las preguntas existenciales, como «¿cuál es el propósito de la vida?» o «¿qué me hace feliz?», nos llevan a buscar un sentido más profundo en nuestras vidas. La reflexión sobre estas cuestiones nos ayuda a definir nuestros valores y metas personales, lo que a su vez nos permite vivir con un mayor sentido de propósito y dirección.

En resumen, disfrutar de la vida implica mucho más que simplemente existir o pasar por las rutinas diarias. Requiere una actitud activa de curiosidad, de hacer preguntas y buscar respuestas. Esta búsqueda constante de conocimiento, significado y conexión con el mundo y las personas que nos rodean es fundamental para vivir una vida plena y satisfactoria.

Vamos a concluir este truco con una anécdota real y un cuento.

José Luis Rodríguez Zapatero, expresidente del gobierno de España, apareció en televisión el 27 de marzo de 2007 para responder las preguntas de cien ciudadanos anónimos. Se preparó sobre economía, datos y gráficos, y de repente una pregunta le hizo mucha pupa: «¿Cuánto vale un café en la calle?». Lo imprevisible puede llegar; por tanto, espera siempre lo imprevisible.

> Un rey, al conocer que un sabio había puesto en ridículo a su hijo, lo mandó encerrar.
>
> Tenía intención de ejecutarlo, pero sus consejeros le dijeron que eso podría generar una revolución, pues la gente no lo entendería, a no ser que demostrara que el sabio, en realidad, era un impostor.
>
> Por eso le tendieron una trampa: pensaron en darle a elegir entre dos papeles. Si sacaba el de inocente, se salvaría, pero si sacaba el de culpable se demostraría que era un embustero y merecería morir.
>
> El truco estaba en que en ambos papeles ponía lo mismo: culpable.
>
> Llegó el día y, ante todo su pueblo, el rey dijo:
>
> —Sabio, voy a darte a elegir entre dos papeles, en uno pone inocente y en el otro culpable, si realmente eres un adivino, sabrás cuál escoger para salvar tu vida.
>
> El rey dejó los dos papeles sobre una mesa y el sabio estuvo pensando durante unos minutos. Pero, de pronto, cogió uno de ellos, se lo metió a la boca y se lo tragó.
>
> Ante el asombro de todos, el rey gritó:
>
> —¡Pero qué has hecho, estúpido! Ahora no sabremos qué papel habías elegido.
>
> —Sí, claro que sí, simplemente mirad lo que pone en el que aún está sobre la mesa y sabréis cuál he elegido.

El rico sabe que, aunque parezca que todo está perdido, realmente casi siempre hay una salida.

#LosTrucosDeLosRicos3

El rico redefine la riqueza de tal modo que incluye la juventud, la diversión, la libertad y la prosperidad.

@juanharo

Truco 53

Tres síndromes

Un profesor de Psicología entra en la clase y pregunta: «¿Cuánto pesa este vaso?».

Las respuestas variaron entre 200 y 250 gramos. El profesor respondió: «El peso absoluto no es importante, depende de cuánto tiempo lo sostengo. Si lo sostengo un minuto, no es problema, si lo sostengo una hora, me dolerá el brazo, y si lo sostengo un día, mi brazo se entumecerá y paralizará. El peso del vaso no cambia, pero cuanto más tiempo lo sujeto, más pesado, más difícil de soportar se vuelve».

Y continuó: «Las preocupaciones son como el vaso de agua. Si piensas en ellas un rato, no pasa nada. Si piensas un poco más, empiezan a doler, y si piensas en ellas todo el día, acabas sintiéndote paralizado, incapaz de hacer nada. Por tanto, suelta el vaso».

Esta anécdota tiene que ver con el primero de los tres síndromes que el rico reconoce: el **síndrome de la tormenta**. Está muy bien saber dónde vas y qué metas tienes, pero en la vida aparecen tormentas, problemas, situaciones que te pueden hacer perder el control. Imagina que estás navegando y sabes qué rumbo llevas, vas preparado, pero, de repente, viene una tormenta; en ese momento no vale de mucho que lo tuvieses todo controlado, porque ahora te tienes que ocupar de la vela, pero el barco se mueve muchísimo, estás en medio de la tormenta.

Esto es válido para todo en la vida: una crisis financiera, una enfermedad repentina, un socio que actúa de forma inesperada, la quiebra de un negocio, etcétera. El síndrome de la tormenta, si lo tienes presente, te permite actuar como en la anécdota del principio, podrás dejar el vaso a un lado y no preocuparte, sino ocuparte de la solución, como hace el rico. El rico suelta el vaso, el rico sabe que la tormenta puede llegar sin avisar. Se prepara mentalmente para ello.

Al rico le gusta trabajar porque el concepto de trabajo para él es diferente. Algo similar pensaba Cleantes de Aso, un filósofo de la escuela estoica, discípulo y sucesor de Zenón de Citio. Amaba la filosofía y el trabajo por igual. De hecho, los antiguos usaban una palabra para describir su diligencia: *philoponia*, **el placer de trabajar**. Es decir, la dedicación en cuerpo y alma al trabajo honesto, y no sólo para obtener dinero, sino para ser mejor persona.

El segundo es conocido como el **síndrome del lago Ness**. Todo el mundo ha oído hablar del monstruo, pero nadie lo ha visto. La leyenda del «monstruo del lago Ness» es una de las más famosas y perdurables en el mundo de los mitos y la criptozoología. Esta leyenda se centra en la creencia de que, en el lago Ness, ubicado en Escocia, habita una criatura misteriosa y grande que se asemeja a una monstruosa serpiente marina. Algunos informes sugieren que el monstruo es de cuello largo y posee varias jorobas en su espalda.

La leyenda se ha mantenido viva durante siglos, y ha habido numerosos informes de avistamientos y fotografías que supuestamente muestran al monstruo. Sin embargo, la mayoría de estas pruebas son anecdóticas y carecen de evidencia científica sólida. A pesar de esto, la leyenda ha atraído a numerosos investigadores, entusiastas y curiosos que han intentado descubrir la verdad oculta tras la criatura.

El rico sabe que no basta con escuchar a mucha gente hablar de algo en concreto, sabe que existen muchas mentiras, manipulación y falsos profetas. Por este motivo mantiene en su cabeza este interesante síndrome que le recuerda que, aunque todo el mundo siga cualquier teoría, no tiene por qué ser para él. Todo puede formar parte de un plan para que tú pongas tu tiempo, tu atención o tu dinero en él. Recuerda, aunque todo el mundo diga que hay un monstruo, no significa que sea verdad.

El tercero es el **síndrome de *burnout***. Aunque no es un síndrome médico oficialmente reconocido, el síndrome de *burnout* se refiere a una sensación de agotamiento físico y mental debido al estrés crónico relacionado con el trabajo o las responsabilidades personales. Puede reducir significativamente la capacidad de una persona para disfrutar de la vida, y el rico lo sabe. Por este motivo, el cuerpo para el rico es su templo. El rico tiene en cuenta el negocio de las farmacéuticas, a las que les interesa que estés más tiempo enfermo para que sigas comprando medicamentos. El negocio de las aseguradoras se basa en que tengan que pagar menos indemnizaciones, menos estancias en los hospitales o menos operaciones para que sigas pagando sus cuotas. Por este motivo, últimamente vemos cómo algunas aseguradoras empiezan a contratar a nutricionistas para sus asegurados, pues desean que comas mejor y que tengas hábitos saludables para ahorrar costes de hospitalización. El rico entiende cómo está organizado el juego, la economía. Por ello tiene en cuenta este síndrome de *burnout*.

En la serie de televisión estadounidense *Dopesick*, basada en hechos reales, que se estrenó en 2021, vemos cómo existe **una manipulación constante del ciudadano**. Esta serie se centra en la epidemia de opioides en Estados Unidos y en el importante papel que desempeñó la industria farmacéutica en la promoción y la comercialización de opioides recetados, lo que llevó a una crisis de adicción en el ámbito nacional.

La serie está basada en el libro *Dopesick: Dealers, doctors, and the Drug Company that addicted America* [Dopesick: traficantes, doctores y la compañía farmacéutica que convirtió América en adicta], de Beth Macy, que investiga la expansión de la adicción a los opioides en Estados Unidos durante la década de 1990 y principios de los años 2000. La historia se desarrolla a lo largo de varias décadas y presenta múltiples entrevistas que incluyen a médicos, pacientes, representantes de la industria farmacéutica y agencias gubernamentales.

Uno de los aspectos más destacados de la serie es su enfoque en la manipulación y las prácticas de marketing agresivas de las compañías farmacéuticas, que promovieron los opioides mediante receta médica, como el OxyContin, como una solución segura y efectiva para el dolor crónico, sin divulgar adecuadamente los riesgos de adicción y abuso asociados con estos medicamentos. Esto contribuyó significativamente a la crisis de los opioides que afectó a millones de personas en el país norteamericano.

La serie arroja luz sobre cómo **la codicia y la falta de regulación tuvo consecuencias devastadoras para la sociedad** y para las personas que luchan contra la adicción a los opioides.

#LosTrucosDeLosRicos3

El rico sabe que si sigue actuando tal y como lo está haciendo, obtendrá los mismos resultados.

@juanharo

Truco 54

Pensamiento propio

«Si sembramos un pensamiento, cosechamos una acción. Si sembramos una acción, cosechamos un hábito. Si sembramos un hábito, cosechamos un carácter. Y si sembramos un carácter, cosechamos un destino» (Zig Ziglar, escritor estadounidense).

Todo empieza con un pensamiento, y los ricos lo saben.

Nuestras vidas son dirigidas por nuestros pensamientos. Quienes tengan una cierta edad recordarán aquellos dibujos animados de «Mazinger Z». Mazinger era un robot enorme dirigido por un muchacho pequeño y simpático que pilotaba un minúsculo avión que, al introducirse en la cabeza del robot, conducía su gigantesca figura. Nosotros somos como esa gigantesca figura orientada, conducida gracias a un mecanismo poderoso llamado mente y gobernada por nuestro pensamiento.

Vamos siempre allí donde nos señala nuestra mente. James Allen dijo una vez: «Hoy estamos en el lugar al que nos han traído nuestros pensamientos, mañana estaremos allí donde nuestros pensamientos nos lleven».

El escritor, humanista y economista español José Luis Sampedro defendió en 2012 en el programa de televisión «Salvados» que «para haber democracia, tiene que haber demócratas, y para ser demócrata, hay que **tener libertad de pensamiento**». Sin embargo, lamentó que «toda la educación que recibimos va en contra de la libertad de pensamiento». «Deberían educarnos para pensar por nuestra cuenta», destacó.

En la misma línea, el economista lamenta que «estemos educados para no tener independencia, para ser sumisos, buenos borregos». «Uno de los grandes problemas es que nos educan muy mal, nos educan para ser productores y consumidores, para ser súbditos, y no para tener pensamiento propio», manifestó Sampedro, a lo que añadió que «sólo con pensamiento propio se puede resistir».

Todos tenemos no sólo el derecho a la vida, sino el deber de vivirla. Y de afrontar la vida en estas condiciones y en estas circunstancias. Y para eso tenemos que liberar el pensamiento. No hay vida personal sin libertad. Y no hay libertad con fraternidad e igualdad si el pensamiento no es libre. La alternativa a corto plazo es capear el temporal y sobrevivir; a largo plazo es cambiar de pensamiento, pensar de otra manera, **tener un pensamiento crítico.**

El gran José Luis Sampedro nos deja estas perlas de sabiduría:

- «**La educación que hay ahora es para crear productores y consumidores, nada más.** En cuanto el niño empieza a hablar, empiezan a indoctrinarlo, a enseñarle el pensamiento único, el dogma.»
- «**Las palabras clave del mundo oficial de hoy, lo que quieren que aprendamos son: productividad, competitividad e innovación.** Pero en vez de productividad, la palabra es vitalidad. Y, en vez de innovación, es conservación. Y, en vez de competitividad, es cooperación. Habría que pensar en asociarnos, vivir pacífica y apaciblemente en este mundo porque ésta es la vida que tenemos que ejercer y desarrollar. Para mí, la educación sería rectificadora de la actual: una educación que conduzca a saber vivir en armonía con la naturaleza, porque somos naturaleza.»[6]

La salud depende de cuatro factores: la alimentación, el ejercicio, el entorno y la mente (pensamiento). A los dos primeros, la gente les da mucha importancia, pero descuidamos el entorno y la mente (pensamiento). El rico sabe que el entorno juega un gran papel a lo largo de la vida, y también cuando toca disfrutarla, que no es al final de la vida, sino a lo largo de ella. También reconoce que la mente, los pensamientos, tener un pensamiento crítico y propio, no dejarse llevar, suponen una gran diferencia en la vida.

6. García Quevedo, Elena, «José Luis Sampedro: "Sin libertad lo que vivo no es mi vida"», *Babelia*, *El País*, 5 de octubre de 2015, <https://elpais.com/cultura/2015/09/30/babelia/1443612731_086833.html?event=go&event_log=go&prod=REGCRARTBAB&o=cerrbab>.

Tener tu propio pensamiento y no dejarte guiar o influenciar fácilmente por otros tiene varias **ventajas** significativas:

1. **Independencia.** Pensar por ti mismo te hace menos dependiente de las opiniones y decisiones de los demás. Esto te permite tomar el control de tu propia vida y ser más autónomo.
2. **Autenticidad.** Al seguir tu propio pensamiento, te mantienes fiel a tus valores, creencias y principios. Esto te permite vivir una vida más auténtica y coherente con lo que realmente eres.
3. **Creatividad.** El pensamiento propio fomenta la creatividad y la innovación. Cuando no te limitas a seguir el camino marcado por otros tienes la libertad de explorar nuevas ideas y soluciones únicas.
4. **Autoconfianza.** Tomar decisiones por ti mismo y confiar en tu juicio fortalece tu autoconfianza. A medida que acumulas experiencia tomando decisiones y asumiendo la responsabilidad te vuelves más seguro en tus elecciones.
5. **Resiliencia.** Al depender menos de la aprobación de los demás desarrollas una mayor resiliencia. Puedes enfrentar la crítica y los obstáculos con mayor fortaleza, ya que no te afectan tanto emocionalmente.
6. **Aprendizaje y crecimiento.** Asumir la responsabilidad de tus propias decisiones y errores te brinda oportunidades de aprendizaje y crecimiento personal. Aprenderás más al tomar decisiones y enfrentar las consecuencias, tanto positivas como negativas.
7. **Empoderamiento.** Tener tu propio pensamiento te empodera para tomar el control de tu destino. En lugar de sentirte a merced de las circunstancias o de las opiniones de los demás te conviertes en el protagonista de tu vida.
8. **Liderazgo.** Si eres capaz de pensar de manera independiente, puedes convertirte en un líder más efectivo. Los líderes que pueden tomar decisiones informadas y seguir sus principios inspiran a otros a hacer lo mismo.
9. **Mejora de la toma de decisiones.** El pensamiento crítico y la toma de decisiones informadas son habilidades que se desarrollan cuando confías en tu propio pensamiento, en tus propias elecciones. Esto te permite tomar decisiones más acertadas en diferentes aspectos de tu vida.
10. **Felicidad y satisfacción.** En última instancia, tener tu propio pensamiento y vivir de acuerdo con tus propios valores y metas

puede aumentar tu sensación de felicidad y satisfacción. Te permite perseguir lo que realmente te importa y encontrar un mayor sentido de propósito en la vida.

En resumen, pensar por ti mismo es esencial para el crecimiento personal, la autenticidad y la toma de decisiones significativas en tu vida. Aunque es valioso buscar consejo y opiniones de los demás, la capacidad de confiar en tu propio pensamiento es una habilidad fundamental para navegar con éxito en el mundo, alcanzar tus metas y disfrutar de la vida como hacen los ricos.

Aquí tienes una historia sobre la importancia del pensamiento propio.

El búho y los ratones

Había una vez un grupo de ratones que vivían en un bosque. Un día, un búho les ofreció «protección» a cambio de un tributo diario de queso. Los ratones, asustados, aceptaron la oferta sin cuestionarla. Sin embargo, uno de los ratones más jóvenes comenzó a cuestionar por qué debían darle su queso al búho. Investigó y descubrió que el búho no les ofrecía protección real, sólo se aprovechaba de su miedo. El ratón compartió esta información con los demás, y juntos decidieron dejar de darle queso al búho. Al tomar sus propias decisiones y usar su pensamiento crítico los ratones recuperaron su libertad.

Amigo lector, recuerda cultivar el pensamiento propio y la intuición en la toma de decisiones, incluso cuando busques el consejo de los demás. A veces, seguir nuestro propio camino y confiar en nuestras propias convicciones puede llevarnos a un lugar más auténtico y significativo en la vida.

#LosTrucosDeLosRicos3

A veces, el pensamiento propio es el faro que nos guía a través de las tormentas de la influencia de los demás, iluminando el camino hacia nuestra auténtica esencia.

@juanharo

Truco 55

Los cuatro acuerdos

El rico cumple con los cuatro acuerdos. *Los cuatro acuerdos* es un libro escrito por el autor mexicano **Don Miguel Ruiz**. Publicado en 1997, el libro se ha convertido en un bestseller y un libro de referencia. La obra se basa en la sabiduría tolteca, una antigua tradición espiritual de la cultura mesoamericana, y ofrece un enfoque práctico para vivir una vida más plena y en armonía.

Los cuatro acuerdos son los siguientes:

1. **Ser impecable con tus palabras.** Este acuerdo se refiere a la importancia de ser consciente del poder de las palabras y usarlas con cuidado. Nuestras palabras tienen el poder de crear o destruir, y debemos ser responsables de lo que decimos.
2. **No tomarse nada personalmente.** En este acuerdo, se destaca la idea de que las opiniones y acciones de los demás no deben afectar negativamente a nuestra autoestima. Lo que los demás hacen o dicen no tiene nada que ver con nosotros, sino con sus propias percepciones y experiencias. Respecto a la opinión ajena, para bien o para mal es mejor no depender de ella. Todos tenemos visiones (acuerdos) distintas del mundo, no podemos saber si la otra persona, a lo mejor, tenía un mal día. Todo el bien o mal que pudiese generar alguien primero se lo está provocando a él mismo.

3. **No hacer suposiciones.** El tercer acuerdo se centra en evitar hacer suposiciones sobre lo que los demás piensan o sienten. Las suposiciones pueden llevar a malentendidos y conflictos, es importante comunicarse de manera clara y preguntar cuando tengamos dudas. Nada de lo que pasa fuera es personal, pero, en cualquier caso, el rico no saca conclusiones precipitadamente. Sabe que no siempre tiene la razón y procura no generar malas situaciones, que pueden ser evitadas.
4. **Hacer siempre lo máximo que puedas.** El último acuerdo aboga por dar siempre nuestro mejor esfuerzo en todas las situaciones. El rico, al hacer lo máximo que puede, evita el arrepentimiento y vive una vida más plena y auténtica. De modo que, si te caes, no te juzgues. No le des a tu juez interior la satisfacción de convertirte en una víctima. Simplemente, empieza otra vez desde el principio.

Estos cuatro acuerdos se presentan como un camino hacia la libertad personal y la realización personal. Don Miguel Ruiz utiliza anécdotas y ejemplos para ilustrar cada uno de los acuerdos y ofrece consejos prácticos para implementarlos en la vida cotidiana. *Los cuatro acuerdos* ha tenido bastante éxito, y muchas personas siguen sus enseñanzas porque proporciona un marco sencillo pero poderoso para mejorar la forma en como nos relacionamos con nosotros mismos y con los demás, promoviendo la paz interior y la felicidad.

Aquí tienes **ejemplos prácticos** de cómo aplicar los cuatro acuerdos en la vida cotidiana:

1. **Sé impecable con tus palabras:**

   - Ejemplo 1. En lugar de criticar a alguien con palabras hirientes puedes expresar tu desacuerdo de manera constructiva y respetuosa.
   - Ejemplo 2. Evita las promesas que no puedes cumplir. Si dices que harás algo, asegúrate de hacerlo para construir confianza en todo lo que digas.

2. **No te tomes nada de manera personal:**

   - Ejemplo 1. Si alguien te critica o te trata de manera negativa, recuerda que esto refleja su propia perspectiva y no necesariamente tu valor como persona.

- Ejemplo 2. Cuando alguien está de mal humor y te trata con brusquedad, en lugar de sentirte herido, debes recordar que su estado de ánimo no tiene que ver contigo.

3. **No hagas suposiciones:**

- Ejemplo 1. En una relación personal o de negocios, en lugar de asumir que la otra parte sabe lo que necesitas, comunica tus deseos y expectativas claramente.
- Ejemplo 2. En el trabajo, si no estás seguro de lo que se espera de ti en un proyecto, en lugar de suponer, pregunta a varias personas para tenerlo claro.

4. **Haz siempre lo máximo que puedas:**

- Ejemplo 1. En tus estudios, da tu máximo esfuerzo en cada asignatura, independientemente de si te gusta o no, para aprender y crecer académicamente.
- Ejemplo 2. En tu salud, haz ejercicio regularmente, come de manera equilibrada y duerme lo suficiente para mantener tu bienestar físico y mental.

Si aplicas estos ejemplos prácticos a tu vida diaria, estarás cultivando la autenticidad, la autoestima, la comunicación efectiva y el compromiso personal. Estos acuerdos pueden ayudarte a vivir de manera más plena, reducir el estrés y los conflictos, y promover relaciones más saludables, tanto contigo mismo como con los demás.

#LosTrucosDeLosRicos3

Para disfrutar de la vida, el rico es impecable con sus palabras, no se toma nada personalmente, no hace suposiciones y hace siempre lo máximo que puede.

@juanharo

Truco 56

Sé agua (Bruce Lee)

El rico es como el agua. Utiliza esta sensacional filosofía para los negocios y también para disfrutar de la vida. Ya lo decía el gran Bruce Lee, practicante de artes marciales, actor, cineasta, filósofo y escritor estadounidense: **«Be water, my friend» ['sé agua, amigo mío']**. Esta frase encapsula una serie de conceptos que Bruce Lee aplicó tanto a su vida como a su práctica de las artes marciales, y puede **interpretarse** de varias maneras:

1. **Adaptabilidad.** La idea principal detrás de *be water* es la adaptabilidad. Bruce Lee enfatizaba la importancia de ser como el agua, que puede fluir y adaptarse a cualquier situación. En lugar de ser rígido y enfrentar la adversidad de manera inflexible, Bruce Lee animaba a ser flexible y ajustarse a las circunstancias cambiantes de la vida.
2. **Fluidez y espontaneidad.** Bruce Lee creía en la importancia de la espontaneidad y la fluidez en la acción. Al igual que el agua que fluye sin esfuerzo, él alentaba a sus estudiantes a responder a las situaciones de manera natural y sin preconcepciones.
3. **Mente abierta.** La filosofía *be water* también implica mantener una mente abierta y liberarse de las limitaciones autoimpuestas. Bruce Lee creía que las barreras mentales y emocionales eran obstáculos significativos para el crecimiento personal y el éxito en la vida.

Las **ventajas** de la filosofía *be water, my friend* incluyen:

1. **Mayor adaptabilidad.** Si adoptas esta mentalidad, enfrentarás los desafíos de la vida con más flexibilidad y facilidad de adaptación, lo que te permitirá superar obstáculos de manera más eficiente.
2. **Reducción del estrés.** Al dejar de resistirte a las circunstancias y fluir con ellas, reduces el estrés y la ansiedad, que a menudo provienen de tratar de controlarlo todo.
3. **Mejora en la toma de decisiones.** La espontaneidad y la mente abierta te ayudarán a tomar decisiones más acertadas y creativas, ya que no estarás limitado por patrones de pensamiento rígidos.
4. **Crecimiento personal.** Adoptar esta filosofía puede fomentar un mayor crecimiento personal, pues te permite explorar nuevas oportunidades y enfoques en la vida.

Sé agua, *be water, my friend*, es una filosofía que promueve la adaptabilidad, la fluidez y la mente abierta. Te ayuda a enfrentar los desafíos de la vida de manera más efectiva y promover un mayor bienestar personal, así mejorarás en diversos aspectos de tu vida. Te presento algunos **ejemplos prácticos** de cómo puedes aplicar esta filosofía de Bruce Lee en tu vida cotidiana:

1. **Adaptabilidad en el trabajo.** Imagina que tienes un proyecto en el trabajo que no está yendo como habías planeado. En lugar de resistirte a los obstáculos y estresarte, puedes adaptarte a las circunstancias, evaluar tus opciones y cambiar tu enfoque según sea necesario para lograr los resultados deseados.
2. **Resolución de conflictos.** Si te encuentras en medio de una discusión o conflicto con alguien, en lugar de mantener una postura inflexible, puedes practicar la escucha activa y estar dispuesto a ceder en ciertos puntos para encontrar una solución que beneficie a ambas partes. Esto demuestra flexibilidad y promueve la armonía.
3. **Aprendizaje y crecimiento.** Siempre que te enfrentes a algo nuevo o desafiante, como aprender una nueva habilidad o embarcarte en un proyecto creativo, puedes adoptar esta filosofía para estar abierto a la experimentación y superar el fracaso. Esto te permite aprender de tus errores y evolucionar constantemente.

4. **Manejo del estrés.** Cuando te encuentres en situaciones estresantes, como un atasco de tráfico o una larga espera en una fila, en lugar de sentirte frustrado, puedes practicar la paciencia y la tranquilidad. Mantén la calma, respira profundamente y busca formas de aprovechar ese tiempo, como escuchar música, aprender algo nuevo o simplemente relajarte disfrutando de la vida misma.
5. **Relaciones personales.** En tus relaciones con amigos, familiares o parejas, puedes aplicar esta filosofía para ser flexible y adaptarte a las necesidades y deseos de los demás. Esto puede fortalecer tus vínculos y fomentar la armonía en tus relaciones.
6. **Toma de decisiones.** Al tomar decisiones importantes en la vida, en lugar de adherirte rígidamente a un plan preestablecido, puedes estar dispuesto a ajustar tu curso a las circunstancias cambiantes. Esto te permite tomar decisiones más informadas y efectivas.

Recuerda que practicar la filosofía *be water, my friend* no significa ser pasivo ni carecer de dirección. Por el contrario, se trata de ser adaptable, abierto a nuevas posibilidades y ser capaz de fluir con las circunstancias en lugar de resistirte a ellas. Esto ayuda a reducir el estrés, tomar decisiones más sabias y vivir de manera más equilibrada y auténtica.

Otra interesante enseñanza de Bruce Lee fue lo que él denominaba **los tres estados del aprendizaje**:

- Primitivo (no se sabe nada, se realiza por instinto).
- Mecánico (reglas, aplicar conocimiento).
- Espontáneo (fluir como el agua).

En el primer estado, uno actúa por **instinto** porque desconoce todo; el segundo estado del aprendizaje es más mecánico, porque ya conoces las reglas y empiezas a aplicar el conocimiento aprendido. Pero el crecimiento exponencial del aprendizaje aparece en el tercer estado: el espontáneo. Aquí fluyes como el agua, todo aparece en el momento adecuado, el conocimiento y la práctica la tienes integrada en tu ser.

Para los ricos, ECI no es El Corte Inglés, sino el círculo de influencia. Es decir, tienen muy claro que depende de ellos. Estudian todo: el entorno, el proyecto u objetivo, el problema, las personas que intervienen, las herramientas de las que disponen, etcétera. Finalmente, hacen una lista de su círculo de influencia: aquello que depende del rico, en lo que sí puede influir.

En el otro lado está lo que no depende de ellos: dónde no deben invertir su tiempo, su energía o su esfuerzo porque su influencia es casi nula. Lo que tienen claro es que no vale la pena discutir, luchar ni quejarse. No tienen tiempo para lamentaciones, no se recrean en el drama. No alimentan ese relato. Punto.

Como no podía ser de otra forma, acabamos con una **anécdota de Bruce Lee**:

> Uno de los alumnos le preguntó al gran maestro Bruce Lee:
>
> —Maestro, nos habla constantemente de la paz, pero todos los días nos entrena para luchar, ¿cómo concilia estas ideas contradictorias?
>
> Bruce Lee respondió:
>
> —Es mejor ser un guerrero en un jardín, que un jardinero en una guerra.

#LosTrucosDeLosRicos3

Lo verdaderamente importante en esta vida es saber qué puentes cruzar y cuáles quemar para seguir adelante.

@juanharo

Truco 57

Las tres maestrías

Me gusta mucho la pregunta que hace el gran *coach* de empresas Roberto Gonzalo,[7] de la firma **ActionCOACH: «¿Eres listo o inteligente?, ¿sabes la diferencia entre ser listo y ser inteligente?».** Vayamos a la definición de persona lista para descifrar este misterio. Una persona lista es alguien capaz de salir de una situación en la que una persona inteligente nunca se habría metido. El rico es listo, y tú también, amigo lector. Al inteligente muchas veces le frena el excesivo análisis o un conjunto de temores que le impiden actuar.

Roberto Gonzalo también nos muestra en esta imagen cómo hace dinero cualquier profesional:

7. Roberto Gonzalo: <www.robertogonzalo.com>, @robertogonzalo_.

Imagen 1. Proceso de desarrollo empresarial

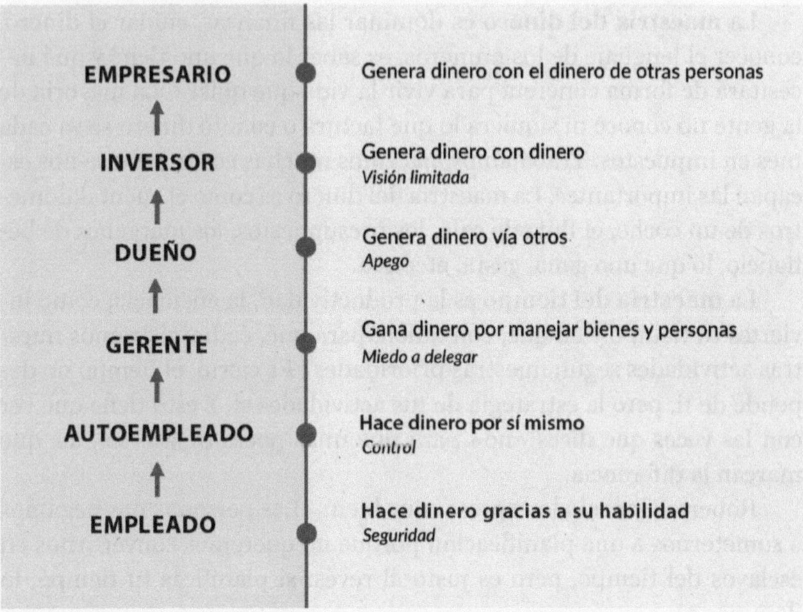

Fuente: Elaboración propia a partir de la imagen de Roberto Gonzalo.

Muy interesante, sin duda. Si queremos tener una vida en la que tengamos el control del tiempo y, por ende, destinarlo a lo que nos plazca, **debemos fijarnos en las dos figuras superiores de la imagen:**

- Empresario: genera dinero con el dinero de otras personas.
- Inversor: genera dinero con dinero.

De las diferentes maestrías sobre las que Roberto Gonzalo habla en sus formaciones a empresarios, existen tres que son vitales para el rico:

1. La maestría del destino.
2. La maestría del dinero.
3. La maestría del tiempo.

La **maestría del destino** es saber lo que quieres, conocer perfectamente qué quieres construir y dónde estarás en unos años. Es claridad de mente. No es prepotencia, no es falsa seguridad, no es un ego desmedido, sino saber qué camino voy a seguir. Esa estrategia tan necesaria para conocer «qué puertas» son las que tengo que abrir y cuáles cerrar.

La **maestría del dinero** es dominar las finanzas, cuidar el dinero, conocer el lenguaje de los números, es saber lo que uno tiene y qué necesitará de forma concreta para vivir la vida que quiere. La mayoría de la gente no conoce ni siquiera lo que factura o cuánto dinero se va cada mes en impuestos. Trabajamos, hacemos muchas cosas, pero se nos escapan las importantes. La maestría del dinero es como el cuentakilómetros de un coche, el flujo de caja, los presupuestos, los márgenes de beneficio, lo que uno gana, gasta, etcétera.

La **maestría del tiempo** es la productividad, la eficiencia, cómo inviertes tu tiempo y en qué, con quién, para qué, ¿administramos nuestras actividades según nuestras prioridades? Es cierto, el tiempo no depende de ti, pero la estrategia de tus actividades sí. Y esto tiene que ver con las veces que dices «no» para que unas pocas digas «sí», las que marcan la diferencia.

Roberto Gonzalo lo expresa muy bien: «Las personas nos negamos a someternos a una planificación porque no queremos convertirnos en esclavos del tiempo, pero es justo al revés: si planificas tu tiempo, lo dominas tú».

Y acabamos este truco con las palabras del gran actor Charles Chaplin, que ensalzan la importancia que el rico otorga a la confianza en uno mismo: «Hay que tener fe en uno mismo. Ahí reside el secreto. Aun cuando estaba en el orfanato y recorría las calles buscando qué comer para vivir, incluso entonces, me consideraba el actor más grande del mundo. Sin la absoluta confianza en sí mismo, uno está destinado al fracaso».

#LosTrucosDeLosRicos3

El rico presta atención a las tres maestrías por este orden: la maestría del destino, la maestría del dinero y la maestría del tiempo.

@juanharo

Truco 58

La tríada de la riqueza

El rico reconoce **la tríada de la riqueza: la familia (relaciones), el estado de forma (salud) y la libertad (la posibilidad de elegir)**. Dentro de esta tríada encuentra la verdadera riqueza, el disfrute de la vida, ¿y por qué no?, también la felicidad.

En primer lugar, **la riqueza consiste en tener relaciones sólidas.** No sólo con la familia propiamente dicha, sino también con las personas en general, tu comunidad, tus socios, equipos de trabajo, tus amigos. Al final de la emblemática película *¡Qué bello es vivir!* se nos brinda una importante lección: «Recuerda que ningún hombre que tenga amigos es un fracasado».

Esta frase refleja lo importante que es compartir la vida con los amigos, con los familiares y otros seres queridos. La riqueza es ejercer una influencia positiva en el entorno. La riqueza es comunidad y tener un impacto en la vida de otras personas. Uno no puede experimentar la riqueza solo, en el vacío. Créeme si te digo que en los momentos más ricos de mi vida siempre he estado rodeado de una familia de amigos y seres queridos.

El hombre es un ser social por naturaleza. El rico mima a su familia y las relaciones. Mi gran amigo y socio Justo Briegas siempre me recalcó la importancia en los negocios de tener los zapatos siempre limpios, y de crear relaciones con personas clave: por ejemplo, la cajera de tu banco, cualquier proveedor frecuente, el camarero o *maître* del restaurante al que vas a comer, y así indefinidamente. Si hay un maestro de las relaciones, sin duda ése es Justo Briegas.

La familia y las relaciones con las personas con las que te relacionas son extremadamente importantes y aportan una serie de beneficios significativos para tu bienestar emocional y social. Aquí hay algunos de los **beneficios clave** que estas relaciones pueden proporcionar:

1. **Apoyo emocional.** La familia y las relaciones cercanas pueden ofrecer un apoyo emocional fundamental en momentos de dificultad. Pueden escucharte, brindarte consuelo y ayudarte a manejar el estrés y las emociones negativas.
2. **Sentido de pertenencia.** Estas relaciones te hacen sentir que formas parte de un grupo, lo que puede aumentar tu sentido de pertenencia y autoestima. Saber que tienes un lugar en el que encajas y donde eres querido es esencial para tu salud mental.
3. **Red de seguridad.** La familia y las relaciones cercanas pueden servir como una red de seguridad en situaciones de emergencia o crisis. Puedes confiar en que estarán ahí para ti cuando más los necesites.
4. **Compartir experiencias.** Las relaciones te permiten compartir momentos felices y tristes, logros y desafíos. La capacidad de compartir experiencias enriquece tu vida y te ayuda a crecer como individuo.
5. **Aprendizaje social.** Interactuar con la familia y los amigos te brinda la oportunidad de aprender habilidades sociales, comprender diferentes perspectivas y desarrollar habilidades de comunicación efectiva.
6. **Sentido de identidad.** Tus relaciones pueden influir en tu sentido de identidad y valores. Puedes aprender y adoptar valores, tradiciones y creencias de tu familia y amigos, lo que contribuye a tu desarrollo personal.

En segundo lugar, **la riqueza es el buen estado de forma**: gozar de salud, vitalidad, pasión y una energía ilimitada. **Si no estás sano, no eres rico.** Una buena salud te permite disfrutar de la vida sin las limitaciones que pueden imponer los problemas de salud crónicos o las enfermedades. Te proporciona más energía y vitalidad, lo que te permite participar en diversas actividades y aprovechar al máximo cada día. **Mantener una buena forma física puede contribuir a una vida más larga y saludable**, lo que te brinda más tiempo para disfrutar de tus pasiones y relaciones.

Mantener una buena forma y gozar de buena salud requiere la incorporación de hábitos saludables a tu vida diaria. Aquí te presento **cinco hábitos** prácticos que pueden ayudarte a lograrlo:

7. **Alimentación equilibrada:**

    - Consume alimentos variados, que incluyan frutas, verduras, proteínas magras, granos enteros y grasas saludables.
    - Controla las porciones y evita el exceso de azúcares refinados, alimentos procesados y grasas saturadas.
    - Bebe suficiente agua para mantenerte bien hidratado.

8. **Ejercicio regular:**

    - Establece un plan de ejercicios que se adapte a tu nivel de condición física y a tus objetivos.
    - Realiza al menos 150 minutos de actividad física moderada o 75 minutos de actividad vigorosa a la semana.
    - Combina ejercicios cardiovasculares con entrenamiento de fuerza y flexibilidad para mantener un cuerpo equilibrado y fuerte.

9. **Sueño de calidad:**

    - Establece un horario de sueño regular y asegúrate de dormir de 7 a 9 horas por noche.
    - Crea un ambiente propicio para el sueño, manteniendo la habitación oscura, tranquila y a una temperatura adecuada.
    - Evita la exposición a pantallas electrónicas antes de acostarte, ya que pueden interferir en la calidad del sueño.

10. **Manejo del estrés:**

    - Practica técnicas de relajación, como la meditación, el yoga o la respiración profunda, para reducir el estrés.
    - Establece límites claros en tu trabajo y tu vida personal para evitar el agotamiento.
    - Encuentra actividades que te relajen y te ayuden a desconectar, como la lectura, el arte o la música.

11. **Exámenes médicos regulares:** programa revisiones médicas periódicas con tu médico de cabecera para detectar y prevenir posibles problemas de salud.

No olvides que los cambios en los hábitos de estilo de vida pueden tomar tiempo, así que sé paciente contigo mismo mientras trabajas en mejorar tu salud y forma física.

Y, finalmente, la riqueza es libertad y posibilidad de elección: ser libre para vivir como quieras hacerlo, lo que quieras vivir, cuando quieras vivirlo y donde quieras vivirlo. Ser libre de los jefes, de los despertadores y de las presiones que ejerce el dinero. Ser libre para perseguir tus sueños con pasión. Tener la libertad de criar a tus hijos como mejor te parezca. Y verte libre de la monotonía de hacer lo que odias. La libertad consiste en vivir la vida como a uno le plazca.

La libertad brinda protección a la salud y las relaciones. Sólo tú puedes definir tu libertad y cómo prefieres vivir. Si quieres la libertad de volar en *jets* privados, ésa es tu idea de la libertad. Si quieres la libertad de llevar un estilo de vida minimalista, ésa es tu idea. **¡La libertad es diferente para cada uno!** Dentro de tu definición personal, encontrarás una gran pieza de tu rompecabezas de la riqueza. En cambio, la versión de la libertad que nos brinda la sociedad conduce al purgatorio.

En palabras del escritor y filósofo estadounidense **Henry David Thoreau**: «La riqueza es la capacidad de experimentar la vida plenamente».

Tom Corley realizó un estudio inicial que luego convirtió en un libro: *Rich habits: The daily success habits of wealthy individuals* [Los hábitos diarios de éxito de las personas ricas]. Para realizar dicho estudio, entrevistó a 225 personas ricas durante tres años. Las **conclusiones más interesantes** a las que llegó son las siguientes:

1. El 80 por ciento de los ricos destina 60 minutos al día a educarse: desarrollan una habilidad o aumentan su conocimiento.
2. Dedican 30 minutos diarios al ejercicio aeróbico (ejercicio de resistencia o cardiovascular). Los ricos lo explican diciendo que no se puede ganar dinero desde una cama de hospital.
3. El 90 por ciento usa 30 minutos al día a construir relaciones (reforzar las relaciones existentes y construir nuevas): «Son fundamentales porque los eventos de la vida siempre se basan en emociones, y las emociones crean recuerdos poderosos. Te recordarán a ti y a tu llamada».

4. Priorizan también diariamente ciertas actividades de relajación y ocio.

#LosTrucosDeLosRicos3

El rico sabe que si haces un mal uso del dinero, éste hará un mal uso de ti.

@juanharo

Truco 59

Chequeo de la salud financiera

Los ricos hacen un chequeo de su salud financiera de forma regular. Las finanzas son importantes, y el chequeo financiero te permitirá conocer cómo fluye tu dinero. Al realizarlo, podrás reaccionar a los cambios y dispondrás de más información para tomar decisiones.

Para el chequeo de tu salud financiera, deberás revisar estos **doce puntos (*checklist*)**:

1. Conocer los saldos de tus cuentas bancarias y otros ingresos.
2. Hacer una lista de acreedores y deudores.
3. Comprobar los gastos de tarjetas de crédito y agruparlos.
4. Saber qué ingresos futuros van a llegar.
5. Conocer los gastos o pagos futuros.
6. Comprobar las domiciliaciones bancarias y gastos automatizados.
7. Comprobar tus inversiones y conocer la rentabilidad que ofrecen.
8. Comprobar tus aportaciones, donaciones, planes de jubilación, ahorro...
9. Comprobar los préstamos existentes y su situación.
10. Comparar tu balance de ganancias y pérdidas con el año anterior.
11. Conocer tus impuestos.
12. Saber lo que ganas al mes, a la semana y al día.

Te invito a que revises la lista anterior e imites este truco de los ricos. Puntúa del 1 al 10 los doce puntos anteriores, siendo 1 la puntuación más baja y 10 la más alta. Es decir, los aspectos que tienes dominados o controlados tendrán puntuaciones altas, pero los que tienes que poner en práctica serán los que puntúes bajo. Escoge los **tres más importantes para ti** y comienza a incorporarlos a tus rutinas, como, por ejemplo, el número 12: poca gente sabe lo que gana a la semana o al día. Esto es importante. Serás más consciente de tu situación.

Recuerda: «olvidar una deuda no la paga». Este chequeo de salud financiera te permitirá tomar conciencia de la realidad. Mi recomendación es realizarlo trimestral o semestralmente.

La mayoría de las personas piensan que es el Estado quien debe tener la responsabilidad de asegurar un nivel de vida digno. De hecho, aquí tienes las **cifras de varios países de Europa** (libre mercado):

Gráfico 2. ¿Cuál de las siguientes frases se acerca más a tu opinión?

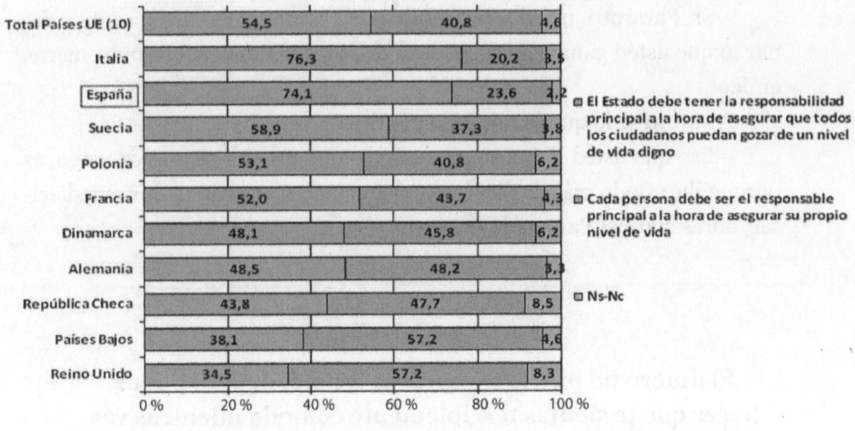

Fuente: M. Llamas, «Los españoles quieren más Estado y menos mercado», *Libre Mercado*, 5 de abril de 2013, <https://www.libremercado.com/2013-04-05/los-espanoles-quieren-mas-estado-y-menos-mercado-1276486660/>.

Defienden que el **Estado debe jugar un papel más activo** en la economía (intervencionismo), más allá incluso de la provisión de servicios públicos como la sanidad, la educación o las pensiones.

Así, a nivel europeo, entre el 55 y el 65 por ciento de la población cree que el Estado tiene «mucha» responsabilidad a la hora de asegurar la **cobertura sanitaria**, las **pensiones** y también controlar los beneficios de los bancos, pero en el caso de España este porcentaje oscila entre el **77 y el 86 por ciento**. De igual modo, entre el 64 y el 77 por ciento de los españoles cree que el gobierno tiene «mucha responsabilidad» en garantizar los depósitos bancarios, mantener los precios bajo control y proporcionar una vivienda «digna» a todos, una media muy superior a la del resto de Europa (entre el 44 y el 47 por ciento de la población).[8]

Es muy escasa la proporción que no atribuye responsabilidad alguna al Estado en el conjunto de asuntos planteados. Los españoles destacan por una intervención más extendida e intensa del Estado frente al promedio. El rico no entra en estas estadísticas, no quiere depender de un tercero, sea éste el Estado, una empresa, un banco o un familiar lejano.

Para acabar este truco, una bonita anécdota del gran **Luciano Pavarotti**, un tenor lírico italiano, uno de los cantantes contemporáneos más célebres de todos los tiempos, tanto en el mundo de la ópera como en otros géneros musicales:

> En una entrevista antes de cantar en Buenos Aires, un periodista curioso le comentó:
>
> —Sr. Pavarotti, usted sabe, resulta fácil cantar como usted canta y ganar lo que usted gana con ese pedazo de voz que tiene. ¡Ha tenido suerte, amigo!
>
> Pavarotti se lo quedó mirando y le dijo:
>
> —Eso que usted llama suerte, esa voz que usted dice que yo tengo, es porque ¡he estado más de diez años entrenando mi garganta durante dieciséis horas diarias! Para nada es suerte.

#LosTrucosDeLosRicos3

El dinero no puede comprar la felicidad, pero puede hacer que te sientas terriblemente cómodo mientras vas en su busca.

@juanharo

8. Llamas, Manuel, «Los españoles quieren más Estado y menos mercado», *Libre Mercado*, 5 de abril de 2013, <https://www.libremercado.com/2013-04-05/los-espanoles-quieren-mas-estado-y-menos-mercado-1276486660/>.

Truco 60

Serotonina

Los ricos siempre han tenido muy presente que la serotonina es crucial para disfrutar de la vida. Se encuentren como se encuentren, buscan momentos para ampliar su nivel de serotonina, un neurotransmisor que juega un papel crucial en el sistema nervioso central de los seres humanos y en otros animales. Es conocida como la **«molécula de la felicidad»** debido a su implicación en la regulación del estado de ánimo y de las emociones. Esta sustancia química se sintetiza principalmente en las neuronas serotoninérgicas del cerebro y se encuentra también en ciertas células del sistema nervioso periférico y en el tracto gastrointestinal.

Funciones y beneficios de la serotonina en el ser humano:

1. **Regulación del estado de ánimo.** La serotonina desempeña un papel fundamental en el equilibrio emocional y la regulación del estado de ánimo. Niveles adecuados de serotonina están asociados con una mayor sensación de bienestar y felicidad, mientras que niveles bajos pueden contribuir a la depresión y la ansiedad.
2. **Sueño y ritmo circadiano.** La serotonina también influye en la regulación del sueño y el ciclo de vigilia-sueño. Es un precursor de la melatonina, una hormona que regula el ritmo circadiano y ayuda a promover el sueño.

3. **Control del apetito.** La serotonina interviene en la regulación del apetito y la saciedad. Niveles bajos de serotonina pueden contribuir a tener atracones de comida y compulsión alimentaria.
4. **Ansiedad y estrés.** Una adecuada regulación de la serotonina puede ayudar a reducir los niveles de ansiedad y estrés, ya que actúa como un neurotransmisor modulador del sistema nervioso.
5. **Funciones cognitivas.** La serotonina también está involucrada en diversas funciones cognitivas, como la memoria y el aprendizaje.
6. **Salud cardiovascular.** Algunos estudios sugieren que la serotonina puede tener efectos beneficiosos en la salud cardiovascular, pues promueve la vasodilatación y reduce la presión arterial.

Es importante señalar que la serotonina es sólo uno de los muchos elementos que influyen en el bienestar emocional y la salud mental, y su regulación es compleja. La dieta, el ejercicio, el sueño y otros aspectos del estilo de vida también pueden influir en los niveles y la función de la serotonina en el organismo.

Hay varias formas prácticas para estimular la segregación de serotonina en el organismo de manera natural. Te presento **diez hábitos y actividades** que pueden ayudar a aumentar los niveles de serotonina y, por tanto, a disfrutar de la vida (y los ricos lo saben):

1. **Alimentación equilibrada.** Consumir una dieta equilibrada y rica en triptófano puede favorecer la producción de serotonina. El triptófano es un aminoácido esencial que se encuentra en alimentos como pavo, pollo, plátanos, nueces, huevos, lácteos y productos de soja. El triptófano es precursor de la serotonina, por lo que aumentar su ingesta ayuda a elevar los niveles de este neurotransmisor.
2. **Exposición a la luz solar.** La luz solar estimula la producción de serotonina en el cerebro. Salir al aire libre durante el día, especialmente en la mañana, puede ser beneficioso para mejorar el estado de ánimo y regular el ciclo de sueño-vigilia.
3. **Ejercicio físico.** La actividad física regular ha demostrado ser efectiva para aumentar los niveles de serotonina. El ejercicio aeróbico, como caminar, correr, nadar o andar en bicicleta, puede ser especialmente beneficioso.
4. **Prácticas de relajación y meditación.** La meditación y otras técnicas de relajación reducen el estrés y promueven la liberación de serotonina en el cerebro.

5. **Contacto social y apoyo emocional.** Mantener relaciones sociales significativas y contar con un sólido apoyo emocional ayuda a mejorar el bienestar emocional y aumentar los niveles de serotonina.
6. **Actividades placenteras.** Participar en actividades que nos brinden placer y satisfacción, como *hobbies*, escuchar música, leer o cualquier otra forma de entretenimiento, aumenta la producción de serotonina.
7. **Sueño adecuado.** Dormir el tiempo suficiente y tener una buena calidad de sueño es importante para mantener niveles óptimos de serotonina y regular las emociones.
8. **Exposición a la naturaleza.** Pasar tiempo en la naturaleza y rodearse de entornos verdes también se ha relacionado con una mejora del bienestar emocional y la producción de serotonina.
9. **Terapia de luz.** En casos de trastorno afectivo estacional (TAE) o depresión estacional, la terapia de luz, que consiste en exponerse a una luz brillante, puede ayudar a estimular la producción de serotonina.
10. **Evitar el estrés crónico.** Trata de manejar el estrés y evitar situaciones de tensión prolongada, ya que el estrés crónico afecta negativamente a los niveles de serotonina.

Es importante recordar que cada persona es diferente, por lo que algunas actividades pueden tener un mayor impacto que otras. Y como muestra, un botón, **veamos cómo el protagonista de esta historia supo aprovechar su momento de serotonina**:

Un explorador se encontró en plena selva con una manada de leones que se le echaron encima. Empezó a correr y los leones lo persiguieron. Cuando creyó que se había alejado lo suficiente, se dio cuenta de que estaba al borde de un precipicio. Su camino estaba cortado y los leones estaban a punto de alcanzarle. Miró hacia abajo y vio un río, pero estaba infestado de cocodrilos.

Los leones se acercaban, los cocodrilos le esperaban con sus fauces abiertas. Nuestro explorador vio entonces en el acantilado una enorme raíz que podría aguantar su peso. Dio un salto y se agarró fuertemente a ella. Los leones rugían, los cocodrilos aguardaban. Él se mantenía agarrado a la raíz.

Entonces se dio cuenta de que dos roedores estaban cortando con sus dientes la raíz de la que se agarraba. La situación no podía ser peor. De pronto, algo le llamó la atención. Junto a él había una mata y en ella destacaba una enorme fresa, jugosa y llena de color.

El explorador la miró y delicadamente, para no estropearla, la cogió y se la llevó a los labios. ¡Estaba dulce y madura! ¡Qué bien le supo! ¡Cómo la saboreó mientras se la comía!

Esta historia que acabas de leer se la contó hace tiempo un buen amigo a mi profesor de oratoria Eduardo Criado (actor, escritor y formador), y éste le dijo: «A pesar de todo, por terribles que sean las circunstancias que estemos atravesando, la vida puede ofrecernos en cualquier momento una fresa, sabrosa, dulce y madura. De nosotros depende saborearla».

#LosTrucosDeLosRicos3

La serotonina, ese químico de la felicidad, no se mide por la cantidad de dinero en el banco, sino por la riqueza de las relaciones y las experiencias significativas en la vida.

@juanharo

Truco 61

Anormales

Según la sociedad, lo normal es despertarse a las seis de la mañana, lidiar con el tráfico y pasar ocho horas en la oficina. Lo normal es trabajar como esclavo en un empleo de lunes a viernes, ahorrar el 10 por ciento de lo que ganas y seguir así durante cincuenta años.

Lo normal es comprarlo todo a crédito. Es creer en la ilusión de que el mercado de valores te hará rico. Creer que un automóvil más rápido y una casa más grande te harán feliz. Estás condicionado a aceptar qué es lo normal según la definición que la sociedad hace de la riqueza y, debido a eso, tu idea de lo normal está corrompida. De acuerdo con la sociedad, lo normal es la esclavitud moderna. Sin embargo, el rico huye de lo normal, porque suele arrojar resultados que no satisfacen los intereses y ambiciones que el rico tiene, entre ellos disfrutar de la vida.

La palabra «anormal» se utiliza para describir algo que se desvía de la norma o de lo que es considerado como normal o típico en una determinada situación o contexto. Esta desviación puede referirse a comportamientos, características físicas, procesos biológicos o cualquier otro aspecto que se aleje de lo que generalmente se espera o se considera común.

Lo anormal nos hace volar, lo normal nos limita. Lo normal nos frena, porque todo el mundo lo hace, lo anormal nos invita a profundizar, a descubrir nuevos senderos por los que casi nadie transita.

La frase «lo normal es enemigo de lo bueno» sugiere que conformarse con lo que es considerado normal o promedio puede impedir alcanzar un nivel superior de excelencia o calidad en cualquier aspecto de la vida. A continuación, te presento algunas **razones y ventajas** por las cuales interesa imitar al rico al poner en práctica lo anormal:

1. **Estancamiento.** Cuando una persona o una organización se conforman con lo normal o lo promedio tienden a dejar de esforzarse por mejorar. Esto conduce al estancamiento, de manera que ya no se buscan formas de innovar o superar los estándares existentes.
2. **Comodidad.** La normalidad a menudo se asocia con «es lo que hay», situación en la que las personas se sienten seguras y cómodas. Sin embargo, el crecimiento y la excelencia generalmente requieren salir de ese «es lo que hay» para encontrar nuevos caminos y enfrentar desafíos.
3. **Limitación del potencial.** Si alguien se contenta con lo normal, puede que nunca descubra su verdadero potencial. La búsqueda de la excelencia implica aspirar a más y explorar hasta dónde se puede llegar en lugar de conformarse con lo mínimo necesario.
4. **Competencia.** En muchos ámbitos, la competencia es feroz. Si una persona o una empresa se contenta con lo normal es probable que se quede atrás, frente a aquellos que buscan constantemente mejorar y sobresalir.
5. **Adaptación a los cambios.** El mundo está en constante evolución y cambio. Lo que una vez fue considerado normal puede volverse obsoleto o ineficiente con el tiempo. Aquellos que se aferran a lo normal pueden tener dificultades para adaptarse a nuevas circunstancias o tecnologías. Lo que hoy es normal, antes era impensable, y viceversa. Ocurre como con las modas: van y vienen. Por tanto, no debemos aferrarnos a lo normal ni a lo preestablecido.
6. **Satisfacción personal.** Buscar la excelencia y superar lo normal puede brindar una mayor satisfacción personal y un sentido de logro. Alcanzar metas más elevadas puede generar una sensación de realización que no se obtiene conformándose con lo mínimo.
7. **Innovación y progreso.** La búsqueda de la excelencia (de lo anormal) a menudo implica la búsqueda de soluciones innovadoras y la introducción de cambios positivos. Esto puede llevar

al progreso tanto en el ámbito individual como en la sociedad en su conjunto.

8. **Autenticidad.** Al no conformarse con las expectativas sociales o las normas tradicionales, una persona «anormal» puede vivir de acuerdo con sus propios valores, creencias y deseos. Esto conduce a una vida más auténtica y genuina.
9. **Mayor libertad.** La liberación de las restricciones de las normas sociales puede llevar a una mayor libertad para explorar, experimentar y tomar decisiones que se ajusten mejor a lo que se quiere en la vida.
10. **Creatividad.** Las personas «anormales» a menudo tienden a ser más creativas y a encontrar soluciones fuera de lo común a los problemas. Esto puede llevar a experiencias más ricas y gratificantes.
11. **Menos presión.** La búsqueda de la normalidad a menudo viene acompañada por una gran presión para encajar en los moldes preestablecidos. Si te liberas de esa presión, vivirás con menos estrés y ansiedad.
12. **Exploración de nuevos horizontes.** Ser «anormal» significa estar dispuesto a aventurarse en territorios no explorados. Esto te llevará a descubrimientos emocionantes y nuevas pasiones.
13. **Conexiones auténticas.** Al ser auténtico y honesto contigo mismo es más probable que atraigas a personas que realmente te acepten y te apoyen tal como eres, lo que conduce a tener relaciones más profundas y significativas.
14. **Empoderamiento.** La decisión de ser «anormal» puede ser poderosa y darle a uno un mayor sentido de control sobre su vida y su destino.
15. **Inspiración para otros.** Si vives de manera auténtica y valiente, inspirarás a otros a hacer lo mismo y romperás con las normas restrictivas que pueden estar limitando su propia felicidad.
16. **Diversidad y enriquecimiento cultural.** La diversidad en la forma de pensar y vivir enriquece a la sociedad en su conjunto, y fomenta una comprensión más profunda y una apreciación de las diferencias.

Aunque ser «anormal» puede tener sus ventajas a la hora de disfrutar de la vida de manera más plena, es importante recordar que no hay una única forma correcta de vivir, y lo que es «normal» o «anormal» varía según la cultura y las circunstancias. La clave está en encontrar un equilibrio entre ser auténtico y respetar las normas sociales necesarias para la convivencia y el respeto mutuo.

Ser anormal para el rico es resaltar la importancia de aspirar a más, de no conformarse con la mediocridad y de buscar continuamente la mejora y la excelencia en diferentes aspectos de la vida. Esto no significa que lo normal sea expresamente malo, sino que es importante no detenerse en lo normal cuando se tiene el potencial de alcanzar niveles más altos de calidad, logro y satisfacción.

El hecho es que hay muchos millonarios y profesionales muy bien remunerados que son absolutamente desgraciados, pues esto no tiene nada que ver con el dinero. Tiene que ver con la libertad. El dinero los posee, en lugar de ser ellos los dueños de su dinero. El adicto al trabajo bien remunerado que nunca está en casa para fortalecer la relación con su pareja y con sus hijos es probable que sea menos feliz que el pobre agricultor de Tailandia que pasa la mitad del día ocupándose de sus campos y la otra mitad con su familia. Y hasta aquí puedo contar de este truco.

#LosTrucosDeLosRicos3

La grandeza no suele encontrarse en lo normal, sino en la extraordinaria capacidad de superar lo común.

@juanharo

Truco 62

Cinco minitrucos en los negocios

Además de patrimonio, el rico tiene negocios, por tanto, una parte importante del disfrute de la vida es aplicar sus trucos. Ya sabes, la información es poder sólo si la utilizas y la pones en práctica. Y el rico lo sabe.

Truco 62: MT 1

Conocer la información que facilitan los bancos al Ministerio de Hacienda. El rico sabe qué información facilitan los bancos a las autoridades, y no tiene nada de extraño conocer dicha información para poder prevenir posibles investigaciones que pueden evitarse. En la primera parte del libro *Los trucos de los ricos*, en el truco 24, comentaba cómo funcionan los inspectores de Hacienda, independientemente de que tengan o no prueba alguna, ellos van a cobrar por abrir expedientes. Aquí podemos ver **cinco tipos de operaciones** de las que la banca informa a Hacienda:

1. Operaciones con billetes de 500 euros.
2. Préstamos o créditos hipotecarios superiores a 6.000 euros (no están incluidos los préstamos entre empresas ni préstamos familiares).
3. Ingresos superiores a 3.000 euros en metálico.

4. Ingresos recurrentes que recibas en tu cuenta bancaria. En teoría, la banca debe facilitar esta información de ingresos recurrentes a Hacienda, pero en realidad no siempre lo hace.
5. Transferencias interbancarias que superen los 10.000 euros. Los bancos son como delegaciones de Hacienda, aunque no pasen toda la información que les exigen.

No está de más recordar lo que persigue Hacienda. En España, según la Ley 7/2012 de la normativa tributaria, el límite para transferir dinero sin declararlo se fija en 10.000 euros. Este máximo se aplica también para otras operaciones, como retirar de dinero en cajeros, mediante la banca en línea o con el teléfono móvil.

En cuanto a los ingresos, la cantidad máxima es menor. En estos casos, Hacienda podrá investigar los cobros a partir de 3.000 euros, y la transacción queda registrada automáticamente en el banco. Si se trata de un préstamo, no obstante, no deberá superar los 6.000 euros, o de lo contrario se tendrá que notificar a la Agencia Tributaria. También se notificarán en todos los casos los pagos y cobros en efectivo de más de 3.000 euros o aquellos en los que se pague con billetes de 500 euros.

El límite está en 1.000 euros para las operaciones que podemos hacer en metálico para que la Agencia Tributaria no ponga el ojo encima. Mucho cuidado con excederse en los ingresos en cuenta. Esta sanción consistirá en multa pecuniaria proporcional del 25 por ciento de la base de la sanción.

Hablando de Hacienda y de los españoles, según datos oficiales, los españoles trabajan 193 días al año para pagar a Hacienda, este año un 9 por ciento más que el anterior. Más y más impuestos que hacen que nos convirtamos en funcionarios o recaudadores de impuestos a costa de nuestro trabajo sin cobrar por ello. A partir del día 193, lo que ganemos es para nosotros, pero se nos va más de medio año sin recibir un euro, todo para mantener la maquinaria jurásica del Estado. En el año 2022, Hacienda batió el récord de recaudación: casi 100.000 millones de euros directos a sus arcas en tan sólo cinco meses, un 19 por ciento más de recaudación que el año anterior. Entiendo que, por tanto, tendremos mejores hospitales, carreteras, universidades, etcétera (entiéndase la ironía).

Truco 62: MT 2

Causas más comunes para que te inspeccione Hacienda (según comunica un inspector de Hacienda):

- Los datos que tú facilitas y que son incongruentes con los que los bancos proporcionan a Hacienda.
- También cuando se producen denuncias de terceros, anónimas o no.
- Información que no cuadra: pérdidas poco creíbles.
- Cuando solicitas devoluciones de IVA.
- Cuando hay aperturas de empresa si ya eres administrador de una empresa que está inactiva.
- Descuadres de contabilidad.
- Entrega de información de forma irregular (varias complementarias en un año).
- Cuando solicitas el CIF intracomunitario.
- Cuando estás dado de alta como autónomo por módulos.

Cuando hay beneficios o facturación alta en una sociedad existe un rumor o temor extendido de que puedes sufrir una inspección si de un año para otro la facturación o los beneficios se multiplican por cuatro. Si es así, no existe una alarma que salta en Hacienda, pero sí es importante que prepares la contabilidad y la documentación para presentarlas correctamente si Hacienda solicita información. No pasa nada. Es cierto que hay muchas empresas que facturan mucho, pero los beneficios no son muy abultados.

Truco 62: MT 3

Como empresario, es positivo invertir en aquello que, como persona física, tengamos el control. Toda empresa (independientemente de su actividad habitual) debe intentar mover su capital y beneficios para lograr mejores rentabilidades, es decir: invertir. Además, si buscamos proteger el dinero en caso de «corralito», inspecciones o posible quiebra, es importante, a lo largo de la vida de la empresa, lo que enumero a continuación:

- Comprar oro físico.
- Realizar préstamos participativos en compra de inmuebles.

- Realizar préstamos a una empresa amiga.
- Invertir en tokens no fungibles (NFT, por sus siglas en inglés; arte digital) cuando se tenga el control de las criptomonedas mediante *wallets* privados.
- Comprar criptomonedas en *exchange* (bitcoins, Ethereum y otras muchas).

Si se hace esto, el control lo tiene el empresario y dichos activos no son embargables.

Los autónomos y pymes imitan a los ricos cuando contratan empresas como Adaptalia para estar constantemente solicitando subvenciones que concede la administración. Muchas de estas empresas cobran sólo cuando tienen éxito y se recibe la subvención.

Truco 62: MT 4

Socios en un proyecto. Reparto de beneficios. Cuando se empieza un negocio o actividad concreta e intervienen varias personas es interesante evaluar el trabajo que va a realizar cada uno y fijar las tarifas, además de llevar el control de gastos en un Excel. Una vez que el negocio ha terminado, o bien cuando se decide repartir beneficios, el rico aplica dos tipos de pagos: uno por el trabajo que cada uno ha desarrollado y otro por el porcentaje de los beneficios finales. No es justo que tres o cuatro socios inicien un proyecto y cobren por igual sin prestar atención a la labor que cada uno ha realizado. Esto debe ser tratado como un coste independiente de los beneficios. Así se evitan problemas o sensaciones de que una persona ha puesto más que otra en la empresa o negocio.

Los ricos no reparten los porcentajes de forma simétrica al montar sociedades. Cuando se monta un proyecto o sociedad no se aconseja que todos tengan la misma participación, porque cada uno tiene unas habilidades diferentes, responsabilidades y aportaciones distintas, ni siquiera la dedicación es la misma. Alguien de los cuatro tendrá que mandar (sea o no el administrador) y deberá corresponderle más del 25 por ciento.

Si la idea para montar el negocio ha surgido de una de las cuatro mentes y no es una obra colectiva, eso también debe contar. Si dos personas van a dedicarse a tiempo completo en una fase inicial y las otras dos a tiempo parcial, también cuenta. Si la empresa depende de forma muy relevante de los conocimientos únicos de uno de los cuatro miembros de la empresa, eso también deberá tenerse en cuenta, y mucho, para el reparto.

Si la empresa se funda con 4.000 euros de ahorros de los cuatro cofundadores y dos de los cuatro no han aportado ni 1.000 euros, eso cuenta muchísimo: no se puede repartir la tarta en cuatro trozos iguales porque la contribución de los fundadores no es proporcional.

Truco 62: MT 5

Conocer las cifras al crear negocios o empresas. Es importante reconocer como falso lo que es falso y como verdadero lo que es verdadero, porque es muy fácil engañarnos a nosotros mismos. Pero la realidad es que cada año cierran 40.000 empresas, unas 110 por día. Dos de cada tres empresas cierran su empresa antes de dos años, y de las que sobreviven, sólo la mitad llega a los cinco años, el resto terminan cerrando. Resumiendo, de cada cien empresas, sólo dieciséis llegan vivas a los cinco años. Ésa es la realidad.

En 1958, una empresa tenía un promedio de vida de sesenta y un años, hoy no pasa de dieciocho. Son muy pocas las empresas que sobreviven de una generación a otra. El rico sabe que, si sus negocios quieren sobrevivir empresarialmente, **requieren lo siguiente**:

- Talento diverso, un equipo apasionado que domine diferentes áreas.
- Creatividad para no tener que tirar únicamente de recursos propios.
- Contar con expertos en impuestos, leyes y fiscalidad.
- Auditores de tendencias de estados contables.
- Producto o servicio en demanda que constantemente esté evolucionando.
- Contar con una estrategia definida.

Y para finalizar este truco, una historia con algo de humor:

Un millonario decide celebrar una fiesta en una de sus mansiones y en determinado momento pide que la música pare para poder hablar. Tiene una piscina llena de cocodrilos australianos, y mirando hacia ella dice:

—A quien se tire a la piscina, consiga atravesarla y salga vivo por el otro lado, le daré mis coches de lujo, mis aviones y mis mansiones.

En ese momento, alguien salta a la piscina...

La escena es impresionante: se produce una lucha intensa, el intrépido se defiende como puede, sostiene la boca de los cocodrilos con pies y manos, tuerce la cola de los reptiles.

Mucha violencia y emoción. ¡Parecía una película de Cocodrilo Dundee!

Después de algunos minutos de terror y pánico, el valiente hombre sale de la piscina de cocodrilos lleno de arañazos, hematomas y casi desnudo.

El millonario se aproxima, lo felicita y le pregunta:

—¿A nombre de quién quiere que entregue los coches y los aviones?

—Gracias, pero no quiero sus coches ni sus aviones.

—¿Y las mansiones? —insiste el millonario.

—Tengo una hermosa casa, no preciso de las suyas. Puede quedarse con ellas. ¡No quiero nada que sea suyo!

Impresionado, el millonario pregunta:

—Pero si no quiere nada de lo que ofrecí, ¿qué quiere entonces?

Y el hombre responde irritado:

—¡Encontrar al malnacido que me empujó a la piscina!

Debemos confiar en nosotros mismos, en nuestra capacidad oculta, y el rico lo sabe.

#LosTrucosDeLosRicos3

Los ricos no les echan la culpa a las circunstancias. Sólo empieza a hacer algo aquel que se levanta y busca la circunstancia, y si no la encuentra, intenta crearla, busca caminos ocultos. Así logra saber cosas que pocos conocen.

@juanharo

Truco 63

Autómatas y público equivocado

Antes de dudar de sí mismo, el rico duda de si el público al que se dirige es el correcto. El no rico es quien se culpa a sí mismo, duda de lo que tiene, de si está maldecido o busca qué es lo que hace mal. Somos demasiadas veces autómatas. Déjame explicarte este truco de los ricos con un ejemplo, con una **historia real, un experimento realizado en Washington.**

> El experimento se realizó el 12 de enero del 2007, a las 7.51 horas, en plena hora punta. El prestigioso violinista Joshua Bell salió de un vagón de metro en la estación L'Enfant Plaza (Washington D. C.) y se colocó contra una pared al lado de una papelera. Nadie lo reconoció a simple vista, pues se había vestido con pantalones vaqueros, una camiseta de manga larga y una gorra de béisbol de los Nationals de Washington. En menos de una hora pasaron delante de él más de mil personas, la mayoría de ellas con destino a su lugar de trabajo, pues L'Enfant Plaza es, sin duda, uno de los centros laborales neurálgicos de Washington D. C.
>
> De un pequeño maletín, sacó un violín (de hecho, uno de los más valiosos que se han fabricado en la historia) y astutamente dejó unos pocos dólares y algunas monedas antes de disponerse a tocar. En los siguientes 43 minutos interpretó seis piezas clásicas, no piezas populares, sino algunas de las más elegantes que jamás se han compuesto, obras maestras que han perdurado durante siglos por su brillantez, una música acorde con la

grandeza de catedrales y auditorios nacionales. Interpretó las obras con un entusiasmo acrobático, contorsionando el cuerpo mientras tocaba y poniéndose de puntillas en las notas más altas. El sonido era casi sinfónico, llegaba a todas partes, según *The Washington Post*, gracias a que la acústica era sorprendentemente buena. A pesar de que la galería es de un diseño sencillo, el espacio comprendido entre la escalera mecánica del metro y la salida de algún modo resultó ser un espacio acústicamente aceptable.

El músico comenzó su particular concierto con la *Chacona* de Bach, una de las piezas de violín más difíciles de dominar. Muchos lo intentan, pero pocos lo logran, pues es bastante larga (14 minutos) y consiste en su totalidad en una progresión musical que se va repitiendo en docenas de variaciones para crear una arquitectura compleja de sonido.

Pasaron tres minutos antes de que alguien mostrase algún interés. Más de sesenta personas ya habían pasado delante de él cuando un hombre de mediana edad alteró su paso por una fracción de segundo, volviendo la cabeza para apreciar que había un artista tocando música. Sí, el hombre siguió caminando, pero por lo menos, en ese acto ya había interés.

Medio minuto más tarde, Bell recibió su primera donación. Una mujer arrojó un dólar y se marchó. No fue hasta al cabo de un rato que alguien realmente se paró a escuchar lo que tocaba con tranquilidad.

En los tres cuartos de hora que Joshua Bell tocó, tan sólo siete personas dejaron lo que estaban haciendo para escucharle y disfrutar de la actuación, al menos por un minuto, salvo una de ellas, que lo reconoció y se acercó a decirle que le encantaba cómo tocaba y que lo había visto en un gran concierto.

Veintisiete dieron dinero, la mayoría de ellos sin detenerse, en total 32 dólares. El resto de los transeúntes pasaron de largo sin molestarse si quiera en mirar. Nunca hubo una multitud de espectadores, como el propio Bell esperaba. Joshua Bell cobra 1.000 dólares por minuto. Lo más curioso es que tan sólo tres días antes, Joshua Bell, en un concierto, llenó el Symphony Hall de Boston, donde los asientos cuestan 100 dólares el más económico.[9]

Josua Bell es uno de los violinistas más famosos del mundo. Recibió su primer violín a los cuatro años, y a los doce comenzó a estudiar con Josef Gingold en la Universidad de Indiana. A los catorce años tocó con Riccardo

9. Rodríguez, Javier, «Experimentos psicosociales – N.º 11: El famoso violinista ignorado en el metro (*The Washingon Post*, 2007)», Fundación iS+D para la Investigación Social Avanzada, 13 de diciembre de 2019, <https://isdfundacion.org/2019/12/13/experimentos-psicosociales-n11-el-famoso-violinista-metro/>.

Muti y la Orquesta de Filadelfia y, a los diecisiete, hizo su debut en el Carnegie Hall.

Este experimento explica lo que el rico ya sabe: la belleza está reservada muchas veces para aquel que tiene tiempo, para quien no actúa como un autómata, quien sabe apreciarla. Ésta podría ser la primera conclusión: debemos dejar de ser autómatas, de ir por la vida como robots programados, pensar si lo que hacemos nos acerca a donde queremos llegar. La segunda conclusión es un poco más extensa: saber si lo que compartimos con el mundo está dirigido al público correcto. Puedes tener un negocio, un producto, un servicio maravilloso, una forma de ser peculiar, pero ¿te estás dirigiendo al público correcto?

Muchas veces sucede que al elegir otro nicho (público) diferente, tu pieza encaja perfectamente en el puzle. No eras tú quien no valía, el problema no era lo que tenías para ofrecer, sino que te estabas dirigiendo a un público que no era el correcto. Piénsalo, amigo lector. Esto es válido para todo: no solamente en el ámbito de los negocios o el empresarial, sino también en el humano, en el social. Todos brillamos en muchos sentidos, pero no todos pueden apreciarlo.

Apple comenzó como una empresa de ordenadores personales, pero su éxito verdadero se produjo cuando se enfocaron en nichos de mercado específicos, como la industria creativa, con productos como el Macintosh.

Originalmente, Netflix era un servicio de alquiler de DVD en línea. Sin embargo, su éxito real llegó cuando se diversificaron en la transmisión de contenido de vídeo en línea. Se han enfocado en la creación de contenido original y se han adaptado a diferentes audiencias y gustos en todo el mundo.

Patreon ha tenido éxito al centrarse en un nicho específico de creadores que desean monetizar su contenido y mantener una relación directa con sus seguidores.

El rico observa, analiza y experimenta antes de anular un negocio, servicio o bien cuando es criticado, ignorado o rechazado. Piensa que quizá está en el lugar equivocado, que su público es otro. Y muchas veces acierta; otras veces simplemente lo que lanza al mundo no tiene sentido. Sobre todo, sigamos al rico, evitemos ser un autómata, seguir la senda transitada por todos o casi todos. Y antes de enterrar algo, permitamos darle la oportunidad de dirigirnos a un público diferente, quizá más reducido, posiblemente con otros gustos. Puede que ése sea su lugar.

#LosTrucosDeLosRicos3

El rico sabe que no puede gustar a todo el mundo ni lo pretende; vivir sin pasión y sólo seguir la rutina diaria es como ser un autómata en la vida.

@juanharo

Truco 64

Locura sin obsesión

El emperador romano Marco Aurelio dijo una vez: «El objetivo de la vida no es estar del lado de las masas, sino huir y encontrarse en el bando de los locos».

Bonita frase la de Marco Aurelio, hacer apología de los locos. **La gente que está tan loca como para pensar que puede cambiar el mundo es quien lo logra.** Pero si no lo logra, no pasa nada, el rico sigue disfrutando de la vida. Gente que mueve el mundo, que cambia la manera de hacer las cosas. Personas que crean un nuevo estilo. Empujan a la humanidad hacia delante. Todos nos mudamos a la otra acera cuando vemos a un loco.

> Son los locos. Los inadaptados. Los rebeldes. Los alborotadores. Los que ven las cosas de manera diferente. No les gustan las reglas. No tienen ningún respeto por el *statu quo*. Podemos citarlos, estar en desacuerdo con ellos, glorificarlos o vilipendiarlos. Lo único que no podemos hacer es ignorarlos.

Uno de los trucos de los ricos para disfrutar de la vida es no tomarse nada como un fin, sino como un medio, el rico jamás hará de ello un objetivo de vida. No sacrifica sus años por lograr un objetivo, por hacer realidad un sueño; y, si lo hace, será sin grandes sacrificios y disfrutando a la par de la vida, no requiere un gran esfuerzo por su parte, porque hace lo que le gusta. El rico escucha las señales, no se toma las cosas como si fuesen a vida o muerte, porque, insisto, no son un fin, sino un medio.

Para el rico no es cierto que deba sacrificar su vida para lograr algo grande, el mero hecho de vivir y de estar aquí es ya algo importante, que merece ser disfrutado, y el rico lo sabe. Lo mismo sucede con el dinero: siempre es un medio para lograr una mejor calidad de vida, tiempo o bien aquello que se nos antoje. Pero sin amarguras si no se consigue.

La locura, cuando se maneja de manera equilibrada, puede ser una parte importante de la vida. A menudo asociamos la locura con la creatividad, la espontaneidad y la capacidad de pensar fuera de lo convencional. Puede ser una fuente de inspiración que nos permite explorar nuevas ideas, perspectivas y posibilidades en nuestras vidas.

Sin embargo, es esencial no obsesionarse con la locura y mantener un buen equilibrio. Obsesionarse con la locura puede llevar a comportamientos destructivos y a perder de vista la realidad. Es importante poder disfrutar de la vida, encontrar un equilibrio saludable entre la locura y la estabilidad.

Si disfrutas de la vida, experimentarás momentos de alegría, emoción y satisfacción. La locura moderada puede añadir un toque de chispa y aventura a nuestras vidas, lo que permite romper con la rutina y explorar nuevas oportunidades. Sin embargo, también es importante ser conscientes de que existen muchas variables que pueden hacer peligrar lo que perseguimos, pero no pasa nada porque suceda. No debemos quemar nuestra vida por intentar alcanzarlo.

La locura puede llevarnos a aventuras y experiencias emocionantes que de otra manera podríamos haber evitado debido al miedo o a la prudencia. Estas experiencias pueden enriquecer nuestras vidas y proporcionar recuerdos duraderos, siempre que no paguemos un alto precio y perdamos las ganas de vivir, de disfrutar. Sin eso, estamos perdidos. En pequeñas dosis, la locura puede funcionar como una especie de liberación emocional. Muchos artistas, escritores y pensadores creativos han atribuido sus momentos más innovadores a períodos de «locura temporal», cuando se liberaron de las limitaciones normales de la lógica y la razón.

Es valioso abrazar la locura en la medida adecuada, ya que puede inspirar la creatividad y la innovación. Pero también debemos recordar que la estabilidad y el equilibrio son fundamentales para disfrutar plenamente de la vida y no dejarnos llevar por la obsesión o la imprudencia.

No existen promesas, sino planes de acción. Los ricos no les otorgan mucho peso a las promesas, sino al conjunto de acciones que se van a realizar, a la hoja de ruta que se va a seguir para lograr un objetivo. Un ejemplo práctico sería cuando te dicen que van a llevar a buen puerto una inversión cualquiera y te prometen una rentabilidad. El rico no cree en dicha promesa, lo que espera es que le presenten un plan de acción con el conjunto de acciones para lograr dicha rentabilidad estimada.

Aquí tienes algunos **ejemplos prácticos y ejercicios** que pueden ayudarte a lograr este equilibrio (locura sin obsesión):

1. **Establece límites de tiempo y espacio.** Dedica un par de horas al día o una tarde a la semana para actividades creativas o proyectos personales.
2. **Lleva un diario.** Anota en un diario tus ideas, pensamientos y proyectos relacionados con tus sueños y pasiones. Esto te ayudará a dar rienda suelta a tu creatividad sin preocuparte por olvidar tus compromisos y responsabilidades cotidianas.
3. **Establece metas realistas.** En lugar de obsesionarte con un sueño utópico, desglosa tus objetivos en metas más pequeñas y alcanzables. Esto te permitirá disfrutar de los pequeños logros en el camino hacia tus sueños sin sentirte abrumado.
4. **Practica la meditación y la atención plena.** Estas técnicas te ayudarán a estar presente en el momento y a evitar la obsesión constante con el futuro. Dedica tiempo a meditar y a estar en contacto con tus sentimientos y pensamientos sin juzgarlos.
5. **Encuentra un grupo de apoyo o mentor.** Busca personas que compartan tus intereses para que puedas inspirarte mutuamente y recibir orientación. Un mentor experimentado puede ayudarte a establecer prioridades y evitar caer en la obsesión, alguien que ya haya obtenido lo que tú pretendes puede ser un buen referente.
6. **Tiempo de desconexión digital.** Establece períodos regulares de desconexión digital para evitar que las redes sociales y las distracciones en línea te roben tiempo valioso. Utiliza este tiempo para sumergirte en tus proyectos y explorar tu creatividad, o simplemente disfrutar de la vida como hacen los ricos.
7. **Aprende a decir no.** Debes aprender a decir no a compromisos y actividades que no estén alineados con tus sueños y objetivos. Establece límites saludables para proteger tu tiempo y tu energía.

8. **Fomenta el equilibrio en tu vida.** Además de perseguir tus sueños, asegúrate de cuidar tu salud física y emocional. Dedica tiempo para el ejercicio, el descanso adecuado y las relaciones significativas.
9. **Aprende de tus errores.** No temas cometer errores a la hora de perseguir tus sueños. Aprende de ellos y ajusta tu enfoque en consecuencia. La locura a veces implica tomar riesgos, pero también aprender de las experiencias. Jamás te tomes los errores como algo personal.
10. **Celebra tus logros.** Reconoce y celebra tus logros, incluso los más pequeños. Esto te recordará que tu locura y tu esfuerzo están dando sus frutos y te motivará a seguir adelante.

Empezamos el truco hablando de locura, vayamos con una anécdota de un negociante que podría parecer loco...

El negociante loco

Se cuenta que un hombre de negocios muy importante comenzó sus días en una pequeña ciudad. Y de aquella época ha llegado hasta nosotros una curiosa anécdota.

Se dice que cuando este hombre era joven, un día compró un burro a un viejo campesino por cien monedas. A los tres días de la transacción, el negociante fue a recogerlo:

—Hola, campesino, he venido a recoger el burro que te compré.

—Vaya, lamento decirte que el pobre burro se ha muerto esta misma noche, estaba ya muy viejo y por eso te lo dejé tan barato —contestó el campesino.

El negociante, sorprendido, exclamó:

—Bueno, pues en ese caso devuélveme el dinero.

—No puedo, me lo he gastado y ya no lo tengo —replicó el campesino.

El negociante pensó que había sido víctima de una estafa y que aquel burro seguramente ya estaría muerto cuando se lo vendió, aun así, intentó sacar partido de aquello.

—Vale, pues dame el burro.

—Pero es que está muerto.

—Sí, ya lo sé, pero o me devuelves el dinero o me das el burro.

—Está bien —cedió finalmente el campesino—, y, por curiosidad, ¿qué piensas hacer con él?

—He pensado que lo voy a rifar.

—¿Qué? ¿Estás loco? No puedes rifar un burro muerto.

—Bueno, tú has sido capaz de vendérmelo, ¿no?

El campesino se calló y se fue a por el burro para dárselo a aquel extraño muchacho.

Pasadas ya varias semanas, el joven y el campesino volvieron a encontrarse en el mercado.

—Al final, ¿qué hiciste con aquel burro, muchacho? —preguntó el campesino.

—Como te dije, lo rifé. Vendí mil papeletas a una moneda. En total gané 999 monedas.

—¡Vaya!, sacaste diez veces más de lo que yo te cobré a ti, y por un burro muerto, pero ¿nadie se quejó?

—Bueno, en realidad sí se quejó alguien, el ganador, así que a él le devolví su moneda.

Cuando parece que todo está perdido, realmente no es así: siempre hay un camino y el rico lo sabe.

#LosTrucosDeLosRicos3

La clave está en disfrutar de la vida de manera equilibrada y consciente, aprovechando los beneficios de la locura ocasional, pero sin perder de vista nuestras responsabilidades y el bienestar general.

@juanharo

Truco 65

Cazador de oportunidades

El rico ve aquello que otras mentes no ven. Está educado para captar necesidades, llenar vacíos que existen en la calle, conocer problemas, porque detrás de cada supuesto problema existe una gran oportunidad. Se la podría llamar «la oportunidad oculta».

Knut Hamsum, inmigrante noruego, fracasó en todo lo que emprendió en Estados Unidos. Desesperado, decidió escribir la historia de sus luchas y penalidades. Este libro, que tituló *Hambre*, le valió el Premio Nobel de Literatura en 1920 y es considerada una de las más influyentes en la novela del siglo XX. Las terribles experiencias de Hamsum terminaron haciéndole rico y célebre.

Esto es sacar partido de una experiencia negativa. Este señor es un cazador de oportunidades, descubrió una oportunidad oculta.

El rico ve el otro lado de la moneda. Ve un edificio derruido con miles de problemas y le da la vuelta para poder adquirirlo sin dinero, dotarlo de vida y lograr un buen negocio. Está en su ADN, está enseñado, aleccionado y educado para ello. Ve lo que otros no ven. Es un hecho, no es bueno ni malo. Se centra en lo que puede controlar. Sabe que las monedas siempre tienen dos caras.

Es la habilidad de percibir y aprovechar oportunidades en la vida. Una persona rica que practica este truco es alguien que tiene una mentalidad abierta, está atenta a su entorno y está dispuesta a tomar medidas para beneficiarse de las situaciones que se presentan. Aquí se desarrollan algunos **aspectos clave** de esta idea:

1. **Sensibilidad ante el entorno.** El rico que caza oportunidades es consciente de su entorno y de las tendencias emergentes en su campo o industria. Está atento a los cambios, a las necesidades no satisfechas y a las oportunidades potenciales que surgen en su vida personal y profesional.
2. **Visión estratégica.** La capacidad de anticipar posibles resultados y planificar acciones en consecuencia es fundamental para cazar oportunidades. El rico evalúa las situaciones desde una perspectiva estratégica y considera cómo puede beneficiarse de ellas a largo plazo.
3. **Adaptabilidad.** La inteligencia también implica ser adaptable y estar dispuesto a cambiar de rumbo cuando sea necesario. Esto es crucial para aprovechar las oportunidades que pueden surgir de manera inesperada o evolucionar con el tiempo.
4. **Toma de decisiones informadas.** El rico busca información, investiga y toma decisiones informadas en lugar de actuar impulsivamente. Esto le ayuda a evaluar las oportunidades de manera crítica y a evitar riesgos innecesarios.
5. **Relaciones.** La inteligencia para cazar oportunidades implica construir y mantener relaciones sólidas con otras personas. Estas conexiones pueden ser fuentes de información, colaboración y apoyo en la búsqueda de oportunidades.
6. **Resiliencia.** En la búsqueda de oportunidades, no siempre todo saldrá según lo planeado. Una persona rica es lo suficientemente resiliente como para enfrentar reveses y superar obstáculos en su camino hacia el éxito.
7. **Acción proactiva.** La acción es fundamental. El rico no espera pasivamente a que las oportunidades caigan del cielo, sino que toma medidas deliberadas y busca activamente maneras de crear oportunidades o capitalizar las existentes.
8. **Mentalidad positiva.** La actitud optimista y la creencia en la capacidad de cambiar y crecer son rasgos comunes de las personas inteligentes que cazan oportunidades. Esto les permite mantener una mentalidad abierta y persistir incluso en momentos difíciles.

El rico que caza oportunidades es alguien que combina la agudeza intelectual con la capacidad de actuar de manera estratégica y se adapta a las circunstancias cambiantes. Esta combinación de habilidades le permite no sólo reconocer las oportunidades cuando surgen, sino también aprovecharlas de manera efectiva para alcanzar sus objetivos y prosperar en la vida.

Creo que muchas veces podemos entender mejor a través de metáforas, anécdotas o **historias como esta que te presento de un rey y su consejero.** Veamos la actitud del consejero frente a ciertos obstáculos que se presentan, comprobemos lo que decía al principio del truco de «ver la otra cara de la moneda».

> Un rey estaba preparándose para ir de pesca con su consejero cuando, sin darse cuenta, pisó un anzuelo que estaba en el suelo. El anzuelo le atravesó el zapato y se le clavó en el pie haciéndole una herida que no paraba de sangrar.
>
> Comenzó a quejarse del dolor mientras se dirigía a la enfermería.
>
> —Pero ¡qué mala suerte, qué mala suerte! Con el día tan estupendo que hace, ahora tendremos que retrasar la salida, ¡qué mala suerte! —no hacía más que lamentarse dirigiéndose a su consejero.
>
> —Pero, majestad, no tiene por qué ser así —le contestó éste.
>
> —¿Qué dices, insensato? ¿No has visto la herida que me he hecho? Voy a ir cojo todo el día.
>
> —Sí, pero ¿quién sabe? Igual esto que le ha ocurrido es para bien, igual no ha sido tan mala suerte, ¿quién sabe?
>
> —¡Tú sí que vas a tener mala suerte! —le contestó irritado—. Esta insolencia te va a costar estar varios días encerrado en el calabozo.
>
> —Pero...
>
> —Ni pero ni nada, ya me voy yo solo a pescar. ¡Que lo encierren! —gritó el rey a sus soldados.
>
> Tras pasar una hora en la enfermería, el rey salió con el pie vendado y cojeando, pero aun así cogió su caballo para dirigirse al gran río a pescar.
>
> Cuando ya estaba a punto de llegar, se encontró con un grupo de indígenas que, al verlo, decidieron capturarlo y llevarlo a su campamento para ofrecerlo como sacrificio a su dios.
>
> Arrastraron al prisionero ante el jefe, pero en cuanto éste lo vio caminar cojeando y con el pie ensangrentado, decidió que no era apto como ofrenda, así que lo dejó marchar.
>
> —Necesito un hombre sano y no a éste. ¡Abandonadlo en el bosque! —gritó.
>
> Tras un día entero cojeando entre los árboles, el rey consiguió regresar a su castillo, y lo primero que hizo fue liberar a su consejero.
>
> —Perdóname, amigo, perdóname, tenías razón, las cosas que a veces

parecen malas, puede que sean buenas más tarde, lo que yo creía tan malo, al final me ha salvado la vida.

Y, mientras se dirigían al comedor de palacio, le fue contando todo lo que le había ocurrido.

—No sé por qué me comporté así, lo siento mucho, no debería haberte encerrado en el calabozo, lo siento —insistía el rey.

—Bueno, como le dije, señor, puede ver todas las cosas que ocurren desde dos perspectivas distintas, y yo creo que, en realidad, también es bueno lo que me ha sucedido a mí.

—¿Qué? ¿Cómo va a ser bueno que hayas estado encerrado en la celda todo un día?

—Piense, su majestad, que de no haber estado encerrado, le hubiese acompañado a pescar, los indígenas nos habrían capturado a los dos y ahora mismo el que estaría muerto habría sido yo.

#LosTrucosDeLosRicos3

El rico sabe que la oportunidad oculta está detrás de la puerta que nunca te atreviste a abrir.

@juanharo

Truco 66

Qué tira de mí

Después de haber conquistado la cima del Everest, le preguntaron al escalador Edmund Hillary: «¿Por qué subió usted al Everest?». Y dicen que él, sonriente y seguro, contestó: «¡Porque estaba allí y tiraba de mí!».

Lo que tira de nosotros (para seguir disfrutando de la vida) puede ser un reto, un desafío a nuestras posibilidades, acabar unos estudios, aprender un deporte o un idioma, tocar un instrumento, escribir una canción o un libro, educar a un hijo, cambiar de casa, hacer un viaje, etcétera.

Amigo lector, hagamos como el rico: **sigamos aquello que tira de nosotros**, algo que sólo con mirarlo nos dibuje una sonrisa en la cara. La vida sabe mejor cuando perseguimos aquello que tira de nosotros, cuando paramos y buscamos aquello que nos llena, lo que tiene sentido para nosotros. La verdadera riqueza y satisfacción provienen de una vida equilibrada y significativa.

Focalizarse, como el rico, en aquello que tira de nosotros y que tenga sentido nos aporta las siguientes **cuatro ventajas**:

1. **Mayor satisfacción.** Al enfocarse en lo que realmente importa, en lugar de en la búsqueda interminable de riqueza material, las personas ricas experimentan una mayor satisfacción y felicidad en sus vidas.
2. **Relaciones más fuertes.** Invertir tiempo y esfuerzo en relaciones significativas fortalece los lazos familiares y amistades, lo que brinda apoyo emocional y felicidad duradera.

3. **Sentido de propósito.** Contribuir a la sociedad y hacer el bien puede proporcionar un profundo sentido de propósito y realización, lo que aumenta la felicidad personal.
4. **Menos estrés.** La simplificación de la vida y la reducción de la presión nos conduce a una disminución del estrés y una mayor tranquilidad mental.

La mayoría de las personas, independientemente de su riqueza, buscan un sentido más profundo en la vida. La búsqueda de la felicidad a menudo se traduce en buscar significado y propósito. Centrarse en aquello que tira de nosotros nos lleva a experiencias que **enseñan lecciones valiosas sobre la verdadera naturaleza de la felicidad y la importancia de otros aspectos de la vida.**

Tenemos múltiples ejemplos de personas conocidas que han seguido su intuición, que se centraron en aquello que tiraba de ellos, lo que los llamaba. Aquí tienes algunos **ejemplos:**

1. **Ferran Adrià.** El famoso chef catalán siguió su intuición y su pasión por la cocina para convertirse en uno de los chefs más influyentes y reconocidos del mundo. Fundó el restaurante El Bulli en Cataluña, que se convirtió en un referente de la cocina molecular y recibió numerosos premios y reconocimientos.
2. **Amancio Ortega.** El fundador de Inditex, uno de los conglomerados de moda más grandes del mundo, es un ejemplo de alguien que siguió su intuición y su visión en el mundo de la moda. Ortega comenzó como empleado de una tienda de camisas y, a través de su intuición para entender las tendencias y las necesidades de los consumidores, creó marcas exitosas como Zara.
3. **Pau Gasol.** El famoso jugador de baloncesto siguió su intuición y su amor por el deporte desde muy joven. Se trasladó a Estados Unidos para jugar en la NBA, donde tuvo una destacada carrera y se convirtió en uno de los mejores jugadores españoles de la historia.
4. **Isabel Coixet.** Esta directora de cine ha seguido su intuición y su pasión por el cine para dirigir películas exitosas y aclamadas internacionalmente. A lo largo de su carrera ha ganado numerosos premios y se ha convertido en una figura destacada en la industria del cine en España.
5. **Rafael Nadal.** Este tenista es otro ejemplo de alguien que ha seguido su intuición y su amor por el tenis desde una edad tem-

prana. Su dedicación y pasión lo han llevado a convertirse en uno de los mejores tenistas de todos los tiempos, con numerosos títulos de Grand Slam y reconocimientos.

Cada uno de ellos demostró que escuchar su instinto y perseverar en sus pasiones puede ser una ruta hacia el éxito y la realización personal. Al final, este juego de la vida trata precisamente de vivirla.

El filósofo **Santayana** dijo una vez: «El hombre no está hecho para comprender la vida, sino para vivirla».

Vivamos a fondo. No intentemos analizarla, pues en nuestro intento podemos acabar perdiéndola. Disraeli, el primer ministro británico, dijo: «La vida es demasiado corta para ser mediocre».

El escritor de la antigüedad **Plinio**, en su obra *Historia natural*, nos dejó escrito un mensaje que, por su significado y profundo sentido, nos ayuda a reflexionar: «Contamos los días, cuando en realidad, los habríamos de pesar». **¿Qué peso va a tener para mí el día de hoy?**

Séneca, en sus *Epístolas*, dejó escrito: «La vida es larga si sabemos llenarla».

Hay días que pasan desapercibidos, son tristes y aburridos. Ni notamos que han pasado. No los hemos vivido. Cada día es una vida en pequeño. Sigamos aquello que tira de nosotros. Vivamos el hoy como si fuese toda una vida, la única que hemos de vivir. Pondremos así la primera piedra a una vida más llena. El rico no quiere llenar de días su vida, sino que llena de vida cada uno de los días, y así tienen un mayor peso, un mayor valor.

Finalizamos este truco con una historia sobre dónde reside posiblemente la verdadera riqueza.

Tras caminar durante todo el día por el bosque, un monje había llegado a las afueras de una pequeña ciudad justo cuando ya comenzaba a anochecer. Como el tiempo era bueno, decidió pasar la noche bajo un árbol, a la luz de las estrellas.

Cuando ya se había acomodado y se disponía a cenar algo, observó a un campesino que se dirigía hacia él a toda prisa.

En cuanto el hombre llegó a su altura, lo primero que hizo fue gritarle.

—¡Necesito la riqueza! ¡Dámela! ¡Dámela! —le imploró en voz alta.

—¿La riqueza? ¿Qué riqueza? No te entiendo —contestó el monje sorprendido—. Tranquilízate, no sé de qué me estás hablando.

—Sí, la riqueza, la riqueza... ¡la necesito! —volvió a gritar—. ¡La noche pasada soñé que un monje iba a llegar a la ciudad, que se sentaría justamente bajo este árbol y que me daría una riqueza tan enorme que me duraría para toda la vida! ¡Y la quiero, la quiero, dámela!

El monje dejó la cena a un lado y asintió. Buscó entre sus bolsas y finalmente introdujo su mano en el interior de una de ellas.

—Sí, aquí está, creo que esto es lo que buscas. Lo encontré ayer cuando venía hacia aquí —y tranquilamente se lo entregó al campesino.

—¡Vaya! —exclamó éste—. ¡Es un diamante, un diamante! ¡Es el diamante más grande que he visto nunca! ¡Es increíble!

Lo observó durante unos instantes.

—¿Es para mí? ¿De verdad puedo quedarme con él? —dijo finalmente.

—Sí, claro —le contestó el monje—, si lo que has soñado es cierto, significa que esa riqueza que debo darte es este diamante.

—Gracias, gracias, gracias. ¡Muchas gracias! —Y se fue corriendo.

El campesino llegó a su casa y, nada más entrar, cerró la puerta con llave. Se fue a su dormitorio, sacó el diamante y lo estuvo acariciando. Al rato se dio cuenta de lo que tenía entre las manos y, asustado, cerró la ventana y apagó la luz.

Pero aquella noche apenas pudo dormir. Se mantuvo despierto con la joya aferrada entre sus manos y con un hacha bajo la cama por si alguien venía a quitársela.

Al día siguiente, cogió el diamante, lo metió en una bolsa y se dirigió de nuevo hacia el árbol con la esperanza de que el monje aún no se hubiera marchado.

Afortunadamente seguía allí, en el mismo lugar, sentado sobre su manta.

—Buenos días, monje, vengo a devolverte esto, no lo quiero. En realidad, creo que no es ésta la riqueza que tenías que darme, quiero que me enseñes la otra.

—¿La otra? ¿A qué otra riqueza te refieres? —le contestó el monje.

—A la que te ha permitido desprenderte con tanta facilidad de este diamante.

#LosTrucosDeLosRicos3

El rico siempre recuerda la frase de su madre: «El fracaso puede ser la sombra que oculta la luz de la oportunidad».

@juanharo

Truco 67

Gestión de riesgos (el problema de Lucrecio)

Cuando calculamos probabilidades de perder o ganar, o bien cuando pensamos que nada malo puede pasar, olvidamos lo que **se conoce como fallo mental, el «problema de Lucrecio»**, en honor al filósofo y poeta latino que escribió que «el tonto cree que la montaña más alta del mundo es la más alta que ha visto él». Creemos que el objeto más grande (o catástrofe, suceso) de cualquier clase que hemos visto o del que hemos oído hablar es lo más grande que puede existir. De hecho, hace miles de años que caemos en esa trampa.

Los profesionales de la gestión de riesgos buscan en el pasado información sobre el llamado peor escenario y la emplean para calcular riesgos futuros: este método se llama **«prueba de estrés»**. Toman la peor recesión histórica, la peor guerra, la peor maniobra histórica con los tipos de interés o los peores índices de desempleo como referencia para calcular con precisión el peor resultado futuro. Pero nunca se dan cuenta de esta incongruencia: cuando ese peor escenario del pasado sucedió, superó al peor escenario de su época. Y volvemos a empezar.

Dichos profesionales suelen utilizar información histórica para evaluar y calcular los riesgos futuros. Aquí tienes algunos **ejemplos reales** de cómo se aplica este enfoque en diferentes campos:

1. **Seguros de propiedad y accidentes.** Las compañías de seguros utilizan datos históricos de accidentes y pérdidas para calcular

las primas de seguros. Por ejemplo, si una compañía de seguros de automóviles observa un aumento en los accidentes en una determinada área geográfica durante un período de tiempo, puede ajustar las tarifas de seguro en esa área para reflejar un mayor riesgo.

2. **Finanzas y mercado de valores.** Los analistas financieros y los gestores de inversiones revisan datos históricos de precios de acciones, tasas de interés y otros indicadores económicos para predecir movimientos futuros en los mercados financieros. Por ejemplo, un inversor puede analizar el historial de rendimiento de una acción para evaluar su potencial riesgo y retorno.
3. **Gestión de proyectos.** Los gerentes de proyectos suelen acudir a acciones similares realizadas en el pasado para estimar plazos, costes y riesgos asociados a proyectos futuros. Si un proyecto anterior enfrentó retrasos significativos, el equipo de gestión de riesgos puede tomar medidas para mitigar ese riesgo en proyectos futuros. Pero el rico sabe que estas premisas no sirven para eventos próximos.
4. **Gestión de la cadena de suministro.** Las empresas que gestionan cadenas de suministro suelen revisar datos históricos de proveedores para identificar patrones de retrasos o problemas de calidad. Esto les permite tomar medidas proactivas para evitar problemas similares en el futuro, aunque dichas medidas luego no sean las que los salven de una posible quiebra.
5. **Salud pública.** En el campo de la salud pública, los epidemiólogos y expertos en enfermedades infecciosas utilizan datos históricos de brotes y epidemias para prever y gestionar la propagación de enfermedades. Por ejemplo, la información sobre brotes pasados de gripe se utilizan para planificar campañas de vacunación, aunque siempre haya un nuevo brote que no tenga precedente alguno.
6. **Ingeniería civil.** Los ingenieros civiles estudian eventos sísmicos pasados y patrones climáticos para diseñar estructuras y sistemas de infraestructura resistentes a terremotos, inundaciones y otros desastres naturales. Pero, en realidad, siempre hay un evento impredecible que termina por destruir las previsiones realizadas con anterioridad.

En todos estos ejemplos, el análisis de datos históricos ayuda a los profesionales de la gestión de riesgos a identificar patrones, evaluar probabilidades y tomar decisiones informadas para mitigar riesgos futuros. Esta práctica es esencial para la toma de decisiones efectiva y la planificación estratégica en una variedad de campos. Manejar esta información parece que nos tranquiliza, pero el rico no sigue estas reglas.

El reactor nuclear de Fukushima sufrió un fallo catastrófico en 2011 a consecuencia de un tsunami. Había sido construido para resistir el peor terremoto histórico y los constructores no imaginaron que pudiera ocurrir otro peor. No pensaron que el peor suceso del pasado tuvo que haber sido inesperado en su época porque no existían precedentes sobre su magnitud.

Del mismo modo, en su disculpa ante el Congreso estadounidense, el expresidente de la Reserva Federal de Estados Unidos, **Alan Greenspan, ofreció el clásico: «Nunca había pasado algo así».** La naturaleza se prepara para lo que no ha sucedido antes presuponiendo que pueda ocurrir algo peor.

Comento esto porque el rico siempre huye de las verdades categóricas, el pensar que nada malo o peor puede ocurrir (hasta que sucede). No se trata de ser pesimista u optimista, sino de prepararnos ante cualquier supuesto, como hace el rico. Esto no quiere decir que no actuemos, sino que lo hagamos imaginando todos los escenarios.

Recordemos, por tanto, el «problema de Lucrecio». Y hablando de peores escenarios, en la famosa serie de televisión estadounidense *This is Us*,[10] los protagonistas Beth y Randall juegan a un juego llamado «el peor de los escenarios», en el que cada uno va definiendo qué es lo peor que podría pasar y así van sintiéndose mejor ante escenarios todavía más negros sobre algo que les preocupa en ese instante. ¡Interesante!

A veces hemos sentido un temor interior por el mañana, por lo que pudiera suceder. El emperador romano Julio César dijo en una ocasión: «Ya cruzaremos ese puente cuando lleguemos al río».

Acabamos con una simpática historia que tiene que ver con este truco:

> Se cuenta que durante la última guerra mundial, en el inesperado ataque japonés a Singapur, el general de las tropas aliadas en aquella zona reunió a los jefes y oficiales y, con mapas, informes y fotografías, les expuso la gravedad de la situación.

10. *This is Us* es una serie de televisión dramática estadounidense creada por Dan Fogelman. La serie se estrenó en 2016 y ha tenido mucho éxito desde entonces. Está ambientada en varias líneas de tiempo y sigue la vida y las relaciones de una familia a lo largo de varias décadas.

El ambiente que se creó fue tenso, preocupante, casi angustioso. El momento y las circunstancias eran verdaderamente malos y la moral estaba por los suelos.

Dicen que entonces un joven oficial inglés se levantó y, decidido, comentó:

—Señor, podría ser peor.

Todos le miraron extrañados y él continuó con toda seguridad:

—¡Podría estar lloviendo!

Cuentan que esta ocurrencia distendió el clima negativo. Sea cierta o no esta anécdota, nos puede servir para afrontar cualquier situación que nos presente la vida: «Siempre podría ser peor, amigo lector».

#LosTrucosDeLosRicos3

La mente abierta es la linterna que ilumina la oportunidad oculta en la oscuridad. Y el rico lo sabe.

@juanharo

Truco 68

Diez asignaturas de la vida

Todos sabemos que lo esencial en esta vida no es tan visible a los ojos del común de los mortales. **La sociedad complica la educación y el aprendizaje con muchos conceptos que jamás se utilizan, y el rico lo sabe.** Por este motivo, el rico diferencia mucho la educación reglada de la que él aporta a todos sus allegados de forma privada. No basta con seguir los cánones preestablecidos, ni que un tercero te diga qué es lo que conviene aprender. Las asignaturas que nos enseña esta sociedad no son prácticas en el mundo real.

La idea de una educación preestablecida, a menudo asociada con la educación tradicional del siglo XX, se basa en el modelo educativo que se desarrolló en gran parte para preparar a las personas para la era industrial. Este enfoque de la educación se centraba en impartir conocimientos y habilidades específicas que eran relevantes para los trabajos en fábricas y la economía industrial. Esto sigue siendo un problema en el mundo actual. Muchas de las **características del sistema educativo del siglo pasado** siguen vigentes hoy:

1. **Énfasis en la memorización.** El modelo educativo industrial tendía a enfocarse en la memorización y en la repetición de hechos y datos, en lugar de fomentar la comprensión profunda y el pensamiento crítico.
2. **Rigidez y uniformidad.** La educación está estandarizada y dise-

ñada para producir trabajadores uniformes con habilidades específicas que se ajusten a los roles industriales.

3. **Jerarquía en el aula.** La relación entre el maestro y el estudiante a menudo era jerárquica y autoritaria, con poca interacción y colaboración entre estudiantes.
4. **Énfasis en la disciplina y en la obediencia.** La disciplina y la obediencia eran valores importantes en el sistema educativo, un reflejo de la necesidad de trabajadores que sigan órdenes en el entorno industrial.

Esto acarrea los **problemas** siguientes:

1. **Falta de adaptación.** El modelo educativo tradicional no se ha adaptado de manera efectiva a las necesidades cambiantes de la economía y la sociedad en el siglo XXI. La economía moderna requiere una fuerza laboral con habilidades más diversas y flexibles.
2. **Énfasis en el conocimiento estático.** En un mundo donde la información está disponible en línea y se actualiza constantemente, centrarse en la memorización de datos estáticos es menos relevante. Se necesitan habilidades para buscar, evaluar y aplicar información de manera efectiva.
3. **Falta de habilidades blandas.** La educación tradicional solía enfocarse en habilidades técnicas, en detrimento de las habilidades blandas, como la comunicación, la creatividad, el pensamiento crítico y la resolución de problemas, que son esenciales en el mundo actual.
4. **Rigidez en la evaluación.** Los sistemas de evaluación basados en exámenes estandarizados no reflejan de manera adecuada la diversidad de habilidades y capacidades de los estudiantes.
5. **Falta de enfoque en la adaptabilidad.** En un mundo caracterizado por la rápida innovación y el cambio, la capacidad de adaptarse y aprender de manera continua es crucial. La educación tradicional a menudo no fomenta esta habilidad.

El rico educa hacia un enfoque más centrado en el desarrollo de habilidades, el pensamiento crítico, la creatividad y la adaptabilidad. Prepara a los suyos para enfrentar desafíos cambiantes y prosperar en una economía basada en el conocimiento y en la innovación.

Si deseamos disfrutar de una vida plena y enfrentar los desafíos cambiantes del mundo, se requiere de una serie de habilidades que van más allá de la simple acumulación de conocimientos técnicos. Estas habilidades son fundamentales para el éxito personal y profesional, así como para la realización en la vida diaria. Aquí tienes algunas de las **habilidades importantes en el siglo XXI** y por qué a menudo no se les da suficiente énfasis en la educación:

1. **Pensamiento crítico y resolución de problemas.** La capacidad de analizar situaciones, evaluar información y tomar decisiones fundamentadas es esencial en un mundo complejo y en constante cambio. Sin embargo, la educación tradicional a menudo se centra en la memorización de datos, en lugar de fomentar el pensamiento crítico.
2. **Creatividad.** La creatividad y la capacidad de generar nuevas ideas son cruciales en la resolución de problemas y la innovación. Aunque se alienta la creatividad en la infancia, a menudo se desalienta o se descuida en la educación formal.
3. **Comunicación efectiva.** La habilidad para expresar ideas claramente, escuchar de manera activa y colaborar con otros es esencial en la vida personal y profesional. A pesar de esto, la educación no suele enfocarse lo suficiente en el desarrollo de habilidades de comunicación.
4. **Habilidades sociales y emocionales.** La inteligencia emocional, la empatía y la gestión de conflictos son habilidades cruciales para construir relaciones interpersonales saludables y manejar el estrés. Estas habilidades rara vez se enseñan de manera sistemática en la educación formal.
5. **Adaptabilidad y aprendizaje continuo.** En un mundo en constante evolución, la capacidad de adaptarse a nuevos entornos y aprender de manera continua es esencial. Sin embargo, la educación a menudo se enfoca en la adquisición de conocimientos estáticos, en lugar de fomentar la habilidad de aprender a aprender.
6. **Pensamiento sistémico.** La comprensión de sistemas complejos y la capacidad para ver las conexiones entre diversas áreas del conocimiento son importantes para abordar problemas globales y tomar decisiones informadas.

El rico, independientemente del aprendizaje que aporta a los suyos para adquirir habilidades que le hagan conseguir sus objetivos, **se cen-**

tra especialmente en diez asignaturas clave que servirán a quien las mejore en múltiples facetas:

1. Cocina.
2. Biblioteca.
3. Salud y deporte.
4. Dinero, finanzas e inversión.
5. Inmuebles: comprar y alquilar.
6. Impuestos sí o sí.
7. Calidad de vida.
8. Calidad de muerte (cómo envejecer).
9. Relaciones humanas (empatía, educación y excelencia).
10. Estrategia y propósito de vida. Cómo queremos vivir.

Son asignaturas relevantes porque nos relacionamos con todas ellas, y nos sirven para lograr una calidad de vida, un balance en distintos órdenes. Si descuidamos cualquiera de ellas, tendremos carencias en otras. El rico dedica tiempo a cada una de ellas:

- Le preocupa la **cocina**, lo que entra en su cuerpo.
- Sabe la importancia de elegir **una buena biblioteca** que nutra su mente.
- Cuida su **salud haciendo deporte**.
- Como tiene que relacionarse con el **dinero, las finanzas y la inversión**, aprende y mejora sobre estos aspectos.
- Lo mismo hace con los **inmuebles**, a lo largo de la vida tendrá que relacionarse con esta familia de inversión.
- Qué decir de los **impuestos**, que nos acompañan desde que nacemos. Es una asignatura obligada.
- La **calidad de vida** que olvidamos cuando actuamos como robots es otra asignatura clave para disfrutar. No todo es sufrimiento ni trabajo. Esta filosofía requiere de una educación previa. Nadie nos la va a enseñar.
- El hecho de **cómo envejecer, o calidad de muerte**. Otra área por la que pasamos de puntillas, de la que pocas personas hablan. El rico planifica mucho antes la llegada final.
- Las **relaciones humanas**, cuidarlas y saber cómo fomentarlas, es otra asignatura importante.
- Y, por último (en esta lista), **la estrategia, el propósito, cómo queremos vivir**, qué queremos hacer, en qué somos especiales.

> Este punto, aunque venga como última asignatura, no significa que debamos dejarla para más adelante. Sin esto, la vida es una rutina, es el día de la marmota.

Te animo a que puntúes cómo te desenvuelves en cada asignatura del 1 al 10. Aquellas cuya puntuación sea menor que 5 son sobre las que tienes que trabajar. Recomiendo hacer este ejercicio en pareja. Está en juego el disfrute de nuestra vida, ¿no es así?

Y acabo con esta gran frase del gran Nicholas Taleb, escritor e investigador financiero: «El éxito de verdad es abandonar la competición feroz que nos lleva a alterar nuestras actividades para tener tranquilidad».

#LosTrucosDeLosRicos3

La vida nos enseña lecciones más importantes que cualquier asignatura, porque en el aula de la vida, nunca dejamos de aprender.

@juanharo

Truco 69

El arte es lo que cuenta

Los ricos tienen el mismo objetivo que Sócrates, el gran sabio de la antigüedad: aprovechar nuestra vida y convertir cada acto en arte. Seguramente para entender este truco nos ayudará esta historia, que según cuentan fue real:

> A Sócrates lo condenaron a muerte y lo condujeron a la cárcel con la obligación de beber a la mañana siguiente una dosis letal de cicuta. Sus amigos sobornaron a los guardias para que pudiera escaparse, pero él no quiso hacerlo, decía que su huida le haría parecer culpable, y además no quería vivir lejos de Atenas. Pero lo más interesante es que pasó esa noche rodeado de sus amigos e invirtió la mayor parte de sus últimas horas en aprender a tocar una melodía muy difícil con la flauta.
>
> Sus amigos, exasperados, le dijeron que para qué perdía el tiempo en eso, que para qué le iba a servir si su vida acabaría al amanecer. Y entonces, Sócrates contestó:
>
> —¿Pues para qué va a ser? Para aprender la canción antes de morir.

Lo que da sentido a la vida es el conocimiento, el arte, la belleza, da lo mismo aprender la canción diez años o diez minutos antes de morir, porque siempre será un aprendizaje frente a la nada, un deleite, el placer por aprender. Somos seres fugaces.

La idea del rico de ver todo como si fuese arte es un enfoque interesante y valioso para la vida, ya que enriquece significativamente nuestra experiencia cotidiana. Esta peculiaridad conlleva:

1. **Valorar la belleza en lo cotidiano.** Cuando vemos todo como arte, nos convertimos en observadores más atentos y apreciamos mejor nuestro entorno. Las cosas simples de la vida, como una puesta de sol, una taza de café por la mañana o la sonrisa de un ser querido, se transforman en obras maestras de belleza en nuestro mundo personal. Esto nos permite encontrar la belleza en momentos y lugares que a menudo pasamos por alto.
2. **Fomentar la creatividad.** Vivir la vida apreciándolo todo como si fuera arte puede inspirar nuestra creatividad. Al abordar cada día como un lienzo en blanco, podemos encontrar formas innovadoras de enfrentar desafíos y resolver problemas. La creatividad fluye cuando estamos dispuestos a experimentar y a ver lo ordinario desde perspectivas nuevas y emocionantes.
3. **Apreciar la singularidad.** El arte es único, y cada obra de arte tiene su propia historia y significado. De manera similar, cada día de nuestras vidas es único y precioso. Cuando lo vivimos como arte, aprendemos a apreciar la singularidad de cada momento y a comprender que no hay dos experiencias iguales.
4. **Enfocarse en la calidad sobre la cantidad.** Vivir la vida como arte implica dar importancia a la calidad de nuestras experiencias en lugar de a la cantidad. Buscamos momentos significativos y auténticos, en lugar de sólo acumular posesiones materiales o perseguir objetivos vacíos. Esta mentalidad puede llevar a una mayor satisfacción y sentido de logro.
5. **Aumentar la conciencia y la gratitud.** Ver todo como si fuese arte nos alienta a ser conscientes del presente y a practicar la gratitud. Reconocer la belleza y el valor en las pequeñas cosas nos hará desarrollar una perspectiva más positiva y agradecida de la vida, lo que tendrá un impacto profundo en nuestra salud mental y nuestro bienestar emocional.
6. **Fomentar la autenticidad.** El arte es una expresión genuina de la individualidad del artista. Al vivir la vida como si todo fuese arte, nos animamos a ser auténticos y a vivir de acuerdo con nuestros valores y pasiones personales. Esto puede llevar a una sensación de realización y plenitud, en lugar de conformarnos con las expectativas externas.

7. **Transformar lo negativo en positivo.** Incluso en momentos difíciles o desafiantes, la perspectiva de ver la vida como arte nos ayudará a encontrar significado y belleza en la adversidad. Puede convertir las experiencias dolorosas en oportunidades de crecimiento y transformación.

Ver todo como arte nos invita a vivir de manera más plena, consciente y apreciativa. Nos permite encontrar la belleza en lo cotidiano, nutrir nuestra creatividad, valorar la singularidad de cada momento y fomentar la autenticidad en nuestra vida. Al abrazar esta perspectiva, podemos experimentar una vida más rica y significativa.

La idea de que una persona rica construye su día a día como si fuera arte implica que esta persona se esfuerza por vivir una vida plena, significativa y gratificante. Esta forma de disfrute del rico nos ofrece **siete ventajas y beneficios**:

1. Mayor satisfacción y felicidad.
2. Autenticidad.
3. Desarrollo personal.
4. Mayor aprecio por las pequeñas cosas.
5. Conexiones más profundas.
6. Mayor resiliencia.
7. Éxito financiero sostenible.

Hace ya muchos años, el periodista Manuel del Arco, en una de sus entrevistas en *La Vanguardia*, le preguntó a un bodeguero andaluz:

—¿Cómo se bebe un buen vino?

A lo que éste contestó:

—Un buen vino no se bebe. Se mira, se huele, se paladea, se sorbe traguito a traguito.

Al final de la entrevista, Del Arco decía:

—Y ahora, señores, yo me voy a vivir mi vida, ¡perdón!, me voy a paladear mi vida. A sorberla, traguito a traguito.

El rico paladea su propia vida como un buen vino. Cada vida es una obra de arte, no existe poema más bello que vivir plenamente.

#LosTrucosDeLosRicos3

La vida es como un libro: cada vuelta de página puede revelar una oportunidad oculta.

@juanharo

Truco 70

Diamantes con pedigrí

En la primera parte del libro *Los trucos de los ricos*, el truco 51 es: «Se rodean de gente con talento». Igualmente, en la segunda parte, el truco 37 es: «Los diamantes son los contactos». No voy a hacer *spoiler*, pero este truco o hábito de los ricos para disfrutar de la vida puede inducirnos a error cuando nos referimos a diamantes (personas) con pedigrí. Podemos creer que nos referimos a individuos que provienen con antecedentes familiares o sociales de prestigio, educación y clase. Pero no es el caso, amigo lector.

Diamantes con pedigrí son personas especiales que están ahí fuera, no son muchas, pero destacan porque **son gente de acción, solucionadores de problemas**. Son quienes no se conforman con lo primero que les dicen, y para ello una persona con pedigrí busca a las personas que tienen lo que ellos necesitan. Huyen de expertos o teóricos. No siguen a gurús, sólo les interesa ser prácticos. Si quieren algo, buscan conseguirlo. Simplemente, no se quedan con el primero que dice: «Esto no se puede hacer», «No es posible», «Es ilegal»; saben que existen personas que lo hacen y finalmente las encuentran.

Evalúan el beneficio y el riesgo, por ejemplo, no hacen la declaración de la renta y aceptan la posible sanción. O deciden libremente lo que sea. Con esto no estoy haciendo apología de que te saltes las leyes, simplemente que seas consciente de que eres un ser libre que puede elegir. Estudian las probabilidades, pues no se dejan amedrentar por amenazas o miedos muchas veces infundados.

Generalmente, los diamantes ya han solucionado lo que tú estás buscando, conocen los recovecos legales para satisfacer a todos, para evitar sanciones, para cumplir con la ley, pero también para lograr lo que uno busca: ya sea pagar menos impuestos, lograr una licencia casi imposible, o un vuelo a un lugar casi inaccesible. El rico sabe que siempre existe un camino, aunque no lo veamos.

Dicen que todos al nacer llevamos con nosotros una caja con dos nombres dentro (papá y mamá), y que la vida consiste en ir metiendo en dicha caja personas valiosas (diamantes), personas con pedigrí. Personas que nos aportan lo que deseamos en esta vida.

El rico se rodea de personas con pedigrí, no lo dudes, y tú también puedes hacerlo. Sólo tienes que buscar, no conformarte con la primera afirmación que te dicen. Las personas con pedigrí suelen tener acceso a eventos y experiencias exclusivas que pueden enriquecer la vida. Esto incluye cenas elegantes, viajes de lujo y asistencia a eventos culturales de alto nivel.

Los diamantes con pedigrí sólido suelen tener la capacidad de influir en cuestiones sociales, políticas o comunitarias. Esto les permite participar en iniciativas significativas y contribuir al bienestar de la sociedad. Insisto, el pedigrí no es el estatus social, sino la habilidad para utilizar caminos poco transitados que les permiten lograr lo que ellos quieren, mientras el resto piensa que es imposible.

Los diamantes con pedigrí no están en Internet anunciados como tal, son personas corrientes que tienen un conocimiento específico que los hace valiosos en dicha materia. **La pregunta obligada es: ¿cómo encontrarlos?**, y para eso no hay atajos, sólo ponerse el traje de «teniente Colombo», el mono de «periodista» y buscarlos. Saltar de uno a otro hasta conseguirlo. Pero ya sabes, será más fácil encontrar a una persona con pedigrí si eliges el entorno correcto. Eso marcará la diferencia.

Para acabar este interesante truco, comparto contigo una historia muy simpática, con mucha miga, que es una de mis preferidas. Tiene que ver con el gran especulador y accionista **Warren Buffett**.

Cuentan que una vez, el piloto de su avión privado le preguntó cuál era el consejo más importante que podría darle a alguien para conseguir sus metas.

Buffett se quedó pensativo y le preguntó:

—¿Tienes metas?

El piloto contestó afirmativamente, y Buffett le dijo que reuniese en una lista las veinticinco cosas que quería lograr y que, cuando las tuviese, se las presentase.

Al cabo de unos días, el piloto fue a ver a Warren y le enseñó la lista.

—Vale, ahora de estas veinticinco, escoge sólo cinco. Las cinco que sí o sí quieres conseguir.

Al cabo de un rato largo, el piloto finalmente le da una lista con cinco metas que deseaba lograr, y Warren Buffett le dice:

—Hace unos días me pediste mi mejor consejo para conseguir tus metas. Bien, aquí las tenemos, las cinco más poderosas, ahora tu trabajo consiste en evitar dedicar tiempo a esas otras veinte cosas que eliminaste de la primera lista y centrar todo tu tiempo en la consecución de estas cinco finalistas. Pero insisto, no dediques ni un minuto a las veinte que eliminaste.

¡Bonita historia! El poder de enfocarse, de la congruencia, de mimar nuestro tiempo y asignarlo de acuerdo con nuestras prioridades.

#LosTrucosDeLosRicos3

El rico no mira sólo lo obvio, busca la oportunidad oculta en los detalles.

@juanharo

Truco 71

Memento mori y *amor fati*

Mi hijo Daniel es un apasionado del estoicismo. En el truco 36 comentamos la importancia de la mentalidad estoica, que se asemeja a la del rico. Daniel quiso contribuir a este libro desarrollando los conceptos de *memento mori* y *amor fati*, por lo que comparto contigo el texto que me mandó y sus dos consejos prácticos.

Se piensa que la frase *memento mori*, cuya traducción del latín es «recuerda que morirás», viene de la Antigua Roma. Aunque quizá no fue exactamente esta combinación de palabras parte de su origen y de su significado, se puede atribuir a un simple gesto que se hacía en la ciudad imperial.

Cuando un general volvía tras una campaña militar victoriosa, el protocolo sólo le permitía que él, su guardia personal y algunos músicos hicieran la entrada triunfal en la ciudad. Subido en su cuadriga recorriendo las calles y plazas de la ciudad, entre los vítores, las aclamaciones y los elogios del pueblo, uno se puede imaginar lo fácil que sería incurrir en la soberbia y en el egocentrismo. Para que el general no se creyese un dios y fuese consciente de su mera condición humana, justo detrás de él se situaba un esclavo con una corona de laurel, cuya única misión era susurrarle al oído *memento mori* (o *Respice post te! Hominem te esse memento* ['¡Mira detrás de ti! Recuerda que sólo eres un hombre']).

A lo largo de la historia se ha usado esta frase ampliamente, sobre todo en la era medieval, como recordatorio de la fugacidad de la vida. También el cristianismo adaptó la fórmula con un contenido similar, aunque variando las palabras ligeramente; por eso cada año se pronuncia en la liturgia del Miércoles de Ceniza el «recuerda que polvo eres y en polvo te convertirás».

En los tiempos actuales, es habitual rendir culto a la vida y esconder en cierta manera, mediante tabúes o temores, todo lo relacionado con la muerte. En la educación reglada y en nuestras raíces culturales, de forma generalizada, hablar abiertamente de la muerte se relaciona con el pesimismo, algo oscuro o tenebroso de lo que es mejor no hablar.

En palabras de Séneca: «Pensar en la muerte sin vanos temores significa conquistarse para la eternidad»; pensar en la muerte es dar conciencia a la vida, pensar en la muerte ordena tus prioridades y da la importancia necesaria a las cosas que te rodean.

Hoy en día actuamos como si no fuéramos a morir nunca, como si fuéramos seres inmortales, como si las desgracias ocurrieran sólo fuera de nuestro círculo. Aplazamos eternamente obligaciones o responsabilidades, no asumimos nuestra indisciplina, creamos excusas para autocomplacernos y justificar malos hábitos o conductas. Mantras como *memento mori* pueden ayudarnos a organizar nuestra mente y dar valor a aquello que verdaderamente importa. Como dice **Victor Küppers**, doctor en Humanidades y conferenciante: «Lo más importante en la vida es que lo más importante sea lo más importante».

Una frase del escritor chino **Lin Yutang** resume en cierta manera esta filosofía de vida basada en que no debemos descuidar el futuro, pero debemos hacerlo con la mente en el ahora: «Vive como si no fueras a morir nunca, actúa como si fueras a morir mañana».

Biológicamente, el ser humano está programado para evitar todo aquello que le produce dolor. Es por ello que, aunque *a priori* nos impacte y nos haga reflexionar cuando alguien cercano a nosotros recibe una trágica noticia, rápidamente volvemos a pensar de la misma manera que antes. Volvemos a irritarnos con cosas insignificantes, volvemos a actuar con automatismos tóxicos con las personas de nuestro alrededor y volvemos a darnos excusas de por qué hacemos lo que hacemos. Está comprobado que mantras o mementos (recordatorios) ayudan a que implementemos nuevos y mejores hábitos.

Abraham Lincoln mencionó en una ocasión: «Al final, lo que importa no son los años de vida, sino la vida de los años», por ello te animo a que encuentres la forma. Más adelante te menciono una que a mí me funciona: recordarte a ti mismo que la vida y la muerte son dos caras de la misma moneda y que sin una no puede existir la otra.

Consejo práctico: hay varias formas de crear esa mentalidad del ahora y de la mortalidad humana. Una de ellas son los calendarios semanales de vida. Si buscas en Google «calendario *memento mori*», entenderás de lo que te hablo. Consiste en que cada día de la semana deberás marcar una casilla e irás viendo cómo vas rellenando tu vida, semana tras semana. De esta forma, tomarás conciencia de manera visual de lo que ya has vivido y seguramente en ese preciso momento sabrás qué es lo que importa y que no.

Por su parte, el concepto de *amor fati* es un lema latino acuñado por los estoicos en la Antigüedad y posteriormente usado por Nietzsche. El propio Nietzsche se creía afortunado por pasar tantas penurias, y veía el dolor y el sufrimiento como herramientas para construir a un gran ser humano. Según el filósofo alemán, estos sentimientos son oportunidades para convertirse en una mejor versión de uno mismo y así fue como abrazó el concepto de *amor fati*, **amar tu propio destino.**

En el día a día, por regla general nos ocurre lo opuesto, no aceptamos los eventos negativos en nuestras vidas y nos lamentamos por cómo suceden los acontecimientos a nuestro alrededor. Malgastamos grandes cantidades de energía en maldecir el destino, y la mayor parte del tiempo utilizamos quejas vacías para autocompadecernos y desear que las cosas hubiesen sido de otra forma.

Uno de los lemas más importantes sobre el estoicismo lo acuñó **Epicteto**, que fue esclavo, y dice así: «No busques que las cosas ocurran como tú deseas, deja que sucedan como suceden, y todo irá bien».

Lo que nos enseñan los filósofos clásicos es enfocarnos en los procesos y no en los resultados, los cuales no dependen enteramente de nuestros esfuerzos. Abrazamos el *amor fati* cuando aceptamos que las cosas suceden como lo hacen y todo es coherente con las leyes naturales. Abrazamos el *amor fati* cuando agradecemos las dificultades de nuestras vidas, ya que nos darán resistencia para seguir adelante y superar nuevas dificultades. Y el rico lo sabe.

En esta línea surgió la plegaria de la serenidad que, con cierto toque religioso, dice así: «Señor, concédeme serenidad para aceptar todo aquello que no puedo cambiar, valor para cambiar lo que soy capaz de cambiar y sabiduría para distinguir las unas de las otras».

Relacionado con el destino, hay una historia de origen estoico, atribuida al filósofo griego **Crisipo**, que describe a la perfección y de manera sencilla la actitud frente al destino.

> Imaginemos un perro atado a un carro mediante una soga, la cual es lo suficientemente larga como para que el perro pueda moverse con comodidad. Una vez que el carro se ponga en movimiento, el perro tiene dos opciones: o luchar contra el carro e intentar ir en otra dirección, lo cual inevitablemente lo llevará a ser arrastrado, o bien ir en la misma dirección que el carro e incluso disfrutar del paisaje y tener cierta libertad de movimiento en esa dirección. En ambos casos el perro acabará yendo donde vaya el carro. La diferencia es que, si se resiste, sufrirá al verse arrastrado, pero si va junto al carro, su viaje será mucho más placentero.

El autor de esta historia no nos está hablando de resignación, sino de aceptación. No se trata de llevar una vida pasiva, sino de elegir las batallas que merezca la pena luchar.

El filósofo de la escuela estoica Cleantes dijo una vez: «Los destinos guían a quien los acepta, pero arrastran a quien se resiste a ellos».

Consejo práctico: algo que yo utilizo para recordarme que hay cosas que no puedo cambiar y que el destino es el que es consiste en llevar en mi bolsillo una moneda impresa con el lema de *amor fati*. Hay varios modelos y con varias frases en los reversos que te pueden resultar atractivas. El lanzamiento de una moneda siempre ha sido utilizado para la toma de ciertas decisiones, por lo que puede simbolizar también eso.

Gracias, querido Daniel, por compartir estos conceptos y también por tus consejos prácticos. Nos ayudan a entender la filosofía estoica y la del rico.

#LosTrucosDeLosRicos3

En el baile eterno entre *amor fati* y *memento mori*, encuentro la serenidad en amar mi destino mientras recuerdo la fugacidad de la vida.

@juanharo

Truco 72

Viajar, entradas y mesas

Los ricos adoran viajar, valoran cada minuto, cada hora, cada día. La verdadera riqueza está en las experiencias que uno obtiene. Estrujar o exprimir la vida, romper la rutina diaria y no olvidar jamás que estamos aquí para disfrutar de la vida. Priorizar lo importante.

El rico sabe que viajar aporta **nueve ventajas o beneficios**:

1. **Ampliación de perspectivas.** Viajar expone a las personas a nuevas culturas, formas de vida y puntos de vista. Esto permite ampliar significativamente la perspectiva de alguien inteligente o rico, porque así comprenderá y apreciará la diversidad del mundo.
2. **Aprendizaje continuo.** Las experiencias de viaje ofrecen oportunidades de aprendizaje únicas. Desde la historia y la arquitectura hasta la gastronomía y las tradiciones locales, cada destino proporciona lecciones valiosas que no se pueden aprender de la misma manera en casa.
3. ***Networking* internacional.** Los viajes ofrecen oportunidades para establecer contactos a nivel internacional. Para aquellos con posiciones financieras sólidas, esto puede conducir a nuevas oportunidades de inversión o negocios. Para los inteligentes, puede significar conexiones valiosas en sus campos de interés.
4. **Estímulo para la creatividad.** Cambiar de entorno y experimentar nuevas culturas estimula la creatividad. Ver cosas nue-

vas, enfrentarse a desafíos culturales y explorar entornos desconocidos puede inspirar ideas innovadoras.

5. **Desarrollo de habilidades interculturales.** La capacidad de adaptarse y comunicarse eficazmente en diferentes entornos culturales se vuelve crucial en un mundo globalizado. Viajar permite a las personas desarrollar habilidades interculturales, algo especialmente valioso para aquellos con un enfoque empresarial o de liderazgo.
6. **Reducción del estrés y mejora de la salud mental.** Los viajes también ofrecen la oportunidad de desconectar del estrés diario. El cambio de escenario y la exposición a entornos relajantes contribuye significativamente a la reducción del estrés y mejora la salud mental.
7. **Experiencias únicas.** Los ricos se permiten experiencias únicas durante sus viajes, ya sea disfrutando de alojamientos exclusivos, participando en actividades exclusivas, o accediendo a eventos especiales. Esto agrega un componente adicional de disfrute y enriquecimiento.
8. **Desarrollo de habilidades para la resolución de problemas.** Enfrentarse a situaciones inesperadas durante los viajes fomenta el desarrollo de habilidades para la resolución de problemas. Este tipo de habilidades son valiosas tanto en el ámbito profesional como en la vida cotidiana. Es más, muchos viajes son la antesala de nuevos negocios, porque los ricos captan diferentes oportunidades empresariales.
9. **Desarrollo de la empatía.** Al interactuar con personas de diferentes culturas y entornos, se desarrolla la empatía. Entender las perspectivas y desafíos de los demás contribuye al crecimiento personal y a la capacidad de comprender y conectarse con los demás.

Para el rico, viajar es un arte. No van con prisas, planifican cada viaje. Suelen entrar en último lugar para saber qué asientos están libres y poder comentar al servicio auxiliar si es posible sentarse en uno de ellos; de esta forma, viajan más tranquilos. Cambian su sitio por otro que esté vacío. No molestan a nadie. Ésta es su máxima, buscar los mejores asientos o lugares siempre sin molestar a otros pasajeros. Aprovechar la tranquilidad de otro asiento similar si el suyo no le satisface. ¿Por qué aspirar a conformarse con lo que tienen si pueden optar a algo mejor?

Otro curioso hábito de los ricos se produce cuando compran entradas para cualquier evento. Ya sea para el cine, un concierto o un partido, o cualquier entrada que adquieran por Internet, reservan el asiento del pasillo y el asiento contiguo, dejando un hueco libre entre las dos plazas compradas. Las posibilidades de que alguien adquiera un único sitio son pocas y en menos en medio de dos plazas ocupadas. De esta manera, disfrutan de un asiento libre en medio en el que pueden dejar sus enseres.

De igual forma, cuando buscan un restaurante para comer o cenar, escogen lugares tranquilos para poder hablar, para poder escuchar bien y observar todos los detalles. Huyen de sitios ruidosos o llenos de gente. Para ello los hoteles son lugares privilegiados. Otro hábito de los ricos se produce cuando reservan para comer o cenar: siempre dicen que serán uno más de los que realmente van a comer o cenar; si van a cenar dos, dicen tres, si van a comer cuatro, reservan para cinco. De este modo suelen poner una mesa más grande, y cuando llegan comentan que, en lugar de cinco, serán cuatro. Pero la mesa sigue siendo la misma, así que tienen más espacio para ellos (para dejar abrigos, bolsos, o bien simplemente para tener más espacio entre comensales).

Acabamos este truco con una historia que nos recuerda la importancia de «pasar página».

Cruzar el río

Un maestro envió a dos jóvenes monjes a una aldea cercana para realizar unas compras. Como nunca habían salido al mundo exterior, les avisó de que se encontrarían con peligros y tentaciones que debían saber afrontar correctamente, sobre todo las relacionadas con los temas carnales.

Ambos jóvenes se pusieron en marcha desconociendo lo que se podían encontrar por el camino.

Durante las primeras dos horas se cruzaron con comerciantes, peregrinos, etcétera, hasta que, al llegar a un río, escucharon a una chica joven con un vestido medio roto llorando en la orilla.

Ambos monjes se acercaron para ver qué ocurría.

—Acabo de caerme por esa ladera y me he torcido el tobillo. No tengo fuerzas para cruzar el río y llegar a mi casa que está ahí enfrente, ¿podéis ayudarme a pasar al otro lado?

Uno de los monjes, sin pensarlo, la cogió en brazos y, ante el asombro de su compañero, comenzó a cruzar el río con ella encima.

Tras unos minutos, la dejó en la otra orilla y la acompañó hasta su casa, que estaba a unos metros. La joven le dio un beso en la mejilla en señal de agradecimiento.

El monje cruzó el río de nuevo para reunirse con su compañero, pero éste, en cuanto lo tuvo al lado, comenzó a recriminarle su comportamiento.

—Has llevado a una chica joven medio desnuda en brazos, vas a cargar con un gran pecado, nos lo habían advertido.

Pasaban las horas y durante todo el camino de regreso su compañero no paraba de recriminarle lo que había hecho.

En cuanto llegaron al monasterio, fue a contarle al maestro lo ocurrido.

—¡Sí, sí, la ha cogido en brazos y la ha llevado hasta el otro lado! —insistía.

—Bueno, al menos él soltó a la mujer cuando cruzó el río, en cambio, tú todavía la llevas encima —le contestó el maestro.

#LosTrucosDeLosRicos3

La sabiduría está en reconocer la oportunidad oculta en medio del caos.

@juanharo

Truco 73

La balanza imaginaria

El rico mide muy bien a qué dedica su tiempo. No se lanza, analiza primero y pone en práctica siempre el truco de la **«balanza imaginaria»**. Para el rico todo se reduce a la siguiente fórmula, que nos sirve para negociar o para estudiar una oportunidad, o para cualquier tipo de decisión que vayamos a tomar:

$$OND = (T + D + E + En) * Em$$

Donde:

- OND: oportunidad, negocio o decisión. Es decir, cada vez que el rico tiene que tomar una decisión.
- T: tiempo.
- D: dinero.
- E: esfuerzo.
- En: energía.
- Em: emoción.

Antes de tomar una decisión, el rico piensa cuánto tiempo va a dedicarle, cuánto dinero tiene que invertir, cuánto esfuerzo y energía empleará y, finalmente, multiplica lo anterior por la emoción que conlleve dicha acción o proyecto.

En una negociación, el valor más alto pierde. Si una de las partes ha puesto más dinero, esfuerzo, energía, dinero y emoción estará en desventaja frente a la otra parte, necesitará llegar a un acuerdo de forma urgente y, por tanto, perderá la negociación. Sin embargo, **quien ha puesto poco dinero, esfuerzo, tiempo, energía o emoción, estará en una posición ganadora.**

Lo mismo sucede con la «balanza imaginaria». A la hora de seleccionar un proyecto, negocio o decisión, lo que hacen es poner en un lado la fórmula de arriba, es decir, tienen en cuenta el tiempo que van a emplear, cuánto dinero supondrá, qué energía tendrán que emplear, lo mismo con el esfuerzo y, por último, la emoción de dicho proyecto, negocio o decisión. **En el otro lado de la balanza estará el premio: ¿qué van a conseguir a cambio?**

Si la balanza no está equilibrada, lo desechan con rapidez. Si el premio es mayor que el precio, entonces aceptan la propuesta. Si la decisión es favorable, aceptan el reto. El rico no tiene ni siente necesidad, es una máxima. Aunque la realidad sea otra, la maquillan de cara al exterior; no muestran la necesidad. No van a por algo pensando o sintiendo que requiere un esfuerzo, porque la balanza imaginaria funciona y el premio es tan grande que no les cuesta poner tiempo, dinero, energía o esfuerzo.

Ya sabes el dicho: si persigues el dinero, se escapa como un gato. ¿Cómo atraes a un gato? No sintiendo necesidad, no intentes atraparlo, simplemente te vas acercando poco a poco. Recuerda acercarte al dinero o a lo que quieres como si fueses a intentar acariciar a un gato.

Los ricos se rodean de multiplicadores, como dice mi amigo **Pablo Osuna**: «Hay que rodearse siempre de personas a las que no les tengas que pedir las cosas dos veces, y que siempre encuentran alternativas o caminos nuevos, que no se conforman con lo establecido».

Gracias, Pablo, por recordármelo una vez más. Sin duda, eres rico. Porque el rico es movimiento, hace deporte porque busca vivir más y mejor. Sabe que lo que está estancado, muere.

Gracias al efecto de la «balanza imaginaria», cuando el rico tiene un negocio o empresa, **lo que hace en el inicio es fijar una fecha a dos o a tres años** y planificar lo que pasará cuando llegue la fecha señalada. Su negocio se enfrentará entonces a la siguiente **decisión**:

1. **Cerrar el negocio** porque la balanza imaginaria determina que el premio es mucho menor que el precio o porque que está en equilibrio.

2. **Vender el negocio** porque existe otro cuyo beneficio (premio) es mayor.
3. **Delegar el cien por cien a un gerente** porque eso le permitirá crear otro proyecto o negocio.

El rico sabe que uno debe ser dueño del negocio, y no que sea el negocio el que lo domine o controle a él. Al final, es parte de tu patrimonio. Al iniciar el negocio y fijar una de estas tres posibilidades, la manera de construirlo será totalmente distinta. Es consciente de que a los dos o tres años sucederá siempre un posible cierre del negocio, su venta, o bien la decisión de delegarlo totalmente. No hay más caminos porque el rico no desea ser esclavo de su negocio, y lo construirá desde un inicio pensando en su destino final.

El rico actualiza cada año la lista de su patrimonio en su Excel, todo aquello que tiene valor, ya sea oro, acciones, negocios, participaciones, bitcoins, inmuebles, joyas, arte, antigüedades, plan de pensiones, etcétera. Jamás lo hace para presumir o aparentar, porque el rico ama la discreción, no llama la atención. Sabe que, haciéndose el tonto, conseguirá mucho más.

Y para acabar, recordemos esta historia sobre «hacerse el tonto».

Cuenta una vieja leyenda que en un lejano pueblo vivía un pobre tonto, un infeliz de pocas luces que subsistía haciendo pequeños recados a sus vecinos y pidiendo alguna limosna.

La gente del pueblo se divertía a menudo a su costa. Tenían la mala costumbre de burlarse de él.

A diario, algunos habitantes llamaban al tonto a la plaza mayor, donde la gente se reunía después de trabajar, y le ofrecían escoger entre dos monedas: una muy grande, que valía 10 céntimos, y otra más pequeña, pero que valía 50 céntimos. El tonto siempre escogía la moneda más grande y menos valiosa, ante las burlas y risas de todos, que no paraban de decir que era tonto sin remedio. Había nacido tonto y moriría tonto.

Un día, acertó a pasar por ahí un extranjero que presenció cómo el grupo de gente se divertía a costa del pobre muchacho. Alguien le contó al forastero que, desde hacía años, cada tarde se repetía la misma historia: le daban a elegir al tonto entre las dos monedas y él, invariablemente, elegía siempre la de menos valor.

Cuando acabó el numerito de cada día, el visitante, compadecido, llamó aparte al tonto y le preguntó que si después de tanto tiempo todavía no se había dado cuenta de que la moneda más grande valía menos. A lo que el tonto le respondió:

—¡Pues claro que me he dado cuenta! Tan tonto no soy. Sé perfectamente que la moneda grande vale menos que la pequeña, pero el día que escoja la pequeña, se acabó el jueguecito y yo ya no ganaré ni un céntimo más.

Y, guiñándole un ojo, se alejó, muy contento, con su moneda en el bolsillo.

El extranjero, después de reflexionar sobre lo que le había dicho el tonto, sacó varias conclusiones:

Primera: el que parece tonto no siempre lo es.

Segunda: ¿era en realidad el tonto el verdadero tonto de la historia?

Tercera: la ambición desmedida puede terminar con tu principal fuente de ingresos.

Cuarta: aunque los demás no tengan una buena opinión de ti, puedes ser muy feliz.

Quinta: lo que de verdad importa es lo que uno cree de sí mismo.

El viajante regresó a su casa pensando en el tonto y en que la persona verdaderamente inteligente es aquella que aparenta ser tonta ante una persona tonta que aparenta ser inteligente.

#LosTrucosDeLosRicos3

Hacerse el tonto puede ser una estrategia sabia: en la aparente ignorancia, a menudo se encuentra el espacio para la observación y la comprensión silenciosa.

@juanharo

Truco 74

Francotirador

Cuando ha aceptado un reto, proyecto, negocio o lo que sea, **el rico se convierte en un francotirador**. Se centra en el objetivo y no para hasta conseguirlo, o bien hasta que la balanza imaginaria ha vuelto a moverse. Como veíamos en el truco anterior, si el precio es más caro que el premio, abandonan «el conejo» y se centran en otro.

Sucede lo mismo con la diversificación. Primero obtiene resultados en un área, para luego diversificar sus inversiones en otras. Por ejemplo, obtener el primer millón es lo que cuenta: no es lo mismo ganar el primer millón que pasar de dos a cinco millones por el efecto apalancamiento, es decir, la capacidad de utilizar una cantidad relativamente pequeña de recursos para lograr un impacto financiero mucho mayor. En el contexto de pasar de dos a cinco millones, el efecto apalancamiento implica multiplicar las ganancias de manera más eficiente que en las etapas iniciales.

Lograr el primer millón implica a menudo superar barreras mentales y desafíos psicológicos asociados con el dinero. El primer millón proporciona un capital inicial que puede ser utilizado estratégicamente para inversiones, negocios o proyectos. Este capital inicial puede aprovecharse para generar mayores rendimientos. El rico sabe que a medida que la cantidad de dinero manejada aumenta, también lo hacen los riesgos y la responsabilidad. La toma de decisiones se vuelve más crítica y la gestión de riesgos se vuelve aún más esencial.

Con un capital más sustancial se pueden explorar estrategias de inversión más avanzadas y diversificadas. La capacidad de diversificar eficientemente el portafolio puede ser clave para la protección contra la volatilidad del mercado.

El primer millón representa un punto crucial en la construcción de la riqueza, marca un cambio en la mentalidad y proporciona una base financiera sólida. Por otro lado, en el efecto apalancamiento para pasar de dos a cinco millones destaca la multiplicación de ganancias y la necesidad de estrategias avanzadas. Ambos conceptos resaltan la importancia de una gestión financiera cuidadosa y estratégica en el camino hacia la acumulación de riqueza.

Pero sigamos con el hábito o truco del rico de convertirse siempre en un francotirador, no en alguien que dispara a todo lo que se mueve.

Las máximas de un francotirador, que es un profesional altamente entrenado en tácticas de ese tipo de soldado, suelen estar centradas en la precisión, la paciencia y la discreción. Aquí hay algunas **máximas comunes** asociadas con la ética y las habilidades de un francotirador:

1. **Una bala, una oportunidad.** La precisión es esencial para un francotirador. Cada disparo cuenta y la oportunidad de impactar debe aprovecharse al máximo.
2. **La paciencia es la clave.** La paciencia es una virtud crucial para un francotirador. Esperar el momento adecuado para hacer el disparo es esencial para el éxito y la seguridad.
3. **Invisibilidad y camuflaje.** Mantenerse invisible y bien camuflado es esencial. Los francotiradores valoran la capacidad de pasar desapercibidos y mantener su posición desconocida. Esta cualidad es la preferida de los ricos, discreción, camuflaje, no llamar la atención, pasar desapercibidos.
4. **Conoce tu entorno.** La familiaridad con el terreno y la capacidad de adaptarse a diferentes condiciones son fundamentales. Los francotiradores deben conocer el entorno en el que operan para maximizar su efectividad.
5. **Adaptabilidad.** La capacidad de adaptarse a situaciones cambiantes es clave. Los francotiradores deben ajustarse a diferentes condiciones meteorológicas, a diferentes terrenos y a objetivos cambiantes.
6. **Sigilo y silencio.** El sigilo y la habilidad para operar en silen-

cio son características esenciales. Los francotiradores buscan minimizar cualquier ruido o movimiento que pueda revelar su posición.

7. **Concentración total.** Mantener una concentración total en el objetivo y en las condiciones circundantes es esencial. Los francotiradores deben evitar distracciones y mantenerse enfocados en su misión.
8. **Cada tiro cuenta.** La precisión es más importante que la velocidad. Los francotiradores valoran la calidad sobre la cantidad y entienden que cada disparo debe ser deliberado y bien dirigido.
9. **Conocimiento del equipo.** Un francotirador debe conocer su equipo a la perfección. Esto incluye su rifle, la óptica y cualquier otro equipo que utilice.
10. **Ética y responsabilidad.** Los francotiradores suelen ser estrictos con sus principios éticos. Comprenden la responsabilidad que conlleva su capacidad y se adhieren a reglas éticas en sus acciones. Para el rico, la ética y el sentimiento de justicia son parte de sus firmes convicciones.

Mi gran querido maestro de oratoria **Eduardo Criado Aguirre** contaba esta preciosa historia sobre la importancia de ser útiles:

Cuentan que cierta vez, en París, la esposa de un diplomático tenía que asistir a una importante recepción en el palacio del Elíseo y se lamentaba por no tener un sombrero adecuado a su nuevo vestido.

Acudió al mejor modista de la ciudad y la atendió una de las dependientas, que le mostró los mejores sombreros del lujoso establecimiento, pero ninguno encajaba con el gusto de la señora.

A punto de marcharse, desanimada, preguntó por el creador, el artista de la *boutique*, quien, saliendo amablemente, se interesó por la calidad, el color y las características del vestido que la señora iba a lucir en la fiesta. Debidamente informado por la dama, desplegó un gran trozo de una cinta de seda amplia. Hizo un hermoso lazo y lo sujetó, adaptándolo a la cabeza de la dama, quien, muy satisfecha, exclamó:

—Éste es el sombrero que deseaba. Muy bien. ¿Cuánto le debo?

—Son tres mil francos, madame.

La reacción de la señora, al parecerle el precio muy alto, fue inmediata:

—Pero ¿cómo?, ¿tres mil francos por un trozo de cinta?

El artista, imperturbable, deshizo el sombrero que había creado y, envolviendo delicadamente el tejido utilizado, con la mejor de sus sonrisas, se lo ofreció a la dama diciendo:

—Madame, el trozo de cinta de seda es gratis.

Cada uno de nosotros, en su contextura como persona física, cuerpo, ojos, manos, etcétera, es algo así como un trozo de cinta de seda. Lo importante no es la tela, en la que todos somos más o menos iguales, lo importante, querido lector, es **la habilidad en convertir nuestra persona en una deseada prenda de vestir, en algo útil a los demás**. Ahí está el arte particular de cada uno, el rico lo sabe, y ahora tú también.

#LosTrucosDeLosRicos3

En ocasiones, la sabiduría radica en saber cuándo hacerse el tonto, permitiendo que el silencio hable más fuerte que las palabras.

@juanharo

Truco 75

Dos tipos de tiempo

Orrin Hudson, campeón de ajedrez de la Universidad de Alabama y orador profesional, **cuenta que el éxito es como conocer la combinación de un candado.** Da igual si eres negro, blanco, universitario, sin estudios, si sabes la combinación, el candado se abrirá. Puede que tengas dos o tres números, pero si no tienes los cuatro necesarios, el candado no se abrirá.

¿Cuál es la combinación? ¿Cuál es el sistema para abrirlo? Si tú sabes el sistema, entonces todo saldrá bien. Si yo te enseño mi receta para hacer una tarta de manzana y tú la sigues, tu tarta saldrá riquísima, porque has seguido mi sistema, la receta. **Todo en la vida son sistemas que abren candados, pero tienes que conocer la combinación exacta de los elementos.**

Los ricos saben distinguir claramente dos tipos del tiempo que conforma tu vida: **tu tiempo libre y tu tiempo contratado.**

Tiempo de vida = Tiempo libre + Tiempo contratado

Tu **tiempo libre** es el que puedes gastar como quieras: viendo la televisión, corriendo en el parque, jugando a videojuegos, durmiendo, comiendo, yendo de vacaciones, etcétera. Si tu situación es la misma que la de la mayoría de las personas, tu tiempo libre se concentra en las noches y en los fines de semana, que es cuando no estás intercambiando tu tiempo por dinero.

El **tiempo contratado** es el opuesto: es el tiempo total que dedicas a ganar dinero. No incluye solamente el tiempo en el que estás trabajando, sino también el resto del tiempo vinculado con tu actividad laboral: te levantas por la mañana, te duchas, te vistes, te diriges a la estación de tren, esperas, te desplazas hasta el lugar de trabajo, trabajas durante ocho horas y regresas a casa; el tiempo que dedicas a todo ello es el tiempo contratado. Cuando te pasas todo el fin de semana recargando las pilas tras una dura semana laboral, también es tiempo contratado. En definitiva, el tiempo contratado es el que dedicas al trabajo en sí y a aquello que guarda relación con éste.

Si compras un sistema de audio que cuesta 4.000 euros y ganas 10 euros por hora, ¿cuál es el precio real de tu adquisición? Su precio son cuatrocientas horas de tu tiempo libre, ya que deberás trabajar cuatrocientas horas por 10 euros la hora para pagar la deuda. Añádele un 10 por ciento en concepto de intereses y el coste final será de cuatrocientas cuarenta horas de tu tiempo libre, que deberás añadir a la carga que ya estés llevando.

Así que la próxima vez que saques la Visa, **calcula el precio real del artículo**. ¿Cuánto tiempo libre te va a costar eso?

Todo lo que compramos no tiene un coste, sino dos:

1. El coste monetario.
2. La cantidad de tiempo libre transformado en tiempo contratado.

Pagas el rescate de tu tiempo libre con tiempo contratado. El rico sabe que el juego consiste en poder tener más tiempo libre sin tener que pagar con tiempo contratado para ello. ¿Cómo lograrlo?

Sencillo, el rico compra un coche, o cualquier capricho, pero para ello sabe que no tendrá que pagarlo con tiempo contratado, sino que dicho coche o capricho será pagado con dinero que le llega de un negocio automatizado, o bien de los alquileres de varios inmuebles, o por los beneficios de las participaciones de un negocio. De este modo, no tiene que trabajar miles de horas para adquirir el coche.

El rico es consciente, desde bien pequeño, de estas dos clases de tiempo: el libre y el contratado. El segundo tiene que disminuirse hasta llegar a cero y el primero tiene que aumentarse para tener calidad de vida. Adquirirá productos, servicios o lo que quiera a cambio de ingresos recurrentes, no a cambio de tiempo libre (tiempo por dinero).

El profesor de Marketing de la Escuela de Negocios de Harvard, **Michael Norton**, defiende que lo importante no es el dinero ni el tiempo que tengas, sino el **cómo y en qué inviertes ese tiempo y ese dinero**. En un estudio realizado por él, determinó que el 95 por ciento de la sociedad cree que la vida es corta y dura, y el 5 por ciento restante opina que la vida es larga y sencilla. Pues bien, ese 5 por ciento es la gente que tiene una vida plena. Son aquellos que invierten bien su tiempo y su dinero.

#LosTrucosDeLosRicos3

El tiempo no es una mercancía, algo que pueda pasar de unas manos a otras como un pastel. El tiempo es la sustancia de la vida. Cuando alguien te pide que le des tu tiempo, en realidad te está pidiendo que le des un pedazo de tu vida.

@juanharo

Truco 76

Toma de decisiones

La toma de decisiones es una actividad central en la vida cotidiana y en todos los aspectos de nuestras vidas. Desde decisiones simples hasta elecciones más complejas, constantemente estamos evaluando opciones y eligiendo cursos de acción. La toma de decisiones implica un proceso cognitivo que va desde la identificación del problema hasta la evaluación de opciones y la selección de la mejor alternativa. Las emociones también desempeñan un papel en la toma de decisiones. A menudo, **nuestras decisiones están influenciadas por las experiencias pasadas, los valores personales y los estados de ánimo actuales.**

En muchas situaciones, la toma de decisiones implica lidiar con el riesgo y la incertidumbre. Evaluamos probabilidades y consideramos posibles resultados antes de tomar una decisión. Es difícil precisar el número exacto de decisiones que tomamos a diario, ya que esto varía según la persona y las circunstancias. Sin embargo, algunos estudios sugieren que las personas toman miles de decisiones al día, desde decisiones inconscientes hasta elecciones más deliberadas.

Constantemente estamos tomando decisiones, y el rico lo sabe. De hecho, la calidad de vida es directamente proporcional a la calidad de las decisiones tomadas. **Lawrence Kohlberg** fue un psicólogo estadounidense que nos dijo que las personas, al tomar decisiones, pertenecemos a uno de estos **tres grupos**:

1. Actúan por miedo o por una alta recompensa.
2. Actúan para ser aceptados, reconocidos, o bien por orgullo.
3. Actúan por ética, por justicia o por moralidad.

El primero y segundo son los grupos más numerosos, en el tercero hay muy pocas personas, pues pocos actúan de ese modo. **El rico toma las decisiones basándose en la ética, en la justicia.** Esto supondrá muchas veces ir en contra de la ley, pero ¿no es cierto que existen muchas leyes que son injustas y moralmente cuestionables?

El rico emplea **dos estrategias** para elegir mejor, según el tipo de decisión que deba tomar:

1. El análisis de las consecuencias en el peor de los casos (ACPC).
2. La matriz de decisión promedio ponderada (MDPP).

El **ACPC** está concebido para alejarte de los desvíos peligrosos y las elecciones traidoras. Por el contrario, la finalidad de la **MDPP** es ayudarte a tomar mejores decisiones en caso de múltiples contingencias. Cada una de estas dos estrategias opera en un extremo del espectro de las elecciones: una nos ayuda a **evitar la toma de decisiones desastrosas** y la otra facilita que **efectuemos buenas elecciones.**

El ACPC es una herramienta que requiere que proyectes tu pensamiento hacia el futuro y que analices posibles consecuencias.

El ACPC te pide que **respondas tres preguntas** en relación con cada decisión que va a tener repercusiones:

1. ¿Cuál es la peor consecuencia que puede tener esta decisión?
2. ¿Cuáles son las probabilidades de que ocurra eso?
3. ¿Se trata de un riesgo aceptable?

Aunque la formulación de estas tres preguntas puede parecer larga, tu proceso de análisis no debería requerir más de unos pocos segundos. No necesitas papel y bolígrafo, sólo tu cabeza y elegir conscientemente tu modalidad de percepción. Cuando las elecciones se analizan utilizando el ACPC, los desastres potenciales quedan al descubierto y se pueden escoger alternativas. Los innecesarios caminos traicioneros pueden evitarse. El rico practica el ACPC.

Para decisiones también importantes, aplica la MDPP.

¿Alguna vez te has visto enfrentado a una decisión difícil? Un día te parece mejor la opción A y al día siguiente te parece mejor la opción B.

¿No sería genial que tomar una decisión difícil fuese tan simple como elegir el número más alto?

La segunda herramienta de toma de decisiones **compara y cuantifica las opciones en cuanto a las elecciones importantes.** Ya sabes qué tipo de decisiones son: ¿debería mudarme o quedarme?, ¿dejarlo o continuar?

Con la ayuda de la MDPP es fácil tomar decisiones, ya que determina y prioriza los factores relevantes y luego cuantifica cada decisión con un valor: **el valor más alto refleja la mejor decisión.**

Por ejemplo, si tuvieses que elegir entre mudarte a París o a Madrid, la MDPP arrojaría una valoración numérica, por ejemplo, París 88 y Madrid 93. Según esta valoración, Madrid sería la mejor opción. Y aunque la MDPP es subjetiva y requiere que seas totalmente objetivo, es una gran herramienta para identificar qué opción se adecua más a tus preferencias.

Para usar la MDPP debes tener un mínimo de dos opciones ante ti, pero pueden ser más. Supongamos que vives en París y estás considerando la posibilidad de mudarte a Madrid. Te debates entre ambas opciones y no consigues verlo claro. Un día quieres mudarte, y al siguiente, quedarte.

Normalmente, esto ocurre cuando hay demasiados factores que deben tenerse en cuenta dentro de cada posibilidad.

En primer lugar, toma un papel y un bolígrafo. Luego haz tres columnas en el papel. Encabeza la primera de ellas con el título «Factores», y las otras dos con las palabras correspondientes a las dos opciones (en este caso, «París» y «Madrid»).

Matriz de decisión promedio ponderada

FACTORES	PARÍS	MADRID

En segundo lugar, **¿qué factores son importantes en tu decisión?** ¿El clima, las escuelas, el coste de la vida, estar cerca de la familia?

Escribe todos los factores relevantes para la decisión, incluidos los que lo son menos, en la primera columna. Ahora, tu MDPP presentaría este aspecto:

Matriz de decisión promedio ponderada

FACTORES	PARÍS	MADRID
Clima		
Escuelas		
Coste de la vida		
Clima empresarial		
Impuestos		
Seguridad		
Diversión		
Cercanía de la familia		

En tercer lugar, **junto a cada factor, puntúa del 1 al 10 la importancia que tiene cada factor para ti.**

El 10 indica la máxima importancia. Por ejemplo, padeces un trastorno afectivo estacional, por lo que le asignas un valor de 10 al clima en la matriz. A continuación, consideras que tus hijos tienen casi dieciocho años, por lo que decides que un buen sistema escolar no es una prioridad, y le asignas un 3. Procede de esta manera con todos los factores.

Ahora, **tu MDPP tiene este aspecto:**

Matriz de decisión promedio ponderada

FACTORES	PARÍS	MADRID
Clima (10)		
Escuelas (3)		
Coste de la vida (6)		
Clima empresarial (2)		
Impuestos (7)		
Seguridad (4)		
Diversión (8)		
Cercanía de la familia (7)		

Después de haberle asignado un valor a cada criterio, **puntúa cada una de las dos opciones en relación con cada factor, también del 1 al 10.** Le pones un 2 al sistema escolar de París y un 3 al de Madrid, ya que determinas que es un poco mejor. Le pones un 5 a las posibilidades de diversión en París, donde está Disneyland París, y un 2 a las de Madrid. Sigue así en relación con todos los factores dentro de cada opción.

Así queda ahora **tu MDPP**:

Matriz de decisión promedio ponderada

FACTORES	PARÍS	MADRID
Clima (10)	2	8
Escuelas (3)	2	3
Coste de la vida (6)	5	7
Clima empresarial (2)	6	4
Impuestos (7)	6	7
Seguridad (4)	3	6
Diversión (8)	5	2
Cercanía de la familia (7)	10	0

Ahora, **en cada fila, multiplica el valor de cada factor por la puntuación que le has dado en cada una de las opciones y coloca ese número al lado de la puntuación correspondiente, entre corchetes.**

Por ejemplo, en la fila de la diversión, el total en el caso de París es 40 (8 × 5) y en el caso de Madrid es 16 (8 × 2). Haz esto en todas las filas.

Al finalizar, **tu MDPP** quedará así:

Matriz de decisión promedio ponderada

FACTORES	PARÍS	MADRID
Clima (10)	2 [20]	8 [80]
Escuelas (3)	2 [6]	3 [9]
Coste de la vida (6)	5 [30]	7 [42]
Clima empresarial (2)	6 [12]	4 [8]
Impuestos (7)	6 [42]	7 [49]
Seguridad (4)	3 [12]	6 [24]
Diversión (8)	5 [40]	2 [16]
Cercanía de la familia (7)	10 [70]	0 [0]

Finalmente, suma el total de puntos (entre corchetes) de cada uno de los factores y verás que el total de París es 232 y el de Madrid es de 228. La mejor opción en este caso, con estos factores y la importancia que tú le has dado a cada uno, es París. Pero para cada persona los números variarán siempre, porque no todos los factores ni las preferencias son las mismas.

La MDPP es una gran herramienta para tomar decisiones importantes **siempre que seamos completamente honestos** a la hora de evaluar el peso de los distintos factores. He usado la MDPP muchas veces en mi vida para decidirme cuando tenía elecciones difíciles que tomar. Espero que te sea útil a ti también, querido lector. No tengas prisa en tomar decisiones. Nos vemos en el siguiente truco o hábito.

#LosTrucosDeLosRicos3

Las buenas decisiones no siempre son racionales. En algún momento tendrás que escoger entre ser feliz o tener razón.

@juanharo

Truco 77

La ley de la «efectación»

Los ricos alargan su horizonte temporal. **El tiempo es la fuerza más poderosa en las inversiones.** Hace que las cosas pequeñas crezcan y que los grandes fallos se desvanezcan. Los ricos se acostumbran a que un montón de cosas salgan mal, saben que pueden estar equivocados la mitad de las veces y ganar igualmente una fortuna; porque sólo una pequeña cantidad de elementos son la causa de que los resultados sean abultados.

Los ricos no se fijan en inversiones individuales, sino en toda su cartera. E igualmente se fijan más en construir carreras cortas, en lugar de carreras largas. La carrera larga es recoger los frutos después de muchos años de trabajo o esfuerzo, como la Bolsa a largo plazo, el interés compuesto, inversiones a muchos años y planes de inversión a muchos años.

La carrera a corto plazo es un negocio que te aporta 7.000 euros de *cash flow* mensual, una operación inmobiliaria que te permite facturar 32.000 euros, o bien una página web automatizada que te aporta 1.300 euros al mes en piloto automático, o un inmueble que compras por 200.000 euros y luego lo transformas en cuatro apartamentos o estudios que te aportan 2.200 euros al mes de ingresos pasivos. Es decir, **es invertir tu tiempo en lograr resultados excelentes en poco tiempo. Sí, sí, es cierto: muchos proyectos o negocios fracasarán, pero el rico no quiere esperar muchos años para recoger sus frutos, eligen la carrera corta.**

Los ricos tienen en cuenta la **ley de la «efectación»**. Dicha ley consiste en lo siguiente: para ganar millones (de euros) hay que tener un impacto sobre millones (de personas). ¿Y cómo se puede conseguir este impacto?

En la carrera larga, el valor intrínseco del individuo aumenta en gran medida, de manera que éste se vuelve enormemente indispensable y gana millones. En la carrera corta, el individuo diseña un negocio que afectará a millones de personas que van a pagar pequeñas cantidades por el producto o servicio ofrecido, o a menos personas que van a pagar grandes cantidades.

Los riesgos implican gestionar las elecciones con cuidado. Reduce al mínimo los riesgos absurdos y saca partido de los riesgos inteligentes. En cuanto a las posibilidades de fracasar, créeme si te digo que es más fácil vivir arrepentido por un fracaso que arrepentido por no haberlo intentado nunca. Y el rico lo sabe.

Los riesgos absurdos presentan un lado negativo ilimitado (a largo plazo) y un lado positivo limitado (a corto plazo).

Los riesgos inteligentes presentan un lado positivo ilimitado (a largo plazo) y un lado negativo limitado (a corto plazo).

Para el rico, ¿cuáles son las carreteras que conducen a la riqueza? Si eres un conductor de carrera lenta o larga, tu carretera es tu empleo (ejerces de médico, abogado, ingeniero, vendedor, peluquero, piloto, etcétera). Si eres un conductor de carrera rápida o corta, tu carretera es un negocio: eres emprendedor en Internet, inversor en bienes raíces, autor o inventor. Tu carretera es tu profesión o tu camino empresarial, y es la que debe llevarte a la riqueza.

También en la carrera rápida están quienes tienen un don o lo han desarrollado, como pianistas, artistas, jugadores, actores, o bien herederos de fortunas de su familia. Pero son una minoría.

Si estás atrapado en un negocio minorista que vende cortes de pelo a 10 euros, ¿es razonable pensar que puedas prestar tu servicio a millones de personas? Para ganar millones, debes servir a millones. Una actitud enérgica y decidida no te va a servir para enriquecerte si la carretera no te acerca al barrio **«efectación», porque la «efectación» es la guardiana de la riqueza**.

Para encender la ley de la «efectación» e iluminar tu carretera, examínala a la luz de los **cinco mandamientos de la vía rápida**:

1. El mandamiento de la necesidad.
2. El mandamiento del acceso.

3. El mandamiento del control.
4. El mandamiento de la escalabilidad.
5. El mandamiento del tiempo.

Las empresas o negocios que resuelven necesidades ganan. Las empresas que ofrecen valor ganan. Las empresas que resuelven problemas obtienen ganancias. Las motivaciones egoístas y narcisistas no dan lugar a buenos modelos empresariales a largo plazo.

El rico, cuando quiere dinero, empieza a atraerlo, en lugar de perseguirlo. Recuerda el símil del dinero con el gato. Se oculta entre las ramas de un árbol, detrás de un rosal o en un jardín. Sin embargo, si lo ignoras y te enfocas en lo que atrae al gato, viene a ti y se sienta en tu regazo.

El dinero no se siente atraído por las personas egoístas. Se siente atraído por los negocios que resuelven problemas. Se siente atraído por quienes satisfacen necesidades y aportan valor. Resuelve las necesidades de mucha gente y atraerás mucho dinero. La cantidad de dinero que ganas no es más que un reflejo de la cantidad de valor que les has proporcionado a los demás. Si ignoras esta ecuación, el dinero te ignorará a ti.

Para finalizar este truco, insistimos en que el rico no tira la toalla, no le sucede, como ya comentamos anteriormente, como **al gato del escritor Mark Twain**: un gato que se quema al posarse sobre una estufa ardiendo ya nunca volverá a sentarse sobre una estufa caliente, pero tampoco sobre una fría. Es decir, la población en general decide que la inversión no es para ella cuando pierden, así nunca volverán a perder dinero invirtiendo, pero tampoco lo ganarán. Imitarán al gato de Mark Twain. El rico busca otras estrategias, caminos nuevos y oportunidades que están al otro lado de la ventana. Como tú, amigo lector, que ya eres rico.

#LosTrucosDeLosRicos3

Independencia económica no significa dejar de trabajar. Quiere decir que sólo trabajarás en lo que te guste, con la gente que quieras, en los momentos que desees y durante el tiempo que te apetezca.

@juanharo

Truco 78

Las dos fases

Los ricos juegan a las dos fases con respecto a sus finanzas: la **fase acumulativa**, en la que reúnen dinero, y la **fase «desacumulativa»**, en la que invierten el dinero. Y siempre es igual, como una noria. No se estancan en una o en otra fase. Recordemos la regla de oro: el que tiene el oro hace las reglas. De esta forma, el rico no deja que su dinero pierda su valor, que se lo coma la inflación, porque constantemente está invertido (fase desacumulativa), o bien a punto de invertirlo (fase acumulativa). No se trata de tener más y más dinero (fase acumulativa), o bien mucho patrimonio (fase desacumulativa), sino de hacerlo crecer, de protegerlo, de evitar que caiga en las garras de cualquier ley que nos haga perder lo que hemos ganado, o bien de que la inflación, las comisiones bancarias, o bien los impuestos hagan sus estragos. Todos estos monstruos son minimizados si imitamos a los ricos y «jugamos» a las dos fases.

Tenemos que saber que hay un montón de gente queriendo llevarse una porción de nuestra riqueza. El sistema está repleto de «minas» que pueden hacer saltar por los aires nuestro presente y nuestro futuro financiero.

Charles Thomas Munger es un empresario, inversor, hombre de negocios y filántropo estadounidense. Es vicepresidente de Berkshire Hathaway, el conglomerado controlado por Warren Buffett, quien lo considera como su socio. La filosofía de Munger está alineada con la de los ricos. Una vez dijo:

No tenía la intención de hacerme rico, sólo quería ser independiente. Para mí, independencia no significa dejar de trabajar, quiere decir que sólo trabajarás en lo que te guste, con la gente que quieras, en los momentos que desees y durante el tiempo que te apetezca. Y alcanzar cierto nivel de independencia no depende de que ganes el sueldo de un médico o un arquitecto.

Es cuestión, sobre todo, de tener controladas tus expectativas y vivir por debajo de tus posibilidades durante un tiempo. La independencia, en cualquier nivel de ingresos, es fruto de tu índice de ahorro. Y pasado cierto umbral de ingresos, tu índice de ahorro está determinado por tu capacidad de impedir que tus expectativas en cuanto al estilo de vida se te vayan de las manos.

En otras palabras, evitar que termines arruinado o perder tu patrimonio por culpa de unas expectativas elevadas o por culpa de un ego desmesurado. El rico quiere ser independiente, no depender de nadie. Un beneficio secundario de mantener un estilo de vida por debajo de lo que podríamos permitirnos es evitar la continua comezón psicológica de querer estar a la altura de tus vecinos. Vivir cómodamente por debajo de lo que te puedas permitir, sin desear demasiado «tener más». Así eliminas una cantidad ingente de presión social a la que mucha gente del primer mundo se ve sometida.

El escritor y financiero estadounidense **Nassim Taleb** lo explicó una vez: «El éxito de verdad es abandonar la competición feroz que nos lleva a alterar nuestras actividades para tener tranquilidad».

Ahora repasemos un terrible accidente que pasó hace tiempo, del que podemos extraer una interesante lección. El 13 de octubre de 1972 se produjo un accidente de aviación en los Andes. Todo el mundo dio por muertas a las cuarenta y cinco personas que viajaban en el aparato, pero lo cierto es que no todas fallecieron.

—Al caer el avión —explica Gustavo Zerbino—, murieron trece personas, y tres más durante la noche. Quedamos vivas diecinueve personas y murieron ocho. Nos agrupamos en un pequeño espacio. Estuvimos tres días en una «cueva» oscura, sentados en el hielo a 40 grados bajo cero y enterrados en la nieve. Los supervivientes tuvieron que enfrentarse a duras pruebas durante setenta y tres días y para sobrevivir se vieron obligados a practicar el canibalismo.

Gustavo Zerbino tenía dieciocho años, estudiaba medicina en Uruguay y viajaba con su equipo de rugby a Chile. Logró sobrevivir a esta tragedia de los Andes. Para subsistir, tuvieron que comer carne humana, la de los cadáveres de sus compañeros fallecidos.

A los diez días escucharon por radio que habían suspendido la búsqueda, dado que, con las bajas temperaturas y el mal tiempo existente, era imposible continuar.

Gustavo, en una de sus conferencias por todo el mundo, pregunta al auditorio:

—¿Era una buena o una mala noticia que se suprimiera la búsqueda de todos ellos?

La mayoría contesta que fue una mala, una terrible noticia.

Pero Gustavo contesta:

—¡Se equivocan! Fue buena, muy buena noticia, porque ese día supimos que la ayuda no vendría del exterior, tendría que venir de nosotros. Fue entonces cuando empezamos a cruzar los Andes. Mi consejo para todos ustedes es que lleven su vida en sus propios brazos. No dependan de terceros.

La misma filosofía del rico. ¡Me encanta!

#LosTrucosDeLosRicos3

Una aparente inoportunidad puede ser el camino correcto si dejas que así sea.

@juanharo

Truco 79

Niveles energéticos

El rico dedica tiempo a conocerse bien para disfrutar de la vida, mucho más que el ciudadano medio. La energía es lo que mueve el mundo, así que los niveles energéticos de los que disponemos a lo largo del día y cómo aprovecharlos es un tema importante. Sobre este aspecto, recurro nuevamente al apalancamiento humano, y dejo que te lo explique de forma impecable mi sobrina **Meriem Hammoudi Haro**, una joven enamorada de la física y del desarrollo personal. Aquí tienes su exposición.

Me interesé por este tema[11] por primera vez cuando oí hablar de los

11. Bibliografía especializada sobre este tema:

1. BBC News Mundo, «Qué es el cronotipo y por qué es útil que conozcas cuál es el tuyo», 30 de julio de 2018, <https://www.bbc.com/mundo/noticias-45005920>.
2. Instituto Nacional de la Salud Infantil y el Desarrollo Humano, «¿Qué son los ritmos circadianos?», 9 de julio de 2018, <https://espanol.nichd.nih.gov/salud/temas/sleep/informacion/circadianos>.
3. Karan, M.; Bai, S.; Almeida, D. M., *et al.*, «Sleep-wake timings in adolescence: Chronotype development and associations with adjustment», *Journal of Youth and Adolescence*, 50 (2021), pp. 629-640, <https://link.springer.com/article/10.1007/s10964-021-01407-1>.
4. Jankowski, K., «Composite Scale of Morningness: Psychometric properties, validity with Munich ChronoType Questionnaire and age/sex differences in Poland», *European Psychiatry*, 30, 1 (2015), pp. 166-171, <https://www.cambridge.org/core/journals/european-psychiatry/article/abs/composite-scale-of-morningness-psychometric-properties-validity-with-munich-chronotype-questionnaire-and-agesex-differences-in-poland/9F2545DAA22326FD31D1A01939B10A63>.

cronotipos: la predisposición natural que tiene cada persona de **experimentar picos de energía y momentos de descanso según la hora del día**, de acuerdo con el Instituto Internacional de la Melatonina, de la Universidad de Granada. Se basa en la sincronización de ritmos circadianos, oscilaciones biológicas que regulan la actividad corporal. Esto ocurre con la melatonina, lo que significa que, dependiendo de su producción, estaremos más o menos activos a ciertas horas del día.

Alrededor de 1970, la Universidad de Göteborg propuso la **existencia de varios cronotipos**: los que están más activos por la **mañana**, los que lo están por la **tarde** y los que su actividad es mayor por la **noche**. Un estudio realizado por la Asociación Europea de Psiquiatría concluyó que es más común la alta energía matutina en adultos y tardía en adolescentes.

Ser capaz de examinar nuestro cronotipo nos permite aprovechar al máximo nuestros picos de energía. Para cambiar nuestros hábitos, es importante llevar a cabo una **autoevaluación** que estudie nuestro comportamiento a lo largo del día, cuyos datos podemos registrar al final del día o simplemente hacerlo mentalmente, como resulte más cómodo. Tras cuatro o cinco días de autoanálisis, seremos capaces de saber a qué horas del día estamos más activos y podremos dividir nuestro día en tres principales momentos:

- El **pico**, el momento del día en el que somos más activos.
- El **retroceso**, el momento en el que tenemos un nivel de energía promedio.
- La **caída**, el momento en el que nuestra capacidad es más baja.

Una vez tenemos esta información, debemos tratar de ajustar las tareas diarias de la siguiente manera: durante el pico, haremos las tareas más difíciles, como la toma de decisiones importantes; durante el retroceso, nos encargaremos de las tareas más sencillas, y durante la caída, llevaremos a cabo las cosas más fáciles, como el ejercicio y el ocio.

Tras realizar esta primera autoevaluación y reajustar los hábitos, estamos usando nuestra energía de manera casi óptima. Aunque si de verdad deseamos aprovechar al máximo el día, deberíamos también regular nuestras comidas, tratando de comer más antes de la caída y no comer mucho durante el pico. Esto es porque después de comer, nuestro cuerpo invierte la energía en digerir, dejándonos en un estado de «bajón».

Una manera de llevar a cabo esta estrategia es adelantando la hora de la cena para evitar el «bajón» de la digestión en nuestros momentos de mayor energía. Yo lo implementé de la siguiente manera: tras saber que mi pico energético se producía entre las 19.00 y 22.00, empecé a cenar a las 18.30 en vez de a las 21.00, y luego tomo un aperitivo a las 23.00. Al cenar antes y en menor cantidad de comida, he evitado perder mis horas de mayor energía digiriendo y las aprovecho trabajando. De momento no puedo reportar más que resultados positivos, tengo mayor productividad y una cómoda sensación de control sabiendo cuándo mi cuerpo me pide descansar y cuándo trabajar.

Es importante tener en cuenta que cambiar de repente de hábitos es difícil para el cuerpo; por eso recomiendo adelantar o atrasar las comidas una o media hora cada semana hasta llegar a la hora deseada, permitiendo así que el cuerpo se adapte poco a poco.

En conclusión, si necesitas aprovechar tu tiempo y energía al máximo, te aconsejo estudiarte a ti mismo y cómo te afectan las comidas para reajustar tus hábitos.

Los ricos cuidan sus hábitos energéticos. Sin energía, no somos nada.

- La calidad de tus hábitos energéticos determina la calidad de tu vida.
- Cuida tus hábitos energéticos tanto como cuidas tu alimentación; ambos nutren tu cuerpo y tu mente.
- La energía que dedicas a tus hábitos diarios es la inversión más valiosa en tu bienestar a largo plazo.
- Los hábitos energéticos positivos crean una espiral ascendente de vitalidad y éxito.
- La consistencia en tus hábitos energéticos es la clave para mantener un flujo constante de energía positiva.
- La atención plena a tus hábitos diarios es el camino hacia una vida más energizada y equilibrada.
- Tus hábitos energéticos no sólo afectan a tu rendimiento físico, sino también a tu claridad mental y emocional.
- La gestión inteligente de la energía comienza con la atención consciente a tus hábitos diarios.
- Cada hábito energético negativo es una gota que llena el vaso de la fatiga; elige hábitos que lo llenen de vitalidad.

#LosTrucosDeLosRicos3

El rico escucha su cuerpo porque es un maestro que te guía hacia hábitos energéticos más saludables.

@juanharo

Truco 80

Paradojas

Al rico le gustan las paradojas. Una paradoja es una declaración aparentemente contradictoria o una situación que desafía la lógica y las expectativas comunes. Aunque inicialmente puede parecer ilógica, a menudo **tiene un propósito más profundo y puede conducir a una reflexión más amplia sobre la naturaleza de las cosas.** Las **características** de una buena paradoja son las siguientes:

1. **Contradicción aparente.** Las paradojas involucran una contradicción aparente, en la que dos ideas o conceptos parecen estar en conflicto entre sí.
2. **Desafío a la lógica.** Presentan un desafío a la lógica convencional y a menudo invitan a la reflexión profunda y a la reconsideración de suposiciones comunes.
3. **Propósito filosófico o reflexivo.** Las paradojas a menudo se utilizan con fines filosóficos, literarios o educativos, desafían a las personas a cuestionar sus suposiciones y a explorar nuevas perspectivas.

Los **tres beneficios** que nos aportan las paradojas son:

1. **Estimulación del pensamiento.** Las paradojas promueven el pensamiento crítico y fomentan la reflexión, lo que conduce a una comprensión más profunda de conceptos complejos.

2. **Desafío a la creatividad.** Al presentar ideas aparentemente contradictorias, las paradojas pueden inspirar la creatividad y empujar a las personas a encontrar soluciones o comprensiones innovadoras.
3. **Exploración de la dualidad.** Muchas paradojas exploran la dualidad de las cosas, mostrando cómo dos ideas opuestas pueden coexistir o estar interconectadas.

Veamos algunos **ejemplos**:

1. **La paradoja del mentiroso.** «Esta declaración es falsa.» Si estudiamos bien el significado de la frase, veremos que si es verdadera, entonces la declaración es falsa, pero si es falsa, entonces la declaración es verdadera.
2. **La paradoja del barbero.** En un pueblo, el barbero afeita a todos los hombres que no se afeitan a sí mismos, pero entonces, ¿quién afeita al barbero?
3. **La paradoja del abuelo.** Si viajas al pasado y evitas que tu abuelo conozca a tu abuela, entonces tú nunca nacerías y no podrías viajar al pasado. Pero si no puedes viajar al pasado, quiere decir que tus abuelos se conocerán y tú nacerás. Es un dilema sobre la posibilidad de cambiar el pasado.
4. **La paradoja del ahorcado.** Un hombre condenado a ser ahorcado se enfrenta a la siguiente situación: el juez le dará una sorpresa en algún momento de la siguiente semana, pero no sabe cuándo será. Si el hombre cree que será ahorcado en el último día de la semana, entonces se sorprendería si todavía está vivo. Pero si cree que será ahorcado en algún día anterior de la semana, se sorprendería si está vivo en ese día. Es una paradoja basada en la sorpresa inesperada.

Las paradojas desafían la forma en que pensamos y nos invitan a **explorar las complejidades y contradicciones inherentes a muchos conceptos**. Aunque a veces pueden parecer desconcertantes, su utilidad radica en su **capacidad para estimular el pensamiento crítico y la reflexión.**

El rico tiene en cuenta las siguientes paradojas:

1. **Paradoja de los sentimientos (y de la lógica).** El corazón tiene razones que la razón no tiene, y el rico escucha su intuición.

2. **Paradoja de la cultura.** Ya lo decía Groucho Marx: «La televisión es una fuente de cultura, cada vez que alguien la enciende, me voy a la habitación de al lado a leer un libro».
3. **Paradoja de la ayuda.** Si deseas que alguien te haga un trabajo, pídeselo a quien esté ocupado. El que está sin hacer nada te dirá que no tiene tiempo.
4. **Paradoja del dinero.** Era un hombre tan pobre, tan pobre que lo único que tenía era dinero.
5. **Paradoja de la tecnología.** La tecnología nos acerca a los más lejanos y nos distancia de los más próximos.
6. **Paradoja del sentido.** No llega antes el que va más rápido, sino el que sabe adónde va.
7. **Paradoja de la sabiduría.** Quien sabe mucho, escucha; quien sabe poco, habla. Quien sabe mucho, pregunta; quien sabe poco, sentencia.
8. **Paradoja de la generosidad.** Cuanto más damos, más recibimos. Aunque no siempre y no en ese mismo momento.
9. **Paradoja de lo cotidiano.** Muchas veces, lo más pequeño es lo más grande.
10. **Paradoja del experto.** No hay nada mejor que un experto para evitar el progreso en un campo.
11. **Paradoja del disfrute.** Sufrimos demasiado por lo poco que nos falta y gozamos poco de lo mucho que tenemos (Shakespeare).

#LosTrucosDeLosRicos3

La paradoja del tiempo: corremos para atraparlo, pero a veces sólo podemos apreciarlo cuando nos detenemos.

@juanharo

Truco 81

Tendencias

El rico huye de lo que se considera normal. Siempre tiene aspiraciones mayores. Ya lo decía la actriz y directora estadounidense Jodie Foster: «La normalidad no es algo a lo que haya que aspirar; es algo de lo que hay que huir». **Los ricos no siguen las directrices o tendencias marcadas por gobiernos, el poder o las grandes tendencias.** Van a contracorriente, saben que mucha información es pura manipulación, información falsa para fines muy personales, el rico va en contra de la manada. No por el mero hecho de ir en contra, sino porque dichas tendencias no coinciden con sus prioridades y valores.

Por ejemplo, vamos con una tendencia imparable: cuando la mayoría de la gente quiere que el Estado controle los movimientos absolutos de sus finanzas renunciando a la privacidad de las personas, el rico huye de esta tendencia porque ama ser libre. La CBDC (Central Bank Digital Currency) es una moneda digital emitida y respaldada por el banco central de un país. A diferencia de las criptomonedas descentralizadas, las CBDC están bajo el control directo de la autoridad monetaria. En muchos aspectos, las CBDC buscan replicar la función del dinero en efectivo pero en formato digital. Permiten a las personas y empresas realizar transacciones y almacenar valor en una forma digital directamente vinculada al banco central. Las CBDC se pueden implementar con diversos objetivos, como mejorar la eficiencia de los pagos, reducir la dependencia del efectivo, facilitar la inclusión financiera y, en algunos casos, contrarrestar el auge de las criptomonedas privadas.

El rico no se queda solamente con una versión o teoría oficial, **analiza ventajas e inconvenientes y valora si eso puede perjudicar su calidad de vida**. Aquí tenemos algunos inconvenientes de las CBDC (próximas monedas digitales emitidas por cada país para evitar el uso privado del dinero):

1. **Vigilancia y privacidad.** Las CBDC plantean preocupaciones sobre la privacidad, ya que las transacciones digitales son rastreables. El nivel de vigilancia que permiten podría generar inquietudes sobre la privacidad financiera de los individuos. Cualquier estado o banco sabría todo de una persona: dónde ha cenado, qué ha comprado, en qué momento. Adiós a la privacidad.
2. **Dependencia tecnológica.** La adopción generalizada de CBDC implica una mayor dependencia de la tecnología. Esto puede excluir a aquellos que no tienen acceso o no están familiarizados con la tecnología, creando divisiones digitales y sociales.
3. **Riesgos para la estabilidad financiera.** Si las CBDC reemplazan rápidamente al efectivo, podría haber riesgos para la estabilidad financiera, ya que los depositantes podrían cambiar rápidamente de los bancos comerciales a las CBDC en momentos de incertidumbre económica.
4. **Impacto en los bancos comerciales.** La implementación de CBDC podría cambiar la dinámica entre los bancos comerciales y los depositantes. Los bancos comerciales podrían perder depósitos y enfrentar desafíos en la intermediación financiera.
5. **Ciberseguridad.** La adopción de CBDC aumentaría la importancia de la ciberseguridad. Las amenazas cibernéticas podrían poner en peligro la estabilidad del sistema financiero si se dirigieran a las plataformas digitales que manejan las CBDC.
6. **Riesgos para la política monetaria.** La implementación de CBDC podría tener implicaciones para la política monetaria y la capacidad de los bancos centrales para influir en la economía. Se requeriría un diseño cuidadoso para evitar posibles distorsiones.

Los ricos analizan las tendencias para saber qué estrategias realizar con respecto a su patrimonio, calidad de vida y hábitos. Una tendencia abiertamente comunicada es la **Agenda 2030**, un plan de acción global adoptado por los 193 Estados miembros de las Naciones

Unidas en septiembre de 2015. Se compone de diecisiete Objetivos de Desarrollo Sostenible (ODS), con 169 metas concretas para abordar desafíos globales como la pobreza, el hambre, la salud, la educación, la igualdad de género, el agua limpia, el saneamiento y el cambio climático. Estos objetivos proporcionan un marco integral para abordar cuestiones sociales, económicas y ambientales.

La implementación de la Agenda 2030 está ya produciendo importantes cambios en las políticas gubernamentales que afectan a diversas industrias y sectores. Muchos ciudadanos se enfrentarán a importantes desafíos para adaptarse a nuevas regulaciones, el rico lo sabe e intenta adelantarse a estos cambios que, a ojos de un extraño, pueden parecer cambios políticos o sociales (por el bien del ciudadano), pero que realmente responden (la mayoría de las veces) a cambios económicos (movimiento de riqueza de muchos a los mismos de siempre).

Otro claro ejemplo es la tendencia imparable de la inteligencia artificial (IA), que ha traído consigo numerosos beneficios y avances, pero también plantea ciertos desafíos e inconvenientes para el ciudadano común. Como decía anteriormente, el rico no se queda con la propaganda política cuando anuncian importantes cambios o tendencias, sino que analiza también los inconvenientes. Algunos de los **principales inconvenientes** de la implantación de la IA son:

1. **Desplazamiento laboral: automatización de los empleos.** La implementación de la IA y la automatización conllevará la pérdida de empleos en sectores donde las tareas son susceptibles de ser realizadas de manera más eficiente por máquinas. Esto afectará a los trabajadores cuyas funciones serán automatizadas.
2. **Sesgo y discriminación: sesgo en los algoritmos.** Los algoritmos de IA pueden heredar sesgos presentes en los datos con los que son entrenados. Esto puede dar lugar a decisiones automatizadas que son discriminatorias o injustas para ciertos grupos de personas.
3. **Privacidad y vigilancia: recopilación masiva de datos.** La IA a menudo depende de que la nutran con grandes cantidades de datos para aprender y mejorar. Esto puede plantear preocupaciones sobre la privacidad, especialmente cuando se recopilan datos de manera masiva sin un control adecuado.
4. **Falta de transparencia: decisiones opacas.** Muchos algoritmos de IA son complejos y difíciles de entender. Esto puede resultar en decisiones opacas, de manera que las personas afecta-

das no comprendan completamente cómo se han tomado ciertas decisiones.

5. **Dependencia tecnológica: vulnerabilidad a fallos técnicos.** La creciente dependencia de la tecnología de IA puede hacer que la sociedad sea más vulnerable a fallos técnicos, ya sea por errores de software, ciberataques u otros problemas intencionados por algunos (*lobbies* empresariales o políticos que los utilizan con otros fines).
6. **Desafíos éticos en la guía autónoma: decisiones éticas en vehículos autónomos.** La implementación de vehículos autónomos plantea desafíos éticos, como la toma de decisiones en situaciones críticas donde está en juego la seguridad de las personas.
7. **Aumento de la desigualdad digital: brecha digital y de acceso.** La adopción de tecnologías de IA puede ampliar la brecha digital, ya que no todas las comunidades tienen igual acceso a la educación y los recursos necesarios para beneficiarse de estas tecnologías.
8. **Amenazas a la seguridad: uso malintencionado de la IA.** La IA también puede ser utilizada con fines malintencionados, como la creación de *deepfakes* o la automatización de ataques cibernéticos, lo que presenta riesgos significativos para la seguridad.
9. **Impacto en la salud mental: consecuencias del uso excesivo.** La creciente integración de la IA en nuestras vidas puede tener un impacto en la salud mental, ya sea a través de la ansiedad relacionada con el empleo, la dependencia de dispositivos inteligentes o el temor a la pérdida de privacidad, incluso de la pérdida de creatividad por el ser humano al delegar en exceso en la IA.

Lo que pretendo mostrar en este truco es que toda tendencia, toda nueva noticia para el bien del ser humano, esconde muchas veces un perjuicio a los de siempre, para beneficio también de los de siempre. El rico observa, escucha, lee, se informa, pero al final también disecciona los contras, los inconvenientes y la manera en la que afectan a sus planes personales, a sus creencias, a su ética y su moral. No toda tendencia, ni todo evento por el bien común significa que lo termine siendo para el ciudadano. Lo que es bueno para muchos, más veces de las que pensamos, no suele ser bueno para el rico o para cualquier persona cuyos valores se vean atacados.

Lo vemos en el ejemplo de la protección de datos: en varios países, prácticamente no existen robos en los taxis porque la legislación permite instalar una cámara en cada vehículo conectada en directo con la central, en tiempo real ven lo que sucede. Esta medida ha supuesto que descienda la violencia y la delincuencia en los taxis, pero en muchos países de Europa, la medida sería impensable porque la ley de protección de datos impide poder grabar o visionar con una cámara el interior de un taxi. Y así pasa con muchos otros aspectos. Recordemos que el rico busca independencia, no depender de terceros (y menos de tendencias marcadas por unos intereses muchas veces partidistas).

No todas las tendencias son beneficiosas; algunas traen consigo la peligrosidad de la uniformidad de pensamiento y la pérdida de individualidad, lo que socava la diversidad y la autonomía personal.

#LosTrucosDeLosRicos3

Las tendencias, si no se analizan críticamente, pueden convertirse en corrientes peligrosas que arrastran a la sociedad hacia decisiones impulsivas sin evaluar plenamente sus consecuencias.

@juanharo

Truco 82

Los vencejos

Si tuviésemos que **comparar al rico con un tipo de ave, ésta sería el vencejo común**, un ave especialmente adaptada para el vuelo, con alas en forma de media luna, cola corta de horquilla poco profunda, boca muy ancha y grande rematada con un pico pequeño, patas muy cortas sin pulgar oponible y garras pequeñas pero de presa extraordinariamente fuerte que le permiten agarrarse a superficies verticales. Su plumaje es negruzco, con una pequeña mancha blanquecina o gris clara en la garganta, sólo visible a corta distancia.

Es una especie de ave muy peculiar, vuela muy alto y permanecen en el aire el 95 por ciento del tiempo: duermen volando, y se enamoran y reproducen en el aire. Sólo bajan a la tierra para criar sus polluelos. **Los vencejos se asemejan a los ricos**: son discretos, no se mezclan con problemas de la tierra, no llaman la atención, están en movimiento, no actúan por miedo, ven la vida desde la distancia.

Aquí hay **cinco similitudes** entre los vencejos y los ricos:

1. **Movilidad y adaptabilidad:**

- Vencejos. Son aves conocidas por su increíble movilidad y capacidad para adaptarse a diferentes entornos durante sus migraciones.
- Ricos o inteligentes. A menudo tienen la capacidad de adaptarse a diversas situaciones, ya sea a nivel financiero, profesional o intelectual.

2. **Perspectiva global:**

   - Vencejos. Tienen una perspectiva global, ya que migran a través de continentes.
   - Ricos o inteligentes. Las personas con recursos o inteligencia a menudo tienen una visión global y una comprensión más amplia de los problemas y oportunidades en el mundo.

3. **Velocidad y eficiencia:**

   - Vencejos. Son aves rápidas y eficientes en sus movimientos aéreos.
   - Ricos o inteligentes. Las personas exitosas a menudo son eficientes en sus acciones y toman decisiones rápidas y acertadas.

4. **Independencia y autonomía:**

   - Vencejos. Estas aves suelen ser independientes y pueden recorrer grandes distancias por sí mismas.
   - Ricos o inteligentes. Las personas exitosas suelen ser independientes y tener un alto grado de autonomía en la toma de decisiones.

5. **Adaptación a cambios:**

   - Vencejos. Durante su migración, enfrentan diversos desafíos y cambios climáticos, pero se adaptan para sobrevivir.
   - Ricos o inteligentes. Las personas exitosas a menudo deben adaptarse a cambios en sus industrias o entornos, demostrando flexibilidad y resiliencia.

Las características de los vencejos son inherentes a su naturaleza biológica, mientras que las características asociadas a las personas ricas o inteligentes pueden variar significativamente de un individuo a otro.

No olvidemos que **el rico, igual que el vencejo, ama la libertad. Ser dueño de su vida.** El vencejo, con su estilo de vida nómada y su vuelo ágil, a menudo se asocia con un sentido de libertad y disfrute de la vida en su entorno natural. Aquí te presento **cuatro similitudes** entre cómo disfruta la vida el vencejo y el sentido de libertad que puede asociarse metafóricamente al rico (quien prioriza disfrutar de la vida):

1. **Vuelo sin restricciones:**
   - Vencejos. Estas aves pasan la mayor parte de su vida en el aire, volando sin restricciones aparentes. Su vuelo ágil les permite explorar grandes áreas y les proporciona una perspectiva única del mundo.
   - Sentido de libertad. Metafóricamente, el vuelo del vencejo puede asociarse con la libertad de movimiento y la capacidad de explorar nuevas oportunidades sin sentirse limitado.

2. **Migraciones y cambio de entorno:**
   - Vencejos. Muchas especies de vencejos realizan migraciones estacionales, cambiando su entorno y adaptándose a diferentes condiciones.
   - Sentido de libertad. Metafóricamente, la capacidad de adaptarse y cambiar de entorno puede asociarse con la libertad de buscar nuevas experiencias y oportunidades.

3. **Independencia en la elección de hábitat:**
   - Vencejos. Eligen hábitats inaccesibles para anidar, como grietas en acantilados, lo que les brinda cierta independencia y seguridad.
   - Sentido de libertad. Metafóricamente, la elección de un hábitat inaccesible puede simbolizar la libertad de tomar decisiones que proporcionen seguridad y autonomía. El rico escoge muy bien el lugar donde vive, el entorno es importante para su desarrollo personal y para su disfrute; por ende, también para lo profesional.

4. **Vida sin ataduras a un lugar fijo:**
   - Vencejos. Su estilo de vida nómada implica que no están atados a un lugar fijo, lo que les brinda flexibilidad y la capacidad de moverse según sea necesario.
   - Sentido de libertad. Metafóricamente, la falta de ataduras a un lugar específico puede asociarse con la libertad de no estar limitado por restricciones geográficas o estructuras fijas.

Me gustaría acabar este truco con una selección del libro *Las enseñanzas de Don Juan*, escrito por Carlos Castaneda en su tesis de maestría en Antropología. Se publicó por primera vez en 1968 en inglés por la University of California Press y en 1974 en español. Espero que te ayude en tu caminar, amigo lector:

> Para mí sólo recorrer caminos que tienen corazón, cualquier camino que tenga corazón. Por ahí yo recorro, y la única prueba que vale es atravesar todo su largo. Y por ahí recorro mirando, mirando, sin aliento.
>
> Cualquier cosa es un camino entre cantidades de caminos. Por eso debes tener siempre presente que un camino es sólo un camino; si sientes que no deberías seguirlo, no debes seguir en él bajo ninguna condición. Para tener esa claridad debes llevar una vida disciplinada.
>
> Sólo entonces sabrás que un camino es nada más un camino, y no afrenta, ni para ti ni para otros, en dejarlo si eso es lo que tu corazón te dice. Pero tu decisión de seguir en el camino o de dejarlo debe estar libre de miedo y de ambición. Te prevengo. Mira cada camino de cerca y con intención. Pruébalo tantas veces como consideres necesario. Luego hazte a ti mismo, y a ti solo, una pregunta. Es una pregunta que sólo se hace un hombre muy viejo: ¿Tiene corazón este camino?
>
> Todos los caminos son lo mismo: no llevan a ninguna parte. Son caminos que van por el matorral. Puedo decir que en mi propia vida he recorrido caminos largos, largos, pero no estoy en ninguna parte. Ahora (muchos años después) tiene sentido la pregunta de mi benefactor.
>
> ¿Tiene corazón este camino? Si tiene, el camino es bueno; si no, de nada sirve. Ningún camino lleva a ninguna parte, pero uno tiene corazón y el otro no. Uno hace gozoso el viaje; mientras lo sigas, eres uno con él. El otro te hará maldecir tu vida. Uno te hace fuerte; el otro te debilita.

#LosTrucosDeLosRicos3

En la encrucijada de la vida, a menudo el rico toma decisiones siguiendo el corazón, confiando en que sus latidos son el compás más fiel de su verdadero camino.

@juanharo

Truco 83

Los ricos y los impuestos

El rico sabe rodearse siempre de maestros, de personas más inteligentes que él. Hace años tuve la fortuna (o quizá estaba así escrito) de **encontrar a todo un mago de la fiscalidad en inmuebles (y en más campos): Pedro Martos López.** En la segunda parte del libro *Los trucos de los ricos*, en el truco 77, Pedro Martos nos enseñó, de manera magistral, cómo realizar negocios inmobiliarios rentables a través de los alquileres con opción a compra.

Por si no leíste la segunda parte, te presento a mi socio, amigo, asesor fiscal de mis empresas y quien supervisa las operaciones que realizamos juntos. Es socio de Consulting 21, la Escuela de Inversión, y otras muchas empresas. Experto en asesoramiento tributario, contable, financiero y mercantil. Especializado en el sector inmobiliario y en ahorrar muchos miles de euros en impuestos tanto a sociedades como a personas físicas. Es el creador de <www.trucosfiscales.com>. Pero más allá de su talento en estas materias es un gran ser humano, una gran persona con unos grandes valores. Ahora vayamos al lío.

Este truco que te muestro a continuación, «Los ricos y los impuestos», ha sido elaborado íntegramente por Pedro Martos López. Espero que te ayude para comprender cómo los ricos, incluso en materia de impuestos, saben buscar caminos más eficientes.

Posiblemente el ciudadano de a pie se pregunte lo siguiente: **¿cómo hacen las grandes fortunas para no pagar impuestos?**

Todos sabemos que los impuestos que nos imponen los Estados están para mermar nuestra riqueza en aras de «un bien común», para «pagar los bienes y servicios públicos» y para «redistribuir la riqueza e igualar la renta» entre los ciudadanos, además de para pagar a los políticos y los gastos inherentes al cargo.

Gravan los beneficios que obtienen las empresas por la actividad que desarrollan y por su buen hacer de la dirección y todo el conjunto de la compañía (trabajadores, proveedores, deudores, etcétera), pero cuando una empresa, una compañía, por diferentes motivos económicos, no marcha bien y no tiene beneficios, por mucho empeño que pongan la dirección y el conjunto de componentes de la compañía, no recibe ningún flotador para salvarse de la tormenta. Igual sucede con los beneficios que generan los profesionales o empresarios individuales, es decir, si ganas, pagas, y si pierdes, espero a que ganes otra vez y pagues de nuevo.

Pues bien, una solución al problema de pagar demasiados impuestos es crear un **vehículo societario**, bien sea un grupo tipo *holding*, fundaciones o fondos de inversión, donde pondré todas mis inversiones, entre ellas mis participaciones o acciones, que por mucho que suban de valor, mientras no las venda, mientras no reciba dividendos, no pagaré impuestos por ellas.

Pero, entonces, ¿cómo puedo recibir dinero de mis empresas (como hace el rico)?

Es muy simple, me asigno un sueldo en alguna de ellas, por el que voy a tributar, sí, pero este sueldo estará sujeto a la retención que abonará la compañía, que yo deduciré en el impuesto sobre la renta, mientras que la empresa se deduce el sueldo como gasto de la actividad, ahorrando así el 25 por ciento del impuesto de sociedades. Si alguna de las filiales reparte dividendos, tendrá una exención mínima del 95 por ciento de la cantidad repartida, lo que hace que se tribute al 1,25 por ciento, en lugar del 25 por ciento del tipo general del impuesto de sociedades; he de añadir que, si en este juego introducimos empresas en el extranjero, la exención puede llegar hasta el cien por cien.

Además, mi patrimonio personal puede estar dentro de alguna figura societaria y así no sólo se verá protegido, sino que, aun en el caso de declarar en mi renta los ingresos no monetarios por el uso de dicho patrimonio (retribución en especie por coche, pago de alquiler en la casa donde vivo), los resultados positivos que se puedan generar vuelven a estar disponibles, bien para capitalizar la compañía y realizar otras posibles inversiones, o bien para disposición propia (préstamo, dividendos o facturas).

Lo que se busca con estas estructuras, aparentemente circulares, es incrementar el valor de las inversiones sin vender las acciones o participaciones, compensando resultados entre las compañías (consolidación en estructuras tipo *holding*), recibir dividendos con un 95 por ciento de reducción, tributar mínimas cantidades de impuestos a través de las declaraciones personales, en las que la cuota a pagar, sacada de contexto, nos puede parecer tremendamente escandalosa, pero comparada con el patrimonio empresarial propiedad de la persona llega a ser irrisoria. Un ejemplo que está a la luz es el de **Warren Buffett, quien paga el 1 por ciento en inversiones personales**, cuyo pago puede parecer una cantidad mareante, pero el 99 por ciento restante de sus inversiones las tiene en la compañía Berkshire Hathaway, por las que, por mucho que crezcan, no paga impuestos.

¿Son estas estructuras demasiado complejas para un ciudadano de a pie?

Pues sí, hay que reconocer que así es, para los viandantes, los curritos, los paganinis de impuestos, los que sufrimos un esfuerzo fiscal bastante elevado y una carga fiscal no acorde con lo que se recibe a cambio o con el entorno en el que vivimos, estas estructuras están sobredimensionadas.

Sin embargo, existen diferentes figuras que están a nuestro alcance, que bien mezcladas y en la dosis justa, cuando agitamos la coctelera económica, el producto tributario que sale es bastante ventajoso.

Todo ello va a depender de adónde queremos llegar, a qué nos dedicamos, de qué medios disponemos y qué optimización fiscal pretendemos conseguir.

La **figura de la LLC (*Limited Liability Company*)** permite a las entidades mercantiles establecerse bajo la jurisdicción de Estados Unidos y está teniendo un gran auge en estos días. En su forma menos compleja, permite tributar mediante el sistema *pass through* (transparencia fiscal), lo que quiere decir que el beneficio declarado en Estados Unidos tributa o es gravado en el lugar de residencia fiscal del socio o socios. Entonces, ¿dónde está el beneficio?

Si resides en un país donde el impuesto sobre la renta, o el similar de cada país, supone pagar más de la mitad de lo que consigues con tu trabajo, o también si tienes una sociedad, resulta que tienes un socio oculto (Hacienda) que todos los años se lleva un cuarto de tu beneficio. Existen países en los que no se cuestionan los gastos deducibles que sí son permitidos en otros países. En España se deniegan muchos gastos que sí son objeto de la profesión, por tanto, el empresario, o bien el autónomo, es vilmente castigado para que pague mucho más de lo que corresponde pagar. La verdad es que la contabilidad estadounidense es muy diferente a la española, porque no se cuestionan tanto los gastos generados por la actividad (los gastos personales no son deducibles). Si no tienes que pagar autónomos, si no tienes que presentar cuentas anuales (en el caso de sociedades), quizá te plantees otras alternativas, como vivir en países donde la carga impositiva es bastante más baja que en España, o bien jugar en el tablero de los países no cooperantes, pero debes tener en cuenta que crear **empresas «buzón»**, sin motivaciones económicas, sin medios materiales y humanos que avalen una actividad económica, simplemente una constitución a través de páginas web, encaja en cierto sector de actividades, pero no es válido para todos y, sin denostar tal acto, tiene un riesgo ciertamente considerable.

Evidentemente, tienes que analizar la cantidad que dejarás de tributar, los inconvenientes que te acarrean todas estas acciones y el coste de montaje. Dependiendo de ese resultado, podrás empezar a sentirte más cómodo a la hora de pagar impuestos o seguir buscando alternativas, que las hay, pero siempre con un análisis profundo de la situación y planificando una hoja de ruta a cinco o a diez años.

¿Por qué el rico crea una fundación, si son organizaciones creadas sin ánimo de lucro?

La lectura del artículo 2 de la Ley 50/2002 de fundaciones nos aporta información interesante: una fundación la puede crear cualquiera, con un número indeterminado de personas físicas o jurídicas, pero debe tener un régimen de gobierno denominado patronato. Pero lo que más llama la atención es que no tienen ánimo de lucro y que el patrimonio de la fundación se dedica a fines de interés general, que se rigen por la voluntad de su fundador o fundadores y por los estatutos que marcan su funcionamiento y dirección.

Entonces, ¿por qué los ricos, las grandes corporaciones y fortunas tienen fundaciones?

Ejemplos los hay a montones: Fundación AGBAR (Aguas de Barcelona), Fundación AXA, Fundación Coca-Cola, Fundación Endesa, Fundación Leo Messi, Fundación BBVA, Fundación Alicia Koplowitz, etcétera.

Pues la respuesta es bien sencilla: donde hay grandes corporaciones, estructuras empresariales complejas y grandes fortunas, **existe un ahorro tributario, independientemente de la imagen social que se transmite, porque los actos de interés general revierten en la sociedad en que vivimos.**

Las **ventajas**:

1. Exención del impuesto de transmisiones patrimoniales y actos jurídicos documentados desde su constitución. Lo mismo que cuando constituimos una sociedad limitada o anónima, aunque éstas sí que buscan un ánimo de lucro para sus socios.
2. Impuesto de sociedades al tipo reducido del 10 por ciento para las actividades que no estén contempladas en su objeto social y en los estatutos, y el resto están exentas de tributación.
3. Exención del impuesto sobre bienes inmuebles (IBI) para todos los inmuebles destinados a actividades sociales recogidos en los estatutos de la fundación.
4. Exención de la plusvalía municipal o el impuesto sobre el incremento del valor de los terrenos de naturaleza urbana, salvo algunas ordenanzas municipales concretas, de las operaciones de transmisión realizadas por la fundación.
5. Tampoco pagan IVA si cumplen el artículo 20.3 de la Ley del IVA, que contempla las entidades o los establecimientos de carácter social.
6. Exención del impuesto sobre actividades económicas (IAE) si su cifra de negocio es inferior a un millón de euros, igual que cualquier sociedad limitada o anónima, pero si la fundación se dedica a la investigación o la enseñanza pública, queda totalmente exento; si se dedica a actividades pedagógicas, científicas, asistenciales o de ocupación para discapacitados, tampoco paga IAE y, en cualquier caso, los dos primeros años de comienzo de la actividad están exentos del pago de este impuesto.
7. En el impuesto sobre construcciones, instalaciones y obras, las entidades que promuevan directamente construcciones, instalaciones u obras tendrán derecho a una bonificación del 65 por ciento, siempre que se ejecuten en terrenos calificados.
8. Y para los que donan a fundaciones, en su declaración de la renta desgravan el 80 por ciento de los primeros 150 euros y un 35 por ciento de las cantidades restantes.

A las innumerables ventajas que ofrecen a la hora de ahorrar impuestos debemos añadir otras **características beneficiosas**:

- Son entidades que, además de gozar de ventajas fiscales, **mejoran la imagen de los fundadores** de cara a la sociedad y sirven de

cementerio de «elefantes» (ejecutivos de empresas) o, como tanto se ha comentado últimamente, para acoger a los beneficiados de las puertas giratorias.

- Son entidades que reciben **donativos y subvenciones**, y realizan actividades sociales que les **producen ingresos sin pagar impuestos.** Por ejemplo, una fundación cuyo patrimonio son edificios donados por personas fallecidas, cuadros expuestos en museos internacionales, inmuebles que dedican a acoger a personas de avanzada edad, y que realizan actividades fuera de su objeto social y estatutos que suponen menos del 20 por ciento de su actividad o no superan en conjunto los 20.000 euros.
- Son entidades que **los ejecutivos utilizan como retiro** en proceso de jubilación, donde el patrimonio es totalmente blindado; son entidades que pueden adquirir participaciones sociales de sociedades de responsabilidad limitada y recibir dividendos que pueden llegar a estar totalmente exentos de tributación.

Es cierto que montar una fundación es bastante más complejo que crear una sociedad de capital, pero creo que, si tenemos posibilidad, **no hay mucho que dudar.** Como siempre, cada caso es singular y, por tanto, cada caso tiene que ser analizado como único. Así lo hace el rico, y ahora tú también lo sabes.

#LosTrucosDeLosRicos3

Ser inteligente en asuntos fiscales implica más que simplemente cumplir con las leyes; implica la habilidad de estructurar estratégicamente las finanzas para minimizar la carga fiscal y aprovechar al máximo las oportunidades legales disponibles. Y el rico lo sabe.

@juanharo

Truco 84

Las tres reglas

Según la entidad helvética Credit Suisse, en su *Global Wealth Report*, realizado con datos de 2021, en España hay 1,1 millones de personas que tienen un patrimonio neto superior al millón de dólares. En concreto, de acuerdo con estas fuentes, el año pasado se cerró con **1.132.000 millonarios en España, unos 17.000 menos que el año pasado**. Si se mira el gráfico global de Credit Suisse, España está posicionada en el «top 15» de los millonarios a nivel mundial.

Lo más importante no es ser rico, sino conocer cómo el rico ha logrado su riqueza. La riqueza puede obtenerse de varias formas. Ser muy rico está relacionado con poseer una riqueza de 30 millones de euros o más. Existen **tres categorías de fuentes** para alcanzar la riqueza:

1. **La herencia**, que incluye a las personas que han heredado toda su riqueza.
2. **Combinación de herencia y trabajo**, es decir, personas que han heredado una parte y han creado, con su esfuerzo, otra parte importante.
3. **La riqueza trabajada o *self-made***, que son los individuos que han llegado a ser ricos de forma autónoma.

Los países desarrollados en los que domina un porcentaje de riquezas creadas desde cero son Estados Unidos, Canadá, Irlanda, Reino

Gráfico 3. España, en el «top 15» de los millonarios

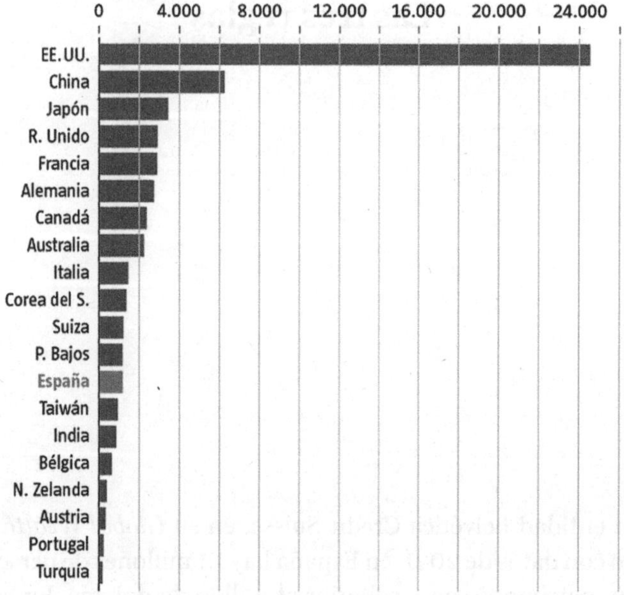

Fuente: «Informe global de la riqueza de Credit Suisse» (2022), *La Vanguardia*.

Unido y Australia. Estos países, que destacan por tener unos mercados laborales flexibles y dinámicos, cuentan como mínimo con un 70 por ciento de riquezas creadas de la nada, mientras que las riquezas heredadas no suelen superar el 12 por ciento. Los países emergentes, como Rusia, China, Polonia o Malasia, registran las tasas más bajas de riqueza heredada del estudio (por debajo del 6 por ciento). Estos países han comenzado a registrar un fuerte crecimiento de la economía en las últimas décadas, por lo que esas generaciones (cuyos padres eran relativamente pobres) podrían estar beneficiándose hoy del auge económico de sus países.

Aquí tenemos algunos ejemplos más: Suecia, con un 43,8 por ciento de ricos por herencia, un 25 por ciento por combinación y un 31,3 por ciento por esfuerzo propio. En Alemania, un 30,8 por ciento han sido por herencia, un 41,3 por ciento por ambas fuentes y un 28 por ciento que se han hecho a sí mismos. Por otro lado, en **España** destacan los ricos hechos a sí mismos, que alcanzan el 47,5 por ciento, mientras que los adinerados por herencia se quedan en un 14,1 por ciento y los ricos por herencia y trabajo ascienden a un 38,4 por ciento.[12]

Es cierto que **la mayoría de los millonarios tienen negocios o empresas**, y hay varias **razones** detrás de esta tendencia y conceptos clave, como las siguientes:

1. **Generación de ingresos pasivos.** Muchos millonarios han alcanzado su riqueza a través de la creación de negocios que generan ingresos pasivos. Estos ingresos provienen de inversiones, propiedades o empresas que no requieren una participación activa constante del propietario.
2. **Escalabilidad.** Los negocios exitosos tienen el potencial de convertirse en escalables, lo que significa que pueden crecer en tamaño y rentabilidad con el tiempo. Esto permite a los empresarios aumentar significativamente sus ingresos y patrimonio neto a medida que sus empresas prosperan.
3. **Control sobre las finanzas.** Tener un negocio propio proporciona a los empresarios un mayor control sobre sus finanzas, lo cual no ocurre si dependes únicamente de un salario. Pueden influir en sus ingresos al tomar decisiones estratégicas en el negocio.
4. **Oportunidades de inversión.** Los empresarios exitosos a menudo reinvierten sus ganancias en nuevas oportunidades de inversión. Esto les permite diversificar sus activos y generar más ingresos a lo largo del tiempo.
5. **Innovación y creatividad.** Muchos millonarios han alcanzado el éxito a partir de identificar oportunidades de negocio, innovar y satisfacer las necesidades del mercado de manera única. La capacidad de emprender y ser creativo en la resolución de problemas puede conducir a la creación de negocios exitosos.
6. **Creación de valor.** Los empresarios exitosos tienden a crear valor para la sociedad a través de sus productos o servicios. Al proporcionar soluciones que satisfacen las necesidades de las personas pueden ganar clientes y construir negocios rentables.
7. **Enfocarse en el largo plazo.** Muchos millonarios adoptan un enfoque a largo plazo en sus negocios y decisiones financieras.

12. Nieves, Vicente, «¿Fortuna heredada o trabajada? Así se "hacen" los ricos por el mundo», *El Economista*, 10 de octubre de 2016, <https://www.eleconomista.es/economia/noticias/7881476/10/16/Fortuna-heredada-o-trabajada-Asi-se-hacen-los-ricos-por-el-mundo.html>.

Esto implica invertir tiempo y recursos en la construcción de algo sólido y sostenible a lo largo del tiempo.

8. **Adaptabilidad.** Los empresarios exitosos son capaces de adaptarse a los cambios en el mercado y la economía. Esta capacidad de adaptación les permite mantener la relevancia y la rentabilidad de sus negocios incluso en entornos comerciales cambiantes.

Es importante destacar que aunque muchos millonarios tienen negocios, también hay personas ricas que han acumulado su riqueza a través de inversiones financieras, bienes raíces u otras estrategias.

El rico aplica el truco de «las tres reglas» al montar y crear negocios o empresas. **Aprecia y busca aquellos negocios que cumplan con estas tres reglas:**

- Que tenga un margen de beneficio de los servicios o productos superior al 60 por ciento.
- Que sea escalable.
- Que no permita ser comparado.

1. **El margen de beneficio es un indicador financiero** que representa la diferencia entre el precio de venta de un producto o servicio y los costes asociados con la producción o prestación de ese producto o servicio. Se expresa comúnmente como un porcentaje del precio de venta. La fórmula básica para calcular el margen de beneficio es la siguiente:

   Margen de beneficio = (Ingresos – Costes / Ingresos) × 100

   Donde:

   - **Ingresos:** representa el dinero generado por la venta del producto o servicio.
   - **Costes:** incluye todos los gastos asociados con la producción, adquisición o prestación del producto o servicio.

   El rico crea negocios o empresas con un margen de beneficio superior al 60 por ciento.

2. **Un negocio escalable es aquel que tiene la capacidad de crecer y aumentar sus ingresos de manera proporcional al aumento de sus recursos y esfuerzos, sin que estos crecimientos**

sean lineales. En otras palabras, la escalabilidad se refiere a la capacidad de un negocio para manejar un aumento en la demanda o en la producción de manera eficiente y rentable. Los negocios escalables a menudo utilizan tecnologías y sistemas automatizados para realizar tareas repetitivas y mejorar la eficiencia operativa. La automatización puede reducir la dependencia de mano de obra manual y permitir que el negocio maneje un mayor volumen de trabajo sin aumentar proporcionalmente los costes.

La infraestructura tecnológica juega un papel crucial en la escalabilidad. Un negocio escalable generalmente utiliza tecnologías que pueden manejar un mayor volumen de transacciones, clientes o datos sin experimentar una degradación significativa del rendimiento. El modelo de ingresos de un negocio escalable está diseñado para **permitir un crecimiento significativo sin aumentar necesariamente los costes en la misma proporción**. Esto podría implicar la venta de productos o servicios digitales, suscripciones o licencias, entre otros.

Algunos **ejemplos** de negocios escalables son las plataformas en línea, los servicios basados en la nube, software o *e-commerce*, entre otros. Estos negocios tienen la capacidad de crecer de manera significativa sin experimentar limitaciones significativas en sus operaciones o rentabilidad.

3. **Cuando se dice que un negocio no puede ser comparado, generalmente se refiere a la idea de que es único o tiene características tan distintivas que no se puede equiparar directamente con otros negocios en términos de modelo, producto, estrategia o algún otro aspecto relevante.** La empresa puede ofrecer algo tan único o innovador que no tenga competidores directos o su propuesta de valor puede ser tan distintiva que no existen empresas similares con las que pueda ser comparada directamente.

   Si el negocio se dirige a un nicho de mercado muy específico y no hay competidores directos que ofrezcan productos o servicios similares, la comparación directa puede ser complicada. Un negocio puede haber adoptado una estrategia de diferenciación muy efectiva que lo distingue claramente de otros competidores. Esto puede dificultar las comparaciones directas porque las métricas y los factores de éxito pueden ser diferentes. Y más importante, no puede ser comparado en precio con otros negocios.

Los ricos no se conforman con negocios que cumplan un requisito, sino que apuestan por lograrlos todos. Aquel negocio que no cumple con las tres reglas es desechado por los ricos, o bien lo cierran para enfocarse en aquellos que sí las cumplen. No invierten tiempo, dinero y energía en negocios renqueantes.

#LosTrucosDeLosRicos3

Si bien no todos los ricos son empresarios, muchos de ellos han acumulado su riqueza a través de la visión, el riesgo y el esfuerzo emprendedor que caracterizan a los negocios exitosos.

@juanharo

Truco 85

El proceso

El rico sabe que el éxito está en el proceso, no en el resultado, no en el acontecimiento que buscan. Esta idea de que el éxito radica en el proceso y no exclusivamente en el resultado implica una perspectiva que valora la experiencia, el aprendizaje y el crecimiento continuo a lo largo del camino, en lugar de basarse únicamente en metas finales o logros.

Los ricos suelen comprender que cada paso en el proceso empresarial o en la consecución de metas personales es una oportunidad para aprender y mejorar. Ven el éxito como un viaje de aprendizaje constante y no sólo como un destino final. En lugar de centrarse únicamente en los resultados financieros, los individuos exitosos reconocen la importancia de desarrollar habilidades valiosas a lo largo del proceso.

El rico entiende que se enfrentará a desafíos y obstáculos. Ven estos desafíos como oportunidades para demostrar resiliencia y persistencia. El proceso de superar adversidades contribuye a su crecimiento personal y profesional.

La perspectiva centrada en el proceso implica disfrutar del viaje hacia el éxito, en lugar de posponer la felicidad y la satisfacción hasta que se alcance un resultado específico. Esto fomenta una mentalidad positiva y la capacidad de celebrar los logros a lo largo del camino. Reconocen la naturaleza cambiante de los negocios y de la vida en general. Al enfocarse en el proceso, son más propensos a adaptarse a nuevas circunstancias, innovar y ajustar estrategias según sea necesario.

Veamos algunos **ejemplos** de esta forma de pensar del rico aplicables a todo tipo de situaciones:

1. En lugar de enfocarse únicamente en las calificaciones finales, un estudiante que valora el proceso se centrará en el aprendizaje continuo y la comprensión profunda de los conceptos. Aprecia los desafíos académicos como oportunidades para mejorar sus habilidades y conocimientos, en lugar de sólo buscar la aprobación o el reconocimiento al final del semestre.
2. Un profesional que valora el proceso en su carrera se enfocará en el desarrollo de habilidades a lo largo del tiempo, en lugar de pensar exclusivamente en ascensos o bonificaciones. Buscará oportunidades de aprendizaje y experiencias laborales desafiantes como parte integral de su crecimiento y progreso profesional.
3. En lugar de obsesionarse con el éxito financiero inmediato, un emprendedor que se centra en el proceso se comprometerá con la validación de sus ideas de negocio. Aprenderá de la retroalimentación del mercado, realizará ajustes en su modelo de negocio y verá el lanzamiento de su producto como parte de un proceso de evolución continua.
4. En lugar de obsesionarse exclusivamente con alcanzar ciertos números en la báscula o lograr objetivos de acondicionamiento físico específicos, una persona centrada en el proceso se enfocará en la consistencia en el ejercicio, la mejora gradual de la resistencia y la adopción de hábitos de vida saludables. Verá la salud y el bienestar como un viaje continuo.
5. Un artista que se centra en el proceso no sólo se obsesionará con el producto final, sino que también disfrutará del proceso creativo en sí mismo. Apreciará la experimentación, la exploración de nuevas técnicas y la evolución de su estilo a lo largo del tiempo.

Cuando **J. Darius Bikoff** fundó Glaceau Vitamin Water en 1996 y once años más tarde Coca-Cola le ofreció 4.100 millones de dólares por su empresa, la oferta fue noticia en todo el mundo. ¿Qué es lo que no fue noticia? Los once años de lucha, las dificultades del proceso. **La oferta de miles de millones de dólares es el acontecimiento, mientras que el proceso es la lucha y la historia de fondo.** Y esto es lo que comentó Darius Bikoff en una entrevista:

La venta de mi empresa fue un evento culminante, pero se trató del fruto de un proceso laborioso. La gente ve mi bonita casa y mis coches caros, y tal vez piense: «¡Guau!, ojalá yo tuviese la misma suerte». Esta creencia es un espejismo; refleja que la persona se está fijando en los acontecimientos y no está teniendo en cuenta el proceso. Todos los acontecimientos de enriquecimiento y las manifestaciones de riqueza resultantes están precedidos por un proceso, por una historia de intentos, riesgos, trabajo duro y sacrificios. Si intentas prescindir del proceso, nunca experimentarás los acontecimientos.

Es cierto que existen personas que a la hora de diseñar una calidad de vida o de VIVIR con mayúsculas la vida de sus sueños lo logran con poco o nulo esfuerzo. Pero también está el rico con la mentalidad de ir por la vida haciendo cosas, de no identificarse con el resultado. Es decir, ve el fallo como algo normal. Y para muestra, este botón:

Hace años se realizó un experimento sobre fotografía. Se crearon dos grandes grupos y se les concedieron treinta días para lograr la mejor fotografía. Al primer grupo se le encargó la tarea de hacer cincuenta fotos cada día y seleccionar la mejor, y el segundo grupo sólo podía hacer cincuenta fotos el último día. El resto de los días tenían que destinarlos a aprender todo sobre cómo hacer una gran foto.

Finalmente, llegaron los resultados: ganó el primer grupo. Fueron aprendiendo durante la práctica (el proceso). Y aquí radica el secreto de un rico: experimenta mucho y aprende porque constantemente ha meditado y aprendido de resultados contrarios a lo que buscaba. Pero esto no ha hecho que pare o se detenga. Hay claridad en lo que desea, en lograr una mejor vida.

#LosTrucosDeLosRicos3

Enfocarse en el proceso no sólo permite construir cimientos sólidos para el éxito, sino que también transforma el viaje en una recompensa, donde la evolución personal y profesional se convierten en el verdadero tesoro.

@juanharo

Truco 86

T = 5P

Warren Buffett, uno de los hombres más ricos del mundo, tiene una filosofía muy particular:

1. **Sobre el tiempo:** «Di muchas veces no, y guarda espacios en blanco para ti en tu agenda. Warren lo hace».
2. **Sobre algo que no te funciona:** «Lo primero que debes hacer es dejar de cavar. La mayoría sigue cavando. Para y busca una solución».
3. **Sobre la confianza:** «Siempre supe que iba a ser millonario, nunca lo dudé ni un minuto».

Los ricos aplican **cinco pasos** a la hora de buscar el **triunfo en cualquier área**:

T = 5P

Donde:

- T: Triunfo.
- P: Pasos.

Recordemos que, para el rico, el éxito y el fracaso son dos impostores. Aparecen y desaparecen. Lo mismo ocurre con el triunfo: no se enfoca en él, sino en lograr un objetivo determinado, como jugar a un juego en concreto. No se produce un drama si no lo consigue, sino sólo un aprendizaje para que le sirva a la hora de jugar el siguiente partido (triunfo/objetivo).

El rico comprende que la felicidad y el equilibrio en la vida son más significativos que simplemente alcanzar metas financieras. Valora la calidad de vida, el tiempo con la familia y amigos, y la salud mental y física sobre los logros materiales. El rico encuentra más satisfacción en viajar, aprender y disfrutar de la vida cotidiana que en acumular más riqueza. Los ricos están más enfocados en crear un impacto duradero y dejar un legado significativo en lugar de medir su éxito únicamente por los logros financieros. La filantropía, el apoyo a causas sociales o la contribución al bien común pueden tener más valor en su escala del éxito.

Los **cinco pasos** para lograr triunfar son:

1. **Enamorarse.** Estar alineado con lo que el rico valora, que no suponga ningún esfuerzo construirlo o conseguir el objetivo marcado, igual que sucede cuando nos enamoramos. Todo fluye, no hay esfuerzo, uno no puede quitarse a la otra parte de la cabeza.
2. **Fijar metas simples pero concretas.** El rico sabe que cualquier logro depende de conseguir pequeños objetivos, pequeños logros. Por tanto, la primera de las acciones es trocear el elefante en pequeños pedazos que podamos comer.
3. **Crear el personaje.** Cuando desea triunfar en cualquier área, el rico se fija en el tipo de personaje que debe imitar o crear para lograrlo. Como si fuese una película en la que actuar, debe estudiar qué siente, cómo habla, cómo vive dicho personaje. Da lo mismo si el rico desea subir una montaña, invertir en bitcoins o viajar más porque desea disfrutar de la vida. En todos los triunfos de cualquier tipo existe un personaje, y hay que imitarlo para lograr aumentar las probabilidades de éxito.
4. **Actuar a fondo, entregarte.** Una vez me he enamorado, me he fijado metas simples, he conocido e investigado al personaje, ahora toca darlo todo, entregarnos a la causa. Apostar y focalizarse en el proyecto u objetivo.
5. **Recopilar datos, analizarlos.** Cada mes o cada trimestre el rico para. Analiza los datos, estudia lo realizado y lo que queda por lograr. A partir de ahí decide mantener la estrategia trazada, cambiarla, o bien, ¡anular el proyecto, objetivo o reto! Muchas veces, una retirada a tiempo es mucho mejor que perder todo nuestro tiempo o recursos en una causa perdida.

Para acabar este truco, comparto contigo una anécdota que posiblemente ya hayas escuchado.

> El magnate del acero Andrew Carnegie contaba en una de sus conferencias que, si se repartiese la riqueza por igual a toda la población mundial, es decir, se eliminase a los ricos, y a todo el mundo se le entregase por ejemplo 10.000 dólares, en menos de dos años el 80 por ciento de los ricos actuales volverían a tener el mismo capital y la gente que no tenía nada antes del reparto volvería a ser pobre.
>
> ¿Por qué decía esto el señor Carnegie? Porque la diferencia no está en tener dinero, sino en saber qué hacer con él para multiplicarlo.

#LosTrucosDeLosRicos3

En el arte de la toma de decisiones, el rico prefiere sintonizar con la melodía de su corazón: es ahí donde encuentra la autenticidad y el valor para seguir el camino que resuena con su verdadera esencia.

@juanharo

Truco 87

La esencia de ser rico

En este truco no vas a leer nada acerca del dinero en sí, de inversiones o de los hábitos de los que tienen dinero o aspiran a ello: los ricos.

Si estás leyendo este libro, entonces obtendrás 98 maravillosos y prácticos trucos de hábitos de los ricos que el autor, Juan Haro, ha preparado para ti.

Mi nombre es Ruth Morales y voy a enfocarme, con mucho placer de compartirlo contigo, en los trucos 87 y 88, en una parte invisible de la vida para la mayoría de nosotros mismos y que **seguramente atraerá tu atención, a la que voy a llamar «la esencia de ser rico».**

En estos momentos estoy escribiendo los primeros trazos de mi siguiente libro, el cual titularé como este truco, *La esencia de ser rico*, y en el que me centraré en la pareja «falso rico – rico en esencia».

He escrito varios libros y durante más de doce años he estado impartiendo seminarios y conferencias acerca de distintas áreas de la vida, entre ellas, el dinero.

Mi libro *El dinero emocional*, escrito en 2013 y publicado por la editorial Desclée de Brouwer, ha tenido una gran acogida y sigue teniéndola hoy. La clave radica en que lo que explico en sus páginas tiene todo el sentido si consigues despojarte de tanta información errónea con respecto a la ley de la atracción, entre otras leyes o códigos y creencias acerca del dinero que pululan por las redes.

Me enfoco en una perspectiva diferente, rozando lo tácito, pero que es tan importante como lo que se puede tocar, lo tangible.

¡Vayamos entonces con el contenido de este truco!

Algunas personas nacen con la esencia de la riqueza en su ADN. Es como si ese ADN contuviera el código para el color de los ojos, las peculiaridades de la piel, la voz, la tendencia a ciertas alergias, etcétera, así como la esencia de ser rico también.

Antes de seguir, **quiero comentarte a qué me refiero con «riqueza»**, para que tanto tú como yo estemos en la misma línea de comunicación, al menos, mientras lees los dos trucos que te ofrezco.

La riqueza a la que me refiero no es la de la abundancia propiamente dicha, la de tener mucho dinero, poseer patrimonio y demás.

Estoy hablando de **una forma de expresarte en la vida que es coherente con un nivel superior de experiencia de vida** (en el sentido de mejora) con respecto a lo que nos han enseñado: esfuerzo, sacrificio, recompensa, castigo, premio, posesión, conocimiento, etcétera.

Esto quiere decir que aquel que nace con esta esencia, pero en un entorno miserable, saldrá de dicho entorno superando cualquier expectativa, o bien experimentará la mejor vivencia que pueda darle dicho entorno, por muy pobre que sea.

Esto también se aplica al revés. Aquel que nace en un entorno de riqueza, de gran abundancia material y rodeado de lujo, pero no lleva en su ADN la esencia de la riqueza, vivirá en un conflicto continuo hasta poder llegar a rozar una vida de mala suerte.

Es posible que ahora te vengan a la memoria ejemplos de hijos de millonarios que rechazan el dinero de sus padres y se vuelven anacoretas, o bien *hippies* si fueran otros tiempos. O también de millonarios conocidos por su filantropía extrema, que parecen estar pidiendo perdón a la vida por tener dinero.

¿Te suena esto de algo?

Pongamos la atención en la esencia de la que hablo. **Es una propiedad que tienen algunas personas para vivir mejor de lo que podrían estar viviendo**, por tanto, esta esencia no va ligada al dinero, aunque, como todos sabemos, éste es esencial para llevar una vida de ricos.

Sin embargo, el dinero llega a estas personas como por arte de magia, como un imán, pues al dinero le gusta gustar.

La esencia de ser rico hace que se te presenten escenarios acordes a tu esencia, en el sentido de «evitar la escasez» y elegir siempre «de lo bueno, lo mejor» y «de lo mejor, lo excelente».

Pero en el caso de que nosotros no hayamos nacido con esa esencia como propiedad que atrae escenarios de riqueza, ¿es posible obtenerla? **¿Existen maneras para cambiar nuestra propia esencia, que, según percibimos, es de carencia?**

Antes de responder a esta pregunta, déjame explicarte el escenario en el que vivimos desde mi perspectiva, para entendernos mejor. Lo hago a modo de ejemplo.

Digamos que la vida se desarrolla como una obra de teatro, en un escenario. En él actuamos nosotros. Pero ¿qué papel tenemos? Normalmente, aquel que nace de nuestra esencia, que compartimos con el colectivo, con millones de personas.

Para seguir viviendo, el personaje tiene que actuar, pues si se para, la obra se acaba y eso no ha ocurrido nunca en la historia de la humanidad: aún no ha habido un fin del mundo.

Por tanto, para que el personaje, nosotros, siga actuando, necesita escasez o carencia, sea del tipo que sea: emocional, material, de salud/enfermedad, conocimiento, información, búsqueda del sentido de la vida, etcétera.

Con esto quiero decir que la vida se desarrolla en la escasez, porque, sin ella, el ser humano no se movería en busca de todo lo anterior, además del amor, de vivir mejor, de tener amigos, de viajar, de adquirir conocimiento, de tener cultura y de todo lo que la vida nos pueda brindar.

Quizá no te ha gustado que hable de escasez refiriéndome a nuestra realidad.

¡Si es así, entonces, sigue leyendo o párate a reflexionar sobre ello! Yo lo hice durante muchos años. Mientras más pensaba, más escenarios de riqueza se abrían ante mí.

Por tanto, cuando hablo de esencia de ser rico, hablo del personaje único, singular, que por alguna razón que no podemos explicar **ha nacido con unos códigos impresos en su ADN para vivir de una manera superior al resto.**

Y ahora contesto a la pregunta: ¿existen maneras para cambiar mi propia esencia que, según percibo, es de carencia?

La respuesta está en el trabajo que he venido realizando desde el año 2011 y he de decir que sí, que esas maneras existen.

¿Cómo lo hago? Descubriendo los códigos superiores que siempre han operado, de manera invisible e inconsciente, en nuestra realidad, en todos los tiempos, hasta hoy.

Es cierto que algunos de esos códigos pueden ser conocidos por la mayoría de las personas. Están ahí, ante nuestros ojos, en forma de vestimenta, protocolo, educación, corrección, estar bien ubicado, hablar y escribir de manera correcta, etcétera.

Pero si ya conozco esos códigos, **¿cómo es que no llego a entender lo que quieres decir con esencia de riqueza?**

La respuesta es bien simple: **no lo entiendes porque no conoces el bien que te aporta integrar dichos códigos, pues son la manifestación de la esencia de la riqueza aquí y ahora.**

Déjame explicarlo con un ejemplo real (hay miles de ejemplos, los vivo a diario).

> Un padre lleva a una tienda elegante a su hijo, que está a punto de entrar en la universidad y le muestra camisas de tejido noble para que su hijo aprenda y sepa lucir elegante.
>
> Sin duda, las intenciones del padre son buenas. Además, conoce el código de «tejido noble» y la elegancia y porte que proporciona.
>
> Sin embargo, este señor y, por tanto, su hijo, visten de chándal o ropa informal y zapatillas en su día a día, como si fueran o vinieran del gimnasio o de jugar un partido de fútbol continuamente.
>
> Así visten para ir al trabajo, al instituto, a un restaurante o al cine.
>
> Si este señor leyera estas palabras, estoy segura de que discutiría conmigo, amparándose en la comodidad de la ropa, en que cada situación requiere de una vestimenta diferente, que no se puede ser tan rígido y demás argumentos que ya conozco, pues son tan comunes como inconscientes y aprendidos.

¡Reflexionemos! Lo que este señor no ha comprendido es que **el código de la esencia de ser rico opera siempre y no en ciertas ocasiones y lugares**, y que si está enseñando a su hijo lo que es una camisa elegante de noble tejido para ocasiones especiales mientras en el día a día no se aplica el código de ir «arreglado», aunque sea con tejidos no nobles, significa que no ha nacido con la esencia de la riqueza.

Es más, ni siquiera sabe de lo que estoy hablando porque no ha vivido lo que esta esencia significa y te da. Es parte de la vida de algunos, y ellos lo saben, quienes viven según estos códigos.

Este señor es el ejemplo, como tantos, del falso rico, del que hablaré en el siguiente truco.

#LosTrucosDeLosRicos3

El verdadero éxito no se encuentra sólo en la meta final alcanzada, sino en cada paso del proceso, donde el aprendizaje, la superación de obstáculos y el crecimiento personal se convierten en logros significativos.

@juanharo

Truco 88

Del falso rico al rico en esencia

Hace un tiempo, allá por el año 2014, conocí a un hombre, arquitecto de profesión, que, aunque tenía un trabajo bien remunerado, comenzaba a hacer sus pinitos en el mundo de la Bolsa, de la inversión.

Me quiso confesar una vivencia que había tenido y, sonrojado, me comentó que ni su mujer sabía de ello. No se lo había contado por vergüenza.

El caso es que él se había inscrito en unas conferencias en línea en las que un inversor enseñaba a invertir en Bolsa.

Era demasiado goloso y atractivo como para echarse atrás. Este inversor atraía a mucha gente hacia él, ofrecía información y tiempo gratis a todos sus seguidores y aspirantes a ser ricos por medio de sus inversiones y sus clases.

Y llegó el día esperado, tras unos meses de calentamiento, en el que el inversor ofreció una conferencia presencial (o un seminario, como queramos llamarlo). Para asistir a ella, había que pagar un precio bastante alto. No recuerdo la cantidad exacta que me dijo el arquitecto, pero sí que recuerdo que rozaría los 2.000 euros, más o menos.

El hombre me contó que él se trasladó a la ciudad en la que se impartiría dicho seminario con tanta ilusión que sentía que estaba en el lugar correcto.

Había un montón de gente, unas quinientas personas, según él. Todos esperaban al inversor, a quien solamente habían visto tras la pantalla del ordenador.

Al poco rato, aparece con un cochazo (no puedo decir la marca porque ni la recuerdo, pero imagino que sería un coche que no pasa desapercibido), se baja de él y entra en el gran salón.

Dicen que se sacó la cartera del bolsillo y la puso sobre la mesa. Era de una marca carísima. Lucía un reloj de oro y algún que otro atuendo visible en busca de ostentación.

Después de impartir su charla, cogió su coche (el cual le habían traído a la puerta) y se marchó.

Nunca se supo nada más de él. Había actuado con un nombre falso y el dinero que pagaron todos por esa conferencia se lo llevó en un maletín quién sabe dónde.

El arquitecto me contaba esto rojo como un tomate, pues se sentía indigno de haber caído en las redes de una persona tan miserable. Además, sintió que no había estado en el sitio correcto y que eso había sido una lección para él.

¿Por qué cuento esta historia?

Porque lo que hizo el inversor fue enfocarse en el falso rico o en aquel que quiere ser rico, pero que ignora que su camino es el de los falsos ricos.

Una persona rica en esencia no habría ido jamás a ese evento y, de haberlo hecho, en el minuto uno habría salido de la sala.

El rico en esencia se rodea de sus iguales, aunque tenga que relacionarse constantemente con quienes no lo son, pero lo tiene claro: pone barreras y se protege.

Su escenario es otro bien diferente al del colectivo, y su manera de ver la vida y de pensar también lo son.

Dado que esto es un truco y no el libro en sí, en el que profundizaré más en lo práctico para que el lector comprenda e integre los códigos de la esencia de ser rico, voy a describir situaciones y actos cotidianos, y cómo se expresan el falso rico y el rico en esencia ante ellos.

Espero que con estos ejemplos pueda darte una mejor visión de lo que estoy diciendo.

El lujo para el rico en esencia es «vivir alejado del falso rico», disfrutar de la vida conociendo los códigos del bienestar y de la excelencia.

El lujo para el falso rico está a la vista: más dinero, artículos de lujo, viajes a lo grande, ropa de marca, ostentación en los accesorios, conocimiento, etcétera.

Situaciones y actos cotidianos del falso rico frente al rico en esencia.

La vestimenta. Al falso rico le atrae la ropa de marca, y si ésta es visible, aún mejor. No en vano, las grandes marcas producen artículos para estas personas, cada vez más numerosas en este mundo de consumo. Si no lo crees, ve a un *outlet* y observa el escenario.

Al rico en esencia le atrae la ropa que le haga sentir seguro de sí mismo, pero, sobre todo, arreglado. No importa que sea de marca o no, lo importante es ir siempre «bien vestido». Si es de marca, no le gusta mostrarla, precisamente por no llamar la atención.

Al falso rico le gustan los **colores variados, animados.** Sólo tienes que fijarte en ellos en la estación veraniega: los ves por doquier, con sus pantalones cortos (los hombres) y luciendo colores que ellos ven como alegres.

Al rico en esencia le gustan los **colores sobrios**, los de toda la vida: desde el blanco y el beige, pasando por la gama de marrones, camel, grises, azules mates y el negro. El rico en esencia no busca expresarse por medio de la ropa, porque el rico en esencia ya llama la atención por sí mismo. Tiene una luz diferente.

Y lo más importante es que para el rico en esencia no hay ocasiones para «vestir arreglado o según un código de vestimenta», sino que **siempre va arreglado** y de acuerdo con un código de vestimenta esencial, elegante, sobrio.

Sin embargo, el falso rico te discutirá que hay ocasiones para todo y que se puede ir con pantalón corto y zapatillas de deporte muy coloridas a un restaurante en verano o al banco a sacar dinero. ¿Por qué no?

Volviendo al ejemplo de que la vida es un escenario de obra de teatro, ¿nos damos cuenta de que la obra sigue funcionando gracias al falso rico?

¡Necesita ir a la moda! ¡Necesita más atuendos y diversos para vestir!

Y, normalmente, son ellos los que tratan de huir de ser manipulados. ¿Ves la ironía de la vida?

En cuanto a **los accesorios, al falso rico le encanta lucirlos por todas partes**: pendientes, anillos, pulseras, collares, etcétera. Si brillan o si son de oro blanco, mejor.

Lector, piensa en alguien que consideres elegante. Puede ser una persona famosa que represente la elegancia. ¿Cuántos accesorios lleva? Mientras no sea en un acontecimiento de la realeza o la nobleza, llevará uno o dos.

¿Ves cómo los códigos de la esencia de ser rico operan ante nuestros ojos, pero son invisibles ante la mayoría?

El falso rico sigue a la manada, creyendo estar fuera de ella porque considera que el hecho de poder elegir es abundancia.

El rico en esencia busca la soledad y no llamar la atención. Vive en una burbuja de magia, que es apreciable por otros y suelen decir: «no sé lo que tiene esa persona, pero tiene algo».

Si quieres intentarlo, haz la prueba: ve siempre arreglado, sea cual sea el motivo por el que salgas de casa. Incluso si sales para tirar la basura, **ir arreglado puede cambiar tu destino**. El caso es que el falso rico ni se lo imagina.

La casa. El tema del **mobiliario del hogar del falso rico no tiene desperdicio**. En un mundo cambiante en el que tenemos que actualizarnos constantemente, el falso rico sigue con las costumbres de sus abuelos.

Para actualizarnos, tenemos que tener una base rígida como referencia y ésta sólo te la puede dar tu esencia de la riqueza, dado que es aplicable a todo en la vida.

El minimalismo no va con los falsos ricos. Acumulan y acumulan. Las paredes de sus casas están llenas de cuadros. No pueden ver un espacio en blanco, vacío. Tienen la vajilla que consideran buena para ocasiones especiales y usan una floreada, de base blanca, para el día a día. ¿Te suena esto de algo? ¿No es esto un síntoma de carencia?

Hoy en día hay que hacer un esfuerzo para comprar menaje realmente feo. Sin embargo, el falso rico lo encuentra. Se atraen, por eso se sigue vendiendo.

Hasta tiendas como Zara Home, H&M Home y cualquier otra en línea ofrece preciosas vajillas, sencillas, sin adornos, sobrias, elegantes.

El falso rico crea ostentación en su casa por medio del mobiliario, como lámparas, cuadros, fotos enormes enmarcadas, muebles innecesarios, baños repletos de artilugios que expresan falta de higiene, lo cual es también un síntoma de escasez.

¿Cómo crees que el rico en esencia amuebla su casa?

Sobre todo, con espacios vacíos y abiertos, y mobiliario funcional, sin llamar la atención. Tiene una sola vajilla, la que usa, y lámparas en el techo que no se ven.

En el baño, hay espacio libre, pues eso representa higiene, frescura y paz.

¿Por qué cuento todo esto? Acaso piensas que cada uno elige lo que quiere. Sin embargo, no es así.

Uno no puede **no elegir lo mejor** y el falso rico no elige lo mejor porque desconoce lo que es mejor.

Lo anteriormente dicho es aplicable a todo: a las tradiciones familiares, a los compromisos, a los lugares que frecuentamos, al perfume que llevamos, a los conceptos de lo correcto y lo incorrecto, al merecimiento o al no merecimiento.

En resumidas cuentas, quiero compartir contigo que existen códigos para ser rico en esencia, que pueden adquirirse mediante el cultivo de la educación y la inteligencia. Sin estos dos elementos, no hay nada que hacer.

La vida te cambia, ves otro escenario y te preguntarás cómo no lo viste antes.

Todo es posible, pero sólo para algunos, quienes se paran a reflexionar sobre ello, abren los ojos, buscan ejemplos y así dan el primer paso hacia esa magia que es la instalación de esa esencia de ser rico.

Si un falso rico se arruina, lo pasará muy mal. Hará lo posible porque no se note que está en la bancarrota, que sus vecinos y conocidos no vean que han tenido que vender su flamante coche o que ya no salen a comer fuera al restaurante de moda.

Si un rico en esencia se arruina, nadie se entera.

Gracias, lector, por llegar hasta aquí. Te invito y te animo a dar ese paso.

He creado un documento que es previo a un evento gratis. Ese documento se llama **«Tu esencia de carencia. 68 síntomas de que estás en la carencia».**[13]

Espero haberte aportado un apoyo referente en tu búsqueda hacia una vida mejor.

Gracias, Juan Haro, por darme esta oportunidad de compartir mi referencia con tus lectores. Eso es generosidad y gratitud.

¡Sigamos adelante, disfrutando de la vida!

#LosTrucosDeLosRicos3

Los individuos acaudalados entienden que la verdadera riqueza no sólo se mide en términos de cifras en una cuenta bancaria, sino en la capacidad de disfrutar de la vida, apreciar momentos significativos y cultivar experiencias que trascienden lo material.

@juanharo

13. Puedes descargarlo en mi página web: <www.cambioderealidad.com>.

Truco 89

El patrimonio y la familia

Empezamos con **dos frases** para poder conocer mejor al rico:

- «La persona que trabaja todo el día no tiene tiempo para ganar dinero» (John Rockefeller).
- «Hay personas que tienen dinero y hay personas que son ricas» (Coco Chanel).

El rico construye, crea riqueza, aporta valor a la sociedad y, por tanto, va creando patrimonio. Según crea conveniente, **implementa varios trucos para preservarlo y protegerlo**, y también pagar menos impuestos (siempre de forma legal). Veamos unos ejemplos:

Truco 89-1

Para pagar lo menos posible del impuesto de solidaridad (a partir del 1 de enero de 2023), los ricos reorganizan sus patrimonios y sus rentas. Dividen su riqueza dentro de la familia y en la planificación fiscal. Este nuevo impuesto grava a los patrimonios netos superiores a los 3.000.000 euros. El primer tramo grava con un 1,7 por ciento a las fortunas de entre 3.000.000 y 5.340.00 euros; el segundo tramo fija un tipo del 2,1 por ciento a la horquilla entre los 5.340.000

y los 10.690.000 euros y, finalmente, para patrimonios superiores a los 10.690.000 euros, se aplica un tipo del 3,5 por ciento.

El rico busca atajos como el siguiente: **repartir entre la familia bienes inmuebles**, pero siempre que el impuesto de donaciones y sucesiones esté bonificado en la región correspondiente, y teniendo en cuenta que el traspaso no genere una ganancia patrimonial que deba ser declarada en el IRPF, como ocurriría en el caso de bienes inmuebles.

Truco 89-2

Otra opción es **invertir en bienes exentos**, como obras de arte, o en tratar de **diferir renta a ejercicios futuros** para poder beneficiarse del límite renta-patrimonio, por el que las cuotas que pagar por ambos impuestos no sobrepasen el 60 por ciento de la renta personal.

Truco 89-3

Otras fórmulas que utiliza el rico con respecto a su patrimonio son **«encapsular rentas» en vehículos de inversión, pasar bienes privativos a la sociedad de gananciales del matrimonio o constituir una empresa familiar exenta del impuesto de patrimonio**, opción que necesita más tiempo de planificación por todos los requisitos legales que conlleva.

Truco 89-4

Los ricos utilizan «la reserva de dominio» cuando prestan dinero para comprar inmuebles, o bien cuando aceptan un pago aplazado. Efectivamente, cuando se presta dinero para comprar inmuebles (financiar a terceros), o bien cuando aceptamos un pago aplazado al vender un inmueble, una forma de garantía es poner en la escritura que hasta completar el pago del inmueble o hasta que nos devuelvan el dinero al comprar el inmueble nos reservamos el derecho del dominio.

La principal pega de esto para quien recibe el dinero es que el banco no concederá financiación si en el inmueble aparece una reserva de dominio de un tercero. Pero se puede eliminar dicha carga en cuanto se formalice el préstamo. Es un truco que utilizan los ricos para asegurarse de que les devolverán el dinero que han prestado a un tercero.

Truco 89-5

Los ricos reparten su patrimonio en vida. Algunas comunidades autónomas bonifican el impuesto de donaciones y sucesiones, y otras no lo hacen. Y, además, nadie sabe si eso va a cambiar en los próximos años. Es lo que se conoce como «inseguridad jurídica»: cada dos por tres los políticos cambian las leyes. Los ricos evitan estos impuestos de donaciones y sucesiones «en vida» y para ello tienes varias **estrategias**:

- Sociedades patrimoniales (traspasan dinero y propiedades, así como otros activos).
- Compraventa entre familiares (mundo cripto para que te devuelva ese dinero a ti).
- Donaciones en vida.

Truco 89-6

Los ricos utilizan *wallets* [carteras o billeteras digitales] descentralizadas para mover su dinero, y posteriormente lo traspasan a un *exchange*, lo cambian a euros y se lo llevan a una cuenta extranjera. Es como un puente. Al ser una *wallet* descentralizada, no es tuya, no eres el propietario, pero sólo tú tienes acceso a ella. Podrías decir, por ejemplo, que ese dinero te ha llegado por la venta de muebles de segunda mano. La ventaja es que sólo tú tendrás acceso a dicho dinero, porque posees las claves de acceso; es como si tuvieses dinero en efectivo.

Truco 89-7

Los ricos saben cuándo elevar a público un documento privado (ante notario). Por ejemplo, establecer un usufructo para un hijo. El usufructo es un derecho real que confiere a una persona el uso y disfrute de un bien que pertenece a otra persona, pero sin adquirir la propiedad plena. En otras palabras, el usufructo le permite a una persona (llamada usufructuario) utilizar y obtener beneficios de un bien, por ejemplo, una propiedad, durante un período determinado o hasta que se cumpla una condición específica, sin ser dueño legal de ese bien.

Aunque no se inscriba en el Registro de la Propiedad, los notarios están obligados a notificarlo al Catastro. Es decir, aunque dicha escritura de usufructo no se inscriba en el Registro de la Propiedad, sí aparecerá en el Catastro, por tanto, será embargable, y el rico lo sabe.

El Registro de la Propiedad es un ente oficial de acceso público que informa sobre la titularidad, los derechos y otros aspectos de los inmuebles con fines civiles. El Catastro es otro registro de carácter fiscal y administrativo. En lo que a titularidad de fincas se refiere, es de acceso restringido a administraciones públicas y a quienes justifiquen un legítimo interés admitido.

Sabiendo esta información, el rico evita elevar a público ante notario estos documentos. Sólo lo hará en caso de algún problema. Así está protegiendo los intereses de la familia para evitar posibles embargos.

Truco 89-8

Pasar las herencias a bitcoins. Muchos empresarios, familias o quienes tienen fortunas medianas están pasando sus herencias a *wallets* frías o monederos como «Material Bitcoin», que luego entregan a cada uno de sus hijos. Material Bitcoin es el *cripto wallet* para bitcoin más seguro del mundo. Es una placa de acero AISI 304L fabricada en España y tiene una garantía de más de cien años. Es perfecta para llevar en tu bolsillo, ya que no tiene grandes dimensiones.[14]

Es como tener efectivo, pero en la era moderna. Cero impuestos de sucesiones y totalmente trasmisible, líquido y seguro. Los bitcoins que reciben los hijos, la familia o cualquier persona pueden ser cambiados por *stablecoins* para evitar la «montaña rusa» (las subidas y bajadas que tiene bitcoin).

Acabamos con un chiste: «Dale 100 euros a un "rico" y regresa con 1.000 euros. Dale 100 euros a un "pobre" y regresa con un pantalón, un par de zapatillas (y con deudas). Señores, el dinero lo usamos para invertir o lo usamos para gastar».

El camino de la pobreza es el gasto. El camino de la riqueza es la inversión.

14. Podéis obtener más información en la web de Material Bitcoin: <www.materialbitcoin.com>.

#LosTrucosDeLosRicos3

Cuando soplan vientos de tempestad, unos corren a refugiarse, otros construyen molinos.

@juanharo

Truco 90

Empresas y negocios

El rico, en su filosofía de disfrutar de la vida, pone en práctica diferentes trucos para manejar sus empresas o negocios. Vamos a ver varios.

Truco 90-1

Cada año, en abril y en octubre, los ricos se reúnen con sus asesores/gestores para estudiar conjuntamente sus balances, gastos, ingresos y estrategias legales para pagar menos impuestos. Deciden aplazar ingresos o ventas para el año siguiente, gastar más o menos, o estudiar cómo afectan todos esos movimientos en sus rentas personales. Siempre lo hacen dos veces al año para estudiar la mejor hoja de ruta fiscal.

Los ricos reducen el **impuesto de sociedades** legalmente:

1. Si no es una **entidad patrimonial** y el importe neto de la cifra de negocios (INCN) está próxima a rebasar **1.000.000 de euros**, posponen ventas o prestaciones de servicios para poder disfrutar del tipo del 23 por ciento.
2. Acometen inversiones destinadas al autoconsumo de energía procedente de **fuentes renovables**, por ejemplo, la instalación

de placas fotovoltaicas y así amortizan libremente hasta 500.000 euros.

3. Si es una **entidad *holding***, controlan que los ingresos financieros no superen el **70 por ciento sobre los ingresos totales**. Se aseguran de que los socios que sean personas jurídicas participan indirectamente en sus filiales en, al menos, un 5 por ciento, para aplicar la exención por los dividendos que les vaya a repartir.
4. Si la entidad va a **deteriorar contablemente existencias** y a deducir fiscalmente este gasto, preparan la prueba del deterioro, como puede ser el informe de un perito, porque es posible que la administración lo exija.
5. A final de año, los ricos analizan en sus empresas los **métodos de amortización fiscal** para aplicar el más conveniente y reducir la base imponible, e incluso aprovechan para solicitar un **plan especial de amortización** a la administración.
6. Si es el **primer año** que una nueva sociedad obtiene beneficios y, por tanto, puede aplicar el tipo de gravamen del 15 por ciento, es posible que interese **no compensar las bases imponibles negativas que tenga pendientes**, aunque no exista un límite temporal para ello, y empezar a compensarlas cuando sea del tipo general. De esta forma, se aprovechará el beneficio fiscal del tipo reducido.

Truco 90-2

Los ricos siguen tres pasos al invertir o construir sus negocios:

1. **Seleccionar la información.** No vale cualquier información y no acuden a una fuente, sino a muchas.
2. **Ocio para reflexionar, pensar y huir del ruido mediático.** Sacan tiempo diariamente para pensar, tiempo para crear la estrategia.
3. **Acción.** Sacan conclusiones y planes con respecto a las dos anteriores, unen las piezas del puzle y actúan en consecuencia.

Truco 90-3

Los ricos lo basan todo en saber comprar. Dedican su energía a la compra porque ahí radica el beneficio. «Comprar en todo» se refiere a la selección o creación de productos o servicios para comercializar, a comprar (seleccionar) películas, vídeos, cursos, proveedores, blogs, libros, contactos interesantes, es decir, aplican «comprar» a todo. Si compran (eligen) bien, existirá un retorno positivo. Si malgastan (venden) su dinero o tiempo, estarán en negativo. Toda transacción es una compra. Por tanto, seleccionan lo mejor. Destinan tiempo a buscar lo mejor. Por supuesto, este truco también es aplicable a inmuebles, negocios, inversiones...; no le importa pagar bien por algo de lo que pueda obtener valor (energía de vuelta). Buscan siempre comprar valor.

Truco 90-4

Los ricos invierten en algunos seguros curiosos. Veamos un ejemplo de seguro curioso. Este ejemplo no es válido para el rico que no suele jugar a la lotería.

Los premios de lotería tributan a partir de los 40.000 euros y normalmente antes de recibir el premio, el Estado se queda con el 20 por ciento. A través de la aseguradora Axa, por unos pocos céntimos que pagas al escanear el boleto desde tu móvil con la **aplicación «Laguinda»**, quedas cubierto. La aseguradora te abona los impuestos que se ha quedado Hacienda para que tú cobres la totalidad del premio.

Los **seguros de riesgos políticos** cubren pérdidas financieras derivadas de eventos políticos, como expropiaciones, cambios en la legislación gubernamental o conflictos internacionales.

El **seguro de terrorismo** protege contra pérdidas financieras derivadas de actos terroristas. Es menos común, pero puede ser relevante para los que tienen propiedades de alto valor o empresas con exposición a riesgos de terrorismo.

El **seguro contra secuestros y extorsiones** proporciona cobertura en caso de secuestros, amenazas o extorsiones. Puede ser relevante para individuos ricos con un perfil alto o empresarios con mayor exposición a riesgos de seguridad.

El **seguro de colecciones de arte** ofrece protección específica para colecciones de arte valiosas y cubre los daños, las pérdidas o los robos. Este tipo de seguro es esencial para aquellos con colecciones de arte valiosas.

Recordemos a **Picasso** cuando decía: «Cuando me dicen que soy demasiado viejo para hacer una cosa, procuro empezarla enseguida».

Acabamos con una curiosa historia sobre el miedo que inunda esta sociedad. Los poderosos saben cómo jugar con éste para manipular al ciudadano. Pero este miedo es menos fiero cuando tienes conocimiento, amigo lector. Espero que te guste:

La muerte llegó a un pueblo de Andalucía y fue a ver al alcalde.

Se presentó y anunció su llegada:

—Soy la muerte y vengo a llevarme a 50.000 personas que mataré con un virus dentro de quince días.

El alcalde, que era un gran negociador, le dijo:

—Lo entiendo perfectamente, pero si mata a 50.000 personas será casi todo el pueblo y éste desaparecerá, ¿podrían ser 10.000 personas, por favor?

La muerte se quedó pensativa y dijo:

—¡Vale! Mataré a 10.000 personas, pero será en una semana.

El alcalde pudo respirar tranquilamente y convocó a todo el pueblo a una reunión para anunciarle su victoria y para prevenir a toda la población.

Pasó una semana y, para sorpresa de todos, murieron 50.000 personas.

El alcalde, muy enfadado, fue al hotel donde estaba la muerte.

—No lo entiendo —dijo el alcalde—. Acordamos que serían 10.000 personas, y no has cumplido tu palabra.

La muerte miró hacia arriba, esperó a que se calmase el alcalde y contestó:

—Claro que he cumplido mi palabra, yo maté a sólo 10.000 personas, las otras 40.000 murieron de miedo.

#LosTrucosDeLosRicos3

La vida es una obra de arte, y cada día es una pincelada. Los ricos entienden que la verdadera fortuna está en pintar el lienzo con experiencias y momentos inolvidables.

@juanharo

Truco 91

Bancos, préstamos y deudas

Para mejorar su calidad de vida, y disfrutar de ella, los ricos utilizan algunos interesantes trucos cuando se trata de bancos, préstamos y deudas. Vamos a ver qué hábitos y trucos utilizan.

Truco 91-1

Al sacar dinero del banco. Sobre todo, cuando son cantidades importantes, es vital guardar el justificante de la retirada del dinero para que puedas demostrar la procedencia de dicho dinero. Por ejemplo, si realizan una inspección en tu casa, o bien cuando decidas ingresarlo de nuevo, evitas que tengas que dar explicaciones de la procedencia porque tienes en tu poder el resguardo o justificante de la retirada del banco anterior, así todo encaja. Por supuesto, éste es un truco que utilizan los ricos (o cualquier persona con conocimiento) y, por ende, pagan con efectivo su tren de vida cotidiana: ropa, comidas, viajes, etcétera.

Truco 91-2

Tienen en cuenta los límites de movimiento de dinero:

1. Límite de 1.000 euros para los pagos en efectivo en operaciones entre empresas y autónomos. Esta cifra se eleva hasta los 10.000 euros para personas físicas con el domicilio fiscal fuera de España.
2. Para las transferencias que superen los 10.000 euros el banco puede informar a Hacienda. Lo mismo con pagos y cobros por ventanilla o cajeros automáticos que superen los 3.000 euros.
3. Los ricos saben que son libres y deciden correr riesgos medidos, ellos tienen la última palabra. Juegan con la ley de probabilidades. Aun así, conocen cuándo es obligatorio informar a Hacienda (otra cosa es que decidan hacerlo):

    - Al enviar o recibir de fuera de España un pago superior a 10.000 euros o su equivalente en moneda extranjera.
    - Al entrar o salir del país con 10.000 euros o más, o su equivalente en moneda extranjera.
    - Cuando los movimientos bancarios dentro de España sean superiores a 100.000 euros o su equivalente en moneda extranjera.
    - Cuando los movimientos en metálico sean de 100.000 euros o más, o su equivalente en moneda extranjera.

Truco 91-3

Listado de pruebas. Tanto para el efectivo, como para las transferencias, las facturas y los préstamos, los ricos guardan todos los documentos que nos puedan solicitar en caso de una inspección, incluidos los correos electrónicos cuando se trata de compraventas, para justificar las operaciones que hacemos. No hace falta que sea en papel, pero sí en formato digital para que puedas acceder a ellas en caso de necesidad. Recuerda que eres tú quien tienes que demostrar absolutamente todo ante Hacienda, eres culpable salvo que demuestres lo contrario (y el rico lo sabe). Por tanto, es positivo contar con todas las pruebas que puedas que demuestren la procedencia y el destino de los movimientos de dinero, los pagos de impuestos y las operaciones de todo tipo.

Truco 91-4

Préstamos de empresas extranjeras. Cuando tú prestas dinero de una sociedad española a quien sea, si aparece esta información en la contabilidad de la empresa, cuando se cancele o devuelva el préstamo estarás obligado a rellenar el documento correspondiente. Todo está fiscalizado y también se puede solicitar la procedencia del dinero. Pero en el caso de que el préstamo fuese de una empresa extranjera a una española, y no se declarase a la Hacienda española (porque es una empresa de fuera de España), entonces Hacienda no tendría constancia de ello. Muchas veces el rico no declara la devolución o cancelación, y así tiene menos posibilidades de que exista una inspección o le pidan la procedencia de los fondos.

Truco 91-5

Deudas con Hacienda y la Seguridad Social. Los ricos son conscientes de que las deudas con Hacienda y la Seguridad Social no prescriben ni tampoco las del ayuntamiento. La Ley de segunda oportunidad se ha modificado para que dichas deudas no prescriban y no se eliminen. El resto de las deudas sí prescriben: con los bancos y con los proveedores. Por tanto, se recomienda negociar con Hacienda, con los ayuntamientos y con la Seguridad Social para llegar a un acuerdo o declararse insolvente. Es cierto que hay casos en los que han pasado años y años en sociedades que ya no estaban activas en las que las deudas han prescrito.

Truco 91-6

Las deudas con los bancos prescriben a los cinco años en teoría, pero ocurre que alargan este tiempo con procedimientos y demás trucos. Hasta que no se publica en el BOE (*Boletín Oficial del Estado*), no se reinicia la cuenta de cinco años. Por término medio, el tiempo de la prescripción suele ser de ocho años. Los ricos saben que muchas deudas de los bancos (préstamos personales e hipotecarios) son vendidas a terceros, a otras empresas, y los bancos están obligados a notificarte el estado de la deuda cuando vas a adquirirla, pero no siempre lo hacen. Es muy importante contar con esa información, porque la ley dice que los bancos están obligados a venderte la deuda por el mismo importe que se la han vendido a ellos, y además tienes un derecho de tanteo y retracto que se saltan deliberadamente pues los bancos tienden a venderla a fondos de inversión y a sus amigos para sanear sus balances. Pero puedes reclamarlo, pues así quizá te ahorres hasta un 90 por ciento de la deuda. Puedes obligar al banco a venderte la deuda por el mismo valor. Esto mucha gente no lo sabe, pero el rico sí, y ahora tú también. Como todos sabemos, existe una ley para el ciudadano y otra muy distinta para las grandes corporaciones, para los ricos y para la banca. Siempre es lo mismo.

Los ricos dejan crecer muchas de sus deudas para luego negociar quitas aprovechando la lentitud de la justicia o dejar que prescriban. Las **deudas prescriben** entre los tres y los quince años; las de la comunidad de vecinos, a los cinco años, y en el caso de los préstamos personales, a los cinco años. Con carácter general, el plazo de prescripción de las deudas en España es de cinco años. Anteriormente a la implantación de Ley de la segunda oportunidad, las deudas con Hacienda y la Seguridad Social prescribían a los cuatro años. Y la deuda hipotecaria, a los veinte años.

El rico (y tú también puedes hacerlo) no mezcla su dinero en un mismo banco. Donde tienen deudas, créditos o hipotecas, no meten sus ahorros. Los ahorros los mueven, pero no los dejan nunca en peligro. Si a un banco le debes un solo euro, tu dinero está en riesgo. Sus ahorros están en bancos limpios de deuda, incluso en el extranjero. Hoy en día, cualquiera puede abrirse una cuenta corriente desde casa en muchos países de Europa.

#LosTrucosDeLosRicos3

La riqueza real no se mide sólo en cifras bancarias, sino en la capacidad de tener tiempo para uno mismo, para los seres queridos y para explorar el mundo, creando un equilibrio entre el trabajo y la plenitud personal.

@juanharo

Truco 92

Money, money

Todo está en la mentalidad del rico, lo que piensa y siente sobre el concepto del dinero. Veamos **once sugerencias prácticas** con respecto al dinero:

1. Lo hemos comentado en el truco anterior: **no mezclan el dinero.** Deudas en un banco y ahorros en otro. Todo diversificado.
2. **Préstamos y pago de recibos en un banco**, y los ingresos en otro banco diferente.
3. **Trabajan siempre con tres a cinco bancos**, da igual el dinero que muevan.
4. **Mueven el dinero de un banco a otro, los mismos ahorros.** Esto hará crecer su historial en el banco. Son puntos positivos a la hora de solicitar financiación.
5. **Envían una transferencia automática de 600 euros cuyo concepto sea alquiler de vivienda en Madrid o en Barcelona,** o donde sea. En realidad, se trata de una transferencia que se hace el mismo titular a sí mismo. Aquí lo importante es el movimiento bancario. Simulan que alguien les paga uno o varios alquileres ficticios sólo como artimaña para hacer creer al banco que tienen uno o varios inmuebles arrendados. Sin embargo, es el mismo dinero que viaja de un banco a otro.

6. **Negocian constantemente las comisiones de todo tipo:** transferencias, cheques, mantenimiento. «El que no llora, no mama».
7. **Mantienen una relación cercana con el director o subdirector (de tres a cinco bancos).** Esto le supone información extra de movimientos próximos de la banca y también de la economía.
8. **Tienen ahorros en cuentas extranjeras, los neobancos, en otros países de Europa.** Y eso tanto a nombre de persona física como de empresa. Hoy no necesitas moverte de casa para abrir dichas cuentas bancarias, pero el dinero estará más seguro.
9. **Siempre disponen de dinero en efectivo y en cuenta bancaria.**
10. **Cuando solicitan préstamos o pólizas de crédito, no se conforman con solicitarlo en su oficina,** sino también en otras oficinas de su misma entidad. Cada una tiene objetivos diferentes.
11. **Utilizan negociadores bancarios para negociar cualquier incidente con el banco,** y para ello otorgan un poder notarial, que cuesta unos 60 euros. Se salen de la ecuación, el rico no interviene a la hora de negociar porque pone demasiada emoción en cualquier supuesto problema que resolver.

La relación de las personas ricas con el dinero a menudo implica hábitos financieros sólidos y prácticos que contribuyen a la gestión efectiva de sus activos y a la construcción de la riqueza. Comparto contigo **quince hábitos prácticos** que suelen caracterizar la relación del rico con su dinero:

1. **Presupuesto detallado.** Llevan un presupuesto detallado que incluye ingresos, gastos y metas financieras. Esto proporciona una visión clara de dónde va el dinero y permite tomar decisiones informadas.
2. **Inversiones estratégicas.** Realizan inversiones estratégicas basadas en una comprensión sólida de los mercados y un enfoque a corto, medio y largo plazo. Los ricos diversifican sus inversiones para mitigar riesgos.
3. **Ahorro automático.** Establecen sistemas de ahorro automático para garantizar que una parte de los ingresos se destine regularmente a cuentas de ahorro o inversiones.
4. **Educación financiera continua.** Invierten tiempo en educación financiera continua para comprender mejor las oportuni-

dades y los riesgos financieros, así como para tomar decisiones informadas.

5. **Metas financieras.** Definen metas financieras claras y alcanzables, estableciendo planes para lograrlas. Esto puede incluir metas a corto, medio y largo plazo.
6. **Negociación consciente.** Practican la negociación consciente cuando abordan contratos, acuerdos y compras importantes para garantizar condiciones favorables.
7. **Mantenimiento de un fondo de emergencia.** Mantienen un fondo de emergencia para cubrir gastos inesperados o situaciones financieras imprevistas.
8. **Mínimo endeudamiento (deuda mala y buena).** Saben que la deuda buena es la que pagan otros. Es decir, si compras un coche y el *renting* o el préstamo de la compra de dicho vehículo lo paga un negocio que tienes, es deuda buena, o el alquiler de una vivienda, que, como veíamos en la primera parte del libro *Los trucos de los ricos* (truco 11), es también deuda buena. La deuda mala es la que tienes que pagar tú trabajando. Tienen un endeudamiento mínimo de deuda mala, pero sí tienen deuda buena y utilizan el crédito de manera estratégica. Los ricos tienden a evitar deudas de alto interés y pagar saldos de tarjetas de crédito mensualmente.
9. **Planificación tributaria eficiente.** Buscan estrategias de planificación tributaria eficientes para minimizar la carga fiscal y aprovechar incentivos fiscales legítimos. El rico sabe lo que quiere, no se conforma con que su gestor o asesor le diga qué es lo que hay, sino que busca nuevos caminos legales para reducir sus impuestos siempre.
10. **Mentalidad de ingresos.** Desarrollan una mentalidad de ingresos buscando constantemente oportunidades para aumentar los flujos de ingresos, ya sea a través de inversiones, emprendimientos o actividades secundarias.
11. **Revisión periódica de las finanzas.** Realizan revisiones periódicas de su situación financiera para ajustar estrategias según sea necesario y garantizar la alineación con los objetivos.
12. **Filantropía consciente.** Practican la filantropía de manera consciente destinando una parte de su riqueza a causas benéficas y proyectos sociales.
13. **Seguro integral.** Mantienen una cobertura de seguro integral que proteja contra riesgos significativos, como salud, propiedad,

vida y responsabilidad civil. Contratan seguros incluso para sus inversiones para no perder el capital.

14. **Automatización de finanzas.** Automatizan los procesos financieros siempre que sea posible, como pagos de facturas, inversiones y contribuciones a cuentas de ahorro.
15. **Vivir acorde a sus medios.** Adoptan un estilo de vida que esté en línea con sus medios financieros, evitando la ostentación innecesaria y centrándose en la verdadera calidad de vida.

Estos hábitos reflejan la importancia de la planificación financiera, la educación continua y la toma de decisiones consciente en la relación de los ricos con su dinero. Adoptar estas prácticas contribuye a una gestión financiera efectiva, a aumentar la calidad de vida, a ser más libre y a no depender de mamá Estado, papá empresa o el tío banco.

#LosTrucosDeLosRicos3

El dinero es una herramienta poderosa: su impacto depende de cómo el rico elige utilizarlo para influir en el mundo que le rodea.

@juanharo

Truco 93

Viajar y residencia

Uno de los grandes placeres de la vida es viajar. En el truco 35, «"4-1" (*minibreak*)», veíamos cómo el rico toma minivacaciones durante todo el año. La decisión de mudarse de país entre las personas ricas está impulsada por una variedad de motivaciones y objetivos. Aquí hay algunas **razones comunes** por las cuales los ricos (y cada vez más ciudadanos) consideran la opción de mudarse de país:

1. **Beneficios fiscales.** Muchos individuos ricos buscan jurisdicciones con sistemas fiscales más favorables. Algunos países ofrecen regímenes fiscales más amigables para los ingresos elevados, como tasas impositivas más bajas o incentivos fiscales para residentes extranjeros.
2. **Privacidad financiera.** Buscan países que ofrezcan mayor privacidad financiera y confidencialidad en asuntos relacionados con sus activos y negocios. Jurisdicciones con leyes de privacidad más estrictas pueden ser atractivas en este sentido.
3. **Estabilidad política y económica.** La estabilidad política y económica es fundamental para la seguridad y la protección de la riqueza. Los ricos eligen mudarse a países con instituciones sólidas, economías estables y entornos políticos predecibles.
4. **Acceso a servicios financieros y bancarios.** La disponibilidad de servicios financieros de alta calidad y la presencia de bancos

internacionales de renombre pueden ser factores determinantes. El rico elige mudarse a países con sólidas infraestructuras financieras y bancarias.

5. **Calidad de vida y bienestar.** La búsqueda de una mejor calidad de vida, entornos naturales hermosos y opciones culturales y recreativas de alto nivel son motivaciones importantes para todos, también para el rico.
6. **Educación de calidad.** La presencia de instituciones educativas de prestigio y sistemas educativos de alta calidad puede ser un factor clave para aquellos con hijos en edad escolar. Aunque el rico siempre apuesta por la calidad interna de la educación, la que la familia aporta a los suyos, la autoeducación en muchas asignaturas que no se tratan en los centros educativos convencionales.
7. **Acceso a atención médica de calidad.** La disponibilidad de servicios médicos de alta calidad y sistemas de salud eficientes es una consideración importante para las personas ricas (y para cualquiera) que buscan una atención médica excepcional.
8. **Clima y estilo de vida.** Algunos individuos ricos buscan climas más agradables y estilos de vida específicos, como la proximidad a la playa, el acceso a actividades al aire libre o la vida en ciudades cosmopolitas.
9. **Oportunidades de negocio e inversiones.** La búsqueda de nuevas oportunidades de negocio, inversiones estratégicas o mercados emergentes es también un motivo importante para mudarse a otro país.
10. **Diversificación de activos y riesgos.** Diversificar activos y riesgos a nivel internacional es una estrategia común para proteger la riqueza. Mudarse a otro país es parte de esa estrategia.
11. **Tener dos pasaportes.** Tener diferentes permisos de residencia y pasaportes es importante para el rico. Así evita quedar encerrado en un país por un golpe de Estado, epidemia, corralito. En muchos países obtienes un permiso de residencia o pasaporte simplemente haciendo inversiones o teniendo un capital limitado. El rico busca la libertad y no estar atado a un lugar porque un gobierno lo exija.

Es importante destacar que las razones para mudarse de país pueden variar según las circunstancias individuales y las prioridades personales de cada individuo o familia rica. Además, la decisión de mudarse implica consideraciones legales, fiscales y logísticas significativas que suelen requerir asesoramiento profesional. Ahora veamos **a qué países van los millonarios para tributar menos.** Según el informe *Millonaire migration*, los que tienen más de un millón de euros eligen estos países, y por este orden: Emiratos Árabes Unidos (EAU), Australia, Singapur, Israel, Suiza, Estados Unidos, Portugal, Grecia, Canadá y Nueva Zelanda.

Imagen 2. Países que eligen los que tienen más de un millón de euros

Fuente: Henley & Partners, <visualcapitalist.com>.

Únicamente dos países asiáticos se encuentran entre los diez primeros y el resto está repartido por Europa, América del Norte y Oceanía. Australia le arrebatará este año el primer puesto a los Emiratos Árabes Unidos (EAU). Muchos de los principales destinos para los millonarios son atractivos debido a sus mayores niveles de libertad económica, lo que permite cargas fiscales más laxas o facilidad de inversión. Singapur, que espera ganar 3.200 millonarios, es el mercado económicamente más libre del mundo.

Una de las principales razones son sus programas de visados por inversión extranjera, las conocidas como «Golden visa». **Las personas**

más adineradas pueden obtener fácilmente la residencia y, eventualmente, pasaporte de la UE. Y todo con una cuantía «mínima» para ellos, unos 250.000 euros, en una inversión inmobiliaria.

Al rico le gusta viajar no sólo para disfrutar de la vida. ¿Te apuntas, amigo lector?

#LosTrucosDeLosRicos3

Para el rico, la verdadera riqueza está en tener la libertad de elegir cómo invertir el tiempo y los recursos, contribuyendo al bienestar personal y colectivo.

@juanharo

Truco 94

Vivir y disfrutar

El rico tiene presente que ha venido a este mundo a vivir y a disfrutar. Está bien el trabajo, los negocios y las responsabilidades de esta sociedad, pero la vida es finita. El tiempo es todo lo que tenemos. Existen estudios y encuestas que exploran temas relacionados con las experiencias cercanas a la muerte, las reflexiones sobre la vida y los arrepentimientos. Uno de los estudios más conocidos es el trabajo de la enfermera australiana Bronnie Ware, quien escribió el libro *The Top Five Regrets of the Dying* [Los cinco principales lamentos de los moribundos].

Las **conclusiones de Ware** se basaron en sus conversaciones con pacientes terminales y señalaron los siguientes lamentos comunes:

1. No haber vivido la vida según sus propios términos.
2. Haber trabajado demasiado y no haber disfrutado lo suficiente de la vida.
3. No haber tenido el coraje de expresar sus verdaderos sentimientos.
4. No haber mantenido contacto con amigos verdaderos.
5. No haberse permitido ser más feliz.

El rico recuerda estas cinco conclusiones y se propone vivir, alejar el miedo y ser más libre.

Para lograrlo, te presento una lista de **trucos, hábitos y sugerencias** que los ricos emplean para vivir y disfrutar de la vida:

1. **Establecer metas claras.** Define tus objetivos financieros y personales para tener una dirección clara en la vida.
2. **Tomar riesgos calculados.** Evalúa los riesgos antes de emprender cualquier proyecto o reto. Recuerda la famosa «balanza imaginaria».
3. **Priorizar la salud.** Cuida tu bienestar físico y mental, pues sin salud, todo lo demás se ve afectado.
4. **Enfocarse en la pasión.** Busca trabajos y actividades que te apasionen y te hagan feliz.
5. **Leer.** Tanto por placer como para aprender y mejorar. Montesquieu escribió: «Amar la lectura es cambiar horas vacías por horas llenas de satisfacción».
6. **Establecer límites.** Aprende a decir «no» cuando es necesario para proteger tu tiempo y tu energía.
7. **Viajar y explorar.** Descubrir nuevos lugares y culturas es enriquecedor.
8. **Establecer rutinas saludables.** Una rutina equilibrada puede mejorar tu eficiencia y bienestar.
9. **Vivir por valores, no por dinero.** Tener claros tus valores personales te guiará hacia una vida más satisfactoria.
10. **No apegarse a posesiones materiales.** El materialismo excesivo puede ser una fuente de insatisfacción. Muchas veces los bienes o posesiones nos roban lo más preciado: el tiempo y la calidad de vida.
11. **Evitar las deudas innecesarias.** Vivir dentro de tus posibilidades te brinda tranquilidad financiera.
12. **Enfocarse en soluciones, no en problemas.** Encuentra formas de superar los obstáculos.
13. **Focalizarse en tener patrimonio, no en facturar o ganar más o gastar menos.** El patrimonio te hará planificar tu retiro con seguridad y tranquilidad. Y, por supuesto, a una edad temprana.
14. **Tener un plan financiero.** Debes tener una estrategia que defina las fuentes de ingresos y los ingresos automáticos o pasivos según vas construyéndolos.
15. **Invertir tiempo en ti.** Si tú no estás bien, nada lo estará. Date caprichos.

16. **Valorar el tiempo en familia.** El apoyo de tus seres queridos es invaluable.
17. **Disfrutar de las pequeñas cosas.** Aprecia los momentos cotidianos y encuentra la felicidad en ellos. Un paseo por el parque, el cine, un museo...
18. **Minimalismo.** Optar por un estilo de vida minimalista te ayuda a centrarte en lo esencial y evitar gastos innecesarios. Reducir las posesiones materiales también puede reducir el estrés y mejorar la claridad mental.
19. **Presupuesto estricto.** Realizar un presupuesto estricto para controlar tus gastos y maximizar tus ahorros. Esto te permite destinar más dinero a inversiones y oportunidades comerciales.
20. **Aprender de los errores.** En lugar de temer al fracaso, los ricos ven los errores como oportunidades de aprendizaje. Utilizan estos fracasos como trampolines para crecer y mejorar en sus esfuerzos futuros.
21. **Automatización.** Aprovechar la tecnología y la automatización libera tiempo y recursos para centrarse en actividades más importantes y productivas.
22. **Inversiones inteligentes.** En lugar de gastar todo su dinero, los millonarios astutos invierten sus recursos en activos que generan ingresos pasivos a largo plazo, como bienes raíces o acciones.

La felicidad y el disfrute de la vida dependen de una combinación de factores, y la riqueza material es sólo uno de ellos, y el rico lo sabe. Una vez escuché lo siguiente: «Quería cambiar el mundo y, por el camino, ganar algo de dinero. Con el paso del tiempo me di cuenta de que en realidad las cosas funcionan al revés: primero ganas dinero y después cambias el mundo si te quedan ganas».

Y para acabar este truco, vamos con la historia de la suerte, el maestro y el discípulo:

Un discípulo le dice a su maestro:

—Maestro, ¿cómo puedo confiar en la buena suerte?

Y el maestro le contesta:

—Confiar en la suerte es como ir a un restaurante sin un euro, pedir tres platos de ostras y esperar poder pagar la cuenta con una perla escondida en una de ellas.

#LosTrucosDeLosRicos3

La riqueza no sólo se mide en cifras, sino en la capacidad de hacer una diferencia positiva en la vida de los demás.

@juanharo

Truco 95

Hábitos

Como ya vimos anteriormente, Tom Corley es conocido por su libro *Rich habits: The Daily Success Habits of Wealthy Individuals* [Los hábitos diarios de éxito de las personas ricas] que se basa en su investigación sobre los hábitos de personas exitosas y ricas. Añado, además de los mencionados en el truco 58, otra serie de hábitos comunes entre individuos ricos y exitosos que Corley identificó y enumeró en su libro. Algunos de estos hábitos son:

1. **Lectura regular.** Las personas ricas tienden a dedicar tiempo a la lectura, especialmente libros relacionados con el desarrollo personal, la educación y el crecimiento profesional.
2. **Establecimiento de metas.** Tener metas claras y específicas es una característica común entre los ricos. Estas metas suelen ser a corto y largo plazo, y los individuos ricos trabajan de manera consistente para alcanzarlas.
3. **Planificación financiera.** La gestión prudente de las finanzas personales es un hábito clave. Esto incluye la elaboración de presupuestos, la inversión a largo plazo y la evitación de deudas innecesarias.
4. **Ejercicio regular.** Muchos ricos incorporan el ejercicio regular a sus rutinas diarias para mantener una buena salud física y mental.

5. **Desarrollo de relaciones profesionales.** La construcción y el mantenimiento de redes profesionales sólidas son aspectos importantes. Los individuos ricos a menudo entienden el valor de las conexiones y las relaciones en el mundo empresarial.
6. **Optimismo y enfoque positivo.** Mantener una actitud optimista y enfocarse en soluciones, en lugar de problemas, es una característica común de los ricos.
7. **Autodisciplina.** La autodisciplina es clave para mantener hábitos productivos y para resistir las tentaciones que pueden afectar negativamente a la salud o las finanzas.

Tom Corley eligió pasar cinco años sabáticos y convivió investigando las costumbres diarias de 225 millonarios autodidactas. Publicó su estudio y éstas son las **conclusiones** que obtuvo:

- Con su investigación descubrió que los hábitos diarios dictan el éxito o fracaso en la vida.
- Hay una causa y un efecto asociados con los hábitos. **Los hábitos son la causa** de la riqueza, la pobreza, la felicidad, la tristeza, el estrés, las buenas relaciones, las malas relaciones, la buena salud o la mala salud.
- Los ricos prefieren ser **educados que entretenidos.**
- Los **ejercicios de cardio** no sólo son buenos para el cuerpo, sino también para el cerebro, «cultivan las neuronas (células cerebrales) en el cerebro».
- Corley dice que el 88 por ciento de la gente rica dedica 30 minutos o más cada día a la lectura de autodidacta o de mejora personal y que la mayoría no leía por diversión. Los ricos leen para **adquirir o mantener el conocimiento**.
- El **ejercicio también aumenta la producción de glucosa**, el combustible cerebral. Mientras más combustible le des a tu cerebro, más crece y más listo te vuelves.
- Eres **tan exitoso como aquellos con los que te relacionas** frecuentemente. Los ricos siempre están en busca de individuos que tengan objetivos, sean optimistas, entusiastas y que tengan una perspectiva mental positiva en general.
- Los millonarios hechos a sí mismos **no dependen de una sola fuente de ingresos**. Tres parece ser el número mágico de su estudio: el 65 por ciento tiene al menos tres fuentes de ingresos que crearon antes de ganar su primer millón de dólares.

- **No siguen al rebaño.** Las personas exitosas crean su propia manada y luego atraen a otros hacia ella, especifica Corley. Quieren separarse del rebaño, crear su propio rebaño y luego conseguir que otros se unan a él.
- Los millonarios autodidactas han dominado ciertas reglas de principios de etiqueta que hay que dominar si quieres tener éxito, según indica Corley. Éstos incluyen el envío de notas de agradecimiento, el reconocimiento de eventos importantes de la vida, como una boda o un cumpleaños, comer de forma educada y usar modales en la mesa, y vestirse apropiadamente para diversos eventos sociales.
- «Pensar es la clave de su éxito», dice Corley. Los ricos tienden a pensar en soledad, por las mañanas, y por lo menos quince minutos todos los días. «Pasaban el tiempo todos los días haciendo una lluvia de ideas sobre muchas cosas», dice, desde carreras y finanzas hasta salud y caridad.
- El 6 por ciento de los ricos juega a la lotería, frente al 77 por ciento de los no ricos, que sí juegan.
- El 80 por ciento tiene una meta que ha puesto por escrito, frente a un 12 por ciento de los que no son ricos.
- El 21 por ciento tiene sobrepeso, frente a un 66 por ciento de los que no son ricos.
- El 69 por ciento dedica menos de una hora a Internet diariamente, frente al 26 por ciento de los no ricos, que dedican menos de una hora.
- El 83 por ciento de los ricos prestan atención a las reuniones escolares de sus hijos, frente al 14 por ciento de los que no son ricos.
- El 63 por ciento escucha audios en el coche, frente al 5 por ciento de los no ricos.
- El 68 por ciento ricos ven sólo una hora de televisión al día, frente al 23 por ciento de los no ricos.
- El 8 por ciento de los ricos creen que su éxito depende de la suerte, frente al 79 por ciento de los no ricos.
- El 92 por ciento de los ricos piensan en montar un negocio, frente al 7 por ciento de los no ricos.
- El 66 por ciento de los ricos realizan reuniones de *networking* de negocios, frente al 26 por ciento de los no ricos.

Otros **hábitos interesantes** de los ricos que conviene conocer, amigo lector:

1. En lugar de centrarse sólo en bienes materiales, los ricos **tienden a invertir en experiencias únicas**, como viajes, eventos culturales y actividades personalizadas.
2. **Adoptan un enfoque holístico hacia la salud**, que incluya la alimentación balanceada, la actividad física regular, la meditación y otros hábitos que fomenten el bienestar general.
3. **Los ricos tienden a cultivar relaciones auténticas y significativas**, priorizando la calidad sobre la cantidad en sus conexiones personales y profesionales.
4. **Exploran en busca de actividades creativas y promueven la innovación en diversos aspectos de la vida**, ya sea en el trabajo, en proyectos personales o en la resolución de problemas cotidianos.
5. **Crean y mantienen un entorno que inspire la creatividad y el bienestar**, ya sea a través de espacios de trabajo estimulantes, hogares diseñados con atención al detalle o la incorporación de elementos artísticos.
6. **Practican la desconexión digital estratégica**, reservando momentos específicos del día para desconectarse de dispositivos electrónicos y enfocarse en experiencias offline y las relaciones interpersonales.
7. **Dejan por escrito sus deseos y protocolos** a un abogado o notario de confianza para cuando fallezcan.
8. **Legan en vida todo su patrimonio a los suyos.** Evitan sobresaltos.
9. **Invierten tiempo en tener energía**, cuidándose y realizando acciones que les permiten rendir mejor.

Y, para acabar, un par de apuntes para que reflexiones:

- «El hombre sabio contempla lo inevitable y decide que no es inevitable. El hombre común contempla lo que no es inevitable y decide que es inevitable» (Zhuangzi).[15]
- El psicólogo y escritor, y para algunos todo un maestro, Antonio Blai se cansó de escuchar a los demás, de leer libros, de seguir las opiniones de otros y empezó una nueva etapa en su vida: **la de no creer nada ni a nadie, sino de experimentar todo y probarlo por sí mismo.** Después de unos años, dijo que esa etapa fue una

15. Zhuangzi fue un filósofo de la antigua China que vivió alrededor del siglo IV a. C.

de las más productivas de su vida. Desde entonces sigue diciendo que tienes que experimentarlo todo por ti mismo. **Prueba y sigue probando: no creas nada.**

#LosTrucosDeLosRicos3

La diferencia entre los ricos y los demás radica en sus hábitos: los primeros construyen su fortuna paso a paso, día a día, con pequeñas acciones que se van acumulando.

@juanharo

Truco 96

Apariencias

Uno de los ejercicios más interesantes que hace el rico es ser consciente de lo que vale su hora en términos de dinero.

Imaginemos que tu trabajo o negocio produce un beneficio de x euros al mes. Divídelo por veintidós días y así **conocerás cuánto dinero ingresa tu empresa o negocio cada día de trabajo**. Ahora divídelo por ocho horas para saber cuánto dinero ingresas por hora. Termina el proceso dividiéndolo por sesenta minutos y conocerás cuánto dinero ganas por cada minuto de trabajo.

Utiliza este sencillo cálculo para determinar cuál es el valor real de tu tiempo productivo-económico.

Ingresos: Mes __________, Día _____, Hora _____, Minuto ____

El resultado final (especialmente por hora o por día) te ayuda a que tomes conciencia de cómo gestionas tu tiempo, y quizá te haga pensar en **tomar algunas decisiones sobre la forma correcta de utilizar y gestionar el tiempo productivo de rentabilidad dentro de tu negocio o empresa. Es lo que hace el rico.** Tomar conciencia de lo que vale su tiempo, así como de sus finanzas.

Plantéate, por ejemplo, lo que supone cada minuto u hora incorrectamente gestionada, y la consiguiente multiplicación de pérdidas que puedes estar sufriendo a lo largo del tiempo diario o semanal de actividad. Esto es aplicable tanto para ti, como profesional único, como para tu negocio, o incluso si trabajas por cuenta ajena. Piensa si en tu trabajo estás obteniendo el máximo provecho en cuanto a: actividad, rentabilidad y productividad.

Otro aspecto importante del rico que merece el tratamiento de este truco son las **apariencias**. Las apariencias tienen su importancia. El pobre parece pobre no porque tenga que ser así obligatoriamente, sino porque lleva un uniforme explícito e implícito que así lo demuestra. Si cambia ese uniforme, cambian sus circunstancias porque las personas reaccionarán ante él de forma distinta. Aquellos que parecen débiles son tratados como tales, el poderoso parece fiable. Por tanto, necesitas aparentar ser poderoso y que se pueda confiar en ti.

Se trata de la imagen general que proyectas, que proyectamos. Viste como un rico, y la gente pensará que lo eres y te tratará de acuerdo con ello. Aprende a comportarte con estilo, con clase. Aparenta pobreza, y te darán un servicio pobre. Eso sí, olvida la ostentación y abraza la discreción. Pretendemos una elegancia discreta.

Además de la apariencia exterior, hay que prestar especial atención a cómo hablas y a cómo piensas sobre el dinero. Contempla cómo caminas: ¿aparentas ansiedad, nerviosismo, prisas? Todo eso resta.

Numerosos estudios han demostrado que la primera impresión, a menudo basada en apariencias externas, puede tener un impacto significativo en cómo se percibe a una persona. La vestimenta, el lenguaje corporal y la presentación personal influyen en las interacciones sociales y profesionales. Las personas que cuidan su apariencia a menudo son percibidas como más competentes y confiables. La relación entre la apariencia y la autoimagen puede afectar a la salud mental. La presión social para cumplir con ciertos estándares estéticos muchas veces contribuye a problemas como la ansiedad, la baja autoestima y los trastornos alimentarios.

Los estudios de marketing indican que la presentación de productos, incluida la apariencia de empaques y etiquetas, influye en las decisiones de compra. Las marcas exitosas comprenden la importancia de la estética en la percepción del valor del producto. La investigación psicológica ha identificado fenómenos como el **«efecto halo»**, según el cual las personas tienden a asumir que, si una persona tiene una característica positiva, también posee otras cualidades positivas. Esto puede afectar a la forma en que se percibe a alguien basándose en su apariencia.

Actuar como si fueras rico permitirá que las personas ajusten su percepción de ti y sus relaciones contigo de acuerdo con ello.

Recuerda, las apariencias son importantes y están relacionadas con la confianza que tienes sobre ti. Y hablando de confianza, déjame que te cuente esta breve historia:

Érase una vez el fuego, el agua y la confianza. Entraron juntos a un bosque y el fuego dijo:

—Si me perdiera, busquen el humo, porque allí donde hay humo hay fuego.

El agua dijo a su vez:

—Si me perdiera, busquen la humedad, porque allí donde hay humedad está el agua.

Entonces la confianza se puso reflexiva y finalmente comentó:

—Si me perdiera, no me busquen, porque una vez perdida no me encontrarán nunca más.

Vamos a acabar este truco con una historia a la que le tengo mucho cariño. Muchos de nosotros nos sentimos identificados con ella porque hemos renacido alguna vez con más fuerza, como un ave Fénix.

La vaca y el precipicio

Un sabio maestro paseaba por el bosque con su fiel discípulo, cuando vio a lo lejos un sitio de apariencia pobre y decidió hacer una breve visita. Durante la caminata, le comentó al aprendiz sobre la importancia de conocer lugares y personas, y sobre las oportunidades de aprendizaje que nos brindan estas experiencias. La casa era de madera y estaba habitada por una pareja y sus tres hijos, que vestían ropas sucias y rasgadas, e iban descalzos.

El maestro se aproximó al señor, aparentemente el padre de familia, y le dijo:

—En este lugar no existen posibilidades de trabajo ni puntos de comercio, ¿cómo hacen usted y su familia para sobrevivir?

El hombre respondió calmadamente:

—Amigo mío, nosotros tenemos una vaquita que nos da varios litros de leche todos los días. Parte de la leche la vendemos o la cambiamos por otros alimentos en la ciudad vecina, y con la restante elaboramos queso, cuajada y otros productos para nuestro consumo. Así es como vamos sobreviviendo.

El sabio agradeció la información y contempló el lugar por un momento, antes de despedirse y partir. A mitad de camino le ordenó a su fiel discípulo:

—¡Busca la vaquita, llévala al precipicio y empújala!

El joven lo miró espantado y le replicó que ese animal era el medio de subsistencia de la familia. Como percibió el silencio absoluto del maestro, cumplió la orden: empujó a la vaquita al barranco y la vio morir. Aquella escena quedó grabada en su memoria.

Un día, el discípulo resolvió abandonar a su maestro y regresar a aquel lugar para contarle la verdad a la familia y pedirle perdón. Así lo hizo, y a medida que se aproximaba veía todo muy bonito, diferente a como lo recordaba. Se sintió triste, imaginando que aquella humilde familia había debido de vender su terreno para sobrevivir. Aceleró el paso y, al llegar, fue recibido por un señor muy simpático, al cual le preguntó por las personas que vivían en ese lugar cuatro años atrás.

El hombre le respondió que allí seguían. Sobrecogido, el joven entró corriendo a la casa y confirmó que era la misma familia que había visitado algunos años antes con el maestro.

Elogió el lugar y le preguntó al señor, el dueño de la vaquita:

—¿Cómo hizo para mejorar este lugar y cambiar de vida?

Emocionado, el hombre le respondió:

—Nosotros teníamos una vaquita, pero se cayó por el precipicio y murió. De ahí en adelante, nos vimos en la necesidad de hacer otras cosas y desarrollar otras habilidades que no sabíamos que teníamos; así alcanzamos el éxito que sus ojos ven ahora. Nos pusimos a recolectar y vender fruta, y así logramos mucho más de lo que teníamos hace años.

Moraleja: nunca sabes si algo es malo o bueno, o si será todo lo contrario.

#LosTrucosDeLosRicos3

Los hábitos son el arquitecto de la vida financiera: los ricos construyen sus destinos con bloques de disciplina, perseverancia y decisiones informadas.

@juanharo

Truco 97

El final de la obra

Dicen que este mundo es como una obra de teatro, en la que cada uno realiza su papel, su personaje. Pero el rico no sólo escoge bien el personaje que quiere representar en esta vida, sino que además se prepara para el final, para cuando llegue el momento de marcharse, de morir. Es algo que también diferencia al rico del que no lo es. La total planificación, aunque luego sea el destino el que se adelante y destroce nuestros planes, pero el rico igualmente hace su parte del trabajo.

¡Los ricos se preparan para el final de la obra! Soy un apasionado de la protección del patrimonio. Es un asunto que muchas personas pasan por alto. Por ejemplo, sólo el 13 por ciento de los españoles ha hecho testamento y, desgraciadamente, nuestro fin puede llegar en cualquier momento. El hecho de no tenerlo puede perjudicar mucho a nuestro cónyuge o, en su defecto, a los herederos.

El rico prepara todo para cuando se marche de este mundo con las siguientes **acciones para proteger su patrimonio** y también para facilitar la vida a los que se quedan, a los suyos:

1. **Poderes preventivos.** Es el mecanismo notarial que permite a una persona designar a otra para que pueda actuar en su nombre en el momento en que pierda la capacidad natural de obrar por sí misma. Por ejemplo, por una enfermedad degenerativa (alzhéimer), un accidente de tráfico que provoque una situa-

ción de parálisis física o psíquica, o por la simple vejez. Es un instrumento de autoprotección al que puede recurrir cualquier persona y en él se pueden incluir previsiones tanto de índole personal como patrimonial.

2. **Testamento vital y fideicomisos.** Es el documento por el que una persona deja constancia por escrito de su voluntad en relación con los tratamientos médicos a los que desea someterse o no, en caso de enfermedad, llegado el momento en que no pueda expresarse por sí misma o una vez fallecida. También se denomina documento de instrucciones previas o testamento de voluntades anticipadas.
3. Otra sugerencia es realizar un documento notarial en el que se hace mención a un sobre lacrado que se adjunta en notaría. En dicho sobre aparecen los pasos que seguir una vez que se fallece o se pierden las facultades para decidir por sí mismo. Se entrega a un notario, un abogado o un asesor fiscal para seguir la hoja de ruta en caso de que suceda. Este documento no sustituye al testamento. En este documento o sobre deben incluirse todas las claves, contraseñas y datos de cuentas bancarias, *exchange*, etcétera. Son las instrucciones precisas que se han de seguir cuando uno fallece.
4. Los **fideicomisos** también son herramientas comunes para la gestión de activos y pueden ayudar a evitar problemas legales y fiscales. Un fideicomiso es una forma de titularidad de propiedad que separa la titularidad efectiva de la titularidad legal. Designa a un fideicomisario como propietario legal de los activos, al tiempo que designa a uno o varios beneficiarios que gozarán de los beneficios de los bienes depositados en el fideicomiso. **Un fideicomiso no requiere revisión ni aprobación judicial**, por lo que puede ahorrar dinero, tiempo y privacidad. Es importante entender la diferencia entre un testamento y un fideicomiso. En un testamento, se nombra a un representante para que se cumplan los deseos del testador y se administre su patrimonio después de su muerte. Un fideicomiso entra en vigor tan pronto como se crea. Dependiendo de los deseos del que lo encarga, los beneficiarios pueden recibir los activos inmediatamente, en el futuro o después de la muerte de éste. Los activos de un fideicomiso se pueden seguir entregando a los herederos durante años, incluso generaciones.

5. **Planificación fiscal.** La planificación fiscal es crucial para minimizar la carga fiscal sobre el patrimonio. Los ricos a menudo trabajan con asesores fiscales para identificar estrategias que les permitan transferir su riqueza de manera eficiente y reducir las obligaciones fiscales para sus herederos.
6. **Seguros de vida.** Algunos individuos ricos adquieren seguros de vida como parte de su estrategia de planificación del patrimonio. Esto puede proporcionar recursos financieros a los beneficiarios y ayudar a cubrir impuestos y otras obligaciones financieras.
7. **Donaciones y filantropía.** Muchos ricos incorporan la filantropía en su planificación del patrimonio mediante la creación de fundaciones benéficas o la realización de donaciones significativas. Esto no sólo puede tener un impacto positivo en la sociedad, sino también en la gestión de impuestos.
8. **Formación de sucesores.** La formación de los sucesores, ya sean miembros de la familia, ejecutivos de confianza o equipos de gestión, es esencial. Esto asegura una transición suave y efectiva del control y la gestión del patrimonio.
9. **Gestión de empresas y activos.** Los propietarios de empresas ricos suelen implementar planes de sucesión para asegurarse de que sus empresas continúen de manera exitosa después de su partida. Esto puede incluir la designación de sucesores, la planificación de la transición y la consideración de la venta de activos.
10. **Cartas de voluntad y directivas anticipadas.** Además de los testamentos, algunos ricos redactan cartas de voluntad y directivas anticipadas para expresar sus deseos sobre cuestiones médicas y personales en caso de incapacidad o enfermedad terminal.

El rico sigue esta frase cargada de confianza de la gran película *El exótico Hotel Marigold*: «Al final todo va a acabar bien. Y si no acaba bien, es que aún no es el final».

No por aparentar confianza (que también), sino por egoísmo, porque sabemos que cuando nos sentimos bien, somos más fuertes. Nosotros decidimos cuándo es el final. El rico es egoísta porque quiere estar bien para poder ofrecer lo mejor.

#LosTrucosDeLosRicos3

Para el rico, la muerte es el último acto de planificación, en el que cada detalle cuidadosamente estructurado cobra vida para preservar su legado y asegurar el bienestar de sus seres queridos.

@juanharo

Truco 98

Seis factores

Sarah Stanley Fallaw, directora de investigación del Affluent Market Institute y coautora de *El nuevo millonario de la puerta de al lado: Estrategias imperecederas para acumular riqueza*, realizó una investigación con encuestas a más de seiscientos millonarios de Estados Unidos. En dicho estudio afirmaba que lo rico que puedes llegar a ser depende de **seis factores de riqueza**, sin importar tu edad o tu salario:

1. **Frugalidad** o el compromiso de ahorrar, gastar menos y atenerse a un presupuesto.
2. **Confianza** en la gestión financiera, la inversión y el liderazgo.
3. **Responsabilidad**, lo que implica aceptar tu papel en los resultados financieros y creer que la suerte juega un papel pequeño.
4. **Planificación** o establecimiento de metas para tu futuro financiero.
5. **Concentración** en lidiar con las tareas hasta su consecución sin distraerse.
6. **Indiferencia social** o no sucumbir a la presión social por comprar lo último de lo último.

Con el objetivo de **identificar cuáles son las cualidades que mejor predicen el nivel de riqueza de una persona**, la investigadora realizó dos estudios que incluyeron a un grupo de personas con un patrimonio neto de entre 100.000 y 1.000.000 de dólares y un grupo de personas con un patrimonio neto alto o muy alto.

La **frugalidad** apareció en varias ocasiones a lo largo de la investigación de Stanley Fallaw. Diferentes millonarios a los que entrevistó destacaron la libertad que implica mantener un nivel de gastos por debajo de las posibilidades de cada uno. Ser frugal, de hecho, se considera como una de las tres formas clave de lograr la independencia financiera.

Otra conclusión que obtuvo es que **gastar por encima de tus posibilidades**, gastar en lugar de ahorrar para la jubilación o gastar antes de volverte rico **te convierte en esclavo de tu salario**, incluso con un elevado nivel de ingresos. También se necesita confianza para invertir adecuadamente, en lugar de tomar decisiones basadas en las emociones. Debes aislar por completo las decisiones sobre en qué y cómo vas a invertir, y concentrarte en un plan de inversión a largo plazo. Pero no puedes invertir —ni administrar tu dinero— sin aceptar la responsabilidad de los resultados.

Se enfocan en cosas que pueden controlar y alinean sus hábitos diarios con los objetivos que se han fijado. Los ricos no cuentan con nadie más para hacerse ricos y no culpan a nadie más si no lo consiguen.

Evitan las distracciones y el «síndrome del objeto brillante» que la población en general sufre, porque los millonarios no están enfocados en lo que podría hacerlos felices hoy, sino en su plan de creación de riqueza a largo plazo.

Estos comportamientos impulsan a los millonarios a **ser socialmente indiferentes**. Se resisten a repetir los hábitos de aquellos que tienden a gastar más cuando más dinero tienen. Básicamente, no se sienten presionados por no tener lo mismo que el vecino. Amigo lector, nunca hay que creerse nada, pero tampoco negarlo, debemos experimentar y formarnos nuestra propia opinión basada en la experiencia y en el conocimiento.

Blaise Pascal demostró, en el siglo XVIII, que la presión que se ejerce sobre un líquido incompresible, se transmite íntegramente y con la misma intensidad en todas las direcciones. A esto se le conoce como Principio de Pascal, Teoría de los Vasos Comunicantes. Los actos humanos tienen una repercusión en el mundo físico, en la realidad del planeta y en el resto de los seres vivos. Según su teoría, todos nuestros actos, absolutamente todos, tienen consecuencias. Decía que los seres vivos conformaban una unidad energética, todas las criaturas estamos intercomunicadas, y dependiendo de lo que hacemos, contribuimos a ordenar la materia y crear armonía, o bien a desordenar y crear inestabilidad.

Todo lo que hacemos repercute en los demás. Si cometemos actos malignos, el mundo se vuelve peor, y si hacemos algo bueno, contribuimos a mejorarlo. Incluso aunque el acto bueno que hayamos realizado sea anónimo, aunque nadie lo conozca ni llegue a conocerlo jamás, aunque lo hayamos ejecutado en completa soledad y aparentemente carezca de consecuencias, los hechos pesan y dejan huella por sí mismos, y cada individuo influye en la totalidad como si nos relacionáramos a través de un sistema de vasos comunicantes, de ahí la teoría. Maravilloso concepto.

#LosTrucosDeLosRicos3

La verdadera riqueza no es sólo tener, sino también dar: la generosidad y la empatía son monedas de gran valor en el verdadero tesoro de la vida, y el rico lo sabe.

@juanharo

Truco 99

El ego y los sentimientos

El **ego** es una parte integral de la psicología humana y **está vinculado a la identidad y a la autoimagen**. En psicología, el ego se asocia con la parte consciente de la mente y actúa como un mediador entre los impulsos instintivos (el «ello») y las normas sociales y morales (el «superyó»). Un ego inflado puede llevar al orgullo excesivo y la falta de empatía, lo que puede dificultar las relaciones interpersonales y generar conflictos.

El rico sigue la regla de «menos ego, más riqueza». Ahorrar dinero es la diferencia entre tu ego y tus ingresos, y la riqueza es lo que no ves. La riqueza se crea descartando lo que podrías comprar hoy para tener más cosas o más opciones en el futuro. Da igual cuánto ganes, nunca vas a acumular riqueza a menos que sepas poner coto a lo mucho que te diviertes con el dinero que tienes ahora mismo. Un ego excesivamente competitivo puede generar rivalidad y conflicto en las relaciones, ya que la persona busca constantemente compararse y superar a los demás.

Otro aspecto crucial para el rico es la **diferencia entre el tono y el estado emocional**. La escritora, formadora y empresaria **Ruth Morales Bueno** lo explica perfectamente en su libro *El arte de ser superior*.[16]

El **tono emocional** es el conjunto de sentimientos que te definen, es tu esencia. El **estado emocional** es cómo te sientes en un momento

16. Tenéis toda su obra en la web de Ruth Morales: <www.cambioderealidad.com>.

dado. No es lo mismo decir que una persona es alegre (tono emocional) que decir que una persona está alegre (estado emocional, lo está ahora y no mañana). Por ejemplo, la motivación de una persona está relacionada con el estado emocional. El rico no busca elevar el estado emocional, porque esto es como una montaña rusa, es temporal. El rico tiene un tono emocional específico, es su esencia.

Ruth Morales también nos habla de otro aspecto importante de los sentimientos del ser humano: en su concepto de **riqueza**, la autora defiende que el «rico» se expresa mediante las emociones altas.

Es importante conocer los tipos de sentimientos «altos» o «bajos». Los **sentimientos altos** son: plenitud, empatía, compasión, honestidad, integridad, dignidad, alegría, merecimiento. Y los **sentimientos bajos** son todos los que conocemos. No son negativos ni malos, son los que usamos para comunicamos entre nosotros y con nosotros mismos. **Son los que mueven el mundo:** carencia, apego, avaricia, entusiasmo, miedo, rabia, ira, tristeza, sufrimiento, rencor, curiosidad, baja autoestima, envidia, necesidad de aprobación, ambición, amor, compromiso, deseo, etcétera.

Gracias a un intenso trabajo de observación a lo largo de varios años, Ruth Morales defiende que **la vida es estrictamente emocional**, por lo que, si cambias de sentimiento, cambias la vida.

Otro aspecto del rico es la utilización de uno de los **dos paradigmas** que existen: el de la **aceptación** y el de la **comparación**. Siempre es mejor vivir en el paradigma de la aceptación, que no quiere decir resignación. Lo entendemos mejor en este ejemplo:

> Cuando huyes del paradigma de la comparación hacia el de la aceptación, es cuando ganas 100.000 euros y te vas a vivir a un barrio donde vive gente que gana 300.000 euros, empiezas de nuevo a competir, y luego te vas a vivir donde están los de 500.000 euros y así vas dándote cuenta de que siempre hay alguien que gana más. Lo mejor es que te aceptes a ti mismo y compitas contra ti, como hace el rico.

A pesar de todo lo que comentamos en este libro, el rico es consciente de que **la suerte también influye en cierta medida**. El cantante **Alejandro Sanz** explicaba a Bertín Osborne en su programa televisivo «Mi casa es la tuya» que su madre estaba harta de aguantarlo en casa y le buscó una distracción. Su intención era apuntarlo en una academia de kárate, pero cuando llegaron estaba cerrada. Fue entonces cuando se dio cuenta de que había una escuela de guitarra al lado de la de artes marciales. Y así tuvo el primer contacto con el instrumento de sus amores, la guitarra. Así empezó su idilio con la música.

Acabamos con la frase del humorista estadounidense **Josh Billings**: «Si estás donde no quieres estar, puede ser por tres razones: 1) no tienes la información; 2) la tienes, pero no pasas a la acción, y 3) o bien lo que crees que sabes es erróneo».

Mucha gente cree que las cosas son como son, otros piensan que no hay otro camino, el rico sabe que siempre hay una salida, un resquicio, un hueco, un atajo. Nos vemos, amigo lector, en el último truco. Gracias por seguir conmigo. Eres único, y lo sabes.

#LosTrucosDeLosRicos3

El verdadero éxito del rico radica en reconocer que la abundancia emocional es tan valiosa como la riqueza material, por eso cultiva relaciones basadas en la empatía, el amor y la comprensión.

@juanharo

Truco 100

Rachas

El rico conoce el concepto de la **ley de la serialidad**, que yo denomino cariñosamente **«de las rachas»**. Una racha se refiere a una secuencia o serie de eventos que comparten características similares o se suceden en un período continuo de tiempo. El término puede aplicarse en diversos contextos y no está limitado a un ámbito específico.

Paul Kammerer fue un biólogo austriaco que en 1920 era uno de los científicos más famosos del planeta. Sin embargo, casi nadie lo conoce hoy. Kammerer publicó un libro muy curioso titulado *La ley de la serialidad*, en el que expuso su teoría sobre las coincidencias. Él era un coleccionista de coincidencias y las anotó todas durante veinte años. Después de dos décadas, sacó el libro e incluyó cien casos de su cosecha, de su colección. Con sus ejemplos, señaló **que las coincidencias se dan en series, que no son hechos aislados.**

Todos los jugadores saben que hay rachas de buena y mala suerte; hay muchos refranes sobre ello. **Kammerer sostenía que hay una ley física general que hace que el universo tienda hacia la unidad.** Según él, existe una fuerza de atracción comparable a la gravedad, pero que, en vez de atraer masas, atrae hechos, objetos, formas semejantes.

Dicho de otro modo: el universo, como establece la segunda ley de la termodinámica, tiende a la entropía, es decir, al desorden, pero Kammerer asegura que el universo también tiende hacia el orden y la armonía. Y las coincidencias serían una consecuencia de esa ley, de esa fuerza que iría agrupando en el tiempo y en el espacio hechos u objetos parecidos. Cuando salió el libro, el mismo Einstein dijo que la teoría era original y que no tenía nada de absurda.

El rico, como decía, conoce que existen coincidencias y rachas. A mí me apasiona el baloncesto, y te cuento un ejemplo clásico, que es la racha de 72 victorias consecutivas en la temporada regular de la NBA lograda por los Chicago Bulls en la temporada de 1995-1996, estableciendo un récord en la historia del baloncesto profesional. Otro ejemplo: durante la crisis financiera de 2008 se observó una racha de caídas en los mercados financieros globales, con disminuciones consecutivas en los precios de las acciones y otros instrumentos financieros. Y uno más: un director de cine que tiene una racha de éxitos consecutivos en taquilla con varias películas exitosas que reciben críticas positivas y atraen a audiencias masivas.

Lo importante es que **el rico analiza lo que le sucede**, busca puntos en común, coincidencias, señales que aporta la vida. No se dedica únicamente a hacer, sino sobre todo reflexiona y analiza. Un individuo rico podría experimentar una racha de crecimiento patrimonial, en la que sus activos y propiedades aumentan consistentemente en valor a lo largo del tiempo. Este crecimiento puede ser el resultado de decisiones financieras astutas, inversiones estratégicas y una gestión efectiva de los activos. Pero recordemos que también llegan **rachas negativas**, y el rico reconoce siempre que **el éxito y el fracaso**, como he dicho en anteriores ocasiones, **son unos impostores.**

Otro tema muy interesante es el **concepto de subida o de bajada**, que el rico también tiene en cuenta a la hora de tomar decisiones.

La escritora, doctora y psiquiatra **Marian Rojas-Estapé** comenta que, en general, el ser humano tiene momentos de subida y de bajada. Ésa es la explicación de por qué las mismas cosas no les funcionan igual a todos: una dieta, un proyecto, tienes que cogerlo cuando estés de subida, porque si estás de bajada, no te va a funcionar. La doctora y psiquiatra afirma que incluso los tratamientos médicos no funcionan si tu cuerpo está de bajada. Ésa es la razón, como comentábamos antes, por la que el rico se preocupa por tener una alta energía y por mantenerse en un estado emocional alto.

Acabemos con una frase del gran filósofo **Aristóteles**: «Sólo hay una forma de evitar ser criticado: no hagas nada, no digas nada, no seas nada».

La vida de los ricos es un equilibrio entre el logro de metas financieras y la búsqueda constante de la plenitud personal, en la que la riqueza se traduce en experiencias enriquecedoras y relaciones profundas.

#LosTrucosDeLosRicos3

Más allá de la opulencia material, los ricos entienden que la verdadera abundancia se encuentra en la capacidad de crear un legado perdurable y en el disfrute consciente de cada instante que la vida les brinda.

@juanharo

Epílogo

Querido lector, vamos llegando al final. Deseo que puedas poner en práctica uno o muchos de estos trucos para que tu vida mejore, para que tu vida sea más plena y feliz. **Éste ha sido mi deseo, ayudarte a que reflexiones, a que conozcas el mundo de los ricos, porque tú también lo eres.** Los ricos comprenden que la verdadera riqueza no sólo se mide en cifras, sino en la capacidad de disfrutar plenamente de la vida, apreciando cada experiencia con gratitud y generosidad. Para los ricos, la vida es una obra maestra que se pinta con momentos significativos, conexiones auténticas y la capacidad de influir positivamente en el mundo que los rodea.

Ya conoces mis dos pasiones, el cine y el baloncesto. Una película que me apasiona por su mensaje es *Million Dollar Baby*, en la que destacan la disciplina, la constancia y el hecho de vivir un sueño. Algo parecido le sucedió a la protagonista: **Hilary Swank** en la vida real. Cuando tenía dieciséis años le dijo a su madre: «Mamá, quiero ser actriz, me marcho a Los Ángeles». Así, sin más. Su madre no quiso dejarla sola y se fue con ella en coche, conduciendo más de 1.000 kilómetros. Fueron a decenas de *castings*, vivían en el coche, pues no tenían dinero para más. Sortearon diferentes «muros» que se les iban presentando y, finalmente, la contrataron para un papel. Hoy tiene en su haber dos Óscars, uno de ellos por la película *Million Dollar Baby*.

La vida tiene un secreto que la hace muy valiosa, efectivamente,

lo has adivinado: no sabes cuándo va a acabar. Tú sigues haciendo planes, trabajando muchas horas, peleando por una vida mejor y de repente ¡zas!, un día ya no te despiertas más. Todos reflexionamos sobre esto cuando vamos al tanatorio para despedir a un ser querido, y nos hacemos muchas preguntas:

- ¿Vale la pena preocuparse por tantas cosas?
- ¿Es necesario vivir una vida que no nos llena pensando en una vejez a la que quizá no lleguemos?
- ¿Qué cadenas nos atan para no disfrutar de lo que ahora tenemos?
- ¿Por qué no cerramos ese libro de la vida que no nos apasiona y empezamos a escribir otro desde cero?

Por ello, y sabiendo que no conozco el tiempo que me queda para compartir con los míos, y contigo, amigo lector, deseo que conozcas algo que escribí hace años, cuando fui al funeral de una amiga. Llegué a casa, me senté ante el ordenador y creé el **SIAM** (**sugerencias importantes antes de morir**), para mis hijos Sara y Daniel. Es así como deseo acabar este libro, por si alguna de estas sugerencias puede serte útil.

Es una breve lista de lo que pienso que es importante tener en cuenta en el camino por la vida. Son sugerencias vitales que pueden marcar para siempre. Permíteme compartirlas contigo, por si puedes copiarlas y dárselas a tu/s hijo/s, o bien a quien tú quieras:

1. Empieza a ahorrar a partir de los diez años, mes tras mes, sin excusas. Haz de esto un hábito inquebrantable.
2. A partir de los doce años, sin excepción, haz dos montones con tus ahorros: uno para que siga creciendo y otro para invertirlo buscando una rentabilidad (compra y vende algo, por ejemplo).
3. Lee todos los libros de Robert Kiyosaki.
4. Aprende de forma práctica lo que es la Bolsa. Empieza a comprar y vender.
5. No temas nunca fracasar o perder. Cuanto más pierdas (aprende por qué), antes conseguirás lo que quieres.
6. No tengas nunca un empleo, salvo que realmente te guste. Sé libre y haz realidad tus sueños, aunque signifique vivir en un coche.
7. Siempre debes tener tu dinero a salvo, nunca en un mismo lugar y, por supuesto, nunca en un mismo banco.

8. Usa dinero en efectivo.
9. No dejes nunca de aprender, aunque tengas sesenta y cinco años. Nunca, nunca.
10. Ten negocios trabajando para ti, pero no trabajes para tus negocios. Dedícales un tiempo definido, véndelos, o bien crea ingresos pasivos.
11. Olvida poseer cosas sin más, ten siempre todo en una mochila. Lo importante no es lo que tienes (aunque la sociedad te dirá lo contrario), sino lo que sabes y cómo eres.
12. Haz todo con amor y pasión. Si ves que no te apasiona lo que haces, si ves que no lo haces con amor, entonces déjalo y corre (sólo necesitas estar vestido, nada más).
13. No busques la felicidad fuera. Está dentro de ti. Escúchate siempre más.
14. Haz caso a tu intuición.
15. No des tu dinero a nadie, aprende a ponerlo a trabajar para ti.
16. El tiempo es limitado, quizá te quede un año de vida, piensa siempre así y no desperdicies tu tiempo.
17. Olvida las críticas, los chismorreos, las personas negativas.
18. Aprende de todos, pues todos son superiores a ti en algún sentido. Aprende de todo ser humano.
19. Sé humilde, no presumas de nada.
20. Sonríe siempre, ayuda y crea desequilibrios. Da siempre sin esperar nada a cambio. Cuánto más des, más te devolverán.
21. No pienses en el dinero, jamás. Es un medio, nunca un fin. No pienses en el éxito rápido y fácil. El éxito y la derrota son dos impostores. Ve por la vida aprendiendo, y diviértete cada día que sale el sol.
22. Cuida, vigila las comisiones que te cobrarán los bancos, así como los gastos superfluos.
23. Cuando vayas al médico, pide siempre varias opiniones. No te quedes con un único diagnóstico.
24. Averigua siempre cómo pagar menos impuestos.
25. Nunca tengas nada a tu nombre. Bajo ningún concepto. Podrás tener las propiedades que quieras o acciones, o lo que sea, pero siempre a través de empresas que nadie sabrá que son tuyas. Averigua cómo hacerlo.
26. Cuando quieras comprar una casa o alquilarla, la respuesta llegará sola si te has mantenido desde los diez años ahorrando y moviendo tu negocio. Haz siempre los números.

27. No contraigas deudas malas, siempre buenas. Y sólo si sabes que te ayudarán a lograr un apalancamiento, nunca por aparentar.
28. Llama siempre a tus padres y diles lo mucho que te importan. Quizá mañana ya no estén aquí y seguro que querrías decírselo, pero ya es tarde.
29. Cuida a tu pareja, será quien te acompañe por la senda de la vida. No intentes cambiarla, quiérela con sus defectos y sus virtudes.
30. Enseña a tus hijos a ser libres, a relacionarse con el dinero eficazmente, a que no los manipule la sociedad, a que tengan una mejor educación.
31. Salte de la manada, elige el camino menos transitado.
32. Recuerda que todo es posible. Quien te diga lo contrario, no te ayuda. Busca a los aventureros y a los soñadores.
33. Piensa en grande, piensa en positivo.
34. Lee muchos libros.
35. No creas a nadie, sólo recopila información y analízala, piensa por ti mismo.
36. Aprende sobre inmuebles, Bolsa, ideas y negocios sistematizados. No preguntes por qué. Lo entenderás más adelante.
37. Mira películas basadas en hechos reales y de superación. Contágiate de historias de éxito.
38. Busca a personas que hablen de sus experiencias y huye de los teóricos.
39. Ten un plan definido, «tu cuadro», escribe en un papel todo lo que deseas y cómo quieres vivir los próximos años. Míralo con frecuencia.
40. Vive con objetivos definidos y claros. La mente no diferencia lo real de lo irreal. Si no sabes lo que quieres, nunca lo conseguirás.
41. Sé constante y persistente, pero si ves que algo no funciona, averigua por qué. No temas preguntar nunca.
42. Estudia todo lo que puedas de mis tres héroes: Kung-fu, Forrest Gump y Colombo. Parece que son tontos, pero, muy al contrario, logran lo que se proponen. Huye de los superhéroes que te vende la televisión o el cine.
43. Disfruta de cada minuto y entrégate totalmente en lo que estés haciendo en ese instante. Borra todo de tu mente.
44. No tengas preocupaciones en tu cabeza ni cosas pendientes por

hacer, eso te quitará mucha energía: apunta todo y planifica cuándo hacerlo. Y luego dedícate a hacer lo que tienes que hacer con los cinco sentidos. Contagia pasión.

45. Cuida tu nombre y apellido como si fuese una marca comercial, como Nike o Coca-Cola. Que la gente te recuerde. Haz crecer tu marca.
46. Recuerda la máxima: «La gente tiene que encontrarse mejor cuando hayas dejado de estar con ella». Que piensen lo bien que se sienten al estar contigo.
47. Escucha, por favor, escucha, pregunta y vuelve a preguntar. No hables tanto.
48. Cuando vayas a gastar algo, piensa: ¿de verdad me hace falta?
49. Entrega parte de lo que ganas (siempre) a alguien que lo necesite más: ONG o a quien está pidiendo en la calle. Sé generoso.
50. Da buenas propinas a quien se lo merezca.
51. Sé muy generoso con los elogios y las felicitaciones. En esta vida hace falta reconocer a la gente. No escatimes en eso.
52. Que todo en tu vida esté equilibrado: dedica tiempo a tus amigos, a la familia y al trabajo.
53. Ten varias fuentes de ingresos, siempre.
54. Haz todas las semanas deporte, sin excepción. Durante toda la vida tienes que cuidar tu maquinaria. Por favor, no fumes ni bebas.
55. Aprende cómo negociar. Te servirá toda tu vida.
56. Lleva esta lista en tu bolso o cartera y trabaja estos cincuenta y cinco puntos hasta memorizarlos, puede significar una gran diferencia en tu vida. A mí me hubiese encantado que alguien me dijese todo esto en lugar de tener que averiguarlo por mí mismo (me ha costado mucho dinero, tiempo y esfuerzo aprenderlo).

Videoteca recomendada

A continuación, comparto una **lista de diez películas** que tratan sobre los hábitos de los ricos y cómo viven mejor para disfrutar de la vida.

1. ***Come, reza, ama*** (2010). Basada en el libro de Elizabeth Gilbert, esta película sigue el viaje de una mujer que busca la felicidad y el sentido de la vida mientras explora Italia, la India e Indonesia.
2. ***Bajo el sol de la Toscana*** (2003). Una escritora compra una villa en la Toscana y comienza una nueva vida, aprendiendo a disfrutar de las pequeñas cosas y la belleza de la vida en Italia.
3. ***Julie & Julia*** (2009). Esta película narra la historia real de Julie Powell, quien se propone cocinar todas las recetas del famoso libro de cocina de Julia Child y cómo este desafío cambia su vida.
4. ***El club de los poetas muertos*** (1989). Aunque no trata directamente sobre la riqueza, esta película aborda la importancia de vivir la vida con pasión y seguir nuestros sueños.
5. ***Bajo el sol de la medianoche*** (2019). Un joven músico conoce a una famosa cantante y juntos experimentan una serie de aventuras durante las noches de verano en la costa de italiana.
6. ***El Gran Hotel Budapest*** (2014). Esta comedia sigue las peripecias de un conserje y su joven protegido en un elegante hotel europeo en la década de 1930.
7. ***Wall Street*** (1987). Un ambicioso corredor de Bolsa busca el éxito bajo la tutela de un hombre insensible y muy calculador en los negocios.
8. ***Sabrina*** (1954). Una joven se enamora del hijo de una familia adinerada

para la que su padre trabaja como chófer, y su transformación personal y estilo de vida cambian con su relación.

9. ***Joy*** (2015). Está inspirada en la verdadera historia de Joy Mangano, una inventora y empresaria que construye un imperio de negocios a partir de sus innovadoras creaciones.
10. ***Jerry Maguire*** (1996). Jerry Maguire, agente deportivo, es despedido y comienza de nuevo con sólo dos aliados: un futbolista de segunda y una secretaria que es madre soltera. Mi película favorita, sin duda.

Estas películas exploran cómo los ricos pueden vivir una vida más plena apreciando las pequeñas cosas, siguiendo sus pasiones y buscando la felicidad en diferentes formas de disfrutar la vida.

Biblioteca recomendada

Aquí tienes una **lista de doce libros** que tratan sobre los hábitos de los ricos para vivir mejor y disfrutar de la vida, para que puedas seguir profundizando:

1. ***El hombre más rico de Babilonia***, de George S. Clason. Un clásico sobre principios financieros y hábitos de riqueza basados en parábolas ambientadas en la antigua Babilonia.

2. ***Padre rico, padre pobre***, de Robert T. Kiyosaki. Un libro que presenta la diferencia entre las perspectivas financieras de dos padres y enseña lecciones sobre cómo pensar y actuar para construir riqueza.

3. ***Los secretos de la mente millonaria***, de T. Harv Eker. Ofrece ideas y estrategias para cambiar la mentalidad hacia la riqueza y lograr el éxito financiero.

4. ***Los siete hábitos de la gente altamente efectiva***, de Stephen R. Covey. Aunque no está centrado específicamente en la riqueza, este libro destaca hábitos y principios fundamentales para mejorar la calidad de vida y el éxito personal.

5. ***Piense y hágase rico***, de Napoleon Hill. Un clásico de autoayuda que explora la importancia del pensamiento positivo y la determinación para alcanzar el éxito y la riqueza.

6. ***El código del dinero***, de Raimon Samsó. Un libro que aborda la relación con el dinero y proporciona estrategias para alcanzar la independencia financiera.

7. ***La semana laboral de cuatro horas***, de Timothy Ferriss. Enseña cómo alcanzar la libertad financiera y vivir una vida más plena mediante la automatización y la delegación.

8. ***El arte de hacer dinero***, de Mario Borghino. Proporciona principios y consejos para el éxito financiero basados en la gestión del tiempo y el enfoque en objetivos claros.

9. ***Los secretos de la mente millonaria***, de Adam Jackson. Enseña cómo cambiar la mentalidad hacia la riqueza y adquirir hábitos financieros exitosos.

10. ***El cuadrante del flujo de dinero***, de Robert T. Kiyosaki. Un libro que analiza diferentes formas de obtener ingresos y cómo generar riqueza a través de inversiones y negocios.

11. ***El millonario de al lado***, de Thomas J. Stanley y William D. Danko. Basado en investigaciones, revela las características y hábitos de los millonarios, y cómo construyen y mantienen su riqueza.

12. ***El poder del ahora***, de Eckhart Tolle. Si bien no es un libro financiero, explora la importancia de vivir en el presente y cómo esto puede llevar a una vida más plena y satisfactoria.

Estos libros ofrecen una variedad de perspectivas y consejos sobre cómo adquirir hábitos y mentalidades que pueden conducir a una vida más próspera y satisfactoria, similar a la de las personas ricas.

Agradecimientos y recursos extra

Mi primer agradecimiento es para ti, amigo lector: gracias por acompañarme en este camino. Espero que hayas recopilado varios trucos que hagan de tu vida un deleite y un disfrute. Éste es mi deseo. Gracias a mi familia por todo el apoyo que recibo, a mis amigos y a mis seres queridos. Gracias a la editorial Deusto por su confianza, y en especial a Roger Domingo.

Gracias por todas las muestras de cariño, mensajes y agradecimientos que recibo en las redes sociales, correos electrónicos y comentarios en las redes, Amazon, etcétera.

Estaré encantado de recibir vuestras opiniones, sugerencias y comentarios en: <info@juanharo.com> y <www.juanharo.com>.

Seguiré aportando más trucos en: <www.lostrucosdelosricos.com>.

Aquí tendrás más recursos gratuitos con cientos de vídeos en **YouTube**:

Síguenos en **Instagram**:

Y en **Telegram**, donde aportaremos trucos nuevos:

En **Twitter** nos encuentras aquí: